金融教学案例精选

The Case of Finance

李建军 主编

图书在版编目(CIP)数据

金融教学案例精选/李建军主编.—北京:北京大学出版社,2019.4
(财经类专业硕士教学案例丛书)
ISBN 978-7-301-30155-5

Ⅰ.①金… Ⅱ.①李… Ⅲ.①金融学—研究生—教案(教育)—汇编 Ⅳ.①F830

中国版本图书馆 CIP 数据核字(2018)第 291451 号

书　　　名	金融教学案例精选 JINRONG JIAOXUE ANLI JINGXUAN
著作责任者	李建军　主编
责任编辑	孙　昕　贾米娜
标准书号	ISBN 978-7-301-30155-5
出版发行	北京大学出版社
地　　　址	北京市海淀区成府路 205 号　100871
网　　　址	http://www.pup.cn
微信公众号	北京大学经管书苑(pupembook)
电子信箱	em@pup.cn　　QQ:552063295
电　　　话	邮购部 010-62752015　发行部 010-62750672　编辑部 010-62752926
印　刷　者	北京富生印刷厂
经　销　者	新华书店
	730 毫米×1020 毫米　16 开本　26.5 印张　483 千字 2019 年 4 月第 1 版　2019 年 4 月第 1 次印刷
定　　　价	59.00 元

未经许可,不得以任何方式复制或抄袭本书之部分或全部内容。
版权所有,侵权必究
举报电话:010-62752024　电子信箱:fd@pup.pku.edu.cn
图书如有印装质量问题,请与出版部联系,电话:010-62756370

编委会
（按姓氏笔画排序）

马海涛	王瑞华	尹　飞	白彦锋
朱建明	李建军	李晓林	辛自强
张学勇	赵景华	袁　淳	殷先军
唐宜红	戴宏伟		

总　　序

中国改革开放四十年来尤其是党的十八大以来,经济社会发展取得了举世瞩目的成就,党和国家事业发生历史性变革,中国人民向着决胜全面建成小康社会,实现中华民族伟大复兴的宏伟目标奋勇前进。党的十九大报告指出"建设教育强国是中华民族伟大复兴的基础工程,必须把教育事业放在优先位置",要"加快一流大学和一流学科建设,实现高等教育内涵式发展"。

实现高等教育内涵式发展,研究生教育是不可或缺的重要部分。2013年,教育部、国家发展改革委、财政部联合发布《关于深化研究生教育改革的意见》,明确提出研究生教育的根本任务是"立德树人",要以"提高质量、满足需求"为主线,以"分类推进培养模式改革、统筹构建质量保障体系"为着力点,更加突出"服务经济社会发展""创新精神和实践能力培养""科教结合、产学结合"和"对外开放"。这为研究生教育改革指明了方向,也势必对专业学位研究生教育产生深远影响。

深化研究生教育改革,要重视发挥课程教学在研究生培养中的作用,而高水平教材建设是开展高水平课程教学的基础。2014年教育部发布《关于改进和加强研究生课程建设的意见》,2016年中共中央办公厅、国务院办公厅发布《关于加强和改进新形势下大中小学教材建设的意见》,2017年国务院成立国家教材委员会,进一步明确了教材建设事关未来的战略工程、基础工程的重要地位。

中央财经大学历来重视教材建设,推进专业学位研究生教学案例集的建设是中央财经大学深化专业学位研究生教育改革、加强研究生教材建设的重要内容之一。从2009年起,中央财经大学实施《研究生培养机制综合改革方案》,提出了加强研究生教材体系建设的改革目标,并先后组织了多批次研究生精品教材和案例集建设工作,逐步形成了以"研究生精品教材系列""专业学位研究生教学案例集系列""博士生专业前沿文献导读系列"为代表的具有中央财经大学特色的研究生教材体系。其中,首批九部专业学位研究生教学案例集已于2014年前后相继出版。

呈现在读者面前的"财经类专业硕士教学案例丛书"由多部精品案例集组成,涉及经济学、管理学、法学三个学科门类,所对应课程均为中央财经大学各专业学位研究生培养方案中的核心课程,由教学经验丰富的一线教师组织编写。编者中既有国家级教学名师等称号的获得者,也不乏在全国百篇优秀案例评选中屡获佳绩的中青年学者。本系列丛书以"立足中国,放眼世界"的眼光和格局,本着扎根中国大地办大学的教育理念,突破案例来源的限制,突出"全球视角、本土方案",在借鉴国外优秀案例的同时,加大对本土案例的开发力度,力求通过相关案例的讨论引导研究生思考全球化带来的影响,培养和拓宽其国际视野。

"财经类专业硕士教学案例丛书"的出版得到了"中央高校建设世界一流大学(学科)和特色发展引导专项资金"的支持。我们希望本套丛书的出版能够为相关课程开展案例教学提供基础素材,并启发研究生围绕案例展开讨论,提高其运用理论知识解决实际问题的能力,进而帮助其完成知识构建与知识创造。

编写面向专业学位研究生的教学案例集,我们还处在尝试阶段,虽力求完善,但难免存在这样那样的不足,恳请广大同行和读者批评指正。

"财经类专业硕士教学案例丛书"编委会

2018年8月于北京

前　　言

金融是现代经济体系的血脉,是实体经济可持续健康发展的基础,在国家间竞争和冲突中也具有重要的战略意义。金融业本质上是智力服务产业,人才是金融机构最宝贵的资源。面向未来,中国需要一大批具备良好职业素养、兼具理论基础与实践能力、具备国际视野、通晓国际规则的应用型金融管理人才。财经院校的研究生教育肩负着为国家培养高层次金融人才的重要使命。

2017年9月21日,教育部、财政部、国家发展和改革委员会联合发布《关于公布世界一流大学和一流学科建设高校及建设学科名单的通知》,正式确认公布世界一流大学和一流学科建设高校及建设学科名单,中央财经大学凭借在应用经济学方面的强大实力成功入选世界一流学科建设高校名单。金融学科作为应用经济学的重要支撑,在人才培养、学科建设、师资队伍建设方面将继续发挥重要作用。

中央财经大学于2011年成为全国首批招收金融专业硕士的高校,到目前为止,中央财经大学金融学院金融专业硕士项目已经成功运行7年,已毕业的5届金融硕士生超过400人,目前在校生近300人。金融学院一直致力于金融专业硕士教育综合改革,从培养方案、课程建设、教学方法、论文写作、校内外师资队伍建设和实践基地建设等方面进行全方位的探索与改革,在人才培养方面的特色日益显现。结合金融专业硕士的特点以及教育部高等学校教学指导委员会的相关要求,金融学院将案例开发和案例教学作为教学改革的重点,在案例开发、案例教学研究方面积累了一些经验和成果。

2013年,金融学院推出首届"金融硕士教学案例大赛",目前已经举办至第五届,其中第三届案例大赛的参赛作品中,方意老师撰写完成的《泛亚交易模式及"日金宝"流动性挤兑危机案例》与黄瑜琴老师指导完成的《中诚信托诚至金开1号信托案例》分别获得全国金融专业硕士优秀案例。第四届案例大赛的作品中,陈颖老师指导完成的《债券违约风波——2016年东北特钢系列债券违约案》和史建平老师指导完成的《中资商业银行海外并购折戟:路在何方——中国民生银行并购美国联合银行的案例分析》分别获得优秀教学案例奖。

  本书中的案例均由教学经验丰富的一线教师组织编写,其中包括历届案例大赛中的部分优秀案例,以及一线教师在教学和研究过程中的智力成果,覆盖了金融市场、金融机构、公司金融与公司治理、金融科技等领域,对应着金融专业硕士培养方案中的主要课程。希望案例集的出版能够为相关课程开展案例教学提供素材,提高研究生运用理论知识解决实际问题的能力,实现金融学知识体系构建与知识创造。

编 者

2018年4月于北京

目录

Contents

金融市场

1987年10月美国股市崩溃前后中的政府行为 …………………… 应展宇 003
举牌背后的争论 ………………………………… 李开颜　王　辉 046
巨人网络借壳世纪游轮回归A股案例分析 ………… 李建军　崔洪略 077
杠杆上的举牌——"宝万之争"资金来源
　　风险分析 ……………………… 刘向丽　赖秋睿　黄海洋 092

金融机构

中诚信托"诚至金开1号"信托案例分析 …… 黄瑜琴　边雯晖　郭少杰 119
中资商业银行海外并购折戟——中国民生银行
　　并购美国联合银行案例分析 ………… 史建平　闫思宇　张一凡 140
商业银行不良贷款风险化解与处理：
　　山东A集团案例分析 ………………… 李建军　明　洋　盖永康 164
银行营销新模式——北京银行"信贷工厂" ………… 徐焕东　余晓卉 184

互联网金融

泛亚交易模式及"日金宝"流动性挤兑危机案例分析 ………… 方　意 205
甜橙金融：布局互联网金融闭环生态圈 …………… 杜惠芬　陈玺如 285

公司金融

迎合炒作还是积极的业绩信号?——北信源定增
　　"高送转"案例分析 ………………… 黄瑜琴　尹默禅　徐志明　309
融资结构与管理权——中建"走出去"的
　　失败探索 …………………………… 应展宇　王晓林　曹剑昭　339
精华制药:定向增发盛宴座上宾的利益输送 … 杜惠芬　黄文鹤　朱文轩　357
创业与资本的对赌博弈——俏江南与鼎晖投资
　　案例分析 ………………………………………… 韩复龄　陈　强　397

金融市场

1987年10月美国股市崩溃前后中的政府行为

应展宇

摘　要：历史地看，1987年10月美国股市崩溃可以认为是20世纪70年代"金融革命"以来发生的第一次现代意义上、大规模、全球性的发达国家股票市场危机（尽管此次股市危机的持续时间颇为短暂，对宏观经济的冲击也并不显著）。从当时的状况看，1987年10月的股市崩溃在短期内引发了巨大的负面冲击，一度使美国证券市场乃至整个金融体系陷入"停摆"的边缘。美国联邦储备委员会（美联储）针对此次股市崩溃的救助针对性极强，措施得当，使得股市危机并未蔓延，在较短时期内就恢复了市场的正常运行。1987年10月发生的股灾促发美国证券监管架构变革，此后十余年间，与证券市场结构、市场控制、支付清算等领域相关的美国诸多证券监管规则发生了较大的变化，在一定程度上使得证券市场运行效率发生明显改善。

关键词：美国股票市场，黑色星期一，市场崩溃

一、引　言

对于1987年10月的美国证券市场投资者而言，伴随着股市交易量和价格波动性的急剧上升，当时的股市简直就像是进入了一种"大屠杀"式的状态——从10月5日开始的一周内，道·琼斯工业指数（道指）下跌159点，10月12日开始的一周道指进一步下降236点（其中10月16日一天就下跌了108点），两周之内近5 000亿美元的股票账面财富灰飞烟灭。而在紧接着的一个交易日即

10月19日("黑色星期一"),巨量的抛售浪潮同时袭击了芝加哥和华尔街,"大萧条"的前兆似乎在时隔60年之后再次重现——在一片恐慌、混乱的气氛中,道指急速下跌了508点(收于1 738.74点,较前一收盘价下跌22.6%),成为美国股市自创设以来单日跌幅最大的一天,同时交易量达到6.043亿股的历史性天量,一天之内近5 000亿美元的账面财富蒸发殆尽。① 10月20日一开盘,尽管格林斯潘(Greenspan)代表美国联邦储备委员会(美联储)发布简短的公告,但之前延续的投资者恐慌情绪依旧,市场一直处在寻找底部的过程中——道指在中午前一度下探到最低点1 709点,下午则在公司回购等多重利好的刺激下出现了强劲的反弹,最终收于1 841点,当天成交量进一步放大到6.081亿股。10月21日开始的后续8个交易日中,虽然道指上下飘忽,但由于前期跌幅过大,市场总体呈现出反弹的态势,10月末的道指和标准普尔500(S&P 500)指数分别收于1 993.53点和251.79点(较上月月底分别下降了23.2%和21.8%)。除道指外,10月间美国的其他主要股票价格指数也出现了类似的明显下挫态势——纽约交易所综合指数、美国交易所指数和纳斯达克(NASDAQ)指数在这个月分别下降了21.9%、27%和27.2%。此外,芝加哥商品交易所(CME)上市的S&P 500指数期货合约的价格较S&P 500指数出现了更为剧烈的变化——10月20日,S&P 500指数期货合约的最低价一度到达181点(约等价于道指跌至1 444点),较当年最高点的相对跌幅接近44%。与此同时,纽约的股票现货和芝加哥股指期货之间的价格关系出现了持续的基差反转现象(即相对现货价格而言,期货价格贴水非正常的升水)。更值得一提的是,1987年10月的美国"黑色星期一"在全球范围内都引发了巨大的冲击——10月19—20日间,日经225指数和伦敦富时指数分别下跌了4 456点(跌幅16.9%)和500点(跌幅近22%),10月30日,两个指数分别位于23 328.91点和1 749点,月跌幅分别为12.8%和26.4%(参见表1)。

表1 全球主要市场股价指数变化(1987年全年和1987年10月)

	本币计算		美元计算	
	1987年全年	1987年10月	1987年全年	1987年10月
澳大利亚	-3.6	-41.8	4.7	-44.9
奥地利	-17.6	-11.4	0.7	-5.8

---

① 当日,标准普尔500指数下跌了57.86点,跌幅20.46%;NASDAQ指数下跌46点,跌幅11.35%(之所以该市场跌幅明显小于其他两个指数,是因为很多做市商很早就停止交易,价格无法继续下跌)。

（续表）

	本币计算		美元计算	
	1987年全年	1987年10月	1987年全年	1987年10月
比利时	-15.5	-23.2	3.1	-18.9
加拿大	4.0	-22.5	10.4	-22.9
丹麦	-4.5	-12.5	15.5	-7.3
法国	-27.8	-22.9	-13.9	-19.5
德国	-36.8	-22.3	-22.7	-17.1
中国香港	-11.3	-45.8	-11.0	-45.8
爱尔兰	-12.3	-29.1	4.7	-25.4
意大利	-32.4	-16.3	-22.3	-12.9
日本	8.5	-12.8	41.4	-7.7
马来西亚	6.9	-39.8	11.7	-39.3
墨西哥	158.9	-35.0	5.5	-37.6
荷兰	-18.9	-23.3	0.3	-18.1
新西兰	-38.7	-29.3	-23.8	-36.0
挪威	-14.0	-30.5	1.7	-28.8
新加坡	-10.6	-42.2	-2.7	-41.6
南非	-8.8	-23.9	33.5	-29.0
西班牙	8.2	-27.7	32.6	-23.1
瑞典	-15.1	-21.8	-0.9	-18.6
瑞士	-34.0	-26.1	-16.5	-20.8
英国	4.6	-26.4	32.5	-22.1
美国	0.2	-23.2	0.2	-23.2

资料来源：Bloomberg。

从某种意义上说，1987年10月美国股市崩溃可以认为是20世纪70年代"金融革命"以来发生的第一次现代意义上、大规模、全球性的发达国家股票市场危机（尽管危机的持续时间颇为短暂，对经济的冲击也不显著）——这次危机爆发之前，股指期货、股指期权等金融衍生品已经较为普遍，投资者的机构化初露端倪，组合管理、投资组合保险、指数套利以及基于上述的程序交易策略等已颇为流行，以风险管理为核心的美国金融模式的核心要素已基本到位。历史地看，20世纪30年代的美国新政改革，尤其是创建美国证券交易委员会（SEC），目的之一就是为了防止20世纪30年代大萧条之前股市崩溃事件的重演。但1987年10月所发生的事情显然意味着在"金融革命"发生以来,美国证券市场的内在运行存在诸多缺陷,证券市场监管也有漏洞。从后续的发展来看,尽管1987年10月的股市崩溃并未在宏观经济层面造成类似1929年的严重后果,股市乃至经济在短暂调整后就重现上升趋势,但股灾的发生仍在学术层面提出了很多疑问:在一天、一周甚至一个月之内,美国和全球范围内股票(含股指期货)的市场价格为什么能发生如此大的波动,引发社会财富如此巨大的灾难?股市崩溃究竟是一个独立的事件,还是一系列类似的股灾事件中的一例?是否能够采取监管措施防止此类事件的发生,或者说至少可以降低其发生的概率并减轻问题的严重性?⋯⋯为了回答这些疑问,1987年股市崩溃后的短短1年之内,美国国会、美国证券交易委员会、美国商品期货委员会(CFTC)、各家证券期货交易所和私人组织都发起了数量众多的调查委员会,试图通过对此次股市崩溃(事故)的深入调查来了解其形成机制并确定其发生的原因,进而改进美国证券市场运行和监管,避免危机在未来的重演或者说降低冲击的消极影响。这些调查的研究成果,诸如布雷迪报告(Brady Commission,1988)、SEC市场监管部的"市场崩溃报告"、CFTC报告等,对1987年10月的市场运行进行了极为详尽的研究和分析,并对市场结构、支付清算、信息披露以及国际协调等诸多重要问题提出了颇多政策建议,类似熔断机制、跨市场保证金机制、改进支付结算等政策建议已在后续成为现实。本案例试图在回顾股灾发生前后历史事实的基础上,通过对股灾成因、政府救助措施及其后续监管影响的分析和思考,尝试总结1987年10月股灾的经验教训。

二、1987年10月美国股市崩溃前的政府政策与市场运行

随着罗纳德·里根(Ronald Reagan)在1980年当选为美国总统,华尔街进入了一个新的时代。在里根政府的支持下,为了抑制通货膨胀,时任美联储主席的保罗·沃尔克(Paul Volcker)在放慢货币增长速度的同时,大幅提高了贴现率,进而导致其他利率也随之升高——20世纪80年代初美国银行的最优利率一度曾达到20%的水平。这一系列紧缩措施致使美国在1980—1981年间陷入了大萧条以来最为严重的经济衰退——当时,失业率推升到了10%的水平,公司盈利锐减,道指狂泻20%,一度跌到了800点以下。

但是,随着通货膨胀压力的减退,美联储在1982年夏开始调低贴现率,市

场利率开始从历史最高水平回跌,公司盈利水平提高。在经济复苏、金融管制放松、杠杆并购以及股权投资税收激励等多种因素的共同作用下,美国股票市场在之后近5年的时间里开启了牛市模式,一路上涨——道指在1982年就从777点回升到了1 000点之上,1985年12月11日道指首次达到了1 500点(在短短3年时间里上涨了50%);而仅仅1年之后,1987年1月8日,道指就跨越了2 000点;又只过了6个月,1987年7月17日的道指达到了2 500点,并在8月25日达到了2 746点的历史最高位。当时,伴随着股票市场价格的持续上涨,大量的新发行股票充斥着市场——1986年新发行普通股的金额达到563亿美元,1987年上半年股票的发行规模也有270亿美元。

当市场在1987年8月25日达到顶峰(道指当日收于2 722.42点)之后,鉴于当时的股票估值水平已远远超过历史及基本面因素所能支持的水平,再加上财政赤字的不断扩大导致的美元贬值预期,以及经济过热导致的通货膨胀率回升进而美联储升息预期等各种令人担忧的消息越来越多,股市运行不复之前的高歌猛进,出现了一些逆转迹象——1987年8月31日,道指收于2 662.95点,较之前的历史高位有所回落。进入9月之后,随着9月4日美联储理事会决定上调贴现率0.5%消息的公布,其抑制通货膨胀的政策取向得到市场人士的明确证实,股市出现了下挫迹象,但初期的跌幅并不明显,到9月30日道指收于2 596.28点,仅较8月下跌了2.5%。

进入1987年10月之后,股市的恐慌情绪突然放大,股价随之出现了明显跳水——在经历了10月1日和2日颇为平静的交易日之后,10月5日开始的一周内,道指下跌159点(跌幅近6%)。一场针对华尔街的金融巨灾即将到来。

三、1987年10月14—16日的市场表现与政府态度

尽管前一周的美国股价出现了快速跳水的迹象,但1987年10月12日和13日的市场交易却并未延续之前的跌势,反倒显得颇为平静。然而,可能当时谁也没有想到,这仅仅是金融风暴之前的暂时宁静,紧随其后的5个交易日注定成为美国金融市场发展史上无法忽略的"黑色一周"——仅10月14—19日4个交易日的道指跌幅就达到了769点(跌幅31%),累计股票市值下跌规模接近1万亿美元。

尽管1987年10月14—16日的单日跌幅没有19日那么惊人,但如果以S&P 500指数的变化看这3天的累积股市波动,可以发现10.12%的股价下降成

为 1950 年以来美国股市的最大 3 日累积跌幅,颇为罕见(参见表 2)。

表 2　1950 年 1 月 1 日至 1987 年 10 月 16 日期间最大的 3 日累积跌幅(S&P 500 指数)

时间	跌幅(%)
1987 年 10 月 14、15、16 日	10.12
1962 年 5 月 24、25、28 日	9.18
1986 年 9 月 10、11、12 日	6.86
1974 年 11 月 15、18、19 日	6.65
1950 年 6 月 23、26、27 日	6.52
1970 年 5 月 19、20、21 日	6.24

资料来源:McKeon and Netter(2009)。

(一) 10 月 14 日星期三

在 10 月 14 日开盘之前,美国股市已收到了两条颇为负面的消息:一是 10 月 13 日晚,众议院筹款委员会(House Ways and Means Committee)在对背负沉重债务负担的企业适用税收减免的情况进行了调查之后,提交了一份旨在限制收购的税收法案(对于运用债务获得超过目标公司 20% 的股份或资产的收购方而言,不允许利息抵扣);二是当天上午美国政府公布 8 月份商品贸易赤字为 157 亿美元,高出业界估计值约 15 亿美元,直接导致市场预期美元进一步贬值的压力加大,美元在外汇市场上被纷纷抛售,德国马克和日元出现了显著升值。当天伦敦和纽约市场出现了美国国债的抛售潮(出于美元贬值可能引发的通货膨胀加剧和国债对国际投资者吸引力下降等考虑),长期国债价格出现了明显下降,由此导致美国中长期国债的收益率显著上升(两年内首次超过 10% 的水平)。

多个利空消息的联合冲击,使得美国股市受到了极大的下行压力。当日开盘时,在 S&P 500 指数期货价格出现快速跳水之后,道指也出现了急速下降——开盘半小时,指数就下跌了 44 点。

借助图 1,可以发现在经历了开盘后短暂的股价快速下跌之后,市场进入了 2 个小时的盘整期。但 12 点 15 分之后的 1 小时内,由于投资组合保险者在股指期货市场上大量出售,引致了指数套利者在现货市场上大量出售,道指再次出现了幅度为 45 点的一个快速下降期。此后,尽管市场价格有所回升,但在最后 1 小时,道指出现了 17 点的下跌。

整个周三,在股票现货市场上,道指下跌 95.46 点(跌幅约 3.8%),收于 2 412.7 点,交易量 2.07 亿股。此外,S&P 500 指数当日下跌了 9.29 点(跌幅约

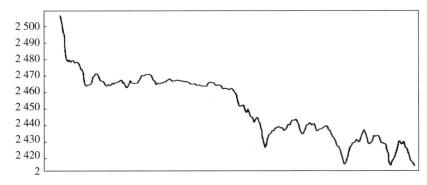

图1　1987年10月14日道指走势变化

资料来源：Brady Commission(1988)。

2.95%），S&P 500指数期货下跌幅度则略小于现货。①

（二）10月15日星期四

周四美国市场一开盘，股票现货和股指期货的价格均继续呈现下跌态势——芝加哥在开盘半小时内，就迎来了由以投资组合保险者为主的参与者发出的巨量空单（投资组合保险提交的空单数量就达到了2 500份，合约名义价值3.8亿美元）；随后纽约证券交易所（NYSE）开盘，道指在4 800万股票抛单的压力下，半小时内下跌20点。

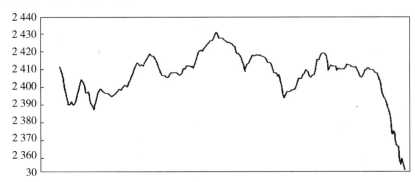

图2　1987年10月15日道指走势变化

资料来源：Brady Commission(1988)。

借助图2可以发现，从全天交易情况看，尽管开盘之初美国股市延续了上一交易日的跌势，但随后就显示了较为明显的反弹，日间指数最高触及2 430

---

① 值得指出的是，开盘之初，S&P 500指数期货价格一度跌破S&P 500指数，出现了价格贴水（最大近1.75点）。但很短时间内，股指期货价格就超过了现货，回到了升水状态，收盘时，升水趋小，两者非常接近。

点。此后股价虽出现较大回调,但直到下午 3 点半之前道指仅较上一交易日下跌了 4 点。下午 3 点半之后,原本平静的股市再起波澜——在交易日的最后 30 分钟时间里,道指狂泻 53 点。

全天收盘时,道指较上一交易日下跌 57.61 点(跌幅 2.38%),收于 2 355.09 点,全天成交量 2.63 亿股。此外,S&P 500 指数当日下跌了 7.15 点(跌幅约 2.34%),S&P 500 指数期货下跌幅度略小于现货。①

借助表 3 可以发现,周四美国股市最主要的净出售来自对冲基金和指数套利者,而股指期货市场上最主要的净出售来自投资组合保险者。

表 3　1987 年 10 月 15 日交易行为汇总

单位:百万美元

类型	股票交易(NYSE)		股指期货交易(CME)	
	买入	卖出	买入	卖出
投资组合保险者	201	257	171	968
指数套利者	407	717	717	407
交易所做市商	1 486	1 364	7 530	7 509
其他交易所会员	1 849	1 629	*	*
期权做市商	*	*	864	998
交易型投资者	1 026	1 156	2 236	2 050
部分养老基金	368	190	76	169
其他金融机构	798	516	57	109
对冲基金	998	1 419	27	3
外国投资者	*	*	298	442
公司回购	*	*	*	*
总计	11 400	11 400	18 830	18 830

注:*表示缺失数据。

资料来源:公司回购:SEC Report, table 6-2;交易所做市商和其他交易所会员:Task Force Report, table VI-B-1;其他:Task Force Report, figures III-13, III-14, III-15 and III-16。

(三) 10 月 16 日星期五

10 月 16 日是周五,是多份以股指为标的物的期权合约到期的日子。鉴于

---

① 这一交易日股指期货和现货之间的关系与周三类似,即开盘之初,S&P 500 指数期货价格一度跌破 S&P 500 指数,出现了价格贴水(最大接近 2.5 点)。但很短时间内,股指期货价格就超过了现货,回到了升水状态,收盘时,升水趋小,两者非常接近。

过去两天内价格的急速下跌,大多数原先的期权合约从实值期权转变为虚值状态,致使很多投资者无法轻易地利用期权合约的滚动来实现套期保值的目的,只能转而利用股指期货市场。这意味着对于原先拥有股票现货的机构而言,芝加哥的股指期货市场一开盘就面临出于套期保值考虑的巨量空单。更严重的问题是,一旦这种情况成为现实,投资组合保险者也将采取类似的投资操作(出售期货),进一步加大市场下行压力。

不幸的是,当市场正式开盘之后,这些预期成了现实——当天,期权交易者占据了股指期货市场总空单的7%和总多单的6%(参见表4)。

表4 1987年10月16日交易行为汇总

单位:百万美元

类型	股票交易(NYSE)		股指期货交易(CME)	
	买入	卖出	买入	卖出
投资组合保险者	161	566	109	2 123
指数套利者	394	1 592	1 705	392
交易所做市商	2 012	1 845	7 125	7 088
其他交易所会员	2 124	1 922	*	*
期权做市商	*	*	1 254	1 399
交易型投资者	1 081	1 446	3 634	3 373
部分养老基金	773	794	294	234
其他金融机构	1 221	959	126	247
对冲基金	1 485	1 339	73	11
外国投资者	*	*	443	479
公司回购	*	*	*	*
总计	14 500	14 500	19 640	19 640

注:*表示缺失数据。

资料来源:公司回购:SEC Report, table 6-2;交易所做市商和其他交易所会员:Task Force Report, table VI-B-1;其他:Task Force Report, figures III-13, III-14, III-15 and III-16。

但令人诧异的是,从图3显示的当日股价走势来看,从开盘到上午11点之前,虽然股指期货市场价格由于巨量空单的出现呈现较为明显的下跌态势,但NYSE股票现货市场的波动并不明显——道指下跌了仅仅7点。随后的中午12点到下午2点间,尽管股票现货市场曾有过极为短暂的反弹,但道指总体呈快速下跌态势,出现了70点的快速跳水。下午2点半之后,市场出现了一个明显带有技术性的反弹,但紧接着就有一个 50 点的跳水期(下午 3 点半到 3 点 50 分),只是在收盘前的 10 分钟出现了一个 22 点的回调,最终道指收于 2 246.74 点,较前一交易日下跌 108.35 点(跌幅 4.6%)。全天 NYSE 成交 3.385 亿股,成交量已较之前明显放大。

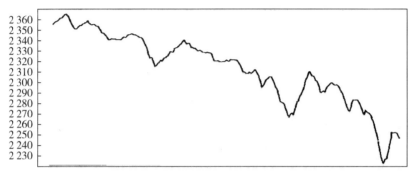

图 3　1987 年 10 月 16 日道指走势变化

资料来源:Brady Commission(1988)。

值得强调的一点是,由于 10 月 16 日间 S&P 500 指数下跌了 15.38 点(跌幅约 5.16%),而 S&P 500 指数期货出现了更大幅度的波动,导致该交易日股指期货与现货的价格差出现了与前两个交易日迥异的情况——价格贴水在开盘时没有出现,但在接近收盘时,指数期货价格明显低于现货(一度超过了 6 点),出现了极为罕见的大幅贴水现象。

(四) 10 月 16 日之前美国政府针对市场波动的政策态度:关注但放任市场自我"修正"

1987 年 8 月,当格林斯潘获得里根总统任命,接替沃尔克担任美联储主席之时,美国正处于里根时代的扩张期,宏观经济形势看上去非常繁荣,当年年初道指就突破 2 000 点大关,到 8 月中下旬则站在 2 700 点的高位(较年初上涨了 40%),但也明显露出了不稳定的迹象,美国很多宏观经济指标的预期并不乐观:首先,财政赤字不断增加,几乎增加了 3 倍(从其就任之初的 7 000 多亿美元增加到了 1988 年会计年度终时的 2 万亿美元以上);其次,美元开始贬值,民众担心美国会失去在全球范围内的竞争优势——当时的美国媒体充斥着日益升温的"日本威胁"观点;最后,消费者物价指数重回高位——尽管 1986 年的消费物价指数仅上升了 1.6%,但格林斯潘就任时,这一指标就已上升近 2 倍(3.6%)。

在这一大的宏观经济背景下,格林斯潘领导的美联储在 1987 年 8—9 月的主要任务是判断是否需要通过提高利率来抑制经济过热,控制通货膨胀。充分的沟通之后,在1987年9月4日召开的美联储理事会上,18名美联储理事会委员一致达成共识,通过了提高利率的议案,决定把美联储再贴现利率从5.5%上调至6%。此次利率提高之后,不出意外的是,股市下挫,商业银行配合美联储的行动调高了主要放款利率,而金融界,一如美联储所预期的那样,认为美联储开始采取行动压制通货膨胀。

对于以格林斯潘为代表的政府官员而言,他们清晰地意识到单靠提高一次利率绝不可能轻易地带领美国走出危机。这意味着,在他们看来,由于经济增长放缓加上美元走弱肯定会让华尔街陷入困境——因为投资人和投资机构面对数十亿美元的投机资金却可能无法获利。现实地看,这种判断完全正确——进入10月之后,恐惧已经转变成了恐慌,第一周股市就急跌了6%,第二周又跌了12%,最严重的10月16日,单日跌幅就达到了108点。这意味着,自9月底以来,将近5 000亿美元的纸上财富已经从股市蒸发——更无须提及外汇和其他市场的损失。但鉴于1987年秋天的美国股市就像一只充气过头的气球,注定是会自动爆炸的,因此,在格林斯潘看来,一方面,"事件迟早是会发生的"(Greenspan,2007),另一方面,从历史的角度看,此次股市价格"修正"也不是最严重的(1970年的股市暴跌是这次的2倍,而大萧条时,股价下跌超过80%),因此美联储无须采取措施,进而也谈不上什么救助——历史地看,直到10月19日早上股市开盘之前,白宫、美联储等均未陷入恐慌之中,也未有市场救助的想法。

四、1987年10月19日之后的市场表现与政府救助

(一)10月19日("黑色星期一")

10月16日之后的两个休息日并没有出现利好消息,反倒是美元贬值等利空因素日益严重——10月18日,时任美国财政部长的吉姆·贝克在电视节目中宣布,如果联邦德国不降低利率,美国将考虑让美元继续下跌,预示着10月19日的美国股市可能延续之前的下跌颓势。

10月19日上午9点15分,芝加哥的股指期货交易率先开始。一开盘,芝加哥期货交易所(CBOT)的主要市场指数(Major Market Index,MMI)期货合约较上周五收盘价下跌了2.5%。15分钟后开始交易的S&P 500指数期货合约价格在沉重的卖出压力下也出现了明显的低开状况——大幅下降了22点,相当

于现货价格的 8%。使情况变得更为复杂的是当 NYSE 开始交易时,市场中存在的巨大出售压力使得很多股票的买入和卖出订单数量之间产生了极大的失衡——仅在 DOT 系统中,市场开盘前就有价值约 5 亿美元的卖出市价订单。在这种状况下,NYSE 的很多专家在开盘之后的近 1 个小时之内根本无法报出交易价格——"到 10 点为止,95 只 S&P 500 指数的成分股(约占指数价值的 30%)还没有开盘交易"(SEC,1988),Wall Street Journal(1987)指出道指的 30 只成分股中 11 只(其中包括 IBM、Exxon、Sears 等几只主要股票)出现了开盘延迟的状况。因此,在芝加哥商品交易所的 S&P 500 指数期货完全反映了 19 日开盘的信息情况的同时,道·琼斯公司、S&P 指数公司等计算并对外公布的股票(现货)指数只好采用了 16 日的收盘价。这意味着 19 日上午 NYSE 和股指期货交易制度的差异事实上造成了两个市场之间的价格缺口。而正是这一市场价格缺口吸引了很多指数套利者的介入,其交易策略就是在 NYSE 交易系统中输入市价出售指令(期望通过后续以更低价位的股指期货合约的购买来平掉仓位以获利)。当现货市场最终开始交易时,价格缺口逐渐缩小,而这时,很多指数套利者发现他们之前输入的市价出售指令的实际成交价格大大低于其原预期水平,因此他们在这个时期尝试通过在股指期货市场买入来对冲交易损失。

图 4 显示的 19 日 NYSE 市场价格的变化清晰地反映了这一市场行为的变化:在开盘的第一个小时,由于很多股票没有交易,基于 16 日收盘价的道指实际上并没有出现过大的跌幅,但从 S&P 500 指数现货和股指期货两个市场价格基差的变化看,出现了极为显著的价格贴水现象——开盘时,股指期货价格低于现货价的水平就超过了 20 点(超过 7% 的幅度),这种贴水现象一直持续到上午 11 点。到上午 10 点半的时候,由于绝大多数股票有了实际交易,道指已从 16 日收盘时的 2 247 点跌到了约 2 150 点的水平,跌幅近 4.3%。此时,很多套利者感觉现货出售价格过低,开始在股指期货市场上大幅买进。这种行为大概从上午 10 点 50 分时出现,导致股指期货价格出现了明显回升,基差从上午 11 点之后重新变为负值。与此同时,道指也出现了回调。这一状况持续了一小时左右。

但这种状况在 11 点 40 分左右开始出现变化——从这一时刻开始,投资组合保险者的空单陡然增多,在后续一个多小时的时间内引发了高达 100 点的下跌,道指从 2 140 点跌到了 1 950 点。

下午 1 点左右,华尔街突然传闻 SEC 主席在当日的一次演讲中提及"肯定

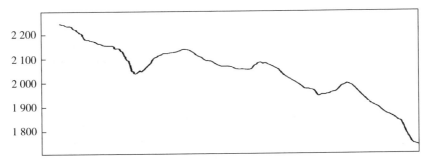

图 4　1987 年 10 月 19 日道指走势变化

资料来源：Brady Commission(1988)。

有一个点位,虽然我不知道这个点位是什么,但我会和 NYSE 沟通,是否可以短暂,非常短暂地停止交易"。这则 NYSE 随后可能关闭的传言极大地加剧了华尔街投资者的恐慌情绪——他们需要在市场关闭之前把股票赶快出手,随之而来的抛售潮再次直接导致道指快速下跌 100 点。此后的交易时间可以说是一场灾难——在收盘之前的一个半小时内,机构投资者出售了 6 000 份股指期货合约(合约名义价值 6.6 亿美元),同时一些指数套利者不愿意通过 DOT 出售股票现货进而也不需要在股指期货市场上做多,股指期货市场与现货市场的关系进一步扭曲,基差水平持续为正值,并一度在下午 3 点 20 分左右达到了近 28 点的水平。此外,股票现货和股指期货之间的巨大基差使得很多交易者不敢轻易在现货市场上买进(相对股指期货而言,现货价格太高了)。股票现货市场多头的消失则引发了道指断崖式的下跌——在 19 日交易日的最后一个多小时里,指数下跌了近 300 点(跌幅超过13%),最终全天下跌 508.32 点,收于 1 738.74 点,跌幅 22.6%,创造了美国股市发展史上最大的单日跌幅。尽管 19 日 NYSE 全天的股票交易量达到 6.043 亿股,交易额为 210 亿美元,但值得指出的是,当时 NYSE 的股票总市值约为 3 万亿美元,全天的换手率仅0.7%。此外,当天 S&P 500 指数下跌了 57.86 点(跌幅约 20.5%),而 CME 的 S&P 500 指数期货的跌幅则达到 29%,远超现货的跌幅。

值得一提的是,在 19 日的股市崩盘中,个别机构的交易行为在整个卖空压力形成中起到了关键作用——在 19 日全天交易的 210 亿美元股票和 200 亿美元 S&P 500 指数期货中,有四个投资者实现了 42 亿美元的卖出量,其中有三个投资组合保险共卖出了 11 亿美元的股票和 23 亿美元的股指期货,一家对冲基金卖出了超过 8 亿美元的股票(参见表 5)。

表 5　1987 年 10 月 19 日交易行为汇总

单位:百万美元

类型	股票交易(NYSE)		股指期货交易(CME)	
	买入	卖出	买入	卖出
投资组合保险者	449	1 748	113	4 037
指数套利者	110	1 774	1 582	129
交易所做市商	3 976	3 239	5 682	5 479
其他交易所会员	2 558	2 714	*	*
期权做市商	*	*	915	898
交易型投资者	1 316	1 751	4 510	2 590
部分养老基金	1 481	875	447	631
其他金融机构	1 221	1 416	320	525
对冲基金	1 947	2 168	143	19
外国投资者	*	*	609	494
公司回购	411	*	*	*
总计	21 000	21 000	18 987	18 987

注:*表示缺失数据。

资料来源:公司回购:SEC Report, table 6-2;交易所做市商和其他交易所会员:Task Force Report, table VI-B-1;其他:Task Force Report, figures III-13, III-14, III-15 and III-16。

(二) 10 月 20 日星期二

在 10 月 20 日股市开盘之前(上午 8 点 15 分),美联储发表了一份简短的公开声明,表明其将向金融体系提供必要的流动性。尽管美联储的这份公开声明一定程度上稳定甚至可以说提升了市场信心,但在开盘阶段,NYSE 的专家还是经受了巨大的挑战——鉴于 NYSE 专家受交易所制度规定的稳定市场的约束,他们在 19 日已持续购买并累计持有了超过 10 亿美元的股票存货,但对于 20 日开盘之前由那些具有空头股票或股指期货的价值驱动的投资者和交易者提交的巨量市价出售订单,这些专家们仍面临与 19 日开盘颇为类似的订单失衡状况,进而当时无法报出有效的开盘价。但由美联储公开声明带来的市场信心回升和大量的买入订单,不仅导致 20 日 CME 的 S&P 500 股指期货在开盘时高开了近 10 点(223 点),而且虽然 NYSE 开盘时道指比 19 日收盘点位要略低一些,但在开盘后的 1 小时交易时段内,S&P 500 股指期货和股票现货价格都出现了极为明显的上升,其中道指的升幅一度接近 200 点(参见图 5)。

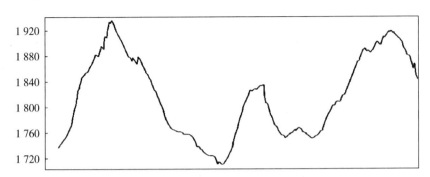

图 5　1987 年 10 月 20 日道指走势变化

资料来源:Brady Commission(1988)。

上午 10 点,随着巨量卖单的涌入,市场回升态势结束。在 10 点到 12 点 15 分这个交易时段,股票现货和股指期货的价格进入了自由落体式的下降通道——巨量的空单使得道指快速下跌近 300 点,最低下探 1 709 点(在这一市场紧急状态下,很多专家实际上已退出了做市交易,而 NYSE 也被迫关闭了面向指数套利者的 DOT 系统),而 S&P 500 股指期货价格的跌幅则更为惊人,最低水平跌至近 181 点(跌幅为 44%,大致相当于道指下跌至 1 443 点),直接导致 CBOE 和 CME 分别暂停了指数期权和 S&P 500 股指期货的交易(CBOE 的暂停开始于上午 11 点 45 分,而 CME 的暂停通知宣布于 12 点 15 分)。① 这实际上意味着,在 20 日中午的这个时刻,美国证券市场甚至整个金融体系处于濒临崩溃的边缘。

中午,市场出现了一些与公司回购股票等相关的利好消息——先是 4 家小公司相继回购其流通在外的股票,之后从 12 点 10 分开始,美林、福特、霍尼韦尔等几家大公司也相继效仿,发布了类似消息。在这一利好的刺激下,在 CME 暂停股指期货交易之后,不仅道指出现了接近 125 点的反弹,回到了接近 1 840 点的水平,而且当时唯一还在交易的指数期货合约——CBOT 的 MMI 期货价格在 12 点 30 分之后的 20 分钟时间里出现了近 90 点的强劲回升。但当 S&P 500 股指期货在下午 1 点 05 分左右重新开盘之后,纽约和芝加哥均又出现了下跌。

下午 2 点之后,美国的股票现货和股指期货市场均出现了明显反弹——在下午 2 点到 3 点半这一交易时段里,道指回升了 170 点,股指期货价格也有近

---

① 11 点 45 分,CBOE 暂停了股票期权交易。

30点的回升。尽管3点半到4点,两个市场均出现了一定幅度的价格回落,但在周二收盘时,较周一收盘,道指上涨了102.27点(涨幅为5.88%),收于1 841.01点。20日,NYSE全天的股票成交量达到了6.081亿股的历史最高水平。还值得一提的是,在20日的整个交易时段,除开盘之初很短的时间内S&P 500指数期货价格高于现货指数外,直到收盘,基差几乎都处于巨幅期货贴水的状态,最大的基差出现在12点前后,达到了历史性的近40点(接近当日指数的18%),下午4点收盘时,基差仍处于接近20点的水平。这意味着当天两个市场之间的关联基本处于脱节状态。①

借助表6可以发现,20日股票现货的净买入指令主要来自养老基金和其他金融机构,股指期货的净买入则来自交易型投资者,而就净卖出订单而言,现货来自交易所会员和交易型投资者,股指期货则来自投资组合保险者。

表6 1987年10月20日交易行为汇总

单位:百万美元

类型	股票交易(NYSE)		股指期货交易(CME)	
	买入	卖出	买入	卖出
投资组合保险者	863	698	505	2 818
指数套利者	32	128	119	31
交易所做市商	3 240	3 517	2 689	2 718
其他交易所会员	1 710	2 002	*	*
期权做市商	*	*	544	635
交易型投资者	1 495	1 740	4 004	2 765
部分养老基金	920	334	1 070	514
其他金融机构	2 154	1 579	517	303
对冲基金	1 858	1 726	51	40
外国投资者	*	*	418	329
公司回购	667	*	*	*
总计	18 500	18 500	13 641	13 641

注:*表示缺失数据。

资料来源:公司回购:SEC Report, table 6-2;交易所做市商和其他交易所会员:Task Force Report, table VI-B-1;其他:Task Force Report, figures III-13, III-14, III-15 and III-16。

① 当时,随着价格的急速下降,不仅NYSE即将闭市的消息到处流传,而且市场上还传出一些大型清算机构和主要市场参与者即将破产的消息,市场陷入一片恐慌,金融体系运行处于"停摆"的边缘。

(三) 10月19日之后美国政府的市场救助

尽管从美国政府各部门的权责划分看,一旦其金融体系出现系统性问题,承担救助责任的机构主要是财政部和美联储两家,但由于19日的暴跌事发极为突然,时任美国财政部长的吉姆·贝克正在欧洲出席会议,因此,救助的主要责任就落在了美联储,尤其是刚刚就任美联储主席不久的格林斯潘身上。①

历史地看,10月19日道指508点(或者说22.6%)的暴跌完全改变了美联储(包括格林斯潘)和财政部甚至美国政府对于此次股市波动的认识:当时,市场状况的紧急和恶化非常明显(即使市场不再恶化,系统也要混乱好几周),而如果股市继续下跌,那么整个美国金融体系可能出现系统性崩溃,陷入金融瘫痪——在Greenspan(2007)看来,这是一种混乱状态,企业和银行停止支付相互间的债务,经济陷入僵局。这意味着,19日收盘之后,以格林斯潘为代表的美联储已决定采取措施来救助市场,使其恢复到正常运行的轨道上来。与此同时,白宫也意识到了市场的异常波动,开始尝试稳定市场——19日晚上,白宫发表声明称:"国家经济运行状态良好,就业率处于最高水平,生产不断增加,贸易收支也在不断改善。美联储主席最近发表讲话说,没有迹象表明通货膨胀会进一步发生。"

在Greenspan(2007)看来,避免当时市场危机恶化的关键在于两个方面:一是金融机构,尤其是大型证券交易商及投资银行的持续运作,而实现这一点需要商业银行的介入;二是直接向市场注入流动性,以避免资产价格的流动性冲击,恢复市场的合理定价能力。事后来看,美国政府的市场救助主要围绕着这两个方面展开。

第一,在10月开始的连续暴跌(尤其是19日)之后,鉴于华尔街的很多大型证券交易商和投资银行损失惨重,如何在维系市场对这些机构信任的同时说

---

① 这意味着从金融监管架构上看,尽管SEC负有监管证券、CFTC负有监管商品类期货和期权的权限,但在市场处于紧急状况下,这两个机构是没有救助资格的。一个例证就是,据SEC 1988年年报显示,其曾在股市崩溃之后的1988年6月末7月初出于强化美国资本市场的效率和公正性,预防未来的市场崩溃的考虑,向国会提交了一系列立法建议案。SEC的建议案如通过立法确认,将有助于:(1)使SEC获得与交易时间、头寸限额和支付清算等相关的紧急授权;(2)允许SEC在紧急状态下暂停证券交易;(3)使SEC强制取得大宗证券头寸和控股公司体系活动的报告;(4)强制实现支付清算的协调;(5)调整针对股票、股票指数衍生品的保证金设置结构和强制确定审慎的保证金水平;(6)授予SEC对于权益指数期货及其期货期权的监管权。这说明在1987年股市崩溃发生时,SEC的监管权极为有限,无力介入政府救助。

服这些机构持续经营,避免出现大范围的金融结构破产就成为摆在美联储面前急需解决的重点问题——当时,追加保证金是由芝加哥的四家结算银行征收的,而由于异常的保证金支付规模使得结算银行不愿意证实其会员公司向结算所的支付能力,要求结算所直接从纽约的这些大结算公司的往来银行收到资金;同时,纽约银行也早就担心有关它们客户负债方面的传闻,而且几乎没有时间来完全了解其证券公司在这些业务上的头寸。为了实现这一目标,美联储在10月20日开盘前公开发布的一份简短的声明——"联邦储备系统作为国家的中央银行,为不负此重大责任,今特保证充当流动性的来源,以支持经济和金融体系",在稳定投资者信心的同时,更为重要的一个考虑是这种声明向市场(尤其是商业银行)暗示了美联储会提供安全保护网给银行,希望银行能辗转交棒,协助其他金融机构持续运营。另外,由纽约联储主席吉瑞克·瑞恩出面,与华尔街的众多银行家进行沟通(而不是命令),表明美联储希望这些银行家本着公司长远利益的考虑继续向客户(证券经纪人和自营商,尤其是清算会员)发放贷款,提供连续的信贷供应来确保市场的持续运营——1994年格林斯潘向参议院银行委员会所做的听证会上就明确指出了这一点(Greenspan,1994)。

第二,美联储在声明发布之后,一反之前的紧缩资金意图,通过位于纽约的金融公开市场委员会(FOMC)的持续公开市场操作,小心翼翼地对金融系统提供流动性——事后得知,FOMC下令纽约联储的交易员从公开市场买进了数十亿美元的国库券。美联储公开市场操作的后果是联邦基金利率从周一的7.5%下降到了周二的约7%。在金融市场突变之后,流动性的注入有效地缓解了市场的混乱和紧张。其他短期利率也紧随联邦基金利率出现了下降,减少了贷款人的成本。

美联储这一取向的公开市场操作在此后数周得以持续。值得指出的是,危机后美联储的公开市场操作非常高调,且这些交易频繁发生在正常市场状态下计划干预时期之前的1个多小时(Winkler,1987)。在早早进场之后,纽约联储的交易员在前一天下午就会通知自营商。

第三,美联储放宽了针对政府债券的交易限制。在美国,国债经常被充当回购和其他许多金融合约的抵押品,也可以作为满足保证金追缴通知的合格来源。因此,国债的交易和借贷一直以来就是市场流动性的重要来源之一。但问题是,在市场危机爆发之后,许多国债持有者出于交易对手风险过高的考虑,不再愿意像先前那样轻易地出借国债,而这一行为导致了市场中可流通国债的短缺和国债交割失败事件的增加(Greenspan,1988)。从当时的情况看,国债市场的流动性下降问题已蔓延到其他市场,成为威胁市场稳定的重要因素之一。在这一背景下,美联储为了逆转国债市场的交投清淡状况并增强国债的流动性,取消了单笔交易和单个做市商的贷款限额以及发放的贷款不能有助于空头交易等限制,临时放开了国债交易。

第四,为了确保金融体系的稳健性,美联储当时还在主要银行类金融机构配置了检察员,密切监控事态的发展。这一行动不但有助于识别潜在的挤兑,而且可以评估银行业通过贷款、贷款承诺和信用证等途径向证券业提供的信贷规模敞口。此后,美联储的监控不再局限于银行业,且逐步扩展到政府债券市场和主要做市商与同业经纪商健康状况的日常监控。实际上,除美联储外,SEC、美国证券交易商协会(NASD)、NYSE 和财政部等多个机构的主要官员也与主要做市商和同业经纪商保持密切的联系。

第五,为了使清算银行顺利地完成其与经纪人和自营商的证券支付及清算,美联储在一些交易日延长了 Fedwire 结算系统的开放时间(Greenspan,1988)。

随着 20 日以美联储为主导的诸多市场救助政策的推出,商业银行的证券贷款规模显著放大的同时,联邦基金利率等市场基准利率出现了明显的下降,市场信心和流动性逐步恢复,股票现货和股指期货价格均出现了较为明显的回调,隐含波动性和现实波动性均出现了显著下降(参见图 6 和图 7)。这意味着政府针对股市崩溃的强力干预颇为有效,基本实现了平稳市场和避免金融瘫痪发生的初衷。

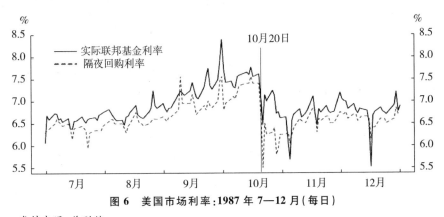

图 6　美国市场利率:1987 年 7—12 月(每日)

资料来源:美联储。

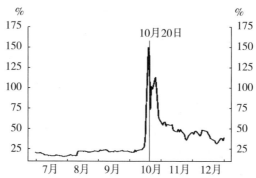

图 7　美国 S&P 500 期货隐含波动性：1987 年 7—12 月（每日）

资料来源：美联储。

五、10 月崩溃后的美国股票市场：平稳过渡之后重现牛市

在经历了"黑色一周"之后，10 月剩余 8 个交易日的美国证券期货市场表现并不平静：首先，这 8 个交易时段中道指波动超过 50 点（以收盘价的波动来测度）的就有 6 天，其中在 10 月 21 日出现了 181 点的上涨（涨幅为 10.1%），而 10 月 26 日则见证了道指史上第二大幅度的下跌（187 点）；其次，尽管这 6 个交易日的交易时间都明显缩短（下午 2 点就收盘），但日交易量基本都超过了 2.4 亿股（其中 21 日和 22 日的交易量达到了 4.49 亿股和 3.92 亿股）①；最后，20 日出现的股指期货与现货之间价格扭曲（基差持续呈现正值）现象得以持续，直到 29 日才发生逆转，基差转为负值。

进入 11 月后，美国证券和期货的市场价格波动和成交量则基本回到了相对平稳的正常状态（参见图 8）。事实上，美国政府危机处理小组在 11 月初就解散了（Greenspan，2007）。

在经历了 10 月的"华尔街大屠杀"之后，美国股票市场的发展颇有些令人意外——尽管 1987 年 10 月股市崩溃后出现了一些与 1929 年股市崩溃时期类似的现象（在出现银行倒闭数量急剧增加、包括美国在内的越来越多的主要债务国出现偿债困难、贸易保护主义抬头以及阻碍国际分工措施的出台等现象的同时，投资者对市场的热情受到了较大的打击，投机活动明显萎缩，股票和债券的一级市场融资规模明显下降的同时，市场并购，尤其是涉及垃圾融资的相关

---

① 10 月 22 日下午 4 点收盘后，NYSE 宣布交易所从下一个交易日起收盘时间临时缩短到下午 2 点，便于会员处理股市崩溃期间出现的巨大交易指令。所有主要的证券和指数期货同样缩短了交易时间。从 11 月 2 日开始，交易时间逐渐延长并在 11 月 12 日回到了正常状态。

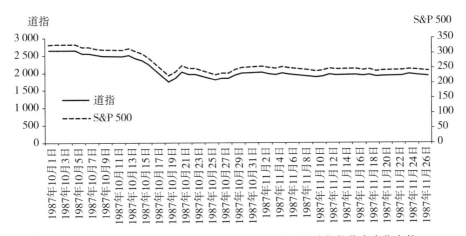

图 8　1987 年 10 月 1 日—11 月 27 日间美国主要股价指数收盘变化态势

资料来源：Bloomberg。

业务出现了惊人的下降），但就宏观层面而言，人们一度广泛担忧的股市崩溃后将造成严重经济后果的预言并未成为现实。相反，"和每个人的恐惧相反，经济还很强固，事实上，1988 年第一季度的年增长率为 2%，而第二季度又加速到 5%。1988 年年初，道指稳定在 2 000 点附近，回到了 1987 年年初的水平，而且股市呈现微幅且持续的上涨态势。经济进入了第五年的连续增长"（Greenspan，2007）。如果我们把时间拉得更长远一些，那么可以看到在 1987 年股市崩溃的两年之内，道指就回到了原先的高位，并在 1991 年 4 月 17 日攀升到了 3 000 点。1999 年，有学者甚至认为"距 1987 年崩溃短短的 12 年后，我们就几乎把它遗忘了"（戈登，1999）。①

---

① 很重要的原因之一是，短期来看，1987 年股票价格崩溃前后，股票价格对于美国投资没有产生什么影响：1986—1987 年，股票价格持续上升（平均每年上升 24%），投资并没有增长，变化非常小（变化率差不多为 -0.1%）；1988 年，股票价格下降了 8%，投资反而出现了增长。1988 年美国商会的一项研究也表明了这一点。

案例使用说明

一、教学目的与用途

1. 适用课程:本案例适用于金融学术硕士"金融市场学"课程、金融专业硕士"金融机构与金融市场"以及 MBA 层次的相应课程。

2. 适用对象:本案例主要为金融学术或专业硕士开发,适合有一定金融专业基础的学员学习。

3. 教学目标:本案例通过介绍 1987 年 10 月美国股市崩溃的整个过程,围绕着金融创新背景下股票现货市场和股指期货市场、股指期权市场的关系以及政府对市场异常波动的态度和政策转变,期望学生了解现代金融市场运行的内在规律。

二、启发思考题

1. 了解 1987 年 10 月美国股市崩溃的经济原因,并结合这一内容,分析美国政府在 10 月 19 日前后对待市场态度转变的原因。

2. 把 1987 年 10 月美国股市崩溃中的政府行为和 2015 年 6—8 月中国股市异常波动中的政府行为联系起来,分析 1987 年 10 月美国股市崩溃对中国证券市场发展具有什么启示和借鉴。

三、分析思路

1. 分析 1987 年 10 月美国股市崩溃的宏观经济金融背景,了解此次股市危机的独特之处。

2. 借助现代资产定价理论,从有效市场理论、流动性和行为金融等不同视角分析 1987 年 10 月美国股市崩溃的经济原因。

3. 了解股指期货、股指期权等金融衍生品市场发展之后,机构投资者的行为变化(比如投资组合保险、指数套利等投资策略的出现和流行)以及股指期货和期权价格与现货价格之间的理论关联。

四、理论依据与分析

(一)理论依据

1. 金融资产定价理论:现金流贴现模型,基于流动性的资产定价与"流动性黑洞",行为金融资产定价理论。

2. 金融监管与金融创新的关系。

3. 证券监管理论。

（二）具体分析

1. 1987 年 10 月美国股市崩溃的宏观经济金融背景

（1）宏观经济"大缓和"时期的开启

历史地看，20 世纪 80 年代和 20 世纪 30 年代类似，实际上成了决定美国经济结构和政府作用的"分水岭"（尽管两个时期的重点截然相反）。众所周知，20 世纪 30 年代之后，以凯恩斯革命为核心，包括美国在内的很多国家的人民都认为政府不仅有权而且有责任采取广泛措施以保证市场的有效运行和实现宏观经济的稳定。这意味着从这个时点开始，不加管制和自由竞争的市场不能一直保证取得预期的经济成就成了美国社会的一种共识。容易理解，此后 50 年间，美国政府对经济的管制、监管和广泛参与有显著的发展。但是，进入 80 年代，人们对政府是否有能力通过实施管制、监督和稳定政策来实现和稳定运转自如的市场经济表示了广泛的怀疑①，而 1980 年罗纳德·里根在总统大选中以压倒多数的优势大胜吉米·卡特则被认为是美国选民授权改变"大萧条"以来政府在经济中所起作用的信号——1981 年 3 月里根提出的新经济复兴计划（其核心是解除政府对美国经济一些主要部门的管制，以促进竞争来增加物资供应、降低物价并刺激生产率）从根本上改变了对政府在经济中应起什么作用的原有观念。

20 世纪 80 年代里根经济学的提出对美国宏观经济的走势无疑产生了极为深刻的影响。在经历了变革之初（由沃尔克采取强力紧缩货币措施以减缓通胀所导致）的经济衰退之后，美国经济不仅在此后一个较长时期内似乎走上了繁荣之路，而且更令人有些意外的是，相对于 20 世纪 70 年代的"大滞胀"或 30 年代的"大萧条"，1986 年之后的美国宏观经济运行进入了一个以"高增长、低通胀"且"增长和通货膨胀都更趋于稳定"的"大缓和"状态——从 1950—2007 年的美国实际 GDP 增长和通货膨胀率变化来看，1950—1985 年的美国经济发展不仅具有很强的波动性（这一时期很多时候美国经济甚至是在衰退，其中最为严重的情况发生在 1973 年和 1981 年），而且通货膨胀也在很长一个时期处于高峰期，但 1986—2007 年间，美国不仅实际 GDP 指标季度间的波动很小，经济一直保持稳定的态势，而且通货膨胀的波动也显著下降（伯南克，2014）。

---

① 很重要的宏观经济背景是，在 20 世纪 70 年代的美国，产出和通货膨胀波动都很大，空气中充满了通货膨胀的味道。在欧佩克限制石油出口之后的 1973—1975 年间，美国出现了一次大幅度的经济衰退。

（2）金融市场的结构性变化

在经济政策取向发生重大转折的背景下，20世纪80年代的美国金融市场也经历了重大的结构变化，最为核心的特征应该是金融市场运行的去个人化，也就是机构投资者以及与机构投资者相关的产品、策略和市场对美国金融市场运行和价格决定的影响越来越凸现：首先，机构投资者不仅成为现货市场的主要参与者，而且成为重要的衍生市场参与者——一方面，当机构需要进行迅速调整大笔金额的组合的时候，它们倾向于先在衍生品市场调整其头寸，然后再逐渐在基础现货市场建立头寸；另一方面，机构利用衍生品来管理其头寸的风险，是动态保值和投资组合保险的主要使用者。其次，机构投资者成了金融全球化的主要推动力量，它们进行国际分散化组合的努力是跨境资本流动的重要来源，使得全球金融市场的关联更加密切。最后，机构投资者通过公司治理、经济重组和更一般的资金的有效利用等渠道成为一系列对美国经济有显著变革影响的代表。①

① 金融市场参与者的结构性变化：机构化

历史地看，20世纪30年代以来美国的金融市场参与者结构发生了极为戏剧性的变化。1930年，大约14%的美国家庭拥有股票，而且当时90%的公开交易的股票是由个人拥有的。但1929年的股灾之后美国家庭中持有股票的比例出现了快速下降——到1950年，股票持有者数量只有500万人，仅占人口的5%。但值得注意的是，1950年时超过90%的公开交易股票仍由家庭或个人直接持有。不过，随着储蓄机构化的加速，这种持股状况在此后发生了戏剧性的变化——从美国当时的情况看，由机构投资者产生的证券需求是脱媒硬币的另一面，一开始是保险公司和养老金计划中累积的储蓄提供了对证券需求的重要来源，而60年代末开始的共同基金产业的爆炸式增长成了刺激广泛参与证券市场（不仅局限于股票和公司债券，对于当时的货币市场而言显得更为重要，直接刺激了CDs、商业票据以及国库券市场的成长）的重要推动力。②

在这一背景下，美国证券市场的投资者参与结构持续发生了结构性的改变——从1950年到20世纪80年代末，个人直接持有的股票份额从超过90%

---

① 客观地说，1980年以来美国金融体系的很多方面都发生了极为显著的结构变化，并不限于金融市场（诸如利率管制放松导致的金融机构业务模式、美联储的货币政策操作，等等），但出于本案例分析重点的考虑，这里仅以金融市场的主要结构变化做些介绍。

② 支持这一增长的重要因素是共同基金的竞争性和业绩导向的特性，以及由此导致的两个领域的巨大进步：一是通信和数据管理技术的创新使得基金的交易成本大幅度降低，二是基金连续不断地为客户进行交易创造便利。

下降到接近60%的水平(在1987年10月股灾之前持股总市值约为2.25万亿美元),而共同基金、养老基金、保险基金等机构投资者的份额则从不到10%上升到近40%。

② 金融产品的结构性变化:金融衍生品的出现和发展

在金融机构试图规避利率等金融管制及此后以"五月天事件"(May Day)(1975)①、《存款机构放松管制和货币控制法》(1980)、《存款机构法》(1982)等为代表的金融管制放松或金融自由化的驱动下,20世纪70年代以来,美国涌现出了众多的金融创新产品,诸如可转让定期存单、欧洲美元账户、浮动利率债券、息票拆离债券、期权、金融期货、期货期权、指数期权、货币市场基金、现金管理账户、收入认股权证、货币互换、底顶互换、可交换债券等逐渐成为资本交易的日常工具,极大地丰富了金融产品格局。

在美国众多的金融产品创新中,从1972年开始起步、以金融期货和期权为代表的金融衍生品市场的快速发展永久性地改变了金融市场的产品结构。布雷顿森林体系的瓦解、全球金融行业的自由化以及过去四十余年中经济生活的迅速国际化带来了新的不确定性。金融衍生品的出现使得各类经济主体可以更好地应付日益扩大的财务风险——商品或股票价格的波动,汇率和利率的变动以及市场流动性的变化所带来的不确定性。实际上,70年代中期以来,在识别和分离现代经济中普遍遇到的关键金融风险的能力方面的进步,以及能够对这些风险进行有效的商品化、交易和定价的金融机构和市场的发展,是现代市场经济发展所取得的显著成就——从根本上说,这些金融创新的出现和发展使得那些愿意降低周围经济不确定性的人可通过市场定价来降低这种不确定性,而那些准备更充分、愿意承担某类风险的人拥有的机会也大大增加了。

或许正是由于这一原因,在世界上有组织的交易所内交易的金融期货和期权合约的品种从70年代时的少数几个不断扩展②,交易量出现几何级数的增长。与此同时,OTC市场的衍生品也出现了爆炸式增长(如1987年未平仓OTC利率互换名义价值为6 830亿美元,货币互换也类似)。

历史地看,金融衍生品市场的出现及发展使得美国金融体系分离关键金融

---

① 1975年5月1日,美国取消了证券市场的股票委托固定手续费规定,实现了从固定佣金向浮动佣金制度的转变。

② 1975年,CBOT推出了GNMA抵押支持证券的期货合约;1976年,芝加哥交易所的国际货币市场(IMM)推出了91天国库券期货,1977年,CBOT推出了长期国债期货;1981年,CME推出了欧洲美元期货合约;1982年,股指期货合约问世。

风险的能力日益提高,将金融工具工程化并进行交易(诸如资产证券化、指数套利、程序交易、债券废止、债券换新以及投资组合保险等投资策略或证券业务),以及产生这些风险的市场价格的体制完成了市场经济的转变:一方面,美国金融模式对商品和服务价格以及资产评估变动产生的风险具有对冲能力,可以使得收入平稳,避免消费水平的降低;另一方面,鉴于经济发展很大程度上取决于企业家应对和管理财务风险的能力,且经济增长很大程度上是由企业家的冒险欲望(创造性破坏)所推动的,美国金融模式使企业家对技术和需求的变化以及影响公司盈利能力的其他变化的调节能力大大增强的同时,保证了资本可以分配到从安全的蓝筹公司到创业公司的各种业务中,成为支撑美国经济创新与转型的关键支柱之一。

③ 金融市场的结构性变化:面向机构投资者的私人权益市场的兴起

面向机构投资者的私人权益市场,或者说包括风险投资的私人权益基金以及对冲基金的兴起可能是20世纪80年代以来美国金融市场结构性变化中不可忽视的重要表现之一。历史地看,美国私募证券发行和场外市场的出现源于1953年最高法院针对SEC诉Ralston Purina公司的一个判例——在该判例中,最高法院认为面向那些有能力自我保护的投资者的证券发行可以纳入"注册豁免"的范畴。而SEC以501(a)规则中明确的"合格投资者"(accredited investor)①概念为基础,在1982年制定了D条例(Regulation D),规定了三种规则来规避证券注册要求,其中506规则为私募权益基金等机构发行证券建立了"安全港",该规则明确了如果其证券发行仅限于合格投资者和不超过35个非合格投资者②的话,可以豁免证券发行注册程序。③

监管规则的变化对美国金融市场的后续发展产生了极为深远的影响,无意中开启了一个面向投资者机构的私人证券市场的序幕。20世纪40年代就已出现的风险投资首当其冲——历史地看,60年代仙童半导体公司的成功使得风险

---

① 所谓的"合格投资者"指的要么是个人或家庭净资产超过100万美元的自然人,要么是在两个最近年度个人收入超过20万美元、家庭收入超过30万美元且在当前年度预期可以达到同一收入水平的自然人以及证券发行公司的管理层和董事。

② 对于非合格投资者,SEC则提出了复杂的要求,要么自己具有判断投资前景的金融商业知识和经验,要么在一个或多个购买者代表(经纪人)的帮助下可以达到上述目的。

③ 促进美国面向机构投资者的场外市场发展最为重要的一个规则出现在1990年,即SEC颁布的144A条款。由于该规则放松了原来对美国股票存托凭证及外国私募活动的信息披露程序上的限制,允许向美国的国内机构投资者重新销售那些未经注册但现在被视为合乎要求的证券(或者说允许未注册的证券进入以前只有注册政策方能进入的市场),标志着SEC针对私募及外国证券在美国的发行和销售态度的重大转变。

投资行业逐渐成了美国金融体系不可或缺的组成部分。作为驱动美国经济创新和增长的重要动力之一,风险投资的出现无疑为机构投资者提供了一项极具吸引力的资产类别,但除了极个别的例外,个人投资者一直被排除在风险投资之外。

2. 1987年10月股市崩溃的经济原因:三个不同视角的理论解释

宏观经济"大缓和"时期的来临以及金融市场结构性变化引发的运行机制复杂化极大地增加了1987年10月股市崩溃成因分析的难度。股市崩溃发生之后关于其成因的分析尽管数量众多,但就其理论基础而言,大致还是从有效市场理论、流动性和行为金融理论这三个不同的视角展开的。

(1) 基于有效市场理论的1987年10月股市崩溃

众所周知,如果有效市场理论成立,普通股市场大多数股票的价值都代表着将来的现金流量,这种流量是相当不确定的,而且是进行风险调整后的贴现值。因此,站在有效市场理论的角度,引发1987年10月股价巨幅下降的核心因素应该是宏观经济运行态势发生了转向以及由此所导致的市场参与者对股价基本面(预期的未来现金流量、股票投资风险和贴现率)的判断发生了变化——事实上,关于股灾成因的这一判断在布雷迪报告(Brady Commission,1988)、SEC的市场崩溃报告(SEC,1988)以及CFTC的报告(CFTC,1987,1988)中得到了反复强调。[①]

尽管直观地看,在没有爆发核战争的情况下,很难想象有哪一种"基本因素"的出现会造成股市下跌超过20%,但客观地说,考虑到计算股票内在价值的相关公式都是非线性的,进而在有些时候,经过风险调整后的贴现率或将来现金流增长率的微小变化都可能造成股票价格的巨大变化,因此,这种以基本面恶化为基础的依托有效市场理论的股价波动解释仍有一定的道理。

为了理解这一点,我们首先可以从历史的角度做一个对比——如果看通货膨胀调整后的主要股票市场指数,1972年的美国股票价格达到了一个历史性的纪录,到1982年下跌了一半,随后开始上升,并于1987年10月达到了1972年的水平。但1987年的长期利率要远高于1972年的水平,且1987年政府债券利

[①] 布雷迪报告把超过预期的贸易赤字规模和针对杠杆收购的税法变化视为引发基本面恶化的主要原因;CME的报告指出在1987年,全球范围内以GNP增长的下滑和利率显著上升来测度的经济基本面处于不断走弱的状态,但很多国家的股价却上升到了历史新高,两者出现了背离;SEC报告则将不断上升的利率、贸易和财政双赤字、美元贬值以及股价在1986年及1987年前8个月上涨过快并出现了明显高估等作为引发崩溃发生的基本面因素变化。

率与股票(股息)收益率之间的差异显著扩大(利率在上升,股息收益率则由于价格上升而下降),到10月初,30年美国政府债券收益率自1985年以来首次突破10%。因此,1987年10月之后美国股票市场的调整看来不可避免,且随着利率的上升,只能通过股价的大幅下跌来实现。这意味着基本面的变化可能通过改变参与者的预期来引发价格的波动。①

问题是,如果说1987年8月的股价已经明显高估,一旦市场预期发生变化,美国的股价究竟会下跌多少呢?借助不变增长的股利贴现模型,有些学者曾利用当时美国股市的相关统计数据做过一些简单的测算,其结论颇有些意思——借助表7给出的数值示例,我们可以发现如果假设S&P 500指数的成分股平均每股收益为19.21美元,股利为8.75美元,股利增长率为7%,那么市场在基本面恶化的条件下,即便没有出现影响现行股票收益的坏消息且预期股利增长率不变,只要股市风险的增加使得贴现率从10%上升到11%,股票的价格将从现行收益的15.15倍下降到11.39倍——比原来降低了近25%!

表7 S&P 500的价值数值测算

价值(美元)	贴现率(%)	贴现率与增长率之差(%)	市盈率(P/E)	股利收益率(%)
109.37	15	8	5.69	8
125.00	14	7	6.51	7
145.83	13	6	7.59	6
175.00	12	5	9.10	5
218.75	11	4	11.39	4
291.66	10	3	15.15	3
437.50	9	2	22.77	2
875.00	8	1	45.55	1

(2) 基于流动性的1987年10月股市崩溃

流动性,或者说市场在不利的环境下产生连续的价格的能力是确保金融市场有效运作的基本要求,或者说,金融市场的流动性是一种金融工具成功的关键要求之一。对于衍生品市场而言,这一点尤为重要——从理论上说,鉴于衍生品只有在基础工具市场产生连续价格的情况下才能定价,因此,交易所交易

---

① 1987年夏季,美国股利报酬率平均为3%,这时,一种股票5年预期的股利还不到该股票价值的50%,或者说股票价值的另一半只能取决于在更远的将来股利的长期增长速度,而对这一时期的预测是更加复杂和困难的(米勒,2001)。

衍生品的增长很大程度上依赖于市场参与者是否能够产生日内"优良资金"(在结算银行中的储蓄和国库券)的能力,来满足潜在的由于价格剧烈波动产生的大量日内追加保证金的需求。① 问题是,金融市场的流动性是一个典型的合成谬误——对部分来说是正确的东西,对全体来说却不一定是正确的,或者说在股票市场中,尽管个人可以自由转移资本,但作为一个整体,社会是不可能收回其资本的。这意味着股票市场与银行业存在一些极为相似的特点,即尽管一笔活期存款的流动性很强,但银行的大多数贷款和其他资产却并不存在流动性。个人存款账户之所以能保持其流动性,是因为在多数情况下,每天存入银行的资金与被取走的资金大致是相当的。如果由于某种原因导致储户对银行的支付能力产生怀疑,每个人都会在时间允许的情况下尽力去抢先提款,这将导致银行发生挤兑,从而使银行倒闭,最后的结果是任何人都无法取款了。从某种程度上讲,正是由于人们对存款流动性的信任才导致了存款流动性的缺乏。在股票及期货市场上,情况也是如此——当每个人都同时采取行动时,人们想通过平仓迅速撤离股市的可能性就不存在了。基于市场流动性的这一分析,我们可以把 1987 年 10 月股市崩溃划分为两个阶段,即股市崩溃之前"流动性幻觉"导致的价格大幅上扬时期和股市崩溃过程中"流动性黑洞"引发的价格快速下跌时期。

① 流动性幻觉下的价格泡沫形成

在很多人看来,1982—1987 年间的牛市后期,也就是股市崩溃之前的市场能量聚积并不是由基本因素导致的,而是由系统性的错误观念造成的——这种错误观念认为,股票的流动性可能会比实际表现出来的结果更强,因此投资风险也更低。这种关于市场流动性的错误认知就是所谓的"流动性幻觉"。

20 世纪 80 年代,美国股市的交易额持续上升——尽管按现在的规模,当时的交易额还称不上规模庞大,但 NYSE 约 2 亿股的日平均交易规模,相对 1950 年的 220 万股、1960 年的 300 万股、1970 年的接近 1 200 万股和 1980 年的约 4 800 万股,不但绝对量极为庞大,而且日换手率也已快要接近自 20 年代以来的最高水平了。这种情况的确使人感到美国的股市变得更具有流动性了(至少对小额交易来讲是如此)。交易额的上升主要是因为机构投资者(尤其是养老基金)交易能力的持续提高。这些投资者远比中小投资者更为活跃,因为

---

① 类似地,动态保值技术依赖于在下跌的市场中出售大量基础工具和在上涨的市场中购买大量基础工具的能力,而场外交易衍生品市场的风险管理也很大程度上依赖具有流动性的货币市场和交易所交易衍生品市场。

与中小投资者相比,他们的交易成本要低许多——1975年固定佣金制度取消之后这一点更为明显。1982年股指期货市场的推出,使得机构投资者的股票交易成本进一步降低。容易理解,伴随着市场交易量的爆炸式增长,很多对股票市场复杂性了解较少的投资者——其中不仅包括那些众所周知的比利时牙医,而且还包括对收益颇为渴望的境外(如日本)资金——在流动性幻觉的驱使下开始进入市场,寻求较高的投资回报。

此外,鉴于当时美国股票交易市场结构的变化,有些研究认为,期货交易的高度流动性,特别是它作为证券管理策略在证券组合保险交易中的作用,是造成流动性幻觉从而引发市场价格上升的重要原因——"一些衍生金融工具能够将价格风险转移给那些愿意并能容忍风险的人,因此,它们能增加对股票现货投资者的吸引力,并鼓励他们长期持有更大的股票头寸。"(Greenspan,1988)①

② "流动性黑洞"引致的价格泡沫破灭

市场陷入失灵状态时,如果价格下跌,通过市场机制,卖方会越来越多,而由于没有竞价的买方,初始价格将远远超过最终的实际成交价格,可以认为市场出现了"流动性黑洞"——价格降低会导致更多的卖出,从而导致价格进一步地降低并导致更进一步的卖出,最终造成一种极端的且不连续的价格变动,换句话说,此时的流动性变化并不是由差价或波动引起的,而是由价格本身引致。

根据"流动性黑洞"理论,当投资组合、交易主体、风险管理目标出现过度的集中和趋同时,极易导致交易行为的趋同,一旦市场环境或参与主体预期发生变化,就可能引致金融市场一边倒的现象,引发市场流动性从充足到短缺的大逆转,陷入流动性黑洞,出现价格的断崖式下跌。关于流动性变化的这一解释,很容易在1987年10月前后的市场运行中找到证据——当时美国众多的机构投资者,初始设定的投资组合保险、指数套利、程序交易等策略高度雷同,直接导致其在交易行为时点和方向上的选择高度一致。因此,在资产价格泡沫日益凸现的背景下,当市场出现恐慌迹象时,初步的价格调整就成了触发"流动性黑洞"的导火索,在市场结构存在缺陷且信息混乱的环境中,对金融市场特有的非线性机制造成重复的影响(初始的市场波动引发了第二次甚至第三次波动的冲击)。此时,做市商以存货的形式来进一步吸收指令的能力会迅速耗尽,致使在某一时刻,市场实际上暂时已不存在做市商(此时,交易指令无法被执行或确

---

① 值得指出的是,以米勒等为代表的学者并不认可这一观点——在他看来,1987年1—9月,美国证券组合保险中股票的购买量最多增加了300亿美元,而这一时期美国股票市值增加了6 000亿美元,因此,即便上述300亿美元都发生在1987年,其所造成的股价上涨幅度也不会超过5%。

认,有些场内交易商甚至都不知道他们还拥有什么或欠别人什么了);当场内出现混乱情况的消息传出时,众多惊恐的投资者希望在事态恶化之前完成交易的幻觉致使新的出售交易指令迅速增加,但同时市场却找不到买方,整个市场陷入了一场流动性灾难(换句话说,在市场最需要流动性的时候,之前源源不断的市场流动性瞬间无处可寻),最终导致市场价格出现了极为快速的下跌。①

(3)基于行为金融理论的 1987 年 10 月股市崩溃

自 Shiller(1988)针对 1987 年 10 月股市崩溃的投资者问卷调查公开之后,鉴于其在问卷中明确指出投资者心理因素是导致危机的重要原因,因此,关于此次股市崩溃的行为金融解释就成为相关研究的一个重要领域——在行为金融理论学者看来,基于理性投资者和预期效用最大化(进而有效市场)的经典金融理论通常无法解释金融泡沫和金融危机。在实际生活中,除了宏观经济和企业经营的基本面因素,金融市场的运行往往还受到贪婪、恐惧、过度乐观或过度悲观、羊群效应等投资者情感与心理的影响,导致资产价格偏离基本面,市场过分波动甚至出现投机泡沫。因此,以认知心理学和不完全套利理论为基础的行为金融理论为人们认识现实金融市场运行提供了一个极为重要的研究视角。②

总体上看,行为金融原理视野下的 1987 年 10 月股市崩溃是一个不完全理性导致的事件。关于这一点,这里可借助 Mandelbrot(1967)的"气候持续模型"③来提出一个关于 1987 年 10 月股市崩溃的解释——在经历了几周的外部

---

① Gennotte and Leland(1990)曾在分析 1987 年 10 月股市崩溃的理论模型中指出,当市场中存在两个交易者和一个希望通过交易来平调其市场存货头寸的做市商时,如果两个交易商都试图运用交易技巧通过三角套利来复制一个人造的看跌期权并形成对投资组合的保险,会使得在资产价格下跌时必须卖出、价格上涨时必须买进。在这种情况下,当资产价格由于受外部冲击而下跌时,两个交易者都要试图在市场中将资产卖给做市商,然而,如果做市商因为存货原因降低价格的话,双方缺乏弹性的交易指令将会导致恶性循环,从而形成更低的价格。

② 从本质上说,价格泡沫是一种心理现象———旦某种偶然的因素使其开始膨胀后,它便进入了自我扩展的阶段,此时每一次的价格上涨都证明了先前购买决定的正确,当市场外的其他人受到预期价格上升的影响而加入股市时,股价的膨胀会迅速加快;之后,或许是因为一种纯粹偶然的事件造成价格上升的预期消失的时候,泡沫就破灭了。

③ 这个模型名称的由来主要是其试图解释气候变化对农产品价格的影响——1988 年,美国中西部大旱;随着夏季旱季的继续,玉米和大豆的价格在许多天内出现持续上涨;突然有一天下了一阵小雨,虽然这场小雨还不足以补偿过去某一天所蒸发掉的水分,但是玉米和大豆的价格却大幅度下降了。在曼德伯鲁特(Mandelbrot)看来,价格的迅速调整仅仅说明农民和其他一些有经验的市场参与者倾向于认为天气状况具有一定的持续性,因此,当干旱持续时,人们考虑的不仅是当天的旱情,而且还考虑第二天甚至以后许多天的旱情;可是,一旦持续的干旱被一阵小雨打破,市场对将来收获季玉米和大豆供应量的估计就会进行大幅度的调整——一方面,它要纠正原来预测的将来会持续干旱的看法,另一方面,当目前的阵雨预示着在作物生长周期内会出现连续下雨的天气时,它还应该改变过去对缺水的估计。

事件的影响后(这些事件本身是一些小事,但累积下来使得人们认为当时对美国及其他国家股市有利的政治、经济气候可能要发生变化),根据所获信息,许多投资者认为,他们所持的股票中这种风险资产所占比重太大,而诸如政府债券之类的相对安全的资产所占比重太小。或者如Shiller(1988)所说的,当市场崩溃后股价的剧烈波动得到证实时,人们逐渐认识到,相对于债券而言,股票投资的风险比他们迄今为止所想象的要大得多。由于在短时期内每一种证券的总供给大致上是固定的,因此,他们调整证券结构的愿望只有通过股票和债券两个市场上的价格变化来满足。使问题更为严重的是,在证券市场这样的集中性交易场所内,由于专家和交易连续报价的存在,交易额通常会在确定新的价格水平方面起着显著的作用,而这意味着即便许多场外交易者都已了解市场气氛的变化,那些负有稳定市场价格任务的做市商的存在仍然会使交易者错误地认为他们可以在新的均衡价格形成之前按较好的价格完成自己的交易——在这种认识下,由于人们都认为自己将可能是交易中的一个获胜者,所以,市场出现了交易额的疯狂上升,出现了"合理恐慌"现象,最终导致价格在市场扭曲中出现了快速下降(米勒,2001)。

3. 1987年10月加剧美国股票价格波动的具体因素分析

如果就当时的美国股市而言,价格崩溃是一件"总会要发生的事情",那么,19日、20日几乎断崖式的价格迅速下跌则出乎之前任何市场相关人士的预料。现实地看,巨量保证金追缴通知导致的市场流动性缺失、基于投资组合保险和指数套利的程序交易策略、难以获得可靠信息导致的市场透明度恶化以及市场管理政策缺陷的意外凸现等可能是加剧股市波动严重性不可忽略的因素。

(1)保证金追缴通知

在期货交易中,保证金起着履约担保的作用——为了在一定程度上保证未来付款承诺的可靠性,期货合约的买方和卖方都必须以现金(或国债等认可证券)的形式向其经纪人支付一笔担保费用,并且在持有合约的过程中,期货买卖双方的保证金必须维持在可接受的保证金水平之上。同样,经纪人在进行交易时又必须将这笔保证金存入清算所。由于期货价格随机波动的特点,清算所会一般采取"逐日盯市"的监控规则,即根据每个交易日市场价格变化的情况动态调整交易者账户中的保证金水平——如果某一天的价格变化有利的话,就会出现保证金的剩余,超过保证金的部分应贷记交易者账户,相反,一旦市价朝着不利方向变化而造成保证金存款低于特定的维持保证金水平,交易者就可能收到来自清算所的保证金追缴通知,必须追加保证金。通常的保证金追缴通知可分为两类，一是日内保证金追缴，交易者必须在收到通知后 1 小时内补充短缺的资金；二是交易日结束之后的保证金追缴，要求交易者在下一交易日开盘之前补缴额外的保证金存款。在当时，只有在清算所收到交易日末合约浮亏方补缴的额外保证金之后，它才会贷记浮盈方的账户。

从 10 月 19 日的情况看，由于 CME 开盘之初股指期货价格就出现了大幅跳水，原来处于多头的股指期货交易者交易伊始就收到了来自清算所的巨量保证金追缴通知（日内保证金追缴水平大致达到了之前平均数的 10 倍）。鉴于之前持有空头的期货交易者只有在损失方补缴保证金后才能在账户中体现出价值的上升，因此，在开盘之后的交易时段内，巨量保证金追缴通知在实际上限制了一些市场主体开设新合约的能力的同时，也使很多金融机构在提供信贷满足保证金追缴时变得更为谨慎——因为一方面，为了满足交易所的保证金追缴，很多 CME 清算所会员公司所需的资金已经超过了之前和芝加哥 4 家提供清算服务的商业银行所约定信贷额度的上限，另一方面，市场价格的巨幅波动使这些银行意识到向证券公司发放的信贷风险急剧上升。

使得问题更复杂的是，许多 CME 清算所会员公司是华尔街投资银行的子公司，而这些投资银行和纽约的大商业银行之间关系密切，因而会员公司偿付芝加哥清算银行的贷款的资金来源主要是来自纽约银行的贷款。因此，当 10 月 20 日上午 10 点到中午 12 点半（中部标准时间），由于计算机问题导致纽约和芝加哥间的 Fedwire 交易出现了中断，纽约银行向芝加哥银行的资金转移出现延迟，鉴于为 CBOE 提供清算服务的美国货币监理署（OCC）的很多会员也面临着来自交易所的巨量日内保证金追缴通知，纽约银行无法及时确认 OCC 账单的支付，直到支付被确认之前，向 OCC 提供的银行支付交易只能允许清算会员通过透支账户来完成。OCC 20 日上午交易支付结算的完成要比通常晚了 2—2.5 小时。

历史地看，尽管银行体系通过在 14—21 日大幅增加向投资银行的贷款，一定程度上缓和了市场资金和流动性紧张状况，但客观地看，20 日前市场快速下跌引发的频繁保证金追缴通知是促发流动性消失和市场卖空压力上升（进而导致价格快速下跌）的重要诱因之一。

（2）指数套利、投资组合保险及其程序交易策略

从理论上说，股票指数套利能保证"一价定律"的存在，使得股指期货和股票现货价格之间的合理偏离，避免错误的价格信息所造成的资源浪费，而投资组合保险则通过证券复制创造一种恰当的指数看跌期权或指数期货，为投资者

转移市价全面下跌的系统性风险,进而实现动态套期保值的目的。显然,这两种投资策略以及以这两种投资策略为基础的计算机化的程序交易策略对于市场有效性的实现均有颇为现实的积极作用。但 1987 年 10 月股市崩溃之后,关于这些策略的上述认识在政府和学术界中引起了颇大的争议,其最为重要的原因是有些报告发现尽管纽约市场的大规模抛售开始仅限于一些大的机构投资者,但随后当基于指数套利和投资组合保险的计算机化的程序交易系统被价格的大幅下挫而启动(其目的是对股票组合头寸进行对冲,方法是在现货市场股票价格下跌的时候抛出股票指数期货)之后,这些由证券组合保险和指数套利所引致的大量抛盘行为在时间上的选择①扩大了其对股市的影响(核心是流动性危机,进而导致了价格的不连续,而这又进一步降低了流动性)。

从当时的市场主体交易状况看,可以发现在 10 月 15—20 日间,投资组合保险者是在现货和期货市场同时持续大规模做空的主体之一——根据交易所的统计,这一时期内投资组合保险者在 CME 和 NYSE 的总头寸累计减少了 110 亿美元,其中 15 日和 16 日卖出的股指期货合约名义价值分别为 9.68 亿美元和 21.23 亿美元,19 日卖出的股指期货则达到 40.37 亿美元,超过当天全市场股指期货卖空量的 20%;如果考虑两个市场的总体状况,19 日投资组合保险者的空单总数达到 60 亿美元,20 日也超过了 30 亿美元。鉴于当时投资组合保险者抛出的股指期货合约明显超过了套利者买入的合约数量,因此,从逻辑上说,投资组合保险者在已呈下跌态势的市场中起到了放大器的作用——SEC(1988)的报告就指出,在市场出现巨大空单的背景下,非投资组合保险者无法准确地判断空单中由投资组合保险策略引致的数量和由单纯的市场价值下降引致的数量的相对比例,而这种市场噪声的增加在抑制市场购买兴趣的同时也使得空单的集中度上升、提交速度加快,最终导致价格的扭曲和 NYSE 中专家资本头寸状况的恶化(由投资组合保险引发的现货市场卖空引致)。表 8 列示了市场中投资组合保险者的头寸变化。可以发现,16 日和 19 日其未平仓空头合约分别达到了 11 590 份和 18 220 份,而 10 月 12 日则仅有 2 343 份。可以预期,短短几日内来自单一类别主体的巨大空单,和其他主体的空单一起,对股指期货价格产生了巨大的压力,而随之而来的正基差扩大则导致了现货市场压力的

---

① SEC 报告指出,在 10 月 19 日的市场下跌过程中,虽然投资组合保险和股票指数套利的交易额还不到 S&P 500 成分股交易总额的 20%,且在当天东部时间下午 1—2 点这个重要时刻所占份额也不超过 40%,但如果以 10 分钟为一时段来分析的话,在 1—2 点的那 1 个小时,证券组合保险和股票指数套利占 S&P 500 成分股交易总额 60% 以上的情况出现了 3 次。

急剧上升,市场流动性进一步枯竭,进而使原本可能的一个"市场调整"最终演变为严重的"市场崩溃"。①

表8 1987年10月美国市场大规模交易者未平仓量变化

单位:份

日期	空头头寸变化		多头头寸变化	
	经纪商	组合保险投资者	经纪商	组合保险投资者
10月12日	528	2 343	418	−1 319
10月13日	230	1 195	−33	−778
10月14日	−600	3 139	2 861	579
10月15日	683	3 677	2 001	−248
10月16日	184	11 590	1 470	762
10月19日	−26	18 220	5 569	4 861
10月20日	−250	17 357	8 211	7 507
10月21日	−30	−3 153	−2 001	5 113
10月22日	41	−3 951	1 095	−109
10月23日	57	−3 712	2 916	365
10月26日	−25	1 015	−2 787	−398
总计	792	47 720	19 720	16 335

资料来源:CFTC Interim Report, tables 17,29,40,and 51。

与投资组合保险者不同,在当时股指货和现货价格之间出现明显正基差的情况下,市场中的指数套利者从理论上说可通过在股指期货市场上买入廉价期货的同时,在股票市场上抛售现货来获得一笔可靠的无风险收益。从当时的市场数据看,指数套利者确实采取了较大规模的类似操作——他们不仅是股票现货的最大净卖出者,而且在股指期货市场上大举买入:16日净买入13.13亿美元股指期货,净卖出共计11.98亿美元的股票;19日股指期货的净买入量达到了14.53亿美元,股票现货的净卖出量达到16.64亿美元。由于指数套利活动加强了股票现货、股指期货和股指期权这几个市场的关联,NYSE的专家在股市崩溃过程中感受到了巨大的压力——面对程序交易者或其他期货和期权保

---

① 但CME报告并不认可这一观点,认为投资组合保险的抛盘在10月19日没有什么显著作用。其理由之一就是美国和其他国家的价格同样快速下降,而其他国家和地区的组合保险与指数期货交易远不如美国来的重要;理由之二是从市场实际数据看,19日组合保险的期货抛盘所代表的股票抛盘约等于NYSE股票交易总抛盘的20%—30%。

值者指令的突然剧烈变化,NYSE 专家任何试图使价格波动维持在较小范围内的行为都将直接导致其资本能力的丧失。更为严重的是,专家们不可能从场内任何其他人那里获得援助,因为程序交易会突然冲击整个交易所。从这个意义上说,19 日、20 日指数套利者的交易行为的确对股票现货市场造成了巨大的冲击,成为引发价格加速下行不可忽视的因素之一。①

使问题变得更为严重的是,当 NYSE 在 20 日关闭了指数套利的 DOT 交易系统,使得股指期货和现货两个市场之间的套利机制被迫中断的时候,之前拥有头寸的交易者无法利用期货和现货价格的基差开展交易,两个市场相对价格扭曲达到了最大的限度,市场也陷入了整个股市崩溃中最为混乱的一个阶段(Brady Commission,1988)。

(3) 市场信息混乱进而透明度下降

从本质上看,1987 年 10 月 19 日股票的抛盘风潮对 NYSE 和 CME 的影响类似于当所有的用户同时打开空调对电力系统造成的影响。在整个股票系统处于明显的超负荷运转的背景下,对于参与者而言价格、交易指令确认和执行、成交量等关键的市场信息出现了明显的失真和混乱——从当时的情况看,美国交易所在处理大笔交易时因个股和指数显示不准确而经历的困难,导致了价格的不确定性,并降低了市场的流动性。容易理解,在一片市场恐慌中,在某一时刻的投资者根本不清楚还自己拥有什么和欠别人什么的情况下,通过电视实况看到一大群惊恐的交易者同时抛盘的情景时,其最合乎理性的行为似乎就应该是在价格进一步下降之前拼命抛出自己的股票——正如在银行挤兑发生时一样。在股票市场,即使那些认为别人是在盲目抛售的人也会跟着行事,因为他们有理由怀疑能够在价格下降到新的均衡水平之前抛出自己手中的股票。使问题更为复杂化的是,尽管 NYSE 已经推出了电子下单系统(Superdot),为投资者的市价委托提供了高效的传递和确认体系,但却无法处理限价委托(直到 1987 年 10 月 19 日,只有 20% 多的限价委托是自动处理),因此,对于很多股票而言,当时输入和撤销限价委托的过程极为缓慢,进而陷入交易排队等候状态,而在处理完这些排队等候的委托之前,价格信号不再灵敏,致使交易所报出的价格指数在很长一段时期内成了过去的价格和现在的价格的移动平均数,或者说市场信号失真成为 19 日的常态。

---

① CME 的报告并不认可这一观点,认为指数套利程序交易并不对混乱的市场情况负责,而且指出,学术研究一致认为没有找到波动性和程序交易之间有什么联系。

此外,当 10 月 19 日交易量剧增且价格出现大幅波动时,市场出现的一些期货清算公司可能违约以及 20 日中午在 SEC 主席讲话中透露出的 NYSE 可能关闭等传言无疑进一步加大了市场参与者的恐慌情绪。

(4)市场管理规则缺陷的意外凸现

在市场出现快速波动时,美国一些由来已久的管理规则意外地起了破坏市场结构及弱化市场功能的作用,限制了市场流动性,成为引发下跌加速的不可忽视的因素(米勒,2001)。

NYSE 的专家制度。NYSE 专家的主要职责是维持股票交易的有序,即为其专营的股票交易提供流动性,并保证价格的连续和稳定——按照 NYSE 的规则,当市场缺乏价格连续性和深度,存在或合理地预期将存在供需不平衡时,专家有义务以自己的账户、自有的资金逆市买进或卖出。尽管在通常情况下,当买方和卖方在随机入市时间上的不一致并不严重时,专家的确能按连续的价格提供交易,但问题是,当市场陷入 19 日、20 日这样严重的买卖指令失衡时,专家逆风行事的挽救措施(延缓价格下降的努力)实际上强化了抛盘者头脑中的一种意识:希望自己能够成为那些尽早抛出股票的幸运者。在由交易限额所形成的价格过时的情况下,参与者的这种错误观点进一步得到了强化,吸引了更多的抛盘,成为引发市场进一步恶化的催化剂。

"提价交易"法则。所谓的提价交易法则指的是如想在交易所卖空某只股票,其卖空价格必须高于当前的市场价格。在 10 月 19 日和 20 日大部分时间股价下跌时,现货市场实际上根本就不可能出现卖空行为,而这一意想不到的后果客观上使得卖空的压力不能有效地在指数期货市场和股票市场之间转移——指数套利者无法在股指期货价格出现明显下跌的背景下,通过买进股指期货卖出股票现货来实现套利。这意味着通过防止现货的卖空,提价交易法则将指数套利的参与者范围限定得极为有限——这些主体必须恰好在现货市场处于多头状态。而交易者的缺乏在导致期货市场价格下跌加剧的同时,那些原本有期货出售意图的交易者会被迫直接出售股票,而那些希望购买股票的人将被迫购买期货,造成了市场扭曲的加剧以及交易者实际成本的上升,最终导致价格更大幅度的波动。

"30%"法则("超卖空"法则)。在美国当时的《国内税收法典》中有一个条款,规定在每一个财政年度,共同基金等受管制的投资公司出售持有期限没有达到 3 个月的证券所得收益不能高于全年总收入的 30%,而期货或期权交易的收益,包括那些仅仅从成功的期货或期权保值平仓交易中所获得的收益,都适用这一法则。从当时的现实看,这一法则有效地阻止了共同基金包括保险公司从事期货和期权交易。而期货和期权市场中这些机构投资者的缺位,使得在10月19日期货和现货价格出现大幅的正基差时,出于"提高收益"目的可能作为价格偏低的期货合约买方的潜在参与者并不能实际介入,在导致市场流动性缺失的同时进一步加大了价格的波动。

股指期权交易的"头寸限制"。从理论上说,投资组合保险的实质是利用基础资产和无风险资产,通过动态交易策略复制了一个看跌期权,进而得以在保留基础资产价格上涨所能带来潜在收益的同时规避价格下跌所引发的不利冲击。问题是,尽管这两者之间在风险管理效应上存在一致性,但正如 Grossman(1988)所指出的那样,引入期权之后,经济信息整合的程度应可以达到交易者自由运用动态对冲策略状态的水平(由于交易成本的存在,期权引入之前这一策略要么是非现实的,要么就仅限于一些机构)。这实际意味着,现实地看,期权的引入可以提供较投资组合保险等动态对冲策略更优的市场信息——当一个投资者购买了一个期权之后,他不仅向市场显示其转移风险的意图,更为重要的是,他所支付的期权费提供了转移这一风险的市场需求价格,显然,在动态对冲策略中风险转移的市场价格信息是缺失的。因此,从理论上说,如果允许投资者更多地利用期权而不是类似止损指令或投资组合保险之类的策略的话,市场信息的完备性可能会改善,未预期的市场行为可能会被抑制,市场发生混乱进而出现价格扭曲和快速恶化的概率也会降低。但当时,鉴于 SEC 认可的交易所规则有明确的头寸限制,客观上使得一些大的机构投资者实际上被禁止依赖期权市场来有效对冲风险,迫使它们利用股指期货,而这不仅对股指期货等市场价格产生下行压力,而且混淆了市场信息,加大了市场的混乱状况。

4. 1987 年 10 月股市崩溃的经验教训

作为现代金融革命发生以来以美国为代表的发达国家爆发的第一次大规模金融市场危机,1987 年 10 月的美国股市崩溃引发了后续极为广泛、深入的研究和思考,为后续金融市场的发展提供了众多经验与启示。

(1)构建与机构投资者兴起相适应的证券市场结构

作为一种制度安排,不仅金融市场有着内在的局限性(如市场流动性悖论和交易系统的能力上限),进而交易一旦超过这种极限,市场必然出现人为的停摆,而且更为重要的是,不同的投资者结构和由投资者需求所诱发的产品创新、策略创新以及机构创新会对市场结构产生不同的需求。在这一背景下,交易所(尤其是证券交易所)的市场结构能否针对这一需求发生相应的改变就成为整体市场有效运转的一个不容忽视的环节。

从1987年10月股市崩溃前后交易所(特别是NYSE)的市场结构变化来看,整体的趋向是适应投资者机构化的大趋势,在交易暂停、产品设计(一篮子股票组合和后续的ETFs)以及跨市场微观结构协调等方面做了较大的努力,一定程度上为后续市场的稳健发展提供了制度保障。

(2)增强支付清算体系的服务能力

尽管1967—1970年由于证券交易量激增引发的后台危机已对依赖手工后台操作的NYSE会员产生了巨大的压力,形成了巨大的动力,让交易所认识到了电脑化交易的优点,并随后推出了多个自动化操作和数据处理服务平台(如1972年NYSE和AmEX成立的证券业自动化公司、1976年NASDAQ推出的DOT,1978年推出的ITS,等等),但1987年10月的事件不仅暴露了交易所支付清算体系的效率改进明显滞后于市场的发展,而且还清晰地显示了如果交易所对其各部分的内在结构按不同速度升级(比如NYSE当时的人工下单交易系统和电子下单系统并存)可能引发的麻烦——由于交易指令无法有效确认,部分证券交易实质上陷入交易停牌状态以及由此导致的价格和价格指数的失真,等等。

1987年10月股市崩溃之后,SEC和CFTC在要求各类交易所通过大幅引进自动化交易系统来提升交易能力的同时,缩短证券支付清算周期、允许构建跨市场保证金与担保架构、强化支付清算机构及会员的流动性水平以及改进清算机构的风险控制等措施有效地提升了交易所支付清算体系的服务能力,避免了后台危机的再生。

(3)中小投资者保护

在投资者日益机构化的大背景下,如何在1933年《证券法》所确定的卖方责任以及强制性信息披露的基础上,在市场陷入混乱状态时有效地保护中小投资者利益成为美国证券监管部门高度关注的一个问题——在1987年10月的股市崩溃中,相对机构投资者而言,资金规模和投资经验有限且信息源狭窄的中小投资者一方面很少涉足股指期货和期权市场,另一方面无法有效利用现货市场的电子下单系统,在急速下跌的市场中处于一种极为被动的状态,成为诱发市场恐慌升级与蔓延的重要因素之一。

股灾之后,SEC曾要求交易所修改委托处理规则,给予中小投资者一定的保护,避免使其处于和机构相比的不利交易地位。显然,从维护市场公平性的角度看,与之相关的这一系列措施对于市场的长远发展至关重要。

(4) 信息的集合与处理

信息的混乱或失真是引发 1987 年 10 月股灾进而导致股灾在短期内迅速恶化的一个非常重要的原因，如何在构建跨监管机构、跨市场信息联动机制的基础上，强化信息披露，确保市场参与主体能了解及时、准确、全面的信息就成为稳定市场的关键所在。类似 1987 年 10 月中价格信息失真、关于交易所关闭和清算所及其会员陷入破产状态的传言显然对市场有着不可忽视的重大影响。使问题更为严重的是，负面信息的传播一旦引发初始的抛售浪潮，由此导致的价格下跌将自动引发价格向下的自我强化螺旋，即便此后进行了所谓的信息澄清，也很难在短期内平复市场的恐慌。因此，监管机构能够及时在掌握相关信息的基础上做出合理的市场预判，对于市场的重新恢复至关重要。应该说，以格林斯潘为代表的美国金融监管当局在 1987 年 10 月对市场形势做出了正确的判断，应对措施得当，为后续的政府救助提供了一个范例。

(5) 证券监管

证券监管的有效性和前瞻性是保证市场平稳运行的关键之一。历史地看，一方面，SEC 通过积极利用法律工具，要求证券发行人强制披露重要信息和有组织的市场即时报告最新交易，提供了保持市场竞争性和信息有效性的法律环境，并借以创造了一个由大量分散的参与者、交易规则和工具组成的市场，内幕人士操纵市场的程度减轻到证券市场可以接受的合理程度——从某种意义上说，SEC 保证了证券化金融市场的完整性，证券市场不再是"职业内幕人士"的领地，而成为零售投资者和小公司的银行负债的替代投资场所，金融变得更为民主化了。另一方面，SEC 的监管也存在一定的问题，在前瞻性上表现得尤为突出，例如即便 1967—1970 年的后台危机曾被视为"SEC 历史上证券业自律监管的最大失败"，但在 20 年后的 1987 年，面对市场交易量从平均 2 亿股到 6 亿股的迅猛上升，SEC 显然估计不足；又如针对始于 20 世纪 70 年代的机构投资者发展，SEC 一开始并没有意识到其发展引发的投资者结构改变对市场结构、交易产品以及市场投资策略的深远影响，并相应地采取监管措施，直到 1987 年 10 月之后才认识到这一点并将其提高到较高的程度等。

客观地说，尽管在 1987 年 10 月股灾之后 SEC 提出了很多监管主张并在实践中落实了其中的一些，但美国的证券监管框架总体上并没有发生较大的变化，而是处于一种"打补丁"或"补丁升级"的状态，而这为 2007 年次贷危机中全面暴露的证券监管框架缺陷埋下了伏笔。

（6）国际协调

在金融市场日益全球化的大背景下，考虑到全球金融监管架构客观存在的较大不一致性以及资本的自由流动，监管套利无法避免——一旦某个国家（如美国）针对某些金融产品业务或交易采取了较为严格的监管措施，那么最可能出现的情况就是交易发生地的转移，移到那些监管相对较为宽松的国家或地区，而这不仅导致监管的失效，且可能危及该国的金融创新和竞争力。在这种情况下，证券监管的国际协调至关重要，可能直接关系到市场的平稳和有序运行。

五、关键要点

本案例的关键要点是了解金融创新引发的金融变革对金融市场运行机制的影响或冲击，熟悉并掌握金融资产定价理论，能够运用相关理论对金融市场现实给出自己的解释；了解金融创新与证券监管之间的辩证逻辑，区分政府救市与证券监管之间的联系和区别；强化对金融创新背景下证券监管复杂性的认识。

六、建议课程计划

本案例安排课程时间为100分钟，建议课堂时间安排如下：

1. 介绍中国金融体系，尤其是近年来金融市场体系出现的众多创新和发展，以2015年6—8月中国股市危机作为引子，讲解金融创新与金融市场运行机制的一些新变化，比如股指期货等金融衍生品出现之后，基于投资组合保险、指数套利等的量化投资策略日趋流行，成为金融市场运行中值得高度关注的问题。

2. 引入1987年10月美国股市崩溃案例，强调该案例的发生背景与当前中国的类似之处。

3. 分阶段介绍1987年10月美国股市崩溃的历史过程，介绍股市崩溃之后美国各方对股市崩溃的解释。

4. 介绍1987年10月美国股市崩溃之后证券监管框架的变化，引入此次事件对证券监管的影响以及对中国证券市场发展的借鉴价值。

参考文献

1. 本·伯南克，《金融的本质：伯南克四讲美联储》，巴曙松、陈剑译。北京：中信出版社，2014年。

2. 刘逖,《证券市场微观结构理论与实践》。上海:复旦大学出版社,2002 年。

3. 〔卢〕阿尔弗雷德·施泰因赫尔,《金融野兽:金融衍生品的发展与监管》,陈晗、张晓刚译。上海:上海远东出版社,2003 年。

4. 〔美〕Avinash Persaud,《流动性黑洞:理解、量化与管理金融流动性风险》,姜建清译。北京:中国金融出版社,2007 年。

5. 〔美〕查理斯·金德尔伯格,《经济过热、经济恐慌及经济崩溃》,朱隽、叶翔译。北京:北京大学出版社,2000 年。

6. 〔美〕默顿·米勒,《金融创新与市场的波动性》,王中华、杨林译。北京:首都经济贸易大学出版社,2001 年。

7. 〔美〕默顿·米勒,《默顿米勒论金融衍生品》,郑承利译。北京:清华大学出版社,1999 年。

8. 约翰·戈登:《伟大的博弈:华尔街金融帝国的崛起(1653—2011)》,祁斌译。北京:中信出版社,1999 年。

9. Brady Commission, Report of the Presidential Task Force on Market Mechanisms, 1988.

10. Carlson, M., A Brief History of the 1987 Stock Market Crash, Federal Reserve Working Paper, 2006.

11. CFTC, Final Report on Stock Index Futures and Cash Market Activity During October 1987, CFTC, 1988.

12. CFTC, Interim Report of the Working Group on Financial Markets, CFTC, 1988.

13. GAO, Financial Markets: Preliminary Observations on the October 1987 Crash, USGA Office, 1988.

14. Gennotte, G., and Leland, H., "Market Liquidity, Hedging, and Crashes", *American Economic Review*, 1990, 80(5), 999—1021.

15. Greenspan, A., *The Age of Turbulence: Adventures in A New World*. New York: Penguin Press, 2007.

16. Greenspan, A., "Statement and Comments of Alan Greenspan, Chairman of the Federal Reserve", in Banking Industry Regulatory Consolidation, U.S. Congress Senate Committee on Banking, Housing, and Urban Affairs. Hearing, 103 Congress 2 Session, Washington: Government Printing Office, 1994.

17. Greenspan, A., "Statement and Comments of Alan Greenspan, Chairman of the Federal Reserve", U.S. Congress Senate Committee on Banking, Housing, and Urban Affairs. Hearing, 100 Congress 1 Session, Washington: Government Printing Office, 1988.

18. Grossman, S. J., 1988. "An Analysis of the Implications for Stock and Futures Price Volatility of Program Trading and Dynamic Hedging Strategies", *the Journal of Business* 1988, 61(3), 275—298.

19. Lindsey, R. R., "A Pecora Ten Years After: Regulatory Developments in the Securities Markets Since 1987 Market Break", *Journal of Financial Services Research*, 1998, 13(3), 283—314.

20. Mandelbrot, B., "The Variation of Some Other Speculative Prices", *the Journal of Business*, 1967, 40, 393—393.

21. McKeon, R., and Netter, J., "What Caused the 1987 Stock Market Crash and Lessons for the 2008 Crash", *Review of Accounting and Finance*, 2009, 8(2), 123—137.

22. Rajan, R. G., "Has Finance Made the World Riskier?", *European Financial Management*, 2006, 12(4), 499—533.

23. Roll, R., "The International Crash of October 1987", *Financial Analysts Journal*, 1998, 44(5), 19—35.

24. SEC, The October 1987 Market Break, SEC Staff Report, 1988.

25. Shiller, R. J., "Causes of Changing Financial Market Volatility", Economic Policy Symposium, Federal Reserve Bank of Kansas City, 1988, 1—32.

26. Wall Street Journal, "Stocks Plunge 508 amid Panicky Selling", 1987, Oct. 20, 1.

举牌背后的争论

李开颜　王　辉

摘　要：2015年中国资本市场跌宕起伏，令人惊心动魄。在大多数私募股权投资（PE）机构投资者黯然退出股市的时候，中科招商投资管理集团股份有限公司（以下简称"中科招商"）却成为市场的"弄潮儿"。先是在2015年3月登陆新三板后，成功筹集120亿元资金；之后，在7—8月A股暴跌、国家救市之时，连续举牌16家上市公司，布局多个产业，为后续自身的投资整合及退出奠定了基础。本案例客观地描述了中科招商在2015年资本市场上的运作过程和投资布局思路，刻画了中科招商围绕一级市场和二级市场开展的PE运营模式。中科招商作为一家私募股权基金专业管理机构，为什么会在股市大幅震荡的背景下接连举牌多家上市公司？这些公司有何特点？PE机构应如何根据国际国内环境的变化，选择合适的发展路径和退出模式，并适时调整投资方式？

关键词：中科招商，私募股权投资，新三板，"举牌"

一、引　言

2015年的中国资本市场可谓风云变幻，其巨幅波动产生的冲击影响深远，载入史册的是一个只有在国外资本市场才会出现的词汇——"股灾"。毫无疑问，大多数投资者在4—5月间激增的财富在7—8月间化为乌有，不少曾经是股市明星的基金管理人面对巨额亏损最终选择了黯然退出资本市场，"不要炒股"再度成为寻常百姓的"醒世警言"。

在这场股灾的前后一段时间,中科招商凭借自己独特的投融资策略,在资本市场上一鸣惊人。董事长单祥双先生①及其团队,走出了一条在旁人看来非常成功的道路。在资本市场不断上升的过程中,市场充满乐观的猜想时,中科招商在新三板上市,迎来了融资的春天;而在股市暴跌,市场弥漫悲观气氛时,中科招商全资子公司——中科汇通频频举牌投资上市公司,带来了私募股权投资(PE)发展的新模式。然而关于中科招商批量举牌的举动,资本市场上众说纷纭。有人认为单祥双是在借机抄底 A 股,扩张自己的"霸权",也有人认为在国家救市政策相继落空后,单总的举牌是民族英雄之所为。对于外界关于举牌的争论,一向自信果断的单总也不得不再次陷入沉思:如何通过对 A 股上市公司的资源整合和加工改造,来打造自身的战略优势,从而更好地实现退出呢?虽然目前公司的发展似乎已步入一条康庄大道,但过程并非一帆风顺,中科招商 15 年来历经的风风雨雨,一幕幕在单总的脑海中重现。

二、敢于创新的单祥双推动公司成功转型

2000 年,血气方刚的单祥双辞去交通部公职,与六个年轻人南下深圳,开启了"走进新时代"的创业之旅。蛇口新时代广场的 27 楼,就是单祥双 PE 帝国梦开始的地方。最初,没有一家公司承诺投资,几经失败的单祥双并没有气馁,而是带着自己的梦想与一腔热血,和几个朋友凑了几十万元入股,开始着手打造自己的"PE 帝国"。

(一) 数易股东,跌宕起伏

2000 年 12 月,北大招商创业投资管理有限公司(简称"北大招商")获准成立,三家国营机构——北大光华(持股 26%)、招商银行(持股 25%)和招商局蛇口工业区有限公司(持股 25%)成为北大招商的首批大股东,公司总注册资本为 1 000 万元,单祥双出任总裁。然而,受纳斯达克网络泡沫破灭的影响,这个中国第一家被政府批准创办的大型人民币创投基金专业管理机构在成立之初就面临着募资和投资困难、退出遥遥无期的窘境。此时,在国家关于"校企分开"

---

① 截至 2015 年 10 月 31 日,单祥双直接持有中科招商 40.22%的股权,通过控制深圳前海天高云淡投资企业(有限合伙),间接控制中科招商 2.56%的股权;通过控制深圳前海海纳百川投资企业(有限合伙),间接控制中科招商 0.13%的股权,合计控制中科招商 42.91%的股权。中科招商持有中科汇通 100%的股权,为中科汇通的控股股东,单祥双从而直接持有和间接控制中科汇通 42.91%的股权,为中科汇通的实际控制人。

的政策下,北京大学要求退出,这对于生存环境已经异常艰辛的北大招商来说,无疑是雪上加霜。幸运的是,2002年2月,中国科学院接替了北京大学的股份,成为第一大股东,北大招商也因此而更名为中科招商。然而,好景不长,2002年12月,作为国有企业的中科院和招商局蛇口工业区为了摆脱国有资产流失的嫌疑,均要求溢价退出。招商局蛇口工业区有限公司最初以250万元入股,最后以500多万元溢价退出。挥别了这两家创始股东的中科招商亏损连连,生存环境极其艰难。

(二)战略调整,优势形成

2001年5月,单祥双经过艰难的"找米下锅",中国华录集团、安徽古井集团、北京城建集团、唐钢集团和鄂尔多斯羊绒集团终于同意分别出资6 000万元人民币,组建由中科招商管理的创业投资基金,这是公司管理的第一只基金。在之后的募资环节中,由于受到国有股东先后撤资的重创,单祥双坚定了"远国企,亲市场"的战略目标,认为民营企业家作为创业者,更能理解想要获得投资高回报的前提是给予基金管理人支持和信任,因此在选择有限合伙人(LP)时有意回避国有资本,青睐民营资本。在募资模式上,中科招商独创了打破地方保护主义的募资模式,把基金和团队建在当地,把资金也投在当地,相比大多数PE机构将基金设在大城市,这种做法另辟蹊径。单祥双牢牢地把握住民营企业这一庞大的市场,不断推进中科招商的市场化进程。

(三)创新思维,打造平台

在公司成立伊始,中科招商就对创业板的推出满怀期待。在2009—2011年这段黄金时期内,公司抓住机遇,逐步扩张,成功在全国几十个城市设立一百多只基金,为成为大型创业投资专业管理机构而积极布局。然而,好景不长,2012年11月,中国证监会宣布暂停IPO,中科招商的退出通道被骤然关闭,严厉的财务审查接踵而至,投资主体为民营企业家的LP的利益因项目撤回IPO而遭到影响。此时单祥双只能不厌其烦地向要求提前清算基金份额的LP们解释投资的中长线思路,为他们树立宏观经济与资本市场一定会复苏的信心。幸运的是,2014年IPO重启,并购市场回暖,中科招商的退出压力此时得到了缓解。

经过15年的快速发展,中科招商投资的企业数目已经超过400家。其投资项目既包含早期VC项目,也包括大量PE项目,覆盖众多产业,跨越不同阶段。经过一系列投资布局,中科招商完成了自身产业集群的构建。2015年,中科招商全面推进和实施五大战略的部署——资本化、产业化、网络化、平台化和国际化,实现从"资本的中科招商"到"平台的中科招商",再到"生态的中科招商"三大跨越。此外,加速进行海外布局,硅谷、剑桥、日本、德国、以色列五个地方因为有技术优势而成为中科招商的布局重点。

三、中科招商登陆新三板

2015年是中科招商融资和投资最频繁的一年。在2015年3—9月的短短半年里,登陆新三板和连续规模性融资让中科招商在中国资本市场上备受关注。挂牌新三板后的中科招商已经不再是单纯的私募股权投资机构,而是成为像上市公司一样能够在资本市场上融资和退出的金融平台。

(一)初登新三板的融资计划

在2015年"大众创业、万众创新"的号召下,中科招商迎来了新的发展机遇——新三板。最初选择在主板上市还是在新三板上市的问题让单祥双颇为纠结。考虑到相比主板市场,新三板市场融资速度更快、监管相对宽松、融资机会更多,且审批环节更简洁、创新空间更广阔、对未来政策红利的预期更高,单祥双最终选择在新三板上市。

2014年11月,全国股转系统官网上出现了中科招商的公开转让说明书,包括募集90亿元资金的定增计划。2015年3月20日,中科招商在新三板上正式挂牌。4月24日,中科招商称已完成90亿元的定向增发融资(具体细节参见正文附录一),成为新三板史上最大规模的一次定增。

2015年9月,中科招商宣布启动新一轮近300亿元的再融资。此次融资计划是中科招商针对2015年7月"股灾"发生后,根据市场情况的研究判断而形成的决议。经历了股市的大幅震荡,部分上市公司因股价下跌而面临被强行平仓的窘境。中科招商在市场估值相对偏低的条件下,及时抓住了融资并购的机会。

(二)频繁融资为投资布局

挂牌新三板后,中科招商有了更广阔的融资平台和融资渠道,融资规模飞速扩张。在定向增发、做市交易、协议转让、并购重组等渠道中,中科招商似乎更偏爱能够快速融资的定向增发方案。在2015年上半年四轮定向增发中迅速筹资90亿元之后,中科招商马不停蹄地推出新一轮300亿元定向增发计划。

在该计划尚未落实时,2015年11月初,中科招商宣布将非公开发行不超过90亿元的公司债券(在上海证券交易所和深圳证券交易所分别挂牌转让不超过50亿元和40亿元的公司债券),同时,在中国银行间交易商协会申请注册不超过45亿元的债务融资工具。Wind资讯的统计数据显示,2015年中科招商是新三板市场上融资额最大的企业。关于中科招商的未来布局规划,单总两手交叉,陷入了思考。当他低头看着十指紧扣的双手,他突然有所领悟——PE的经营就像紧扣的双手,左手是针对大型企业集团上市公司的融资,右手是针对广大中小企业的投资,只有两只手相互配合,才能更快地实现跑步退出的目的,让中科招商早日成为大型创业投融资管理和操作的专业化平台。

四、股灾之下,举牌16家上市公司

2015年,中科招商在资本市场呈现上升趋势时成功挂牌新三板融资,在A股遭遇"千股跌停、全盘飘绿"的局面时接连举牌16家上市公司(具体细节参见案例正文附录二),此番"举世瞩目"的行动背后是单祥双总裁及其决策团队审慎而周密的思考。

(一)举牌背后的深思熟虑

在选择举牌哪些企业、哪种行业以及在何时投资的问题上,中科招商的管理层经过了多次激烈的讨论。

陪伴中科招商一路发展壮大的"元老"级人物沈总偏向于坚持传统的PE经营模式,主张中科招商和以前一样,作为PE机构在一级市场上投早期、中期和准备IPO的项目,再通过被投企业IPO、行业并购或回购等方式来实现退出。这种方案风险较小,且相比举牌上市公司,所需花费的成本也较低。对于年纪比他小的总喜欢改革创新的"冒险派"的决策思路,沈总经常无奈地摇摇头。身为PE机构,最重要的是将自身募、投、管、退的各个环节都做好,减少不必要的损失和风险,这是15年来沈总在中科招商的定位和管理中一直坚守的原则。

但拥有海外留学背景和管理经验的总经理吴总却认为,目前传统产业转型压力和经济下行压力在逐渐增加,IPO的发行日渐缓慢,且由于存在很多制度的监管,大部分传统PE机构已经陷入了所募集的基金投资项目到期难退出的困境。上市公司已经具备了稀缺的市场资源、人才资源和资金资源,相比早期的孵化企业拥有更广阔的平台。与沈总坚持"一心投资初创企业"的思路不同，吴总推崇"经营和管理公司就要敢于突破原有框架，积极寻找适合自己发展的道路，而非被传统模式所束缚"。

　　执行副总裁董总的观点和吴总的思路不谋而合。在董总看来，二级市场上的大规模举牌，是想通过对这些遭遇困境的上市公司进行股权增持，直接或间接地成为控股股东，这样可以将自身的库存项目与上市公司的产业对接，注入自身的资产和技术之后，再对上市公司进行资产重组等操作，不断改善上市公司的基本面，培育新的增长动力。从长远来看，这种运营模式不仅能提升公司市值，也能获取上市公司股权增值所带来的收益，更重要的是能为自身未来的退出提供一种可靠的保障，是一种值得发展的新思路。

　　看到公司的决策团队对于是否大规模举牌上市公司的问题讨论激烈、各执一词，董事长兼总裁单祥双再次陷入了沉思。两种不同的观点都是为了公司的未来，自己应该选择哪种方式才能更好地带动中科招商的发展呢？在目前资本市场风向急转下降的形势之下，机会稍纵即逝，容不得丝毫犹豫。经过两个无眠的夜晚，单总在第三天的一大早，召集公司所有高管开了整整一上午的大会，将融合了不同意见的投资布局构想和中科招商未来的发展蓝图详细而全面地展现开来，在大规模举牌时机的选择上，单总认准了此次A股暴跌是最好的时机。如果二级市场的行情较乐观，则一旦收购上市公司的股份超过5%的红线，就需要发布公告说明，股价很可能上涨，从而加大投资成本。如果大盘长期处于低位，但成交量不足，想在二级市场上买到足够多的股票也是有难度的。因此，现在就是中科招商当机立断批量举牌的难得的机会。方案一出，就获得了决策团队的大半数同意，第二天，中科招商的全资子公司中科汇通就开启了在二级市场上的"疯狂扫货"之旅。

　　虽然在二级市场上的表现让中科招商一战成名，但公司仍然有很多董事冷静地分析着此番举牌的策略，似乎对于单总激进的投资风格并不认同，毕竟股票投资的风险很大，且对于被举牌企业股价未来的走势，任何人都难以预测，无法控制。截至2015年8月底，中科招商对A股上市公司的投资已经耗资近50亿元，几乎是公司净资产的26%，而这些被举牌企业之后一段时间内的表现，似乎并没有因为中科招商的注入而有明显好转，有的公司甚至还在继续下跌，这让很多董事非常担忧。对于持怀疑态度的董事，单总摘下他的小礼帽，扶了扶鼻梁上的眼镜，缓缓开口道："我们不看重股票的短期浮盈浮亏，看重的是上市公司长期价值的培育。一个上市公司,时间拉长至 5—10 年,市值可以成长 10—20 倍,短期涨跌 10%—20%,对我们没有任何影响。"这番话似乎是在给董事们吃"定心丸",又像是在给自己打气。

(二)选择被举牌企业的考虑

沙河股份主要从事房地产开发及配套工程开发建设、新型建材的生产与销售、物业租赁与管理等业务,存在主业变更转型的预期。对于沙河股份的举牌,决策团队是出于对新一轮国资改革的看好,而沙河股份的实际控制人是深圳市国有资产监督管理委员会(国资委),企业是国资委直属的房地产企业,有望成为深圳市地产板块国企改革的平台,而地产板块的整合也将是深圳国有资产改革的重点。因此,中科招商的决策团队从近期国有资产改革概念股大热的角度出发,决定增持沙河股份。

赞宇科技是一家从事表面活性剂等产品研发、生产、销售的科技型专业企业。公司主营的 AES 表面活性剂在产业下游竞争激烈,2015 年该部分营业收入大幅下降,同时 2015 年棕榈油价格持续下跌,导致公司产生较高库存跌价损失。为了扭转局面且进一步延伸上游产业链,赞宇科技急需资金进行业务扩张。中科招商的决策团队认为,随着国内对食品安全等的日益重视,赞宇科技会有较大成长空间;且随着赞宇科技子公司新的研发大楼建成,检验中心的规模将会扩大,检验能力也会进一步增强。出于对赞宇科技的业务发展模式及其未来发展前景的看好,中科招商决定增持赞宇科技流通股。

丰乐种业是以种子行业为主导,农化、香料产业多业务发展的综合性公司,企业综合实力与规模居中国种子行业前列。因近几年种子行业市场供给过剩状况暂未缓解,且农业生产经营有明显的季节性特征,因此丰乐种业的业绩表现不佳。中科招商的决策团队注意到,丰乐种业的实际控制人是合肥市国有资产监督管理委员会(持有 34.11% 的股份),且公司作为中国种子行业居前的企业,受益于相关农业扶持政策,因此种业建设很可能成为扶持重点并催化相应的投资机会,因此选择丰乐种业作为举牌企业。

被中科招商举牌的企业,涉及的行业包括有色金属、房地产、制造设备、日用化工、种植业、建筑施工等,这些上市公司的共同特点是市值偏小,股权结构相对分散,且大部分企业业务发展较缓,经营业绩下滑或亏损,面临产业转型升级的压力。中科招商选择这些企业作为改造的目标,结合了上市公司的被改造意愿和目前经济发展的大背景,体现了中科招商决策团队背后的思考。

(三) 中科招商的举牌进程

从 2015 年 7 月开始,中科招商通过旗下子公司中科汇通在二级市场上"疯狂"举牌。截至 2015 年 8 月 31 日,中科汇通举牌的上市公司已经达到 16 家,其中包括 10 只主板股、3 只创业板股和 3 只中小板股,投资资金超过了 40 亿元(具体细节参见正文附录三)。

在此次"股灾"中,中科汇通增持比例最大的公司为朗科科技。从 2015 年 7 月 6 日至 8 月 4 日,中科汇通在二级市场上以竞价交易的方式增持了 1 575.4 万股朗科科技的股份,占公司总股本的 11.80%。而在本次增持前,中科汇通合计持有的朗科科技股份比例已经达到 8.21%,增持后比例达到 20.01%,中科汇通也因此而成为朗科科技的第二大股东。此外,7 月 7 日和 8 日举牌的大连圣亚和鼎泰新材属于首次购入的公司股份,持股份额分别为大连圣亚的 5.01% 和鼎泰新材的 5.27%。7 月 15 日以后,中科招商又一次举牌 7 家上市公司,其中设计股份公司目前并无实际控制人,第一大股东明图章的持股比例为 5.31%,而中科招商此番增持后的持股比例为 5.1%,之后增加到 5.41%。7 月 29 日至 8 月 3 日,中科汇通斥资约 1.18 亿元买入国农科技的股份,成为国农科技的第二大股东。8 月 3 日,中科汇通增持宝诚股份的比例为 3.48%,加上前期所持有的 6.56% 的股权,中科汇通共计持有宝城股份 10.04% 的股权,对第一大股东的位置步步逼近。

2015 年"股灾"之后,中科招商的举牌行动并未止步。2015 年 11 月 2 日,中科汇通接受海联讯公司第二、第三大股东孔飙、邢文飙的股份转让,持有海联讯总股本的 27.31%,超过海联讯原第一大股东章锋所持 27.26% 的股权,成为海联讯第一大股东,这是中科招商首次成为一家 A 股公司的实际控制人。

五、举牌背后的思考

中科招商此次批量举牌 A 股上市公司,是在当时资本市场的极端行情下实施的策略。但随着 A 股逐步企稳,从成本等因素考虑,频繁举牌的战略已经不再适用。对于中科招商下一步的发展,单总在脑海中继续紧锣密鼓地布局:对于这些举牌的上市公司,需要如何进行下一步处理?在目前 PE 退出受限的环境下,如何选择适合自己的退出路径?在相关监管限制愈发严苛的情况下,中科招商的发展模式是否能够成功?

案例正文附录

附录一　中科招商 2015 年上半年四轮定向增发情况

表 1　中科招商 2015 年上半年四轮定向增发情况

发行方案 公告时间	新增股票挂牌 转让日期	发行价格 （元/股）	发行数量 （万股）	募集金额 （元）	募集资金 用途
2015 年 1 月 20 日	2015 年 3 月 20 日	10.83	4 570.6	495 000 000	设立新基金并增加普通合伙人（GP）出资额、实施项目投资及补充流动资金等
2015 年 2 月 8 日	2015 年 3 月 20 日	18.00	10 261.0	—	非现金认购
2015 年 3 月 26 日	2015 年 5 月 19 日	18.00	27 957.6	5 032 368 000	设立新基金并增加 GP 出资额、实施项目投资及补充流动资金等
2015 年 4 月 10 日	2015 年 8 月 7 日	18.00	19 500.0	3 510 000 000	设立新基金并增加 GP 出资额、实施项目投资及补充流动资金等

附录二　股市剧震下中科招商的举牌账单

表 2　股市剧震下中科招商的举牌账单

股票代码	股票名称	持有数 （万股）	占总股本 （%）	所属行业	首次举牌日	举牌截止日
002112	三变科技	1 010.0	5.01	设备制造业	2015 年 5 月 13 日	2015 年 7 月 7 日
600593	大连圣亚	460.9	5.01	公共设施	2015 年 7 月 7 日	2015 年 7 月 8 日
300169	天晟新材	1 632.8	5.01	橡胶制品业	2015 年 4 月 16 日	2015 年 7 月 7 日

（续表）

股票代码	股票名称	持有数（万股）	占总股本（%）	所属行业	首次举牌日	举牌截止日
600769	祥龙电业	1 878.8	5.01	日用化工	2015年7月15日	2015年7月15日
300277	海联讯	671.3	5.01	信息服务	2015年4月28日	2015年7月15日
000713	丰乐种业	1 498.0	5.01	种植业	2015年7月14日	2015年8月19日
002637	赞宇科技	801.6	5.01	日用化工	2015年7月15日	2015年8月19日
600768	宁波富邦	671.4	5.01	有色金属	2015年7月15日	2015年8月19日
000609	绵世股份	1 493.0	5.01	房地产	2015年8月21日	2015年8月24日
603018	设计股份	565.0	5.43	建筑施工	2015年7月14日	2015年8月20日
002352	鼎泰新材	1 168.6	10.01	有色金属	2015年7月8日	2015年7月16日
000014	沙河股份	2 022.0	10.01	房地产	2015年6月2日	2015年8月14日
000004	国农科技	840.6	10.01	生物制药	2015年6月3日	2015年8月3日
600892	宝诚股份	633.9	10.04	综合	2015年7月14日	2015年8月3日
500980	北矿磁材	1 308.0	10.06	电脑设备	2015年7月9日	2015年7月15日
300042	朗科科技	2 673.4	20.01	电脑设备	2015年4月27日	2015年7月28日

注：数据截止日期为2015年8月31日。

资料来源：16家上市公司《权益变动报告书》。

附录三 中科招商举牌16家上市公司的进程（按持股比例从小到大排列）

1. 三变科技（002112）

日期	增持方式	增持股数（股）	增持均价	占公司总股本比例（%）
2015年5月13日	集中竞价	153 700	18.83	0.08
2015年5月14日	集中竞价	860 000	18.66	0.43
2015年5月18日	集中竞价	1 499 900	18.03	0.74
2015年6月8日	集中竞价	−651 836	27.03	−0.32
2015年7月7日	集中竞价	8 238 200	10.04	4.09
合计		10 099 964		5.01%

2. 大连圣亚（600593）

日期	增持方式	增持股数（股）	增持均价	占公司总股本比例（%）
2015年7月7日	集中竞价	2 480 566	22.38	2.7
2015年7月8日	集中竞价	2 128 700	20.14	2.31
合计		4 609 266		5.01

3. 天晟新材（300169）

日期	增持方式	增持股数（股）	增持均价	占公司总股本比例（%）
2015年4月16日	集中竞价	1 059 600	11.95	0.32
2015年4月24日	集中竞价	488 900	12.21	0.15
2015年4月28日	集中竞价	1 170 000	12.40	0.36
2015年5月5日	集中竞价	520 000	12.15	0.16
2015年5月6日	集中竞价	520 233	11.90	0.16
2015年5月7日	集中竞价	637 300	11.70	0.20
2015年5月13日	集中竞价	225 700	12.84	0.07
2015年5月14日	集中竞价	3 063 141	14.47	0.94
2015年5月14日	集中竞价	−50 000	13.74	−0.02
2015年5月15日	集中竞价	978 882	14.58	0.3

(续表)

日期	增持方式	增持股数(股)	增持均价	占公司总股本比例(%)
2015年5月18日	集中竞价	948 146	14.85	0.29
2015年5月19日	集中竞价	125 400	14.46	0.04
2015年5月19日	集中竞价	-45 300	14.52	-0.01
2015年5月20日	集中竞价	1 199 600	16.06	0.37
2015年5月20日	集中竞价	-488 300	16.28	-0.15
2015年5月21日	集中竞价	-1 179 000	16.41	-0.36
2015年5月22日	集中竞价	531 917	15.75	0.16
2015年5月25日	集中竞价	-805 000	16.60	-0.25
2015年5月28日	集中竞价	657 622	16.31	0.20
2015年5月29日	集中竞价	74 280	15.04	0.02
2015年6月1日	集中竞价	-657 200	17.10	-0.20
2015年6月15日	集中竞价	429 290	18.75	0.13
2015年6月18日	集中竞价	-659 494	19.49	-0.20
2015年6月19日	集中竞价	-1 086 050	19.04	-0.33
2015年6月23日	集中竞价	-98 400	17.25	-0.03
2015年6月30日	集中竞价	748 900	18.75	0.13
2015年7月1日	集中竞价	381 400	12.34	0.12
2015年7月6日	集中竞价	3 820 441	9.25	1.17
2015年7月7日	集中竞价	4 279 200	8.33	1.31
合计	集中竞价	16 328 108		5.01

4. 海联讯(300277)

日期	增持方式	增持股数(股)	增持均价	占公司总股本比例(%)
2015年4月28日	集中竞价	356 700	24.76	0.27
2015年5月5日	集中竞价	272 300	25.95	0.20
2015年5月6日	集中竞价	268 100	25.84	0.20
2015年5月7日	集中竞价	461 260	24.56	0.34

(续表)

日期	增持方式	增持股数（股）	增持均价	占公司总股本比例（%）
2015年6月8日	集中竞价	-56 300	35.80	-0.04
2015年6月9日	集中竞价	-1 302 060	33.40	-0.97
2015年7月6日	集中竞价	593 638	15.69	0.44
2015年7月7日	集中竞价	3 482 300	14.02	2.6
2015年7月9日	集中竞价	418 793	16.68	0.31
2015年7月10日	集中竞价	25 300	17.68	0.02
2015年7月14日	集中竞价	1 568 782	21.97	1.17
2015年7月15日	集中竞价	624 613	21.1	0.47
合计		6 713 426		5.01

5. 祥龙电业（600769）

日期	增持方式	增持股数（股）	增持均价	占公司总股本比例（%）
2015年7月15日	集中竞价	18 787 545	8.25	5.01

6. 丰乐种业（000713）

日期	增持方式	增持股数（股）	增持均价	占公司总股本比例（%）
2015年7月14日	集中竞价	1 770 224	11.10	0.59
2014年7月15日	集中竞价	13 119 833	11.45	4.39
2015年8月19日	集中竞价	90 000	11.64	0.03
合计		14 980 057		5.01

7. 赞宇科技（002637）

日期	增持方式	增持股数（股）	增持均价	占公司总股本比例（%）
2015年7月15日	集中竞价	1 616 283	18.60	1.01
2015年8月19日	集中竞价	6 399 730	20.08	4.00
合计		8 016 013		5.01

8. 宁波富邦(600768)

日期	增持方式	增持股数(股)	增持均价	占公司总股本比例(%)
2015年7月15日	集中竞价	3 409 836	17.18	2.54
2015年8月19日	集中竞价	3 303 858	19.90	2.47
合计		6 713 694		5.01

9. 绵世股份(000609)

日期	增持方式	增持股数(股)	增持均价	占公司总股本比例(%)
2015年8月21日	集中竞价	6 534 585	11.03	2.19
2015年8月24日	集中竞价	8 395 207	9.89	2.82
合计		14 929 792		5.01

10. 设计股份(603018)

日期	增持方式	增持股数(股)	增持均价	占公司总股本比例(%)
2015年7月14日	集中竞价	1 937 759	68.13	1.86
2015年7月15日	集中竞价	2 155 114	67.63	2.07
2015年7月17日	集中竞价	53 800	65.50	0.05
2015年7月21日	集中竞价	139 800	67.64	0.13
2015年7月22日	集中竞价	115 800	68.06	0.11
2015年7月23日	集中竞价	9 600	70.98	0.01
2015年7月27日	集中竞价	462 385	68.71	0.44
2015年7月28日	集中竞价	335 901	67.77	0.32
2015年8月13日	集中竞价	417 693	91.76	0.40
2015年8月18日	集中竞价	2 000	78.10	0.00
2015年8月20日	集中竞价	20 300	78.37	0.02
合计		5 650 152		5.43

11. 鼎泰新材(002352)

日期	增持方式	增持股数(股)	增持均价	占公司总股本比例(%)
2015年7月8日	集中竞价	3 976 100	27.44	5.11
2015年7年15日	集中竞价	3 689 563	39.53	4.74
2015年7月16日	赠股	3 832 832		
2015年7月16日	集中竞价	187 740	25.54	0.16
合计		11 686 235		10.01

12. 沙河股份(000014)

日期	增持方式	增持股数(股)	增持均价	占公司总股本比例(%)
2015年6月2日	集中竞价	203 400	27.13	0.10
2015年6月3日	集中竞价	277 505	27.40	0.14
2015年6月4日	集中竞价	514 186	28.75	0.25
2015年6月5日	集中竞价	799 183	29.43	0.40
2015年6月8日	集中竞价	−1 005 807	32.99	−0.50
2015年6月10日	集中竞价	−8 399	36.80	−0.00
2015年6月11日	集中竞价	−421 683	36.14	−0.21
2015年6月12日	集中竞价	−162 899	37.10	−0.08
2015年6月15日	集中竞价	283 900	34.68	0.14
2015年6月16日	集中竞价	413 650	32.07	0.20
2015年7月15日	集中竞价	6 306 747	17.71	3.12
2015年7月29日	集中竞价	1 039 539	16.90	0.51
2015年8月3日	集中竞价	6 799 455	17.63	3.37
2015年8月4日	集中竞价	286 000	18.38	0.14
2015年8月13日	集中竞价	21 600	24.48	0.01
2015年8月14日	集中竞价	1 946 350	25.94	0.96
合计		20 220 208		10.01

13. 国农科技（000004）

日期	增持方式	增持股数（股）	增持均价	占公司总股本比例（%）
2015年6月3日	集中竞价	588 504	40.68	0.70
2015年6月11日	集中竞价	-588 504	43.04	0.70
2015年6月17日	集中竞价	171 669	40.72	0.20
2015年6月18日	集中竞价	178 200	43.58	0.21
2015年6月19日	集中竞价	15 000	41.04	0.02
2015年7月9日	集中竞价	1 466 824	24.35	1.75
2015年7月10日	集中竞价	208 100	25.78	0.25
2015年7月14日	集中竞价	1 755 328	32.15	2.09
2015年7月15日	集中竞价	412 300	31.00	0.49
2015年7月29日	集中竞价	979 099	26.73	1.17
2015年7月30日	集中竞价	47 336	28.03	0.06
2015年7月31日	集中竞价	743 664	28.45	0.89
2015年8月3日	集中竞价	2 428 924	28.92	2.89
合计		8 406 444		10.01

14. 宝诚投资（600892）

日期	增持方式	增持股数（股）	增持均价	占公司总股本比例（%）
2015年7月14日	集中竞价	1 401 777	44.47	2.22
2015年7月15日	集中竞价	1 794 041	44.92	2.84
2015年7月22日	集中竞价	338 964	45.45	0.54
2015年7月29日	集中竞价	424 810	40.25	0.67
2015年7月31日	集中竞价	182 200	41.71	0.29
2015年8月3日	集中竞价	2 197 582	40.37	3.48
合计		6 339 374		10.04

15. 北矿磁材（600980）

日期	增持方式	增持股数（股）	增持均价	占公司总股本比例（%）
2015年7月9日	集中竞价	6 513 004	13.81	5.01
2015年7月15日	集中竞价	6 566 497	19.97	5.05
合计		13 079 501		10.06

16. 朗科科技（300042）

日期	增持方式	增持股数（股）	增持均价	占公司总股本比例（%）
2015年4月27日	竞价交易	1 279 536	24.52	0.9577
2015年4月28日	竞价交易	2 900 100	24.38	2.1707
2015年4月29日	大宗交易	6 800 000	22.00	5.0898
2015年7月6日	竞价交易	700	18.70	0.0005
2015年7月7日	竞价交易	2 467 998	17.98	1.8473
2015年7月15日	竞价交易	4 361 746	28.94	3.2648
2015年7月16日	竞价交易	1 286 425	29.84	0.9629
2015年7月17日	竞价交易	949 250	32.84	0.7105
2015年7月22日	竞价交易	27 801	34.37	0.0208
2015年7月23日	竞价交易	394 357	33.90	0.2952
2015年7月27日	竞价交易	795 111	33.11	0.5951
2015年7月28日	竞价交易	3 137 814	31.17	2.3487
2015年7月31日	竞价交易	405 300	33.65	0.3034
2015年8月3日	竞价交易	916 550	31.60	0.6860
2015年8月4日	竞价交易	1 011 270	33.56	0.7569
合计		26 733 958		20.0104

注：数据截止日期为2015年8月31日。

资料来源：16家上市公司的《权益变动报告书》。

案例使用说明

随着新三板挂牌 PE 机构的不断增加，PE 已经不再是单纯的股权投资机构，而是一个像上市公司一样具有在资本市场上融资、退出功能的金融平台。2015 年 3 月，中科招商挂牌新三板，经过两轮大规模融资之后，在"股灾"中逆势举牌 16 家上市公司，成为新三板以及 PE 领域的重大事件。作为一家 PE 公司，中科招商控股了多家上市公司，这会对未来资本市场的治理和监管产生怎样的影响？中科招商到底在谋划什么？该案例是否预示着未来中国 PE 机构发展的某种趋势和方向呢？

一、教学目的与用途

1. 适用课程：金融专业硕士"私募股权投资"等课程的案例教学使用。

2. 使用对象：本案例主要为金融专业硕士学习，也适合 MBA、EMBA 以及具有一定工作经验的金融管理者阅读。

3. 教学目标：本案例描述了中科招商私募股权筹资的运营模式和登陆新三板后的表现，以及举牌 16 家上市公司的过程，旨在为私募股权筹资者提供一定的借鉴和启示。本案例教学的具体目标有以下三个方面：

（1）使学生掌握中国私募股权筹资的运营模式与管理机制，对不同 PE 机构的商业模式进行比较总结；使学生把握 PE 机构登陆新三板的路线，了解登陆新三板对于 PE 未来发展的影响机理。

（2）培养学生关于投资和筹资的思维，掌握私募股权投资的发展趋势，训练其当 PE 机构在创业中遇到不同问题时的解决能力。

（3）训练学生思考未来 PE 集团控制多家上市公司给中国资本市场的治理和监管带来的问题，思考监管体制变革的方向。

二、启发思考题

1. 私募融资、新三板、PE 机构的内涵是什么？中国私募股权投资基金的发展现状是什么？在互联网金融快速发展的背景下，如何推动私募股权投资的创新和发展？

2. PE 机构为何纷纷挂牌新三板？新三板这个资本市场的大变量对于 PE 市场格局有怎样的影响？新常态下我们应该以怎样的视角看待 PE 的发展？对新三板挂牌 PE 估值时要考虑哪些因素？

3. 中科招商在实现自身构建产业集群的发展目标时,如何在新三板市场上发挥筹资和投资的优势?私募股权基金退出困难的问题如何解决?

4. 越来越多的PE机构计划登陆新三板,中科招商如何进一步扩大利基,在残酷的竞争中保持自己的独创优势,加速投资布局?如果您是单祥双董事长的智囊团队,您会为中科招商后续的发展提供什么样的规划或建议方案?

5. 如果少数PE集团控制多家上市公司,可能会对中国资本市场产生怎样的影响?中国资本市场监管政策如何应对PE资本控制上市公司的问题?

三、分析思路

本案例分析的基本思路是:

第一步,考察中科招商作为一家PE机构的发展历程。立足于整个中国资本市场不断变化的大背景下,中科招商积极探索和调整自己的创投战略,不断发展壮大自己的投资范围和领域,映射了PE机构在中国的发展,评判私募股权机构未来的发展前景。

第二步,从理论视角分析中科招商登陆新三板的过程,把握中科招商在挂牌新三板后的多次定增计划,了解中科招商的融资模式和策略,分析单祥双在融资与投资时点把握上的独到之处。

第三步,从PE战略转型目标下,结合中科招商在2015年"股灾"中先后举牌16家上市公司的过程,把握中科招商选择举牌企业的特点,预测中科招商运营新模式的发展前景。

第四步,分析中科招商控制多家上市公司可能对资本市场治理产生的问题,探讨证券监管部门的应对思路和策略。

四、理论依据与分析

(一)理论依据

本案例分析涉及的理论基础包括:私募股权投资理论、资本市场投融资理论和收购、兼并与重组理论。

(二)具体分析

1. 私募股权投资理论

私募股权投资是指通过私募基金对公司(一般为非上市公司)进行权益性投资。私募,即"私下募集",区别于公开发行募集;股权投资,是对公司股权进行投资,而不是对其他债务进行投资;基金,是指投资机构将特定的机构和个人的资金募集起来形成一个大的资金池,再将资金投资于有良好发展前景的企业从而获取公司股权。私募股权投资的目的是盈利,从其本质上看,私募股权投资基金是为了实现资本增值,通过为企业提供资金来帮助具有高增长空间的公司盈利,对应的收益依据出资份额进行分配,风险共担。私募股权投资的期限有限,投资模式是"持股—增值—出售",因此管理者达到预期收益时就会选择退出公司。私募股权投资不是为了长期持有股权,而是为了资本增值,因此,退出是私募股权投资过程中最重要的一环,退出机制包括通过首次公开发行股票、兼并与收购、管理层回购等方式,最终通过转让股权来获利。

2. 资本市场投融资理论

在资本市场上的投融资活动即从融资者处获得实物或股权回报的活动。就PE机构本身的专业性而言,它除了能给中小企业以资本上的支持外,凭借其投后管理能力,亦可帮助企业梳理并解决发展中所遇到的问题,协助企业管理者设计战略规划,使其发展壮大并登陆资本市场,以倍数体现资本资金的增值效应。PE机构通过挂牌新三板并募集资金,进而将资金投放于尚未发展至可以登陆资本市场的潜力型中小企业,并整合行业资源为所投企业服务,同时对股东或出资人负责,在保证资金安全的前提下带来稳定回报。这不仅盘活了市场资金,增强了资金的使用效率,而且大幅降低了中小企业资金的使用成本。

3. 收购、兼并与重组理论

私募股权投资基金等机构投资者,可以通过在市场上举牌来控制上市公司,之后对上市公司进行资产重组等操作,将未上市项目注入上市公司,来实现变相上市的目的。这是对传统资本市场兼并、重组等理论的创新。

五、背景信息

(一)新三板市场推出的作用

新三板的推出不仅是对三板市场的一次扩容试验,也是对支持高新技术产业政策的落实,更重要的是对建立全国统一监管下的场外交易市场进行了积极的探索,并取得了一定的经验积累。

1. 为企业提供新的融资平台

高新技术企业不仅可以从银行获得贷款、从政府获得补贴,在急需资金但无法从银行筹集到足够资金时,还可以通过新三板获得新的股权投资。新三板市场为这些股权投资提供了制度保障,从而促进更多的股权投资基金选择主动投资。

2. 有利于提高公司的治理水平

目标为登陆新三板的公司,需要在专业机构的指导下进行股权改革,从而使公司的股权结构和高管职责更加明晰。同时,新三板要求登陆公司按照上市公司的信息披露规范进行相关操作,可以促进企业的规范管理,有利于企业的持续健康发展。

3. 为价值投资提供平台

参与新三板的投资者一般都是进行股权投资,因此在短期内,机构或个人投资者都无法收回自己的投资资金,这就要求投资者对投资对象进行全面的调研,做出慎重的选择。因此,对于新三板公司的投资更倾向于价值投资。

4. 降低股权投资风险

在新三板挂牌的公司,其投融资活动要纳入交易系统中,并受到证券业协会和主办券商的监督。相关部门的监管可以更好地降低投资者的投资风险。

5. 为私募股权基金提供新的退出方式

新三板平台的股份报价转让系统为投资新三板的私募股权基金提供了一种便捷的退出方式,同时也使挂牌企业成为私募股权基金的又一个投资热点。

6. 对A股市场形成压力

新三板交易制度和A股市场有很多类似的地方,对于A股市场而言新三板是一个竞争大市场。随着新三板市场的不断发展,其挂牌企业的数量会越来越多,融资需求也会不断增加,从而分流A股市场的资金,对A股市场形成压力。

(二) 中国PE机构挂牌新三板的原因

PE机构挂牌新三板的核心动力在于通过挂牌来打造大资管平台,从而有效满足PE机构的融资需求和退出诉求。被动需求和主动需求是中国PE机构挂牌新三板的两大主要原因。

1. 被动需求

首先,LP有强烈的退出诉求。由于IPO发行缓慢,PE机构募集的基金投资项目到期却无法及时退出,同时多数本土PE机构又面临LP份额流动性问题,PE机构在二级市场上转让困难,迫切要求建立新的LP份额流动转让机制。其次,PE募集资金的压力较大。这是由于:一方面,基金前期投资项目难以退出,会打击投资者的信心,使募资更加艰难;另一方面,随着PE机构业务的拓展,所管理的基金规模越来越大,PE机构本身会存在很大的资金缺口。最后,

PE机构在主板上市困难。由于A股市场要求上市公司的业绩达到一定的标准,而PE的业绩难以进行有效预估,想获得IPO的审批并不容易;同时,A股市场要求上市公司进行定期的信息披露,而这些投资和财务数据又要求PE机构的投融资具有一定的私密性;此外,在A股市场上公开上市后,PE机构的控制权可能被稀释和分化,从而使公司及其投资决策的控制权进一步降低。

2. 主动需求

主动需求是指PE机构本身有进入资本市场的诉求。新三板满足了PE机构融资和退出的核心诉求,PE机构可以通过在新三板市场上进行定向增发等快速募资的方式,为大资管平台的建立提供资金支持。同时还能完善激励机制以维持投资团队的稳定性,树立PE机构的品牌形象,提高自身的影响力。另外,新三板对信息披露有一定要求,可以促使PE机构的治理结构得到有效改善。

(三)中科招商开创PE运营新模式

通过新三板发行上市,利用融资举牌上市公司是中科招商资本布局的重要一步,中科招商希望通过打造上市公司产业集群,构建内生的"融投管退"闭环。由于上市公司已经具有了稀缺的市场资源、人才资源、资金资源,相比未上市的公司拥有更广阔的平台。因此,中科招商的投资策略是将目光聚焦在已上市的公司上,希望通过帮助被举牌的企业,架起一座直达二级市场的"桥梁",促使这些上市公司迅速步入发展的新阶段。2015年"股灾"以来,被中科招商举牌的公司包括设计股份、朗科科技、天晟新材、赞宇科技、大连圣亚、北矿磁材、祥龙电业、国农科技、沙河股份、宝诚股份、鼎泰新材、丰乐种业、三变科技、宁波富邦、海联讯、绵世股份,行业涉及房地产、电子设备制造、计算机、农林牧服务业、化学原料与制品、进口原料、医药制造、有色金属等。中科招商目前在投企业许多都属于战略新兴产业,日后可以择机注入上市公司,通过收购上市公司,形成闭环,这样即便资本市场一直不开放,因为拥有上市公司这一可靠的平台,中科招商也不会受到太大影响。因此,虽然在持有这些上市公司的股份以后,资本市场仍有下行,但通过股权增持,培育上市公司的长期价值,长远来看也能获取上市公司股权增值带来的收益。

在连续举牌16家上市公司之后,中科招商走上了一条中国PE发展的康庄大道。过去中国PE的发展都是在一级市场,投早期、中期和准备IPO的项目,但是随着传统产业转型压力和经济下行压力越来越大,这些早期、前期包括中后期准备上市的投资项目并不乐观。从投资的安全性、收益性、稳健性和流动性的角度,把上市公司作为 PE 再造的新平台将是一种新的模式。通过 PE 带动上市公司的产业转型升级,再通过上市公司带动上下游产业,从而实现中国传统产业经济的转型,这是中科招商构建的 PE 运营新模式下的美好愿景。

(四)被举牌企业的特点

纵观被中科招商举牌的 16 家上市公司,可以发现以下特点:

1. 市值偏低

被举牌的上市公司市值普遍偏低,所有公司的市值都在 100 亿元以下,其中有 10 家公司的市值在 30 亿元以下,市值最大的公司——设计股份的市值也只有 87 亿元。中科招商认为在 IPO 暂缓的背景下,尤其是小票重组并购的空间被打开,市场上的上市公司因此具有较大的投资价值,且这类公司拥有很大的资本操作空间。

2. 经营困难

这些被举牌的公司大多数业绩出现了下滑或者亏损,主营业务的发展遭遇困境,发展空间有限,亟待产业升级。中科招商的进入,不仅注入了资本,更重要的是注入了产业、人才、技术、管理资源和机制体制资源,能够有效提升上市公司的产业竞争力和发展空间。

3. 股权结构分散

中科招商选择的上市公司大部分股权结构处于高度分散的状态,在这样的现状下,中科招商以较小的持股比例成为第一或第二大股东,之后如果继续接受股份转让或继续增持,中科招商将最终成为这些公司的实际控制人,从而更好地进行资产和技术注入,改善上市公司的基本面,提升公司的远期价值,这也符合中科招商一贯追求的投资并购逻辑。

(五)案例的后续进展

2015 年 10 月 21 日,上交所对外披露了以下信息:中科汇通自 7 月起通过上交所集中竞价交易系统增持多家上市公司(此次涉及的被举牌方为北矿磁材、大连圣亚、祥龙电业、宝诚股份、设计股份、宁波富邦六家公司)股份,成为持股 5% 以上股东并越过举牌线,但在增持上述公司股份达到其已发行股份的 5% 时,均未及时停止增持行为并履行权益变动的披露义务,且多次违反规定,因此决定对其予以监管关注。

2015年11月13日,中科招商公司和控股股东单祥双分别收到中国证监会深圳监管局行政监管措施决定书——《深圳证监局关于对中科招商采取责令改正措施的决定》和《深圳证监局关于对单祥双采取出具警示函措施的决定》。其中涉及的细节包括:(1)2015年5月20日中科招商子公司中科汇通涉嫌信息披露违法行为被立案调查,而中科招商未在指定信息披露平台进行信息披露。(2)中科招商的300亿元再融资计划,在接受媒体采访时表示要用在并购,包括对上市公司的并购,打造50家市值在千亿元级别的上市公司,但是并未在相关公告中披露。(3)中科招商董事长单祥双表示,公司在未来5年内将拿出100亿元来支持旗下互联网创业平台——中科乐创平台的创业项目,中科招商未发布公告澄清。对此,中科招商董事会发布公告称,今后将进一步加强对信息披露工作的管理,规范接受采访和媒体信息发布行为,确保真实、准确、完整、及时地进行信息披露。对于此次"深圳证监局警示函"事件,单祥双表示,作为资本市场的参与主体,中科招商有义务维护市场公平、公开、公正的交易,同时也有责任在监管框架下有所作为,经过此次事件后,中科招商将会用主板的信息披露规则来严格要求自己,希望能够发挥新三板挂牌企业领头羊的作用。

2015年12月21日,中科招商发布重大事项停牌公告,因为中科招商正在筹划上市公司股权收购事项,而相关事项尚存在不确定性,为维护广大投资者的利益,保证信息披露公平,避免引起公司股票价格的异常波动,中科招商公司股票自2015年12月22日开市起停牌,预计股票恢复转让日期不晚于2016年3月21日。

六、关键要点

1. 案例关键点:本案例以在新三板市场快速发展的背景下,私募股权投资机构为考察对象,以私募股权投资理论为基础,选择中科招商作为分析对象,从这家PE机构发展的角度,描述中科招商的成长与投资模式的形成,登陆新三板后多次大额定增的原因,以及在"股灾"下举牌16家上市公司的过程,探讨中科招商的融资和投资策略。

2. 关键知识点:围绕中科招商成长与投资模式的不断创新,分析中科招商的投资目标,挂牌新三板后的投资策略以及大规模举牌后的信用增级与业务拓展,公司价值变化等。

3. 关键能力点:综合运用私募股权投资理论、公司价值理论、金融创新理论的综合应用能力,归纳与演绎思维能力以及解决实际问题的创新实践能力。能否把握案例中提供的信息,结合私募股权理论与金融创新的基本路径,同时结合中国资本市场的特色进行总结归纳是关键。

4. 关键创新点:拓展思路,创新思考中科招商控制多家上市公司给中国资本市场治理与监管带来的新挑战,分析中科招商在试图通过对上市公司控制实现 PE 项目退出的新思路。为防范风险,中国证券监管部门应该如何创新政策与机制,应对未来的挑战。

七、建议课堂计划

本案例建议使用 3—4 课时进行讨论,事先发放案例材料。在教学过程中,授课老师要保持中立场,组织同学们开展讨论,尤其是站在决策者的立场上进行讨论。讨论结束后要求学生提交案例分析报告。

1. 课前计划:先布置启发性思考题,比如,如何推动中国私募股权投资的创新和发展?新三板股权投资有什么优势?请学生在课前完成相关资料的阅读。

2. 课中计划:具体包括以下几方面。

(1) 背景分析:简明扼要、把握形势、提出问题。

(2) 分组讨论:可以将学生分为 3 组,分别代表中科招商的决策者、被举牌机构的负责人、资本市场的监管者。要求每一小组准备发言提纲,制作 PPT 展示,每组发言控制在 30 分钟以内。

(3) 自由讨论:学生们依据各组情况进行讨论,自由发言,最后进行归纳总结(30 分钟)。

3. 课后计划:要求学生在课堂讨论后采用报告的形式,给出关于中国证券监管部门针对中科招商未来发展的相应监管政策的预测和计划,写 2 000 字左右的案例分析报告。

建议有条件的学校,在本案例教学过程中聘请中科招商的管理层人员来课堂指导讨论。

案例使用说明附录

附录一 中科招商股权控制关系与举牌上市公司的情况

截至 2015 年 10 月 31 日,单祥双直接持有中科招商 40.22% 的股权,通过控制深圳前海天高云淡投资企业(有限合伙),间接控制中科招商 2.66% 的股权;通过控制深圳前海纳百川投资企业(有限合伙),间接控制中科招商 0.39% 的股权,合计控制中科招商 43.27% 的股权。中科招商持有中科汇通 100% 的股权,为中科汇通的控股股东,单祥双从而直接持有和间接控制中科汇通 43.27%

的股权,为中科汇通的实际控制人。如图1所示。

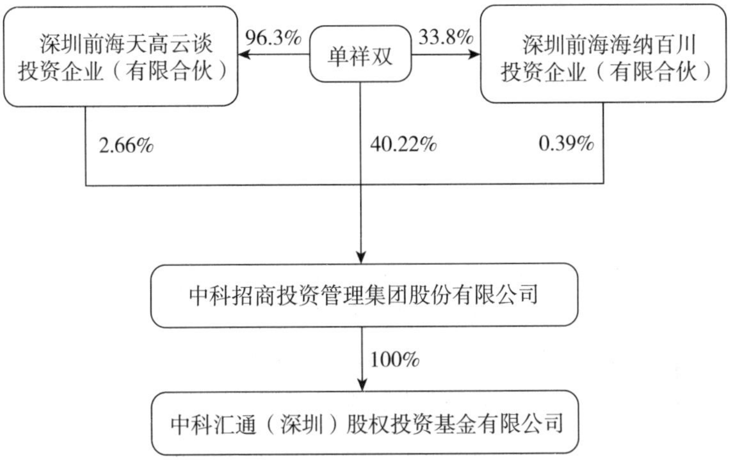

```
         96.3%              33.8%
深圳前海天高云谈    单祥双    深圳前海海纳百川
投资企业(有限合伙)          投资企业(有限合伙)

      2.66%      40.22%       0.39%

         中科招商投资管理集团股份有限公司
                    │ 100%
         中科汇通(深圳)股权投资基金有限公司
```

图 1 中科汇通(深圳)股权投资基金有限公司股权及控制关系

截至 2015 年 10 月 31 日,中科汇通(深圳)股权投资基金有限公司及其控股股东、实际控制人拥有境内、境外其他上市公司 5% 以上股份的情况如表 3 所示(按持股比例从大到小排列)。

表 3 中科汇通拥有境内、外其他上市公司 5% 以上股份的情况

序号	交易所	证券代码	证券简称	持股数量(万股)	持股比例(%)
1	深交所	300277	海联讯	3 659	27.31
2	深交所	300042	朗科科技	2 673	20.01
3	上交所	600892	宝诚股份	798	12.64
4	深交所	000014	沙河股份	2 322	11.50
5	深交所	000004	国农科技	952	11.33
6	深交所	002352	鼎泰新材	1 276	10.93
7	上交所	600980	北矿磁场	1 415	10.88
8	上交所	600769	祥龙电业	2 076	5.54
9	上交所	603018	设计股份	565	5.43
10	深交所	002112	三变科技	1 058	5.24
11	上交所	600593	大连圣亚	461	5.01
12	深交所	000609	绵世股份	1 493	5.01

(续表)

序号	交易所	证券代码	证券简称	持股数量(万股)	持股比例(%)
13	深交所	000713	丰乐种业	1 498	5.01
14	深交所	300169	天晟新材	1 633	5.01
15	上交所	600768	宁波富邦	671	5.01
16	深交所	002637	赞宇科技	802	5.013

附录二 中科招商基本情况和国内其他 PE 巨头的比较

在 2015 年 7 月 30 日硅谷天堂正式挂牌新三板后,中科招商、九鼎投资、同创伟业、硅谷天堂四大 PE 巨头在新三板上开始了更加激烈的竞争。根据四大 PE 的披露资料,我们将各自的经营状况和项目投资情况进行了对比(见表 4 和表 5)。

表 4 中科招商与九鼎投资、同创伟业、硅谷天堂情况比较

	九鼎投资	中科招商	同创伟业	硅谷天堂
成立时间	2007 年 7 月	2000 年 12 月	2010 年 12 月	2000 年
注册资本	40.7 亿元	1 000 万元	4 000 万元	5.5 亿元
在管基金(只)	193	201	153	111
基金认缴规模(亿元)	310	607	113	—
基金实缴规模(亿元)	214	274	81	102
投资目标	股权私募投资	股权私募投资	股权私募投资	上市公司股权
累计投资项目(个)	209	233	194	112
完全退出项目(个)	36	32	29	82
在管项目的综合 IRR(%)	30.2	22.01	28.05	28.66
投资领域	化工原料、加工、建筑、工程、生物技术、医疗健康、物流等	TMT、医药健康、消费文化、节能环保、资源能源、现代农业、先进制造、交通物流	集中于大消费和大健康	TMT、生物医药、节能环保、新能源和现代服务业等
2014 年营业收入(亿元)	6.88	9.39	1.05	3.71

（续表）

	九鼎投资	中科招商	同创伟业	硅谷天堂
2014年净利润（亿元）	3.64	4.24	0.38	1.59
基本每股收益（元）	0.2	0.5	1.28	0.3
2014年年底员工人数（人）	490	416	70	220
挂牌新三板时间	2014年4月29日	2015年3月20日	2015年7月15日	2015年7月30日

表5 中科招商与九鼎投资的优势对比

	中科招商	九鼎投资
上市方式	整体上市	子公司昆吾九鼎投资上市
资金管理业务模式	主营私募股权投资基金管理；另有直投业务，以自有资金直接投资项目	主营私募股权投资基金管理
投资规模（截至2014年年末）	基金投资项目233个，累计投资金额182.46亿元；实现退出项目32个，投资金额16.16亿元，退出金额30.39亿元；在管项目201个，累计投资额166.29亿元	基金投资项目209个，累计投资金额154.3亿元；实现已经退出项目24个，投资金额为11.7亿元，退出金额为27.0亿元；在管项目185个，累计投资金额142.6亿元
业绩回报	已退出项目的综合IRR为27.23%；在管项目综合IRR为22.01%	已退出项目综合IRR为38.1%；在管项目综合IRR为30.2%
估值方法	参照同行业挂牌企业、结合公司实际情况进行估值	参照同行业挂牌企业、结合公司实际情况进行估值
出资人结构	政府引导基金或其他国有性质机构的认缴金额为444.4亿元，占基金管理规模的73%，个人和非国有性质机构认缴出资为162.71亿元，占基金管理规模的27%	政府引导基金或其他国有性质机构的认缴金额为25亿元，占基金管理规模的10%，个人和非国有性质机构认缴出资为225亿元，占基金管理规模的90%
管理基金种类	只管理人民币基金	人民币基金和美元基金
基金组织形式	111只基金中，56只为公司制基金，46只为有限合伙企业	基金全部为有限合伙制

（续表）

	中科招商	九鼎投资
实缴资金占比	基金认缴规模约607亿元,实缴金额约274亿元,实缴/认缴金额比例为45.1%	股权基金管理规模为250亿元,实缴金额为170亿元,实缴/认缴金额比例为68%
挂牌融资	2015年4月90亿定增计划收官;5月定增10亿元;9月宣布更为激进的再融资计划,定向募集资金300亿元	2014年两次定增分别为35.37亿元和22.5亿元;2015年11月,完成100亿元定增;九鼎投资控股的新三板挂牌企业优博创宣布定增300亿计划

附录三　中科招商的财务和收益情况

我们根据中科招商公示的财务信息对其近三年的财务状况进行归纳,结果如图2所示。

图2　中科招商2012—2014年营业收入和净利润情况

从图2可知,中科招商2012—2014年营业收入逐年稳定小幅增加,而净利润在2014年相比2013年有大幅提高。此外,2015年上半年,中科招商营业总收入为756 994 765.86元,比上年同期(457 046 954.80元)增长了65.63%;营业利润为500 678 247.77元,比上年同期增长了70.39%;利润总额为499 628 676.84元,同比增长64.33%;归属于挂牌公司股东的净利润为351 503 360.56元,同比增长85.13%;基本每股收益0.19元,同比增长18.75%。

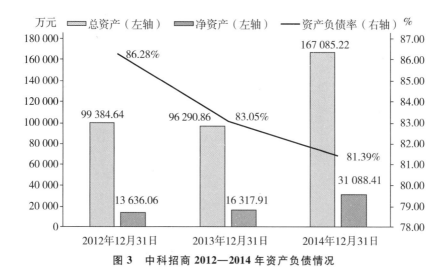

图3 中科招商2012—2014年资产负债情况

截至2015年上半年,中科招商资产总额为16 783 482 330.09元,比上年期末增长了255.89%;负债总计3 060 837 286.23元,比上年期末增加了22.16%(见图3)。从中科招商的资产负债情况可以看出,中科招商的发展速度较快,增长势头很强劲。

参考文献

1. 林默、邓攀,"乡土PE与新三板风口",《中国企业家》,2015年第9期,第72—77页。
2. 马元月、姜鑫,"揭秘新三板四大PE巨头",《北京商报》,2015年5月25日。
3. 曲家萱、李磊,《PE融资:帮助企业实现资本嬗变》。北京:经济科学出版社,2012年。
4. 隋平、钱丽艳,《新三板上市操作实务与图解》。北京:法律出版社,2015年。
5. 苏小和,"单祥双的左右手",《经理日报》,2005年1月24日。
6. 叶有明,《股权投资基金运作:PE创造价值的流程》(第二版)。上海:复旦大学出版社,2012年。
7. 周茂清、尹中立,"'新三板'市场的形成、功能及其发展趋势",《当代经济管理》,2011年第2期,第75—77页。
8. 赵文佳,"老牌PE登陆新三板",《金融资本》,2014年第12期,第74—75页。
9. "中科招商A计划曝光第一案",中国经济网,2015年10月21日。
10. Bedu, N., and Montalban, M.,"Analysing the Uneven Development of Private Equity in Europe: Legal Origins and Diversity of Capitalism", Socio-Economic Review, 2014, 12(1), 33—70.

11. Mogilevsky, V., and Murgulov, Z., "Underpricing of Private Equity Backed, Venture Capital Backed and Non-sponsored IPOs", *Investment Management and Financial Innovations*, 2012, 9(3), 47—59.

12. Montchaud, S., "The Interest of Private Equity and Venture Capital for the Financing of Entrepreneurship in Emerging Markets", *International Journal of Economics and Business Research*, 2014, 7(2), 220—240.

巨人网络借壳世纪游轮回归 A 股案例分析

李建军　崔洪略

摘　要：巨人网络曾是在美国纳斯达克上市的中国互联网游戏企业,因与 A 股相比,美股对其估值较低,巨人网络决定退出纳斯达克并返回国内上市。本案例讲述了巨人网络如何从美国退市,并选择世纪游轮作为壳资源,导致世纪游轮的股价暴涨,最后成功登陆 A 股的整个过程。这一事件也带动了中概股以各种方式回归 A 股的大潮。

关键词：借壳上市,私有化退市,资产剥离与注入,中概股

一、引　言

2015 年 12 月 9 日,重庆新世纪游轮股份有限公司(以下简称世纪游轮)的股票在经历了自 11 月 11 日复盘之后的 19 个涨停后再次涨停,这使其成了资本市场上的明星,实现了从每股 30 元到超过 200 元的"大跃进",成了 A 股市场的第四高价股。这一切都源于与上海巨人网络科技有限公司(以下简称巨人网络)的"结缘"。

如果说一次成功的兼并重组是一场婚姻,那么世纪游轮与巨人网络的牵手则异常艰难,双方在长达一年的过程中多次出现了"绯闻"和"悔婚",最后成功地激发出了市场 20 个涨停的效应。但实际上,这么大幅度的上涨并不是其实际价值的体现,而是与中概股及小盘股的流通炒作相关。12 月 10 日起,世纪游轮因为股票的异常波动而停牌。

二、巨人网络与中概股

（一）中概股的整体情况

中概股即中国概念股，泛指在美国纳斯达克上市的中国公司，这些公司以互联网科技公司为主，最初登陆美国主要是认为 A 股的价值机制并不完善，对互联网及高科技企业的估值相对较低。但是随着近两年 A 股的上涨及创业板的火爆，许多中概股都开始打算回归 A 股市场。

2015 年，早在美国退市或完成私有化的暴风科技、分众传媒等公司纷纷以各种方式回归 A 股，奇虎 360、迅雷、陌陌等 33 家中国企业正计划或已经完成从美股退市，都摩拳擦掌准备回归，总规模约 400 亿美元。

美国市场虽然在最初给予了中国互联网企业较多的资金支持，为中国互联网企业的初创立下了汗马功劳，但是由于中国和美国互联网发展的趋势和方向有所差异，许多美国人并不能理解中国互联网企业的盈利空间及广阔前景，造成了在后期中概股相对国内上市企业的价值低估，因此业界逐渐开始产生"互联网企业将逐渐回归 A 股"的判断。

实际上，借助了国际资本市场之后的中国互联网企业保持了高速增长，给予了投资者较高的回报。随着中国互联网的不断发展，基于超过 6 亿网民群体的中国互联网企业具有较高的价值，但是华尔街目前对于它们的估值普遍不高。

估值不高的原因有很多，其一就是目前美国的民众对于中国互联网企业的发展框架及概念并不了解。通常情况下，他们会将中国企业与他们熟知的美国企业进行对比，例如将阿里巴巴简单地与亚马逊公司相比，但实际上双方从商业模式上来说就具有本质的不同。

我们可以把在美国上市的企业与在 A 股上市的企业进行一下对比。优酷网和土豆网曾经是中国赴美 IPO 的先驱企业，也曾在当时的中国互联网视频行业获得了较大的市场份额。但两家企业始终没有获得应有的估值水准，且股价呈逐渐下滑的趋势。后期虽然合并为一家公司并取名为合一集团，但情况并未好转，因此该集团目前也在积极地进行着私有化，以期返回 A 股。与之相比，视频产业的后起之秀乐视网，因为选择了在 A 股上市，而大获成功。乐视网上市之后拉出多个涨停板，市值一度超过了 1 000 亿人民币，而截至 2015 年年底，合一集团的股价仍不足 300 亿元人民币。靠着较大的资本效应，乐视网不断扩展自己的业务和产业规模,已经初步搭建了"平台+内容+终端+应用"的生态模式。然而优酷网、土豆网仍然不能改变视频企业依靠广告收入作为主要来源的盈利模式,企业生存状况急需优化。

由此可见,国内资本市场的红利是中概股回归的直接动因。而巨人网络并不是首个返回国内的中概股,在2013年5月,分众传媒就已在美国完成私有化退市,总市值达到约165亿元。经过其成功借壳七喜控股的两年之后,按2015年12月18日的收盘价计算,公司总市值高达人民币2 163亿元。与两年前分众传媒从纳斯达克退市时相比,其公司价值已经暴涨了13余倍。

(二)巨人网络基本状况

巨人网络是一家集网络游戏的研发、运用、销售为一体的综合化的互联网企业,公司成立于2004年11月18日,并于2007年11月1日顺利登陆纽约证券交易所(纽交所)。该企业曾经被广泛看好,其上市时的总市值曾达到42亿美元,也成了在纽交所上市的发行规模最大的中国民营企业。

从财务上看,其主营游戏业务的下滑影响了整体状况,这也使巨人网络的营业收入和净利润均处于下滑状态。巨人网络的营业收入由2013年的24.36亿元下滑至2014年的23.65亿元,同期净利润也从13.17亿元下降为11.84亿元;2015年前三季度,该公司净利润仅为2.16亿元。

三、世纪游轮的情况

世纪游轮是一家成立于1994年、以涉外豪华游轮为主要业务的船运公司。该企业经过了20年的发展,成功地扩展了业务,不仅包括了长江三峡流域的内河涉外豪华游轮业务,还包括了旅行社的相关业务。

公司从事的内河涉外豪华游轮是主营业务,它并非简单的轮渡,而是一项复合性较强的旅游业务,它集轮船运输、旅游观光、酒店管理于一体,具有较高的综合性和一体性。整个长江沿岸遍布着名胜古迹与城市景点,该公司把旅游项目作为主要依托,通过旅游行业发展休闲观光、餐饮、住宿、购物等附加服务业成了重要的盈利渠道。除此之外,公司目前的全资控股子公司——新世纪国旅还在经营旅行社的相关业务,业务包括国内与出入境游、票务代理和签证业务。世纪游轮以国际化高品质服务作为目标和标准,计划打造景点到服务的全方位综合服务体。

世纪游轮从2011年上市至退市只有四年,这种快速的退市与主营业务状况不佳关系较大。在近些年旅游业快速发展的背景下，长江沿岸的旅游市场竞争异常激烈，这片过去的"蓝海市场"目前已经变为"红海"，且逐渐朝着恶性竞争的方向发展，这使一向以长江业务为主的世纪游轮公司遭遇业务的困境与寒冬。从图1的财务状况也可以明显体现。

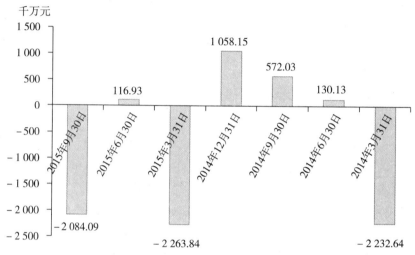

图1　世纪游轮净利润分析

资料来源：同花顺 iFund。

从 2014 年 10 月 27 日停牌到 2015 年 11 月 10 日公告最终的"联姻"对象，世纪游轮的卖壳过程可谓一波三折，众多"绯闻"对象不断曝光，"多角恋"在众多等待上市的企业之间上演。从最初沸沸扬扬的等待借壳的九鼎投资的传闻，到中间传出的新利光电，中间还掺杂了途牛与分众传媒的参与，再到最后成功的巨人网络，从传出的中国企业数量可以看出，中国资本市场上壳资源的稀缺已经达到了白热化的程度。

四、巨人网络的私有化与回归过程

2013 年 11 月 25 日，巨人网络公布了董事长史玉柱及霸菱亚洲投资总体估值达到 29.5 亿美元的私有化要约。这个价格实际上是有一定参考意义的，因为 2007 年巨人网络在纽交所 IPO，总融资额超过了 10 亿美元。但是从 2009 年初次分红到 2013 年，巨人网络累计的分红达到了每股 4.5 元，加上要约收购价总计 16.24 美元，价格是显著高于当时的 IPO 价格的，且是显著高于当时的股价水平的。该要约价格比起前一交易日的加权平均价格溢价了21%,相比前60天成交价的加权平均价格更是溢价了31.3%,这被看作巨人网络私有化的起点。

2014年7月18日,巨人网络宣布自己与全资子公司巨人投资有限公司(Giant Merger Limited)签署了并购协议。该协议在特别股东大会上获得批准之后,巨人投资有限公司就能够以约30亿美元的现金收购巨人网络。根据该协议,所有符合条件的巨人网络股东都将获得每股12美元的美国存托股份(简称"ADS")或普通股。随着巨人网络要求纽交所在2014年7月18日之后停止交易该公司的ADS,巨人网络的私有化进程宣告完成,成功在纽交所退市。

2015年9月30日,世纪游轮与巨人网络签署了"联姻"契约。根据随后公布的重组方案,首先世纪游轮将自己的全部资产和负债出售给了其实际控制人彭建虎,同时向巨人网络的全体股东非公开发行4.43亿股,每股发行价格是29.58元,总价达到131亿元,购买了巨人网络100%的股权。

在交易完成后,作为巨人投资全资子公司的兰麟投资与其一致行动人的腾澎投资将持有世纪游轮公司2.1亿股,占总股本的41%,其中兰麟投资自己持有世纪游轮1.56亿股,总比例约占31%。因此兰麟投资成了世纪游轮的控股股东。因为史玉柱持有兰麟投资98%的股份,所以可以说史玉柱持有了世纪游轮1.53亿股的股权,成为其实际控制人。

至此,巨人网络在从纽交所退市一年之后实现了在A股的借壳上市,而世纪游轮将彻底退出A股市场。

五、借壳上市发力手游新业务

巨人网络的衰退与其主营游戏业务的下滑关系较大,巨人网络的成名主要依赖于"征途"系列的电脑网络游戏,该系列在当时拥有现象级的玩家,几乎贡献了公司2011—2013年的全部营业收入。但实际上近些年PC端游戏开始明显下滑,"征途"系列为公司创造的收入明显减少。

手机游戏市场是未来游戏的主要市场和增长点。根据易观智库《2015年中国移动市场年度综合报告》的预计,2015年中国手游市场规模将达到412亿元,同比增长达到40%;而这一数字在2016年将达523亿元,相较2015年增长27%。手游市场的广阔前景让巨人网络对这一领域垂涎已久。

借助重新上市的这一契机,巨人网络也开始发力手游业务,除了通过并购控股了手游研发企业帝江网络之外,2014年3月10日,巨人网络对外宣布全面进军手游行业,成立手游子公司。总裁纪学锋也在 2015 年 7 月接受媒体采访时表示,巨人网络十分重视手游业务,将采用"广积粮、高筑墙"的方式逐步稳固自己在手游产业中的份额。

有分析称,巨人网络从纽交所退市的部分原因是美股对于中概股的估值较低,且对中概股的融资而言并不通畅,这使得公司希望大力发展的手游业务不能得到较大的资金支持。而随着暴风影音、乐视网等互联网企业在 A 股的高价发行,巨人网络认为在 A 股的重新上市能够更好地帮助其进行融资。

随着移动网络的迅速发展,中国手游行业确实在进行着飞跃式的发展,但是这种一拥而上的方式也造成了目前中国手游市场的激烈竞争。同时,目前的手游产品因游戏种类以及更新速度等方面的限制,新产品的存活率普遍较低,不超过 10%。一款游戏从筹备到上线大概需要半年到一年,能否迅速受到市场认可取决于开发团队能力、发行平台以及 IP 等多方面的因素,大部分手游在刚入手没多久就会被玩家所抛弃,这成了目前手游游戏商们所共同面临的难题。

巨人网络想在手游上实现突破绝非易事,毕竟其业务仍然依赖于 PC 端游戏。行业内也对于其迅速在手游市场杀出重围并不看好,从预测数据看,当时行业认为其 2016 年的净利润将低于 2014 年的 11.60 亿元。

六、中概股的回归旅途不平坦

2015 年以来,已有许多的中概股进行私有化,开启了回归 A 股的进程(表 1),但是这些中概股的回归并不简单。除了可以预计的退市与重新上市的成本之外,还将产生许多隐性成本,特别是以复杂 VIE 架构海外上市的公司,还可能面临未知的法律风险。

表 1 2015 年以来近 30 家企业开启了回归 A 股的进程

名称	私有化进程	借壳 A 股公司
奇虎 360	进行中	
创梦天地	进行中	
博纳影视	进行中	
如家	完成	首旅酒店
世纪互联	进行中	

(续表)

名称	私有化进程	借壳A股公司
人人公司	进行中	
易居中国	进行中	
晶澳太阳能	进行中	
迈瑞医疗	进行中	
淘米网络	进行中	
中国手游	进行中	
学大教育	完成	银润投资
久邦数码	进行中	
世纪佳缘	进行中	
乐逗游戏	进行中	
盛大游戏	完成	中银绒业
完美世界	完成	
分众传媒	完成	七喜控股
巨人网络	完成	世纪游轮
弘成教育	进行中	
搜房网	(分拆)进行中	万里股份
陌陌	进行中	
空中网	进行中	
中国信息技术	进行中	
中星微电子	进行中	

通过"VIE"的框架结构赴美上市，是由新浪在 IPO 时创新的。当时没有先例参考，拆除 VIE 架构在开始阶段非常陌生和艰难。但是随着分众传媒、巨人网络等公司的相继成功，业内对于整个中概股回归的流程和模式开始逐步了解。

中概股回归需经历三个阶段：私有化退市、VIE 架构拆除和境内上市。第一阶段是境外私有化退市。操作的方法主要分为两种：第一种是进行合并，即大股东将目标公司直接合并或者由大公司提前设立的全资子公司通过买入合并的方式完成私有化的进程；另一种是要约收购，大股东及其关联方通过要约谈判的方式商议对价，再按照商定的对价收购小股东手中的股票以此达到私有化的目的，这也是目前多数中概股完成私有化退市的方式。实际上，外界有机会参与该类中概股的私有化，因为收购溢价以及中概股大股东的现金流等问题使得这些股东会向外界寻求资本帮助。估值的高套利以及互联网标的的前景使得业内对参与这些中概股私有化的热情空前高涨，即便因为退市和重新上市使整个运作周期变长。

私有化完成之后将进入第二阶段，中概股公司的 VIE 架构必须拆除才能在境内实现上市。"VIE 架构"即可变利益实体，其关键是不是通过股份拥有公司的方式，而是通过 VIE 协议下的多个协议来控制国内的牌照公司。获得拥有国内牌照的公司的控制权和管理权主要是为了实现财务报表的合并，这对于想在国际资本市场上市的公司以及跨境交易税务结构的优化来说都至关重要。

如图 2 和图 3 所示，为了让企业能够在美国上市，国内企业一般在英属维京群岛(BVI)注册一个离岸公司，然后通过一个 VIE 架构来实现对国内公司的控制。

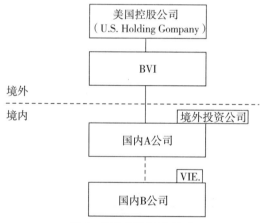

图 2　VIE 架构基本模式

资料来源：Maj Soueidan、华泰联合证券研究所。

拆除 VIE 架构的核心思路是基于外资准入限制的要求，尽管在实际操作中各个企业所面临的实际情况各有特点且较为复杂，但是其路径基本是向境外的投资人支付对价，从而达到解除 VIE 协议的目的。

VIE 架构的拆除被认为是整个中概股回归过程的核心与关键，原因就在于其所涉及的多方面成本。比如时间成本就是不得不考虑的因素，因为整个拆除过程是十分复杂的，它需要各个投资方进行股份的退出工作，并考虑财务、税收

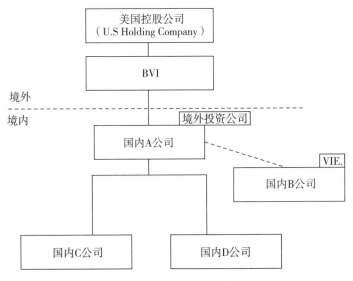

图3　复合型VIE架构

资料来源：Maj Soueidan、华泰联合证券研究所。

与工商登记等各方面问题,整个周期较长,大约会持续一年半左右,如果有锁定期的股份,那么持续时间将更长。因此时间成本是不得不考虑的因素。

另外还要考虑财务成本以及利益分配。首先,在VIE架构的拆除过程中涉及多轮的所得税履行义务,这是必要的财务成本。其次,各个股东之间的利益分配同样需要平衡,只有经过了充分的沟通和协调才能推进整个运作的进程,稍有失败,则可能破坏整体,使运作陷入进退两难的局面之中。因此,VIE架构的拆除需要满足各方的利益诉求,这同样需要付出财务成本。

从法律上讲,中概股的回归同样暗礁丛生。VIE架构本身属于协议控制,它的产生就是为了规避法律的监管,本身就与股权控制存在很多不同。协议控制属于间接控制,在拆除过程中,要面临可能造成的多重纠纷。不仅如此,许多中概股当初在进行VIE框架设计时费尽心思,整个结构较为复杂,还可能涉及多个离岸主体。这就涉及多个国家的监管法律合规性的问题,给整个运作带来较大困难。但是从未来的趋势可以看出,中国政府可能会出台相应的政策以简化相应的流程,有针对性地提出法律法规以达到为其松绑的目的。

在经过了私有化与VIE架构拆除两方面后,要进行的就是在国内的上市了。目前,中概股登陆A股的路径主要有三种:第一种是IPO。暴风科技当初建立了VIE架构,准备从纽交所上市,但是美股情况的变化使暴风科技决定拆除VIE框架,转在A股上市,这也使其成了首个拆除VIE架构并成功登陆A股的公司。当时暴风科技的互联网概念在 A 股较为稀缺,加之是科技企业,因此在上市之初就产生了强大的效应,一度成为 A 股第一股,为即将回归的其他中概股以及互联网概念企业做出了良好的示范。但是这种方式时间较长,不确定性也较大。第二种是借壳上市,这样的方法相比 IPO 来说审核流程更快,但实际上对于中介机构的撮合及协调能力有更高的要求,中介机构在其中的成本会更大。但效果同样可喜,分众传媒与巨人网络都通过这样的方式在二级市场上刮起了资本风暴。第三种是直接从新三板市场登陆,由于新三板市场目前与注册制相近,不对营利性做出实质性审核,在某种程度上与国际资本市场实现了接轨,因此这种方法的时间成本相对较短,成功率也较高,但是融资规模可能会低于 A 股市场。

七、其他回归途径与方法

上述的方法都较为常规,都涉及了分拆 VIE 架构的问题。在目前新一轮的回归热潮中,我们发现了许多回归的新路径,这些方式的创新提振了中概股回归的信心,也为我们带来了更多的思考。

(一) 以业务分拆方式回归 A 股

虽然大多数公司都选择了"拆除 VIE"的方法回归 A 股,并实现了市值翻倍的梦想,但是搜房网却选择了独具一格的方法回归,即分拆业务。

2015 年 11 月,搜房控股宣布将借壳万里股份在 A 股上市,其私有化的方式是将公司业务分拆为广告营销、互联网金融及大数据三部分。2015 年 12 月 2 日,万里股份在停牌了三个多月之后也发布公告,称公司已于 11 月 13 日与搜房控股及其关联方签署了《合作框架协议》,拟通过 170 亿元收购搜房控股旗下的优质资产。这笔交易实际上相当于搜房控股将部分资产装入 A 股公司来达到回归的目的,在事实上构成了借壳。

搜房网的绝妙与创新之处的关键在于,它在 A 股上市的同时并没有在美股退市,原因在于其将整个公司的业务拆分为两个部分,将广告营销、互联网金融以及大数据相关业务放到 A 股上市,这样做迎合了国内市场目前炒作的热点,享受到了 A 股的行业高估值。但同时其传统的房地产经纪业务仍然放在美国融资,不仅减少了拆除 VIE 所需要的成本,还达到了两个市场联动的效应,有效地改善了自身资本,获得了较好的效应。

但是这一模式并不具有普适性,不能够被所有中概企业借鉴。因为它不仅需要公司具有差异化较强的业务,而且不同业务的体量都要足够大,同时还要考虑不同市场上的投资者偏好。

(二) 以并购方式回归 A 股

还有一种方式就是直接并购,学大教育就是用此方式完成的。

学大教育于 2015 年 4 月 20 日宣布,已经收到 A 股上市公司银润投资的一份初步收购要约信,该要约不附带任何条件。银润投资于 11 月 27 日也发布公告,拟通过非公开发行募资 55 亿元,并将其中扣除发行费用之后的 23 亿元用于收购美股上市公司学大教育的全部股份。

实际上,学大教育选择了以被收购的方式完成退市并直接回归 A 股,避免了拆除 VIE 架构所产生的诸多麻烦与风险,还降低了运作成本。该公司高层也表示选择被并购方式的原因主要基于两点:第一,从时间和确定性上考虑这是一笔性价比较高的交易。如果再通过私有化及 IPO 的途径,不仅时间更长,而且还具有失败的风险。第二,A 股相对新三板是一个更加成熟和开放的市场,这对于学大教育这样一家较为成熟的企业来说优势和效应更加明显。

案例使用说明

一、教学目的与用途

1. 适用课程：本案例主要适用于金融专业硕士的投资学、并购与重组、私募股权投资等课程。

2. 教学目的：本案例主要描述了巨人网络从美国退市到借壳世纪游轮的整个过程。所涉及的主要关注点包括：巨人网络的私有化进程、在A股市场借壳上市的方法、中概股的回归大潮及VIE架构分拆等。

二、启发思考题

1. 分析并总结中概股纷纷私有化回归A股的原因。

2. 思考并分析中概股在回归A股后股价暴涨的原因。

3. 假如你作为一家在美股上市的中概股董事长，你会选择回归A股吗？用哪种方式回归呢？

4. 思考A股上被借的壳的价值及这些公司的特点。

5. 在注册制的新制度下，思考这些壳还具有如此高的价值吗？新回归的中概股还会被爆炒吗？

三、理论依据

本案例分析需要具有相关的理论或知识：

（一）上市公司估值的相关理论

上市公司是证券市场的核心，没有上市公司的发展就没有证券市场的繁荣。随着价值投资观念的普及以及市场的逐渐完善，上市公司的股票估值理论显得愈发重要。无论资本市场上进行何种宏观或财务分析，估值都会被作为重点项受到投资者的关注，因此估值就是一种综合的评判。目前的公司估值理论主要分为两大类，即贴现法与相对估值法。

1. 贴现法

博迪等的《投资学》①认为，投资者从股票上获得的包括了红利及最终股票买卖损益的全部现金回报被定义为股票的内在价值。它是经过利率贴现后的

---

① 〔美〕滋维·博迪、亚历克斯·凯恩、艾伦·J.马库斯著，《投资学》，汪昌云、张永骥等译。北京：机械工业出版社，2012年。

现值,能够正确反映风险调整。博迪的理念是目前普遍采用和认可的说法,现金回报被界定为红利和最终售出股票的损益,折现率则被定义为正确地反映了风险调整的利率。直到今天,估值贴现模型仍可分为为自由现金流量折现模型、收益(盈余)折现模型、股利折现模型三种模型。虽然不同的模型存在着各自的缺陷,但是这些方法无论从理论还是逻辑推理上都被认为是较为完备和科学的方法体系,在实际中也被广泛地采纳和运用。

2. 相对估值法

贴现法虽然应用较广,但是它仍有不少缺点:例如,不同公司间难以进行对比,而且计算非常烦琐,存在着主观因素。基于这种情况,1967 年 Aswath Damodaran 提出了相对估价法,他依据收入、现金流量、盈余等共同的价值驱动因素来寻找可比资产及公司,这样可以用来估计标的资产或公司价值。

3. 公司估值影响因素

除了以上的估值理论和方法外,公司的估值还应考虑诸多其他影响因素,具体如下:

(1)公司基本面。影响公司价值的因素包括盈利能力、公司治理、公司规模、市场占有率以及资本结构等。这些因素共同决定着公司的竞争力水平及其在行业中的地位,盈利能力强、市场占有率高的公司经营风险较低,现金流充足的公司具有较低的财务风险。

(2)行业因素。行业的竞争结构与盈利模式都是由行业的类型、生命周期以及竞争态势等因素直接决定的。可以肯定的是,那些自然垄断或政策垄断的行业都能够获得较低的风险和较高的市场预期,同时公司的资金成本更低、现金流周转也更快,因此获得的市场估值较高。而在许多竞争很充分和激烈的行业中,企业不仅经营风险较高而且利润普遍较低,现金流也并不稳定。

(3)宏观经济因素。影响估值的外在因素包括利率、通胀率和汇率等。宏观经济的繁荣与否决定着有效社会需求的高低,也决定着大部分行业的经营环境。如果市场繁荣,那么各个行业的轮动效应就会增强,将会带领社会经济向更加优良的方向前行,反之则会将各个行业经济引入恶性循环之中。

(4)心理预期。心理预期是投资者通过考虑综合因素来对投资的未来现金流以及必要报酬率做出的反映,考虑因素包括宏观经济、交易制度以及历史信息等多方面。

（二）上市公司借壳上市理论

1. 定义

借壳上市实际上是非上市公司通过资产置换的方式来取得已上市企业控制权的一种方式，是通过间接方式达到上市目的的方法。许多企业通过借壳上市来强化产品经营，形成协同效应，建立市场优势，同时通过上市达到资本运作的目标，增强企业的竞争力。

2. "壳"的特征

企业上市的首要目的是通过证券市场进行融资，但是在中国股市目前实行核准制的情况下，上市公司的上市资格即所谓的"壳"资源就具有较高的价值。由于许多公司经营不善或业绩表现不尽如人意，不能达到上市公司的盈利标准，这些公司已经无法很好地从证券市场进一步融资，因此具有退市的需求。

当非上市公司准备进行买壳或借壳操作时，首先需要面对的就是如何挑选理想的壳资源，市值小、公司股权较为简单的企业收购成本相对较低；企业利润增长缓慢、运营能力弱、企业负债较高的企业具有较强的被收购意愿。

3. 借壳步骤

在具体操作实施上，借壳上市主要是通过资产置换的方式实现的。非上市公司首先需要挑选其公司优质的部分准备上市；其次通过上市公司的增发筹集资金，并将其优质资产注入该上市公司中，实现资产置换；最后通过增资配股等方式将非上市公司的非优质资产注入上市公司，再改掉壳公司的上市名字即实现了借壳。而买壳上市的方式则相对简单，即非上市公司直接买下上市公司，然后再将企业资产注入该公司。

四、背景信息

在已给出案例资料的基础和线索的提示下，让学生在案例讨论前收集所选专题涉及领域的相关法律法规及其他信息资料，作为案例分析的补充背景信息，并将学生补充完整和关联的法律法规等信息资料的能力纳入案例分析的考核成绩。

五、关键知识点

1. 并购与重组的理论知识与基本要求；

2. 中概股的私有化过程；

3. 上市公司的估值方法；

4. 行为金融学的分析方法及思路。

六、课堂计划建议

可以选择本案例进行单独的课堂讨论,也可作为辅助案例进行课堂教学。如进行单独讨论,以下内容是按照课堂时间提供的课堂计划建议,仅供参考。整个案例的课堂时间应控制在90分钟以内。

1. 课前计划:在课堂上讨论本案例前,应该要求学生至少读一遍案例全文,并对案例启发思考题目进行初步思考。

2. 课中计划:

(1) 案例回顾与课堂前言:5—10分钟。

(2) 小组讨论:20分钟,准备发言大纲。可按思考题目将学生分为几个小组进行讨论与分析,并在课堂上发言。学生可对上市公司进行一定的估值分析,或者讨论目前市场上的"壳"资源。应以学生发言讨论为主,可适当延长时间。

(3) 小组发言:30分钟,每组5—6分钟。

(4) 对知识点进行梳理总结,引导全班讨论:15分钟。

(5) 问答:10分钟。

3. 课后计划:请学生上网阅读更多相关资料,撰写案例分析报告(2 000字左右)。

杠杆上的举牌
——"宝万之争"资金来源风险分析

刘向丽　赖秋睿　黄海洋

摘　要：宝能控股有限公司成立于1992年，历经二十余年稳健经营和高效发展，现已发展成为大型现代化企业集团。2015年以来，宝能因为其一系列资本市场运作而成为舆论的焦点。本案首先介绍了宝能集团的发展历程，在此基础上，着重描述了与宝能集团相关的万科股权之争事件。宝能频繁举牌上市公司的意图何在？举牌资金有哪些来源渠道？资金来源蕴含哪些风险以及敌意举牌造成了哪些消极影响？这些是本案例着重探讨的内容。

关键词：资金来源，资管计划，万能险

一、引　言

2015年年初，宝能集团开始在股票二级市场收购万科股份，年末，宝能集团已超过华润成为万科的第一大股东。2015年12月18日凌晨，一张王石微信朋友圈的截图在各大社交网络媒体上疯传。王石首次公开对外表明其和其整个团队对宝能系想成为万科第一大股东的态度：宝能的信用不够，我们不欢迎野蛮人成为万科第一大股东！宝能则针锋相对，发布声明：我们恪守法律，相信市场的力量。以宝能集团为中心的资本集团组成的"宝能系"是何方神圣，如何在短短的几个月内一跃成为万科这一房企巨无霸的第一大股东？宝能与万科管理层之间的矛盾又是如何激化的呢？

二、收购双方简介

(一) 宝能系发展简介

深圳市宝能投资集团有限公司(下称"宝能投资")于2000年在深圳成立,是所谓"宝能系"的核心。宝能投资注册资本3亿元,是自然人独资建立的有限责任公司,唯一所有者是姚振华。而宝能投资控股的系列企业业务涵盖物业开发、科技园区、现代物流、综合金融、医疗健康等五大核心产业。宝能投资控股企业的业务范围广泛,资本实力雄厚,但是宝能投资及其最重要的控制人姚振华一直低调行事,直到2015年7月份,宝能投资的子公司前海人寿连续两次举牌万科A才使得这只潜于深海的"巨鲸"露出一隅。

1. 宝能系的构建

宝能投资的历史可以追溯到1997年由其唯一股东姚建华与其弟姚建辉共同建立的深圳市新保康蔬菜实业有限公司(下称"新保康蔬菜实业")。新保康蔬菜实业由深圳旷达实业(下称"旷达实业")与深圳乐邦(下称"乐邦实业")实业共同出资建立。

1998年,时值深圳房地产业飞速发展的10年。经营过几年蔬菜的姚氏兄弟也开始介入房地产行业。位于福田区的中港城是姚振华的首个地产项目,该项目让姚振华盈利5亿—8亿元,是其日后资本运作的重要资金来源。

2000年,姚振华单人出资1 800万元成立新保康投资公司,也就是宝能投资的前身。

2002年,新保康蔬菜实业改名为钜华投资发展公司(下称"钜华投资"),同时旷达实业与乐邦实业将股权转让给姚氏兄弟。同年,姚振华个人与宝能投资共同出资建立钜盛华实业发展有限公司,这家公司也就是后来频繁举牌万科的主力军——深圳市钜盛华股份有限公司(下称"钜盛华"),钜盛华实际就是宝能投资的资本旗舰。同年,钜华投资与钜盛华共同出资500万元建立深圳市太古城实业,这家公司是宝能系资本积累的重要工具,后改名为宝能地产(之后该公司的股份转让给宝能系在海外注册的壳公司)。

2003年1月,宝能投资通过竞拍得到深业物流25%的股权。同年3月,钜盛华及银通投资进入深业物流,代替原股东众力一投资取得19.24%的股权。银通投资是钜华投资和钜盛华共同出资建立的企业。经过一年的不断收购,宝能系对深业物流的持股比例达到了46.52%。收购期间,宝能投资正式更名为宝能集团。

2005年,由于宝能系与深业物流的第一大股东深圳控股在深业物流的未来经营方向上意见不一,经过长时间的交涉,最后决定对深业物流进行分拆。宝能系得到了深业物流的壳资源等无形资产,以及土地、物业等资产。此后,深业物流所在的深圳笋岗成为宝能系办公的聚集地。钜盛华、宝能投资、深业物流以及不断建立的子公司(前海人寿、宝能地产、宝能控股、粤商小贷)的总部均设在此地。

2. 股权结构

宝能系的核心——宝能投资是姚振华独资建立的有限责任公司,其主要的子公司有钜盛华、前海人寿、宝能地产、宝能控股和粤商小贷。

2012年,宝能系进军金融领域,建立前海人寿股份有限公司,钜盛华占20%的股份,其余80%由深粤控股、粤商物流、深圳市凯诚恒信仓库有限公司、深圳市华南汽车交易中心有限公司、深圳市健马科技开发有限公司分持,除却深圳市健马科技发展有限公司,其余这几家公司都是深业物流的子公司。

宝能系的股权结构如图1所示。

(二)巨大而廉价的蛋糕——万科

1. 强大的盈利能力

万科企业股份有限公司(下称"万科")成立于1984年,是我国目前房地产行业的执牛耳者。万科不仅总资本雄厚,而且盈利能力和成长能力都非常强。2010年年末就实现了销售总额881亿元,营业收入507亿元,净利润88亿元。2014年年末,实现销售总额1 036亿元,营业收入1 464亿元,净利润193亿元。短短五年实现净利润总额737亿元。强大的盈利能力和成长能力一方面使得万科有着很强的偿债能力和投资能力,另一方面也使其成为资本市场中"金融大鳄"觊觎的对象。

2. 管理权和经营权的极度二分

1984年,王石在深圳创办现代科教仪器展销中心,这家企业是万科的前身。1988年,通过股份化改组,更名为"深圳万科股份有限公司",也就是现在的万科。股份化改组过程中,国家的政策是个人至多持有40%,政府至少持有60%,王石选择了放弃个人股份,做一名职业经理人。万科在上市之后一直股权极度分散,不存在超过持股比例30%的持股股东,在"宝万之争"开始前的2015年6

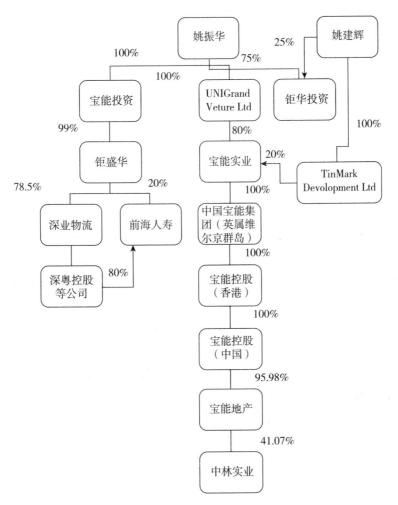

图 1 宝能集团的股权结构

月底,万科第一大股东华润持股比例仅为 14.89%,包括 H 股在内的前十大股东持股比例总和仅为 37.22%。

2014 年 4 月,万科召开事业合伙人创始大会,包括王石、郁亮等高管在内的共计 1 320 名员工成了首批合伙人,这批合伙人的经济利润奖金转化为股票。该计划是意识到了管理层持股比例过低无法应对一直存在的被收购的风险。但在这个合伙人持股制度下,万科管理层的持股比例也仅为 4.14%,依然无法对公司进行掌控。

3. 市值被严重低估

截至 2015 年 6 月底,万科股价区间为[12.8,16.2],若以其均值 14.5 元估算,万科估值约 1 595 亿元。也就是说,在当时股价下,首次举牌万科只需 79.75 亿元,而超过第一大股东华润的持股比例,只需 237.5 亿元。万科高管郁亮曾经预言,只需要 200 亿元就能够控制万科,没想到竟一语中的。

4. 高评级的信誉和低廉的融资成本

万科作为房地产市场的龙头企业,雄厚的资本与大量的开发成果使其在市场上拥有极强的口碑和强大的信誉度。取得这样的成功说明万科集团拥有良好的管理规范,但从管理结构上讲,强调股权分散,在宝万之争开始前,最大股东华润集团的持股比例也仅为 14.89%。相较万科,宝能显得默默无闻,至少在宝能-万科股权争夺战之前,少有人了解宝能。也就是说,同为深圳的企业,宝能系的融资成本要远高于万科。宝能系的很多房地产融资项目的利率都远超于 10%,而万科发行的公司票据达到 AAA 级,其融资成本仅为 3.7%—4% 的票面利率。根据 2016 年 9 月万科发布的《2015 年公司债券(第一期)2016 年付息公告》称,其 2015 年第一期总规模为 50 亿元的公司债的票面利率仅为 3.50%。如此低价的融资使得宝能觊觎已久,如果宝能能够将万科优秀的壳资源融入自身的地产项目的话,其融资成本将有显著的下降,可以从中多获得至少 6% 的利润。2015 年,监管层为了稳定股票市场,避免系统性金融风险,对保险资金入市持支持态度,并上调了保险资金投资股市的比例。宝能自身也有扩张业务版图的冲动和降低融资成本的需求,外加万科这一股权分散的"香饽饽",宝能与万科管理层关于万科控制权的争夺战随之展开。

三、宝能系的攻击

(一) 大势来临——卸下镣铐的保险行业

随着市场化改革的不断推进,保险资金的运用范围与监管比例也在不断放松。2010 年 7 月,中国保险监督管理委员会(保监会)发布的《保险资金运用管理暂行办法》规定,投资股票与股票类基金的账面余额不高于上季度末总资产的 20%。2014 年 9 月,保监会发布的《中国保监会关于加强和改进保险资金运用比例监管的通知》将权益类投资的监管比例增加到 30%。

2015 年 6 月 13 日,对入场配资和恒生电子 HOMS 系统的审查,直接导致了我国 A 股断崖式的股灾。在呼吁和劝告方式无效的情况下,"一行三会"等政府机构的救市方针开始转向利用金融机构增持来维持股民的信心。2015 年 7 月

4日,中国保监会发布《关于提高保险资金投资蓝筹股票监管比例有关事项的通知》,规定:保险资金投资权益类资产的账面余额达总资产的30%后,可继续增持蓝筹股至40%;投资单一蓝筹股占上季度末总资产的比例由5%提高至10%。该文件发出后,众多保险公司响应保险会的号召纷纷入场救市。2015年年末,用于投资股权和证券投资基金的保险资金达16 968.99亿元,较同年7月份增长约23%,增长数量约3 200亿元;截至2016年11月,这项资金达18 852.32亿元,较2015年7月增长约36%,增长数量约5 100亿元。

同时,保险行业保费收入与赔偿支出同时处于不断上升的状态,但保费收入远高于赔偿支出,因此保险行业的资金运用余额不断上涨。2014—2016年,保险行业资金运用余额增长率为17.36%—21.39%,从93 314亿元增长至131 189亿元。

(二) 图穷匕见——宝能连续举牌万科

1. 前海人寿初露獠牙,钜盛华全力跟进

2015年7月10日,前海人寿在集合竞价中收购万科A股5%的股票,首次举牌万科。由于万科股权的极度分散,举牌万科在资本市场上也并非难事,在万科历史上也非罕见,加上多年的风平浪静,管理层把这次收购当作了一次善意的战略性投资。但是事实击毁了万科高管的幻想。

7月24日,前海人寿与钜盛华在集合竞价中分别收购了万科A股股权的0.93%和0.26%,同时在7月21—24日,钜盛华投资指示银河证券与华泰证券分别购入万科A股2.69%和1.12%的股份,通过收益互换获得股票,再次举牌万科。此时,宝能系对万科的持股比例已经达到了10%。万科管理层在举牌后虽然在公开场合上声明欢迎看好万科前景的战略投资者的加入,但事实上已经对宝能系暗加戒备。

2. 宝能巧借东风,华润败走华容道

2015年8月,钜盛华通过融资融券以及收益互换的方式增持万科A约4.3%的股份,前海人寿通过交易所收购了万科A约0.73%的股份,于8月26日第三次举牌万科,此时宝能系已经持有万科15.04%的股份,超越华润成为第一大股东。万科的管理层联系上了原第一大股东华润,希望华润与宝能系争夺第一大股东的宝座,保持万科的独立性。华润介入"宝万争夺战"之后,于9月1日持股比例达15.23%,重新成为第一大股东。万科管理层本以为有了华润的

介入可以使得宝能系的收购暂告一段落,谁知这只是新一轮收购的开始。

2015年11月27日—12月4日,钜盛华通过资产管理计划(资管计划)在交易所集中竞价中购入万科A股股份4.969%,此时宝能系总持股比例达20.008%,再次举牌万科,并重新成为万科第一大股东。

3. 万科大厦将倾,深铁白衣欲助

2015年12月7日,安邦保险集团股份有限公司(下称"安邦")异军突起,与其旗下子公司共同持有万科5%的股份,举牌万科。近乎同一时间,宝能通过资管计划进一步增持万科A的股票。安邦的态度不明,如果宝能、安邦两家联手,极可能成为持股比例超过30%的控股股东,进一步就可以重组万科的管理层。这一举动再次触动万科管理层紧张的神经,而作为万科长期以来坚定支持者的华润却在2015年9月份增持后无任何增持的言论或举动。王石及万科管理层逐渐对华润的不作为感到失望,开始寻求"白衣骑士"的帮助。

2015年12月9日,万科以"有重大资产重组事项"为由,宣布万科A股停牌。经过6个月的谈判,2016年6月17日,万科召开股东大会,王石试图通过引入深圳市地铁集团有限公司(下称"深圳地铁")的地产作价500亿元以上入股万科,对万科进行重组,使得深圳地铁成为万科第一大股东,作为"白衣骑士"来对抗宝能系。如果该重组能够实行,深圳地铁将持股20.65%,而通过资管计划已经持股24.26%的宝能系的持股比例将被摊薄至19.27%,华润股权比例下降至12.10%。此事引起了王石的长期支持者——华润的不满。6月23日,华润与宝能系共同声明反对重组,当时二者持有万科股票共计39.54%,也就是说万科与深圳地铁的重组案不可能通过。

宝能系的收购并没有因为深圳地铁的介入而停止,截至2016年7月6日,钜盛华通过资管计划在二级市场上增持占万科总股本4.97%的万科股票,与前海人寿共同持股比例达到25%,第五次举牌万科。

就在万科大厦将倾,管理层即将面临洗牌之时,监管层的发声使得宝能系不能再保持高歌猛进的事态,"宝万之争"似乎告一段落。

四、监管层发声

宝能系资本的胃口比想象中要大得多,在与万科管理层激战的同时,宝能又开辟了多个"战场"。从2015年2月开始,前海人寿及一致行动人开始在二级市场上大量买进南玻 A 股份,截至 2016 年 7 月,根据关于公司股东持有公司股票情况的说明公告,宝能系合计持股 26.36%。宝能的强势买入使得南玻高层管理人员集体出走。2016 年 11 月,前海人寿选中了格力电器定增方案受挫的时机,加快增持,持股比例上升至 4.13%,跃升为公司的第三大股东。宝能在资本市场的疯狂举牌造成极大影响,监管层终于不再保持沉默。

2015 年 12 月 23 日晚间,保监会发布《保险公司资金运用信息披露准则第 3 号:举牌上市公司股票》,准则要求保险公司举牌上市公司时,需按照规定披露资金来源及运用情况。

2016 年 12 月 3 日,中国证券投资基金业协会第二届会员代表大会召开,中国证券监督管理委员会(证监会)主席刘士余在会上批评部分持牌金融机构挑战金融法律法规底线,用来路不当的钱从事杠杆收购,变成行业的"强盗"。

2016 年 12 月 5 日,中国保监会发布公告称,针对前海人寿在保险产品开发及万能险经营中存在的问题,责令进行整改,停止前海人寿开展万能险业务,并禁止其在 3 个月内申报新产品。

2016 年 12 月 7 日,保监会发展改革部牵头的检查组进驻前海人寿。对前海人寿经营活动进行现场检查,旨在规范其公司治理,维护市场秩序。

2016 年 12 月 13 日,保监会召集所有保险公司召开会议,保监会主席表示下一步将实行险资举牌备案制,并严厉监管股权收购行为。

2017 年 1 月 12 日,在 2017 年全国保险监管工作会议上,保监会主席强调"保险业姓保、保监会姓监",要从严从实加强监管履责,稳妥处置潜在风险点,发挥保险保障功能,服务经济社会发展全局。

2017 年 1 月 24 日,保监会发布《关于进一步加强保险资金股票投资监管有关事项的通知》。为防范个别公司激进投资风险,维护保险资产的安全和金融市场的稳定发展,通知要求加强对保险机构与非保险一致行动人重大股票投资行为的监管。

2017 年 2 月 9 日,"保险资金运用贯彻落实全国保险监管工作会议精神专题培训会议"在广州召开。保监会副主席陈文辉出席并发表讲话,指出保险股东偏离了审慎稳健的投资理念,通过关联交易和一致行动人,投资到与保险无关的领域。

五、宝能的杠杆收购和风险

（一）杠杆收购

杠杆收购源于美国，是由 KKR 的创始人之一杰尔姆·科尔伯格（Jerome Kohlberg）提出的。美国的家族企业家年老的时候，希望得到一笔丰厚的现金养老，于是与收购者达成协议，由收购者通过借债将家族企业买下，但将经营权仍交于原有企业家手上，之后，收购者通过稳定的企业收入逐步还债。这是一种健康的、三方得利的收购形式。但是由于资本的贪婪性，资本家逐渐发现通过杠杆收购可以用少量的金钱强行买下被低估的公司，从而实现高额的回报或者完成公司战略布局。以 KKR 公司杠杆收购 RJR 公司为标志，从此，无论是善意还是恶意收购，杠杆收购都作为备受欢迎的收购工具出现在世界各地。但是我们发现，在恶意收购中，这种收购方式对于被收购公司来说是野蛮的，是受到资本欺压的，对被收购者所在行业或可能会产生不好的影响；对收购公司来说，这种方式是充满风险的，一旦收购失败，就面临着负债需要企业自有资金与之匹配，或将债务展期的境地，一旦资金链断裂，企业将受到灭顶之灾。

（二）宝能集团的收购行为与风险

宝能集团的五次举牌利用了至少四种不同的方式给自己的资金加上杠杆，显然是属于杠杆收购的范畴。这样的举牌方式一是体现了宝能集团拥有广泛的资金渠道，二是体现了这种杠杆收购的方式意味着不低的风险。

通过公开信息可知，宝能集团的四种杠杆分别是：一是用万能险保费撬动的资金，二是通过与券商进行收益互换撬动的资金，三是通过与银行理财产品形成投资基金撬动的银行资金，四是与券商组成资管计划撬动的券商资金。

在第一次举牌过程中，宝能旗下的前海人寿使用万能险和传统险组成的资金收购了万科 5% 的股份。万能险是一种投保人可以将一部分保费放在资本账户中获得固定收益的多功能险种，投保人可以随时将保费在保费账户和资本账户中转移，也就是说，保险公司可用于投资的万能险保费是一种短期的流动性负债。如果宝能不能迅速拿下万科，那么前海人寿将面临严重的期限错配。

在第二次举牌过程中，钜盛华利用与券商收益互换再次获得万科 5% 的股份，具体操作是宝能以现金形式将一定价值的保障品转入证券公司，证券公司按比例给予配资，依照钜盛华的指令买入万科股票。钜盛华获得股票所有权，作为交换将支付给券商固定利息,到期后钜盛华将回购股票,以退还证券公司的配资。这相当于宝能通过一定价值的抵押品获得了券商的配资,也就是加杠杆的行为,实质上也是一种对赌协议。如果宝能没能在预期时间内控制万科,在收益互换到期时需要偿还券商的配资,同时丧失对万科的部分控制权,或者是回购因收购而价格高涨的万科股票。

第三次和第四次举牌,宝能与浙商银行的理财产品形成投资基金,再将一部分投资基金与券商形成资管计划,指令资管计划购买万科股票。由于钜盛华代表的宝能在投资基金中作为劣后级,投资基金在资管计划中也作为劣后级,所以在这个过程中,钜盛华的资金相当于加了两重杠杆。无论是资管计划还是投资基金,最终指向的宝能集团作为其安全垫,必须要保持一定的保证金。如果万科股票下跌,宝能要么选择损失一部分劣后级资金,从而被强行平仓;要么不断补仓,等待股价回升。

宝能集团在这次收购过程中极尽所能,似乎收购资金源源不断,连万科的坚定支持者华润也不敢以"砸钱"的方式针锋相对。但在这种多种杠杆分别使用和叠加使用的情况下,资金必然面临极大的风险,而这种风险中市场方面的风险几乎都聚集中于宝能是否可以及时拿下万科。第一,如果不能及时控制万科,在收购的过程中出现了万科股价不断上涨的情况,这增加了宝能收购的成本;第二,杠杆资金到期,如果无法展期使得资金链断裂,不仅收购失败,宝能甚至面临崩溃;第三,如果收购计划进行到僵持的地步,有可能万科股价会反转,即存在下降的可能,届时宝能需要通过不断补仓才能维持杠杆资金,这样会造成损失。

宝能系在收购万科的过程中,每一笔资金的来源都符合我国法律法规的要求,用杠杆资金来投资股权也无可厚非,但是宝能集团能够撬动巨额资金收购万科一事体现出了我国虚拟经济和实体经济的冲突,即使是效益优良、资产雄厚的万科集团也极有可能沦为金融资本家实现资本运作的工具。这不仅是对实体经济的打击,使其必须分出大量精力和金钱来应对收购,更是使得金融行业偏离了资源优化配置的初衷。另外,宝能集团能在短时间内运作其一系列高杠杆的资金,一方面反映了我国监管法律的欠缺,另一方面也对我国"三会"的监管提出了新的要求:是由表面上的资金来源属性来确定监管部门,还是坚持"穿透监管",溯源资金业务的本质属性来确定监管部门?"宝万之争"虽然因证监会的发声而告一段落,但这件事还需要更多的人通过讨论给宝能的行为定性,并审视这些值得思考的问题。

案例使用说明

一、教学目的与用途

1. 适用课程:本案例适用于公司金融、风险管理等课程的教学。

2. 适用对象:金融学术硕士、金融专业硕士以及金融学高年级本科生层次的教学实践。

3. 教学目标

(1) 在案例学习过程中,通过了解案例始末和阅读延伸材料,让学员掌握部分公司兼并的方法,以及在恶意收购中被收购公司的应对方法。

(2) 通过对该案例中宝能集团资金来源的分析,掌握宝能系的主要资金来源并判断其合法性,并能够估算出其杠杆资金的成本。

二、启发思考题

1. 根据出资方式,公司收购的方法可以划分为哪些?根据股票取得的方式,又可以怎样划分?在本案例中,宝能集团采用的是什么方式?假设证监会等政府机构不做出行政的阻止,并且宝能集团资金充裕,那么,宝能未来可能会采用什么收购方式?请根据《证券法》写出自己猜想的依据。

2. 请根据万科集团的财务报表和宝能集团的发展战略,阐述宝能集团为什么要收购万科集团。

3. 请估算截至2016年7月第五次举牌万科,宝能系共计使用的资金数额。这些资金的来源分别是什么?在网上寻找宝能集团提供的详细权益变动书,列出使用资管计划筹集资金的详细情况(包括名称、管理的金融机构、总金额和宝能出资金额)并计算杠杆率。

4. 宝能集团的资金来源是否符合法律规定?在总体上是否能够控制住风险?

5. 根据香港证券交易所披露的权益信息,截至2016年12月6日,宝能控股的中国金洋集团有限公司已经持有郑州银行H股14.38%的股份,约占郑州银行总股本的4.1%。根据外界猜测,宝能集团似乎企图要成为郑州银行的第一大股东。

问题:如果宝能系成功收购郑州银行(从而获得银行牌照),将对其新的资本操作有何影响?请从融资成本和资金获取渠道进行分析。

6. 在宝能-万科股权争夺战中,宝能利用杠杆工具组织了大量资金,在二级市场买入万科股票,资金来源涉及银行、保险、证券等多个渠道。结合我国金融监管体制的变迁,从收购资金来源的角度分析目前我国金融监管体制的困境。

三、分析思路

1. 根据出资方式,公司收购的方法可以划分为哪些？根据股票取得的方式,又可以怎样划分？在本案例中,宝能集团采用的是什么方式？假设证监会等政府机构不做出行政的阻止,并且宝能集团资金充裕,那么,宝能未来可能会采用什么收购方式？请根据《证券法》写出自己猜想的依据。

根据出资方式,公司收购可以分为现金收购、股票收购和综合证券收购。现金收购指收购公司支付一定数量的现金以取得目标公司的所有权。股票收购指收购公司发行一定数量的股票以替换目标公司的股票。综合证券收购指采用现金、股票、可转债和公司债券等多种方式进行收购。在本案例中,宝能使用的应该是综合证券收购的方法。在收购过程中,宝能旗下的前海人寿和钜盛华通过自有资金、资管计划和收益互换的方法获得万科的股份。资管计划方法是将其他金融机构的大量资金与宝能集团的少量资金形成资管计划,并获得固定收益,而该资管计划的投资方向由宝能决定(即购买万科股票)。这实际上就是宝能发行公司债券获得并购资金的行为。因此,根据出资方式来看,宝能集团实际上采用的是现金、债券、互换三种混合的证券收购方法。

根据股票取得方式,可以分为协议收购、要约收购和二级市场收购。协议收购指收购双方达成协议,以一定的价格和数量对股权进行转让,是一种善意的转让形式。要约收购指收购公司通过交易所持有目标公司股票数量达到一定比例后,有义务在一定时间内以一定价格向目标公司全体股东公开地收购股票。二级市场收购指通过交易所集中竞价购买目标公司的股票,以获得控制权的方式。

在本案例中,从股票取得方式来看,宝能集团是通过二级市场收购的方式取得万科的股票。

从本案例中可以看到,宝能对万科取得的股份已经达到25%。如果依照假设,基于万科管理层核心王石的态度,协议收购的可能性很小,因此宝能将继续通过二级市场收购的方法对万科进行收购,直至再次增持5%以后,宝能对万科在法律意义上具有绝对控制权。根据《证券法》的规定,持有上市公司30%的股份的收购人必须向该公司的全体股东进行要约收购。因此在持有30%的股份以后,宝能将改为要约收购。

2. 请根据万科集团的财务报表和宝能集团的发展战略,阐述宝能集团为什么要收购万科集团。

宝能集团的目的可以概括为长期受益,提升评级,低买高卖,扩大规模。

(1) 万科集团的盈利能力非常强大,从 2012 年开始,万科集团的归属净利润突破 100 亿元,并且逐年上升,在 2015 年年末已经达到了 181 亿元。宝能收购万科以后意味着可以获得丰厚稳定的现金流。这并不是主要目的,因为宝能的逐步收购表示了其并不是要做万科的战略投资者,而是意在获得万科的控制权。

(2) 万科集团是一家拥有稳定现金流的上市公司,这意味着它能够以较低的价格在资本市场上融资。若宝能成功收购万科,可以通过资本市场进行融资以补偿收购万科过程中的成本,即通过万科向资本市场借款以偿还在收购万科过程中进行的拆借。

(3) 万科的股票价值被严重低估。如果宝能能够控制万科,更换董事会和管理层成员,收购后等待股票上涨,可以通过抛售股票获得资本增值,还可以通过增发股票、配股等方式获得大量融资。

(4) 万科与宝能集团同为深圳市的房地产行业巨头。收购万科之后,宝能集团的规模再次增加,在珠三角地区甚至全国房地产行业的市场占有率得到了极大提升,增强了宝能集团优势产业的垄断能力,扩大了宝能集团的影响力。

3. 请估算截至 2016 年 7 月第五次举牌万科,宝能系共计使用的资金数额。这些资金的来源分别是什么?在网上寻找宝能集团提供的详细权益变动书,列出使用资管计划筹集资金的详细情况(包括名称、管理的金融机构、总金额和宝能出资金额)并计算杠杆率。

宝能系数次收购万科的资金使用情况如表 1 所示。

表 1 宝能集团收购万科的资金使用情况

时间	累计持股(%)	收购方式	行动公司	增持股份(%)	耗费资金(亿元)
2015 年 7 月 11 日	5	集中竞价	前海人寿	5	79.5
2015 年 7 月 24 日	10	集中竞价	前海人寿	0.93	14.8
		集中竞价	钜盛华	0.26	4.1
		收益互换	钜盛华	3.81	65.8

（续表）

时间	累计持股（%）	收购方式	行动公司	增持股份（%）	耗费资金（亿元）
2015年8月26日	15.04	集中竞价	前海人寿	0.73	10.9
		收益互换	钜盛华	4.33	63.7
2015年12月4日	20.008	自有资金 资管计划	钜盛华	4.969	77.8
2016年7月9日	25	资管计划	钜盛华	4.97	97.6
共计					410.1

通过2015年12月4日和2016年7月9日的权益变动书，可以得到以下信息：

2015年11月27日至12月4日，钜盛华通过资管计划（如表2所示）在交易所集中竞价过程中获得万科A 5%的股票。

表2 宝能资管计划资金使用情况1

资产管理人	名称	总金额（万元）	劣后级金额（万元）	杠杆率（%）
南方资本管理有限公司	安盛1号	149 469.97	49 823.32	3.00
	安盛2号	149 469.54	49 823.18	3.00
	安盛3号	149 469.29	49 823.07	3.00
	广钜1号	299 953.33	99 984.44	3.00
泰信基金管理有限公司	泰信1号	156 288.60	52 096.20	3.00
西部利得基金管理有限公司	西部利得金裕1号	24 443.34	8 147.78	3.00
	西部利得宝禄1号	36 068.65	12 022.88	3.00

2015年12月5日至2016年7月4日，钜盛华通过资管计划（如表3所示）在交易所集中竞价过程中再次获得万科A的5%股票。

表 3 宝能资管计划资金使用情况 2

2016 年 7 月 6 日

资产管理人	名称	总金额（万元）	劣后级金额（万元）	杠杆率（%）
南方资本管理有限公司	广钜 2 号	139 990.73	46 663.68	3.00
西部利得基金管理有限公司	西部利得金裕 1 号	425 515.69	141 838.56	3.00
	西部利得宝禄 1 号	263 737.38	87 912.46	3.00
东兴证券股份有限公司	东兴 7 号	118 769.70	39 589.90	3.00
泰信基金管理有限公司	泰信 1 号	163 797.30	54 599.10	3.00

4. 宝能集团的资金来源是否符合法律规定？在总体上是否能够控制住风险？

在宝能-万科股权之争中，宝能以高达 4.2 倍的杠杆组织了银行、证券、保险等方面的资金，其中蕴藏的风险引发了市场的普遍关注。具体来看，宝能对万科的收购可以分为三个阶段：

第一阶段：自有保险资金

在收购万科股权的第一阶段，宝能主要是动用前海人寿的保险资金，共计 104.22 亿元，其中传统保费资金为 24.62 亿元，万能险账户保费资金为 79.6 亿元。根据公开披露，截至 2015 年 7 月 11 日，前海人寿持股万科比例达到 5%（图 2）。

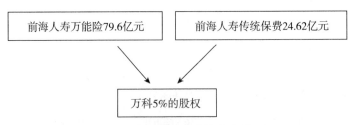

图 2 宝能第一阶段资金来源

第二阶段：1∶2 杠杆撬动券商资金

在收购的第二阶段，钜盛华以 1∶2 的杠杆，投入 39 亿元，撬动券商资金约 78 亿元。杠杆操作主要是通过与中信、国信、银河等券商开展融资融券和收益互换实现的。至此,前海人寿和钜盛华持股万科比例合计超过 15%(图 3)。

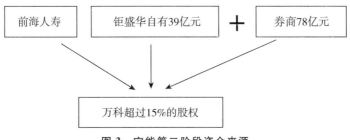

图 3　宝能第二阶段资金来源

第三阶段:银行理财资金

2015 年 9 月份之后,宝能的资金来源由保险和证券变成了银行。一方面,宝能利用银行理财资金置换券商资金,其中建设银行提供了约 78 亿元的理财资金。另一方面,银行理财资金成立投资公司,通过券商资管计划间接增持万科股份(图 4)。

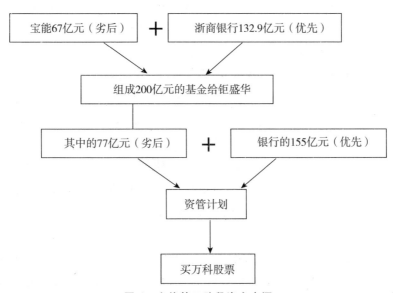

图 4　宝能第三阶段资金来源

在现行的法律法规下,宝能的资金组织并不违规,但蕴藏着巨大的风险,主要体现在以下几个方面:

第一,资管计划涉及的影子银行问题。近年来,国内利率下行且流动性充足,理财产品风险定价的扭曲推升了金融机构的风险偏好;同时,我国金融监管相对宽松、不协调,影子银行工具(即资产管理计划)应运而生,银行资金借道转移到高风险投资者手中。最后,杠杆推高资产价格,为冒险者及其投资者创造利润。以宝能资管计划中的"广钜2号"和"金裕1号"为例,这两个资管计划的优先级,分别来自广发银行及建设银行的理财资金,买入万科的平均成本在20元/股以上。强制平仓会导致连环反应,触发其他资管产品的平仓风险。银行支持钜盛华借钱买万科的原因,主要还是看中抵押品价值,低估了宝能的杠杆,实际上银行的安全垫远低于自身估计。

第二,万能险问题。根据修改后的《保险资金运用管理暂行办法》,宝能在保险资金运用比例方面不存在违规操作,但问题在于:

其一是万能险保费收入占比较高。保险公司通过期限错配借入短期资金进行长期投资,一旦短期资金来源成本上升,保险公司面临巨大的流动性风险。宝能万能险保费收入在所有保费收入中超过7成。2013年,当年前海人寿的保费总规模在125亿元左右,其中万能险贡献了121.4亿元,占比达到97%;2014年,前海人寿保费规模增至348亿元,其中万能险达313亿元,占比90%;2015年,前海人寿保费规模为779亿元,而万能险规模为598亿元,占比76%。

其二是在资金的运用方面,公司实际控制人将保险资金用于自身的收购行为,公司沦为大股东的融资渠道。"保险姓保",保险产品的开发、保险资金的运用,要围绕提高保险产品保障水平、提升保险公司的偿付能力来进行,而不是只为大股东的利益服务。

5. 根据香港证券交易所披露的权益信息,截至2016年12月6日,宝能控股的中国金洋集团有限公司已经持有郑州银行H股14.38%的股份,约占郑州银行总股本的4.1%。根据外界猜测,宝能集团似乎企图要成为郑州银行的第一大股东。如果宝能系成功收购郑州银行(从而获得银行牌照),将对其新的资本操作有何影响?请从融资成本和资金获取渠道进行分析。

宝能的金融版图在逐步扩张,目前已经拿下除了银行、期货和信托之外的金融牌照,如果宝能能顺利收购郑州银行,则意味着宝能将拥有一张含金量极高的银行牌照。宝能系运用资金杠杆的能力明显高于一般水平,目前能够看到的是它利用保险公司的万能险配合资管计划,举牌上市公司,其投资效果显著,杠杆率发挥到极致。假如它再有了银行牌照,就有可能通过银行间市场拆借低价资金。银行间市场的利率一般在3%上下,融资成本远远低于通过理财产品、信托等方式融入资金。有了又多又便宜的资金支持,宝能系能干的事也就会更多。例如,宝能系可以通过郑州银行用信用贷款的方式获得资金,而郑州银行通过银行间市场筹措资金。从股票市场看,宝能系举牌股票所用的资金都不是杠杆资金，所买入的股票也没有被质押，证监会对于这种举牌行为也找不到谴责的理由，有争议的举牌行为将变成完全正规的举牌。假如宝能系吸纳银行间市场的大量资金，将会对于银行间市场利率起到推高作用。虽然说银行间市场的容量极大，宝能的资金需求不足以对利率水平发生显著改变，但是如果未来有更多的企业效仿宝能，也从银行间市场融资，届时银行间市场利率将会发生变化。而如果整个银行间市场利率提升，将会带动全国各种利率的上升，宝能也将利用信贷资金控股越来越多的上市公司，最终将形成一个很庞大的资本集团。

6. 在宝能-万科股权争夺战中，宝能利用杠杆工具组织了大量资金，在二级市场买入万科股票，资金来源涉及银行、保险、证券等多个渠道。结合我国金融监管体制的变迁，从收购资金来源的角度分析目前我国金融监管体制的困境。

我国金融监管体制改革是伴随着我国金融业发展逐步进行的，总体上分为计划经济时期的金融监管体制、统一监管时期的金融监管体制、分业监管时期的金融监管体制三个阶段。

计划经济时期的金融监管体制（1948—1978）：我国在传统经济体制下建立并实行了高度集中统一的"大一统"金融体制。

统一监管时期的金融监管体制（1978—1992）：1978年我国开始进行银行体系改革，到1984年基本形成二级银行体制，即中国人民银行专门行使中央银行职能，各专业银行在各自业务领域开展业务。20世纪80年代中期，随着经济体制改革的推进和金融改革的深化，我国建立了一大批非银行金融机构，开放了货币市场和资本市场，推行了专业银行的企业化改革。1986年国务院颁布《中华人民共和国银行管理暂行条例》，进一步明确了中国人民银行的监管职能，对金融业实行统一监管。

分业监管时期的金融监管体制（1992年至今）：1990年11月26日和1990年12月1日，沪、深股票交易所相继成立。1992年10月，国务院证券委员会和中国证券监督管理委员会成立，标志着我国证券市场监管体制形成。1993年12月，《国务院关于金融体制改革的决定》明确提出银行业、证券业、保险业实行分业管理，从而确立了我国分业监管体制。1995年3月，《中国人民银行法》颁布，确立了中国人民银行作为中央银行的职能。随后，《商业银行法》《证券法》等一系列法律的颁布实施，明确了银行、证券、保险分业经营、分业管理的模式。监管体系上，中国证监会、中国银监会和中国保监会先后从中国人民银行分离出来，分别承担证券、银行及保险监管职能，构成了我国"一行三会"的金融监管体系。

从我国金融监管体制的变迁可以发现,现行的金融监管体制具有以下基本特征:分业监管——银监会、证监会、保监会分别对银行、证券、保险这三大核心金融领域实施监督管理。机构监管——三会管理的主要对象是按照机构牌照确定的,即重点监管银行、证券公司和保险公司,此外也包括信托、租赁、小额贷款、财务公司等持牌机构;央行主要负责货币政策制定,基本不承担监管职能。

"一行三会"的监管体制,比较适应于静态、封闭的金融体系,在过去较好地维护了金融稳定。但随着金融市场的发展、金融创新的不断开拓,金融国际化程度较20世纪末大大提升,金融混业经营大势所趋,传统的分业监管体制日渐显露出其弊端。在分业监管体制下,一旦出现跨领域的金融创新,各个监管部门可能相互推诿,导致监管盲区;在机构监管模式下,一些新的金融业态出现,令监管层手足无措。分业监管导致"地盘意识":"三会"各守一块地盘,自然有维护自身利益的强烈动机,不希望别人插手自己的监管对象。

在宝能-万科股权争夺战中,宝能利用收益互换、资管计划、融资融券、连环股权质押等多种手段,组织了银行、保险、证券等多方资金,对万科二级市场股份进行杠杆收购。不同行业监管松紧程度的差异使得金融机构进行监管套利,通过各种隐秘渠道将资金在银行、证券、保险间转移。创新型金融工具的层层嵌套,模糊了收购资金来源,使得仅凭一家监管机构之力很难追踪到资金的源头。这也是市场对宝能杠杆率有多种看法的原因。

四、关键要点

本案例帮助学生了解近年典型的公司收购的手段,了解公司收购筹集资金时风险的来源,使学生对公司兼并和收购的情况有更好的把握。通过对该案例的学习,还可以使学生回顾对上市公司报表分析的相关知识,提升学生的分析能力。

五、理论依据与分析

(一)企业并购重组理论

并购是指收购方使用现金或股票等资产来购买目标公司的资产、股权或直接吸收合并的行为,狭义的并购不包括资产剥离和分立等行为。并购是企业快速对外扩张的有效途径。依据不同的标准可以将并购分为许多类型。按并购双方所处的行业,可以将并购划分为横向并购、纵向并购、混合并购;按并购的出资方式,可以将并购划分为现金购买式并购、股份交易式并购、混合证券并购、承担债务式并购、杠杆并购;按并购是否取得目标公司的同意与合作,可以将并购划分为善意并购和敌意并购。

资产重组指企业将自身原有的资产负债进行合理划分和结构调整,通过分立、合并等方式,实现企业资产负债与组织结构的重新组合和设置。资产重组包括广义与狭义两层含义,广义的资产重组不仅包括企业资产负债的重组,还包括企业组织结构、业务模块、管理体制等的调整,而狭义的资产重组仅包括资产负债的重组,目前涉及的企业资产重组一般为广义层面的资产重组。资产重组又可以分为内部重组与外部重组。内部重组指企业通过优化方案,优化企业内部资源配置,从而实现更好的收益。这一行为仅是企业内部的资源配置和管理体制发生调整,不涉及企业资产所有权的转移,属于企业内部的经营管理行为。外部重组指企业之间通过资产的买卖,剥离不良资产,实现企业资源的整合,从而实现更好的经济效益。在这一过程中,资产所有权在不同主体之间转移,企业的独立主体资格可能会因并购重组而丧失。

(二) 并购动因理论

1. 效率理论

效率理论认为,企业并购能提高并购双方的效率,对整个社会来说是能增加收益的。提高效率可以通过两个途径实现:一方面,因为职业经理人市场的存在,管理层如果经营不善,会面临被收购的危险,因此管理层会努力工作,降低代理成本。另一方面,企业通过并购活动,对企业现有的资产进行重新整合,形成协同效应,提升企业的价值。

2. 信息与信号理论

收购要约会为目标企业产生新的信息,并且这种信息带来的重新估价是长期的。并购活动一旦发生,会透露公司价值被低估的信息,从而推动市场对公司价值进行重估。

3. 代理问题与管理主义

当公司管理者只拥有公司小部分所有权或不拥有所有权时,便会产生代理问题。由于所有权与经营权的分离,公司所有者的目标与管理者的目标不一致。为了让管理者能以股东利益最大化为目标而努力工作,公司必须付出代价,所支付的代价就是代理成本。除了通过为代理人安排合理的薪酬计划和股票期权来解决代理问题外,企业并购也是一种优化代理问题的外部控制机制。如果代理问题和管理的低效使得公司业绩不佳,那么公司将面临被收购的威胁,一旦公司被收购,公司的管理者就会被竞争者替代。

4. 市场势力理论

市场势力是指企业对市场的控制能力。一方面,大企业往往有较强的市场势力,强大的市场势力使得企业很少受到经济波动和市场环境的影响;另一方面,市场势力强大的企业可以提高其长期盈利能力。因此,市场势力理论认为并购的主要动机是减少市场竞争对手,提升市场占有率,进而影响或者操纵市场价格,提高企业对市场的控制力。

除了一般的企业并购动因外,我国企业并购往往还有自身的特殊原因,包括大股东控制、政府关联、报表重组行为等。

(三) 结构化资管计划

根据证监会2016年7月15日出台的《证券期货经营机构私募资产管理业务运作管理暂行规定》,结构化资产管理计划,是指存在一级份额以上的份额为其他级份额提供一定的风险补偿,收益分配不按份额比例计算,由资产管理合同另行约定的资产管理计划。按照资产管理合同约定,由资产管理人以自有资金提供有限风险补偿,且不参与收益分配或不获得高于按份额比例计算的收益的资产管理计划,不属于该规定规范的结构化资产管理计划。结构化资管计划存在杠杆倍数限制,不同类型的分级资产管理计划的杠杆倍数不得超出下述限制:

股票类、混合类结构化资产管理计划的杠杆倍数不得超过1倍。股票类结构化资产管理计划,是按照资产管理合同约定的投资范围,投资与股票或股票型基金等股票类资产的比例不低于80%的结构化资产管理计划。混合类结构化资产管理计划,是指根据资产管理合同的约定投资范围,投资于股票和股票型基金等股票类资产,但投资比例未达到相应类别标准的结构化资产管理计划。对于混合类结构化资产管理计划的杠杆倍数也设定为1倍,主要是为了防范以"假混合、真股票"类产品规避前述规定的情形出现。

固定收益类结构化资产管理计划的杠杆倍数不得超过3倍。固定收益类结构化资产管理计划,是指根据资产管理合同约定投资范围,将管理计划资金投资于债券、债券型基金以及银行存款的比例不低于80%的结构化资产管理计划。

其他类结构化资产管理计划的杠杆倍数不得超过2倍。其他类结构化资产管理计划,是指根据资产管理合同约定,资金投资范围及投资比例不同于以上任何一类的结构化资产管理计划。

（四）并购重组相关法律法规

从法律法规层面来说，目前我国上市公司并购重组的法律法规体系规范主要由基本法律、行政法规和法规性文件、部门规章以及证券交易所自律规则四个基本层次组成（如图5所示）。从监管分工的角度来说，上市公司并购重组以证券监管为主线，其他与并购重组相关的国资、外资及其他行业监管法规作为补充。

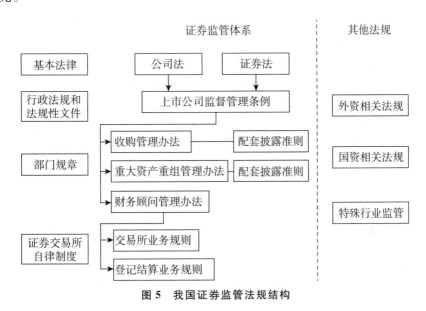

图 5 我国证券监管法规结构

（五）金融监管体制

金融监管体制是指金融监管体系和相关制度的总称，实质上是由谁负责监管以及实行什么样的监管组织结构的问题。金融监管体制问题首先是要选择一个能够实现有效监管模式的问题。根据分类的标准不同，金融监管体制的模式也各不相同。

根据金融监管权力的分配结构和层次划分，可以将监管模式分为双线多头和单线多头两种模式。在双线多头的金融监管体制下，设立中央和地方两级监管，同时在中央和地方每一级又有若干机构共同行使监管职能。在单线多头监管模式下，金融监管权集中在中央，在中央一级设立多家机构负责监管，地方没有监管权利。

根据监管主体数量，可以将监管模式分为单一全能型和多头分业型。在单一全能型模式下,对所有金融机构的金融业务监管由一家监管机构负责完成。在多头分业型模式下,指定两家或两家以上的管理机构根据业务类型对金融机构进行监管。

按功能和机构,可以将监管模式分为功能监管和机构监管。根据金融业务类型来划分监管的为功能监管,根据金融机构类别划分监管的为机构监管。根据功能监管和机构监管的划分原则,金融监管体制模式可划分为统一监管型、多头监管型、牵头监管型、"双峰"监管型和"伞形"监管型。

我国的金融监管最初由中国人民银行统一负责,随着金融市场的发展与金融体系改革的推进,中国证券市场监督管理委员会于1998年4月成立,开始由证监会负责对证券期货市场进行监管。同年11月,中国保险业监督管理委员会成立,负责原来由中国人民银行负责的对保险业的监管。2003年3月,中国银行业监督管理委员会成立。至此,我国金融监管体系初步形成,由中国人民银行配合证监会、银监会、保监会分别对证券业、银行业、保险业进行监管,建立了分业监管的金融监管体制。

六、建议课堂计划

1. 课时安排:2课时

2. 课前计划:上案例课之前,让学生通读该案例正文内容,收集详式权益变动书和简式权益变动书以及万科的股权分布和资产负债表、利润表。

3. 课中计划

(1)案例解说:20分钟

(2)小组讨论:20分钟

(3)小组发言:40分钟,围绕思考题进行发言。

(4)案例总结:20分钟,各小组派代表对案例进行总结,任课老师对案例进行总结和延伸。

七、后续发展

2016年9月20日,深圳市罗湖区人民法院裁定了万科工会以钜盛华、前海人寿以及所控制的资管计划增持万科股份损害股东利益为由,请求判令上述公司对万科A股增持无效,要求强制钜盛华通过集中竞价系统减持万科股份。宝能系只能持有股份,但万科不承认其表决权,其目的在于将宝能排除在2017年3月的万科董事会改组之外。罗湖区人民法院支持了这一诉求,但钜盛华、前海人寿以及所持的资管计划认为该案件涉及百亿元金额,罗湖区人民法院无权判决,并上诉至深圳中级人民法院。而深圳中级人民法院则判决该案仍在罗湖区人民法院管辖下,仍由罗湖区人民法院判决。虽然罗湖区人民法院的判决还没有生效,但从一系列行动中可以看出法院是支持万科工会的诉求的。

宝能在受到了法律、证监会和舆论的多重压力的情况下,于2017年1月份声明宝能愿意做万科的财务管理人,而不参与万科的战略部署和管理。

2017年1月12日,华润与深圳地铁签署股份转让协议,将持有的约16.9亿股万科A股转让给深圳地铁。协议达成后,深圳地铁将持有万科约15.31%的股份。也就是说,在万科与深圳地铁重组失败后,华润改变了态度,将自身所有的股份转让给了深圳地铁,退出万科。万科的重要股东从华润变成了深圳地铁。

宝能手中的万科股票在账户中虽然有很大的盈利,但是所用资金都是高杠杆、高成本的资金。面对如此困境,宝能如何应对将成为其最迫切需要解决的问题。

参考文献

1. 郭田勇,《金融监管学》。北京:中国金融出版社,2014年。
2. 肖金泉、黄启力,《并购重组操作指引》。北京:法律出版社,2011年。
3. 吴晓灵,"用市场化思维和手段去杠杆",《清华金融评论》,2016年第5期,第43—45页。
4. 银国宏,《并购重组运作》。北京:中国金融出版社,2011年。
5. 中国保险监督管理委员会,《中国保监会关于加强和改进保险资金运用比例监管的通知》,中国保监会,2014年。
6. 中国保险监督管理委员会,《关于提高保险资金投资蓝筹股票监管比例事项》,中国保监会,2015年。
7. 中国保险监督管理委员会,《保险资金运用管理暂行办法》,中国保监会,2018年。
8. 周伟,"上市公司兼并重组与公司估值的关系研究",《经营管理》,2016年第2期,第101—102页。
9. 郑新俭,"内地与香港对上市公司收购监管之比较",《武汉大学学报》(哲学社会科学版),2002年第55卷第3期,第338—342页。

金融机构

中诚信托"诚至金开1号"信托案例分析

黄瑜琴　边雯晖　郭少杰

摘　要：2011年，由中诚信托主导发行的"诚至金开1号"矿产资源信托以其收益高、期限短的特点，曾广受业界和市场投资者的好评。但是，由于其最初的尽职调查工作不力，暗藏在项目背后的民间借贷、矿权纠纷等一系列风险没有被发现，该产品最终陷入无力兑付的危机。本案例回顾了"诚至金开1号"项目的始末，并重点剖析了其中的机理。

关键词：能源矿产资源信托，信用风险，尽职调查，信托产品风险管理与控制

一、引　言

2014年1月，对于涉及"诚至金开1号"信托产品的各方人员来说，是一段难熬的日子。眼看信托产品的存续期限还剩下一个月，兑付大限将至，而此时信托项目还款专户上只剩下567万元，相比30亿元的信托本金额度和第三年尚未支付的7%投资收益而言只是杯水车薪。700多名"诚至金开1号"产品的投资者焦急地等待着信托公司方面给出最后的解决方案，以保障自己的资金安全和投资收益。一路走来，当初预计36个月内运行结束、年收益率高达9.5%的"香馍馍"，如今成了兑付无望，反而不断吞噬投资本金的"烫手山芋"；而作为

整个事件的始作俑者——信托产品的发行方中诚信托,也不得不为寻找第三方投资者接盘而疲于奔命。至此,中诚信托 30 亿元的矿场资源信托风波达到了危机的顶点。

2010 年该产品发行之时,正是能源矿产类信托大红大紫之日,仅 2011 年上半年,各类机构共发行 34 款矿产资源信托产品,大有取代房地产信托成为信托业新贵之势。是什么原因导致了如此剧变,值得我们深究。

二、行业和企业介绍

(一)振富能源集团介绍

振富能源集团成立于 2010 年 7 月,是一家主要经营煤炭、房地产、物流、选煤厂、石材等产品的公司。该集团的注册资金为 5 000 万元人民币,其中王平彦的投资数额为 4 500 万元人民币,占比 90%,王于锁的投资数额为 500 万元人民币,占比 10%。

振富能源集团的发展历经了以下几个阶段:

1980—2002 年,集团萌芽阶段。在这一期间,振富能源集团实际控制人王于锁与其他几人共同承包了一些煤炭相关的项目,从事煤炭的运输和销售等多项经营活动,为之后集团的建设奠定了一定的基础。

2005—2010 年,集团的准备阶段。2005 年,王于锁创立了柳林县振富焦煤有限责任公司,并担任董事长一职。三年后,王于锁又出资收购了山西治国煤业有限责任公司,并创建了柳林县振盛运输有限责任公司。2009 年 12 月,山西治国煤业有限公司全资收购了山西临县林家坪双圪桶煤矿有限公司。2010 年 1 月,柳林县振富煤焦有限责任公司收购了山西紫鑫矿业集团有限公司 100% 的股权、山西三兴煤焦有限公司 100% 的股权及山西紫鑫矿业集团交城神宇煤业有限公司 51% 的股权;1 个月后,柳林县振富煤焦有限责任公司又收购了山西紫鑫矿业集团交城神宇煤业有限公司 24% 的股权;同年 5 月,山西紫鑫矿业集团有限公司全资收购内蒙古准格尔旗川掌镇杨家渠煤矿。至此,振富能源集团建立的准备工作基本完成。

2010 年 7 月,王于锁与其子王平彦注册成立了振富能源集团有限公司(见图 1)。

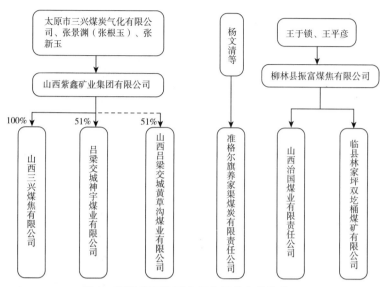

图1 振富能源集团有限公司整合前的情况

经过整合后,振富能源集团旗下拥有山西紫鑫矿业集团公司、柳林县振富煤焦有限责任公司、柳林县振盛运输有限责任公司、山西振业房地产开发有限责任公司四家子公司,已经初步形成集采煤、洗煤、运输为一体的综合煤炭企业集团(见图2)。

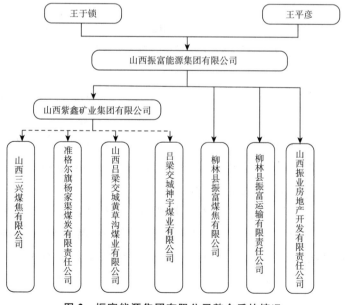

图2 振富能源集团有限公司整合后的情况

(二) 煤炭产业的行业分析

煤炭,被誉为"工业的粮食",是世界上最丰富的化石能资源,也是18世纪以来人们使用的主要能源之一。虽然它的重要作用已渐渐地被石油所替代,但由于其储量大、使用范围广,仍是无可替代的能源之一。

对于我国这样的煤炭资源大国来说,煤炭的重要性不言而喻。2012年之前,一方面由于我国国民经济迅速发展,拉动了大批耗煤量较大的行业飞速发展,导致煤炭需求急剧上升;另一方面由于我国大中小型煤矿的比例不协调,小煤矿勘探能力差、回采率低而且运力较为紧张,用煤量大与产煤量大的地区相距较远,供给量远远不能满足需求量,煤炭的价格一直处于较高的水平。如图3所示,2009—2011年,主要煤种的出厂价格呈波动上升趋势。其中,炼焦烟煤涨幅最大,由535元/吨上涨至720/吨,上涨近35%。

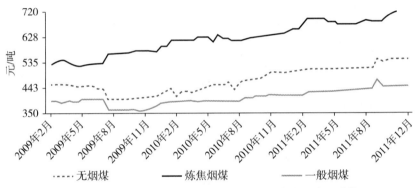

图3 2009—2011年主要煤种的国内部分重点企业出厂价格

资料来源:Wind。

而在2012年之后,我国煤炭行业的情况发生了反转。一方面是由宏观大环境导致——国际金融危机爆发,世界经济增速一直处于下行区间,经济复苏持续乏力,而我国又处于经济结构调整阶段;另一方面则是由于近些年我国煤炭行业投资过热,产能增速一直保持不减,导致产能相对过剩。这两方面原因导致我国煤炭的需求量增速大幅下降,价格持续走低。

煤炭价格的趋势性变化体现在煤炭的港口价格上。以秦皇岛平仓价为例(见图4),2009年3月至2011年12月,山西优混、山西大混、普通混煤及大同优混价格均呈波动上升趋势。而自2012年开始,以上各煤种的港口平仓价均明显下降,价格持续走低。

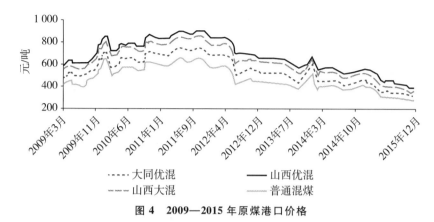

图 4　2009—2015 年原煤港口价格

资料来源:Wind。

煤炭价格的持续走低导致煤炭企业的经营压力逐渐增大,上下游一体化和转型发展对于煤炭行业来说已经迫在眉睫。

三、"诚至金开 1 号"信托产品介绍

(一)产品的基本情况

"诚至金开 1 号"集合信托计划是中诚信托有限责任公司于 2011 年 2 月 1 日发行的一款信托产品。该信托产品分两期发行,分别于 2011 年 2 月 1 日与 2011 年 3 月 11 日结束推介,募集总资金规模达 30.3 亿元人民币,其中 30 亿元人民币属于优先级收益权资金,由代理行中国工商银行通过其私人银行部发行募得;剩余 3 000 万人民币为一般级收益权资金,由融资方即山西振富能源集团的实际控制人王于锁、王平彦父子认购。

在信托资金的用途上,该信托计划所募集的全部资金以股权投资的方式进入山西振富能源集团,由振富能源集团将股权投资款运用于收购整合过程中的煤矿收购价款支付、技改投入、洗煤厂建设、资源价款支付等,其中收购整合的目标为准格尔旗杨家渠煤炭有限责任公司、山西交城神宇煤业有限公司、山西三兴煤焦有限公司以及山西吕梁交城黄草沟煤业有限公司。增资完成后,信托计划持有振富能源集团 49% 的股权。

该信托产品的存续期为 3 年,即从 2011 年 2 月 1 日至 2014 年 1 月 31 日,在信托计划到期前 3 个月,振富能源集团公司股东可按照回购协议以约定价格回购信托计划所持有的 49% 的股份。

（二）产品的风险控制措施

1. 结构化分层设计

在"诚至金开1号"信托计划中，采用结构化分层设计，针对投资者不同的风险偏好对信托的受益权进行优先与一般两级处理。具有优先级受益权的投资者分担相对较低的风险，享有优先的受益权，一般级受益人以其本金对优先级受益人进行支持。在项目遭受损失时，一般级受益人的资金先遭殃，以此保障优先级受益人的资金安全；在项目获得盈利时，优先级受益人也能按照事先签订的协议得到一定比例的分红。

2. 股权质押担保

增资完成后，中诚信托持有振富能源集团公司49%的股份，而剩下的51%的股份也被振富能源集团公司现股东当作担保质押给了中诚信托。除此之外，振富能源集团公司也将其持有的山西紫鑫矿业集团有限公司100%的股权、柳林县振富煤焦有限责任公司100%的股权、山西紫鑫矿业集团交城神宇煤业有限公司100%的股权、准格尔旗杨家渠煤炭有限责任公司100%的股权、山西吕梁交城黄草沟煤业有限公司100%的股权及山西三兴煤焦有限公司100%的股权质押给了中诚信托。

3. 开立相关账户

振富能源集团公司与中诚信托、中国工商银行签订协议，规定"诚至金开1号"信托计划所募集的全部资金须存放在专门的监管账户内，该账户的每笔支出都须与信托计划中所规定的相符合，做到专款专用。除此之外，协议还规定振富能源公司须设立回购保证金监管账户，自信托计划成立之日起，每个月月末，公司须向回购保证金监管账户存入回购保证金。

4. 入驻相关权利人员

中诚信托在信托计划施行期间向振富能源公司董事会提名三名董事，以此对公司的重大事项变动（包括对外投资、担保、合并分立、重组、重大资产处置、增加或减少注册资本、修改公司章程等事项）进行监测。除此之外，中诚信托也派驻现场监督员到振富能源公司及其下属的煤矿企业，对其技改工作进行了动态跟踪和监督管理。

四、"诚至金开1号"事件爆发始末

（一）信用风险初现端倪

2011年12月末，对于"诚至金开1号"信托计划的投资者来说是一个特殊的日子。那天，他们首次收到中诚信托分配给他们的净收益，足额且顺利，"诚至金开1号"信托计划似乎进行得很成功。但谁也没有料到，就在半年后，2012年5月11日，振富能源集团实际控制人王平彦因涉嫌非法吸收公众存款被刑事拘留。随后，中诚信托发布的临时公告中也承认了振富能源集团及其关联企业由于账外民间融资而被牵涉至多起诉讼中。王平彦被刑拘的消息与中诚信托发布的临时公告使得市场开始对"诚至金开1号"信托计划关注起来。

这时"诚至金开1号"信托计划的信用风险已经初露端倪，但由于2012年年底投资者如期收到了第二期的信托净收益分配，且当时离本金兑付期限尚远，所以尽管王平彦被刑拘的消息与中诚信托发布的临时公告使得市场开始对"诚至金开1号"信托计划关注起来，但却并没有引起足够的重视。

（二）矿产纠纷雪上加霜

在2012年下半年，媒体又发现振富能源集团的核心资产——白家峁煤矿的采矿权属存在重大纠纷，而且截止到9月末，中诚信托也仅仅只与振富能源集团及其下属的山西紫鑫矿业集团有限公司和柳林县振富煤焦有限责任公司办理了股权质押手续，其他的煤矿还并不具备股权质押条件，这与"诚至金开1号"信托计划推介书介绍的内容不符。

2012年对于振富能源集团而言，是黑色的一年。实际控制人王平彦涉嫌非法吸收民间资本而被刑拘这一事件还未平息，振富能源集团又被媒体发现其核心资产存在重大纠纷，这对于陷入多起诉讼中的振富能源集团来说无疑是雪上加霜。

（三）兑付风险始露迹象

如果说2012年对于振富能源集团是黑色的一年，那么2013年对"诚至金开1号"信托计划的投资者们是黑色的一年。2013年12月30日，对他们来说，本应是收到分配的净收益的好日子，但却由于信托专户的余额不足，相比前两年而言，收到的利息大大缩水。除此之外，振富能源集团也没有按照计划的规定来履行其回购股份义务。这两个消息的叠加导致"诚至金开1号"信托计划无法全额兑付的悲观情绪在金融市场上飞速蔓延。

(四) 银信双方相互扯皮

专项资金余额不足,投资者收益大大缩水,振富能源集团未能按照计划履行回购股份的义务,这些消息都使市场和投资者们对到期计划是否能够全额兑付存在普遍的担忧,但作为中介机构的中诚信托和中国工商银行的态度却显得有些暧昧不明。中诚信托发表声明会尽最大努力,不排除会采用诉讼的方式来替受益人向相关主体主张权利,争取利益;而工行则表示自己仅仅是资金托管方和信托产品的代销方,信托计划期满后若不能全额兑付,责任并不在自己身上,不应该为其兜底。同时,"陕西省政府为中诚信托兑付兜底""陕西省政府可能会出面兜底50%"的报道也被证实为不实信息。这些消息使得市场和投资者们的悲观情绪进一步蔓延,促使"诚至金开1号"信托计划的兑付风险全面爆发。

(五) 结局

中诚信托于2014年1月27日,即"诚至金开1号"信托计划期满前五天,决定将这份信托计划向后延期,投资者们可以在2014年1月29日前签署一份受益权委托转让协议,签署协议后本金将如期兑付,而第三年剩余的利息则不能获得兑付。若不签署此协议,则被视为继续持有该信托计划的优先级受益权。这场持续了40天的"诚至金开1号"信托计划兑付风波最终以第三方接盘、偿还本金和部分利息收场。

五、失败原因分析

(一) "尽调不力"是导致项目陷入危局的主要原因

尽职调查是设立资金信托业务流程中基础的环节之一。根据中国银行业监督管理委员会(银监会)发布的《信托公司集合资金信托计划管理办法》第九条,信托公司设立信托计划,事前应当进行尽职调查,并至少就可行性分析、合法性、风险评估、有无关联方交易等事项出具尽职调查报告。

具体而言,尽职调查至少应当包括对交易对手情况的调查、对项目进度和抵押物价值的预估以及对现金流的测算、项目资金用途调查、风险识别和控制。而中诚信托当初设立该项目时,完全没有预期到日后可能发生的种种问题,显示出其尽职调查工作并未尽职。

1. 融资方的财务状况未调查清楚

中诚信托在"诚至金开1号"案例中犯的第一个错误,就是忽略了项目融资方涉足民间借贷的可能性,没有进行完善的项目财务调查。回顾这30亿元信托兑付风波的始末可以发现,尽管项目从一开始就运营不顺,其所涉及的4个煤矿和1个洗煤厂中,只有杨家渠煤矿在2011年年底开工,但只要中诚信托和振富集团能够通力合作,该项目还是能勉强维持下去。然而,正是2012年5月底,振富集团实际控制人涉高利贷这一消息的传出,才真正引爆了一系列危机。

2010年年底"诚至金开1号"成立之初,在中诚信托出具的尽职调查报告和项目推介材料书中,并未提及交易对手存在财务问题。但实际上,早在引入信托资金之前,振富能源集团的实际控制人王于锁、王平彦父子就已经深陷巨额的民间借贷债务之中。根据2012年山西省吕梁市政府出具的《关于振富能源集团融资风险化解问题的报告》一文,仅在2011年2月10日,也就是项目第一期募资完成之后10天,王氏父子通过民间借贷形成的债务就达到34.0754亿元,已经超出了"诚至金开1号"项目的本金。而到2012年3月时,振富能源集团的整体债务达到105亿元,其中有超过50亿元为民间高利贷。而这一切,全部都在中诚信托事前调查和事中监管人员的眼皮子底下发生。

从表象上看,由于没有公开的正规借款合同,民间借贷不列入企业的资产负债表,这一风险因素具有隐蔽性的特点,这使得信托公司在进行尽职调查和风险识别时,很难全面了解交易对手的财务状况、资产质量和资信情况。因此,从这个角度而言,中诚信托这次的失误,似乎是情有可原的。但实际上,就"诚至金开1号"这一案例来看,识别其中的民间借贷风险,并非十分困难。根据前述报告,截至王平彦被警方控制时,通过非公开渠道向振富集团提供融资的债权人达到345个,而其中柳林本地债权人就有344户。而根据当地人介绍,王氏父子在多年前就已经涉足民间借贷,通过高息方式吸取资金成为振富集团扩张发展的重要途径。如此众多的债权人、如此悠久的借贷历史,只要在实施现场调查时,信托方人员多进行走访,不可能没有任何蛛丝马迹。

2. 对融资方涉及的矿权纠纷视而不见

不仅财务调查不力,法律审查工作也存在问题。在振富集团的财产结构中,临县白家峁煤矿属于其核心资产。而在信托产品成立1年前,白家峁村民就以"非法变更矿权人名称"为由对山西省国土资源厅提起行政诉讼。2009年10月16日,山西省高院二审判决山西省国土资源厅变更采矿权人名称的行政行为无效,将白家峁煤矿恢复至 2002 年之前的"原貌"。之后又传出早在 1997 年,该村村民朱建国已承包了该煤矿,并出具效力长达 50 年的承包合同。此后,这一振富集团的核心资产便一直处在"纠纷众多、产权不明"的状态。

根据《信托公司集合信托资金计划管理办法》,信托产品立项时,对于融资方存在的具有重大影响的法律诉讼,信托公司应当进行审慎性考量,必要时应当及时规避。而在"诚至金开 1 号"案中,中诚信托不仅没有对这一矿权纠纷给予重视,反而在计划推介书中将白家峁矿明确标记为振富集团所属资产。

3. 错误估计项目进度

按照项目原定计划,30.3 亿元的信托资金将用于煤矿购买价款的支付、企业整合和技术改造费用的支出,并最迟在 2011 年年底完成包括股权质押在内的全部相关工作。项目预设还款来源主要为振富集团整合后的主体部分——紫鑫矿业集团所属的 4 个煤炭子公司和振富另一子公司——柳林县振富煤焦有限公司所属的一处洗煤厂所组成的现金流。可实际上,中诚信托过分乐观地估计了项目的进展,造成了实际情况与计划进度大相径庭。

具体而言,项目原定将一部分信托资金用于交城神宇煤业有限公司所属 3 处煤矿的整合和技术改造工作,计划将 3 处煤矿产能提升至 90 万吨,并在 2011 年年底完成相关工作。中诚信托根据振富集团的报告,声称此 3 处煤矿已取得采煤许可证。而实际上,交城神宇煤业有限公司所属的各处矿井,直到 2014 年 1 月 22 日才取得采矿许可证,而原定于 2011 年年底完成的技术改造工作,也因王氏父子被捕、集团资金链断裂而不了了之。

项目的另一还款来源主体,交城黄草沟煤业有限公司,原计划投入 5 亿元用于股权收购款支付,并另划拨一部分资金用于技术改造工作,并在 2011 年年底实现矿坑开矿。可信托资金进入后,该矿一直未实现复矿开工。而原定要完成的股权质押,又由于该矿是挂靠经营矿产(产权未归入振富集团)而未能实现。

在项目剩余的 3 个还款来源中,振富煤焦有限公司所属的洗煤厂,自第二期建设完成后,在中诚信托发布的公告中,便再无新消息。而前述提及的三兴煤焦有限公司所属的白家峁煤矿,因涉及产权纠纷,并引发一系列暴力事件和诉讼案件,自项目开始后就陷入生产中断的境地,更无法完成股权质押流程。

振富集团唯一按计划实现正常生产的煤矿单位是准格尔旗杨家渠煤矿。按计划,杨家渠煤矿将有 2.6 亿元信托资金用于支付收购尾款,以实现股权划转和质押手续办理。实际上,杨家渠煤矿确实按照进度完成了股权划转和质押,并成功进入营运阶段。但当2012年王氏父子东窗事发后,该矿被迫进行转让变现,大部分转让价款被划入吕梁市"民营实体经济组织民间融资风险化解领导组办公室"账户上以解决345个债券人的还款问题。

综上,由于中诚信托在设立产品时法律审查不到位(产权和采矿权的实际情况调查)、对相关权证的办理周期、工程建设周期的估计过于乐观,"诚至金开1号"原计划用于支持还款的"4处煤矿和1处洗煤厂",最终只有杨家渠煤矿按计划实现现金流出,整个项目的实际进度远远滞后于计划进度(如表1所示)。

表1 项目计划进度与实际进度对比

计划还款来源主体	项目计划进度	项目实际进度
交城神宇煤矿	在2011年年底完成全部整合和技改工作,并取得开采许可证	直至2014年年初才取得开采许可证,生产中断
交城黄草沟煤矿	2011年年底完成技改工作,实现复工和股权质押	资金链断裂致改造中止,挂靠经营无法实现股权质押
振富煤焦洗煤厂	建设240万吨重介洗煤厂,在2011年6月底投产	完成第二期建设工程后,消息中断
百家峁煤矿	在2011年年底完成购买价款支付,股权转让和质押,形成集团核心资产	产权纠纷
准格尔杨家渠煤矿	2011年年底完成收购价款支付和股权质押	唯一一处权证齐全、正常生产的矿产,2012年被迫转让变现

资料来源:根据新闻和相关报道整理。

(二)股权投资信托交易结构带来问题

该项目在交易结构上采用了股权投资类信托方式,即信托资金以股权投资的方式,进入被投资方,在项目结束后,由融资方以股权回购的方式,支付信托本金和收益。与权益型信托相似,相比贷款型信托,股权投资类信托具有高收益、高风险、强灵活性的特点。具体到"诚至金开1号"产品上,30.3亿元全部以增资方式进入振富集团,获得其49%的股份。信托存续期间,振富集团通过向回购保证金账户存入股权维持费的方式支付收益。信托产品结束时,振富集团通过溢价回购股份的方式来支付本息。

"诚至金开1号"属于典型的股权投资类信托,这带来两个问题:第一,股权的估值问题。上市公司的股权由于具有二级市场机制,可以借助市场的定价功能以较低的成本获得公允的价格估计值。振富集团并不是一个上市企业,而是有限责任公司,对于非上市企业的股权投资,信托公司需要聘请专门的资产评估机构来对其股权价值进行评估。如果估值过高,可能会导致信托投资获得的股权比例过低,这意味一旦企业破产,信托投资者所拥有的剩余索取权将过少。根据2010年9月振富集团的资产负债表,其所有者权益为11.02亿元,而30.3亿元的信托资金却只获得其49%的股权,说明项目设立时中诚信托可能对该集团的评估过高。第二,股权投资带来的另一个问题,是使得信托计划在企业的清偿顺序靠后。按原计划,振富集团的总资产为34.99亿元,基本能够覆盖30.3亿元的信托股权投资,但如果算上清偿顺位排在其前的近100亿元民间借贷债务,在没有第三方资金支持的情况下,信托资金想要全身而退几无可能。而在实际中,杨家渠矿在转让套现后,获得的3.5亿元中就有2.5亿元被用于偿还债务,信托计划只收回了1亿元。

(三)风险控制机制设计不合理

按照该项目设计,"诚至金开1号"采用了产品分级和股权质押两种方式,以实现风险控制和信用增级。客观地讲,采取将产品分为优先级和劣后级并由融资方持有劣后级的方式是较为常见的信用增级手段,其原理是以劣后级的损失保障优先级的本息收益。但在本案例中,30.3亿元信托资金中,有30亿元是优先级产品,仅0.3亿元划为劣后级产品,分级结构比例达到100∶1,而在与之类似的房地产资金信托实践中,一般有3∶1的监管要求。通过之后的实际情况来看,中诚信托这个优先-劣后方案基本没有发挥任何风险缓冲和收益保障作用。

该项目还安排有股权质押的增级手段,但由于振富集团是在2009年才由王氏父子通过收购重组方式形成,很多资产的股权、产权根本没有完成登记过户工作,有的甚至存在纠纷,根本无法进行抵押。另外,由于振富集团是非上市企业,这使得被抵押的股权流动性存在很大的问题。

综上,中诚信托没有根据项目实际的风险情况进行风控设计,使得其表面上看似完备的增信与风控机制,最终没能发挥实际作用。

(四)事中监督管理流于形式

如果说尽职调查不力和产品设计不合理是中诚信托在项目立项时出现的

主要问题,那么监管不作为则是中诚信托在产品存续期间犯下的又一错误。

按照项目规定,中诚信托可以向振富集团指派股东、派遣现场监督员,并要求集团公司每月向信托公司汇报企业上月经营情况。同时,中诚信托还设置了相关银行账户保障措施,规定了信托资金使用账户的专用,对回购保证金账户也有硬性规定。但是,从实际情况来看,中诚信托在事中监管这一方面有不作为的嫌疑。

这种失职表现为对信托存续期企业财务情况、经营情况的失察,对重大事项反应的滞后。第一,在派驻了董事和监管人员的情况下,中诚信托却依然没能发现其在尽职调查阶段所忽视的"民间借贷"和"产权纠纷"问题,直到王平彦被警方控制,振富集团欠下巨额负债的消息爆出后,中诚方面才组织律师和会计师事务所进行调查。对于振富集团旗下相关厂矿的证件办理、股权的转让和生产经营活动是否正常,中诚信托没有保持持续的跟进和关注。在其对外公布的"诚至金开1号"产品管理报告中,亦没有对整合、复工进度落后等实际问题进行披露。

第二,当振富集团方面出现问题后,中诚并没有做出准确而及时的反应,客观上放任了事态的恶化。

六、尾　声

"诚至金开1号"最终以第三方接盘的形式结束了,相比之前业界和媒体普遍预期的"兑付违约",对于这一产品的投资者而言,在保住本金的情况下,信托产品的三年收益率还达到了7.5%左右(根据中诚信托出具的产品管理报告,"诚至金开1号"三年的收益率分别为9.5%、10.5%、2.85%),也算是有惊无险的万幸。但对于中诚信托乃至整个信托行业而言,"刚性兑付"这一处理结果是耐人寻味的。我国信托行业保持"刚性兑付"潜规则的历史由来已久,由此塑造了信托产品"类存款"的特质和"高收益、低风险"的形象,本质上扭曲了风险和收益的均衡关系,加重了信托公司的侥幸心理,使原本的尽职调查成了形式上的报告,审慎投资演变成了赌博。

反思这场闹剧,"诚至金开1号"的案例无疑给信托业带来不少弥足珍贵的教训和启示:

1. 要重视和改善尽职调查工作。

要加强对融资方实际控制人的信息调查,通过实地走访、财务报表审阅、个人征信系统信息查询以全面真实地了解其财务状况、借贷历史、风险偏好等。对于矿产的相关权益(产权和采矿权等)的归属情况,应当在项目决策之前有清楚的了解;对于矿藏的实际储量,也应当由信托公司组建的专业团队或聘请独立的专业机构进行评估,而不要完全取信项目融资方的说法;对于项目的收益来源和项目进度的预测,应当采取审慎、稳健的态度。

2. 依据项目的实际情况,妥善设计项目的风控方案和交易结构。

3. 切实做好项目的监督和管理工作。

4. 应当认真做好投资的风险揭示工作,让信托投资回到"买者自愿、风险自担"的正轨上。

案例正文附录

"诚至金开1号"相关新闻信息网址

案例使用说明

一、教学目的与用途

1. 适用课程：信托与租赁、投资学、金融学、金融中介学等相关课程。

2. 适用对象：金融学、证券投资学专业硕士。

3. 教学目的：本案例主要描述了中诚信托"诚至金开 1 号"30 亿元兑付风波的始末，涉及的知识点包括：矿产资源信托的特点、尽职调查的重要性、信托交易结构设计和风险控制、信托投资的风险揭示。

二、启发思考题

1. 通过本案例，你如何看待信托项目尽职调查的地位和作用？

2. 民间借贷具有隐蔽性的特点，会干扰项目尽职调查的真实性。如果你作为一名信托从业人员，应当如何完善尽职调查工作，才能避免类似"诚至金开 1 号"尽职调查不力的悲剧？

3. 本案例中的信托交易结构是怎样的？请作图来反映本案例中各方的权利义务关系。

4. 能源矿产资源信托具有什么特点？如果你作为一名信托投资品的投资者，应当如何把握能源矿产资源信托的投资要点？

5. 信托公司为什么愿意坚持"刚性兑付"？"刚性兑付"的弊端是什么？

三、分析思路

1. 以"诚至金开 1 号"产品设立、发行、存续过程中相继出现的"融资方涉民间金融""矿权未明确"等不利情况带来的影响为例，从反面出发，思考"如果中诚信托如果能够做好项目设立前的尽职调查工作，就能够果断放弃对问题融资方的融资项目，杜绝风险于未然"，进而从中体会尽职调查所具有的作用和地位。

2. 以案例中振富能源集团实际控制人王氏父子涉及民间借贷的具体情况为例，分析民间借贷信息的隐蔽性原因所在，并结合自身所学的相关知识，进行开放式思考，多角度考虑解决这一问题的有效方法。

3. 运用所学的信托与租赁基础知识，结合本案例中"诚至金开 1 号"的具体设计方案，通过绘制交易结构图，厘清交易各方的权利义务关系。

4. 本案中振富能源集团是一家煤炭矿产综合企业，结合基本面分析和信托投资等基础知识,通过行业、具体矿产价值和权益、相关法律法规等因素,把握能源矿产资源信托所具有的特点,总结能源矿产资源信托投资时应当注意的投资要点。

5. 从信托行业发展的水平、在金融业中所处的地位以及我国投资者的投资心理出发,分析信托公司坚持"刚性兑付"这一策略的原因;再结合所学的金融市场学知识,进行合理的因果推演,思考如果信托公司长期坚持这一策略,对于自身的生存、行业的发展以及投资者和金融市场的健康成长是否有利。

四、理论依据与分析

(一)理论依据

1. 在信托项目立项过程中,尽职调查对于投资的意义。
2. 信托公司的内部控制与风险管理理论。
3. 信托交易结构理论。
4. 能源矿产资源信托特点。

(二)具体分析

1. 尽职调查的基本内容与重要性

回顾整个案例,尽职调查不力是中诚信托犯下的最大的一个错误,尽职调查的缺位带来了"一步走错、满盘皆输"的恶劣影响。相反,如果能够切实做好尽职调查工作,那么信托公司根据投资收益和实际风险的衡量,能够做出合理的价值判断,对于存在严重的财务风险、法律风险的交易对手,信托公司可以尽量回避,从而避免遭受损失。

尽职调查又称为审慎性调查,是指投融资双方达成初步合作意向后,经过双方的协商和妥协,由投资方派出专职调查人员,对意向投资企业的历史文档、财务和经营数据,意向投资企业的治理结构和实际控制人或高层管理人员的背景、经验以及个人财务状况进行全面深入的调查和审核,以便投资方进行风险识别。对于信托项目投资,尽职调查还应当包括对于整个项目运营的信用风险、操作风险、法律风险的合理评估、对于信托报酬的测算等。

一般而言,信托公司的资金信托业务分为项目立项、立项审批、项目成立、产品推介、存续期管理和清算管理六大环节,尽职调查属于立项审批阶段的重要步骤。投融资双方信息的不对称导致了投资方处于自身风险敞口未知的不利地位,这形成了投资方进行尽职调查的必要性。尽职调查所提供的风险识别与可行性分析结果是进行项目投资决策的基础。

首先,通过尽职调查,信托公司可以发现项目实际的内在价值。投融资双方由于自身的利益取向不同,对于项目真实内在价值的估计往往有所不同,在这种情况下,信托公司应当对项目价值有自己的判断。在实际情况中,项目融资方高估自身内在价值的情况并不少见,以本案例为例,振富集团提出的以"4处矿产和1处洗煤厂"作为项目的主要还款来源,显然是以煤炭价格的最高水平,以及矿藏储量的最大可能值进行预测,缺乏合理的行业周期预测和科学的矿藏储量评估,根本不符合审慎性原则。

其次,尽职调查可以找出潜在的致命缺陷及其对预期投资存在的可能影响。从这个角度看,尽职调查是风险管理的基础。以本案例为例,尽职调查的缺位导致该项目的一系列重大缺项未能被发现。

最后,尽职调查可以为投资方案和交易结构设计做准备。只有在尽职调查做出准确的风险和价值判断的基础上,信托公司才能根据实际的风险状况选择相应的交易结构和风险控制措施。

2. 如何识别民间借贷和完善尽职调查工作

隐藏的民间借贷风险对信托项目具有破坏性影响,会使信托公司对项目融资方的财务状况评定出现巨大偏差,同时带来项目资产被重复抵押或质押的问题,还会严重扰乱项目的现金流预测,甚至危及信托本金的安全。通过本案例的分析可以看到,"王氏父子涉民间借贷"这一信息严重打乱了中诚信托的项目安排和现金流预测,振富集团的相关核心资产在王氏父子多轮对外融资的过程中,被多次进行了抵押和质押,而根据经济法的相关规定,抵押权和职权未经登记时,不得对抗善意第三人。同时,信托本金中亦有一部分被用于偿还巨额的民间借贷债务。

鉴于民间借贷的隐蔽性,对其的发现和识别应当通过多种渠道和方法相互结合来实现。

第一,最基本的方法是分析企业财务报表和征信报告。如果民间信贷信息被企业以账户处理的方式体现在其资产负债表中,那么,可以通过关注某些重点科目来发现,如在权益项目中一般存在数额较大的资本公积金;或者企业在将民间借贷以回购协议的方式计入预收账款之中;对于实际控制权非常集中的有限责任公司,应当注意财务报表中其与股东的账户往来和关联交易。此外通过查询中国人民银行社会征信系统,可以得到企业和实际控制人的征信报告,征信报告保存了法人和自然人在银行等其他金融系统中信用状况的原始记录,包含有贷款信用调查、融资信用调查、合资合作信用调查、贸易伙伴信用调查以及个体失信信息的公示,可以提供项目融资方的基本信用信息。

第二,考虑民间借贷的具体信息一般不进入财务报表(尤其是当投资于企业的资金是股东自己通过民间借贷取得时),也无法在社会征信报告中体现,因此,就必须采取实地调查和交叉验证来考量。实地调查要求尽职调查人员关注当地的信用状况和金融环境,注重从第三方处掌握交易对手特别是其主要的管理人员或者实际控制人员的基本信息。这是因为民间借贷具有区域集中性的特点,通过分析被投资企业所处地区的金融环境,可以对判定其财务状况起辅助作用。同时,由于被投资企业在当地开展经营,被投资企业的实际控制人又在当地生活、工作多年,与他们有着生产联系、业务往来或其他经济关系的个体,对其信用品质、借贷历史有着更为深刻的了解,信托公司应当多注重从相关的第三方提取有用信息。交叉验证建立在证伪原则上,证伪原则要求信托公司采取"审慎存疑"的态度,不轻易置信融资方提供的信息和材料。交叉验证对于融资方提供的各类信息予以交叉核实验证,即通过将来自企业的支持性文件与第三方的交流信息进行比较核实,或者是将融资方不同时点和状态下提供的信息数据、融资方的口头信息与书面信息进行比较核实,查证其前后者是否存在矛盾,进而发现可能伪造的信息。

3. 银信合作的信托交易结构

自 2009 年,我国收缩银根、银行金融机构信贷规模受到限制以来,银信合作产品成为商业银行摆脱信贷控制、扩张资产负债表的主要手段,融资类银信产品得到爆炸式增长。"诚至金开 1 号"产品属于银信合作产生的理财产品,其交易结构采用内涵式结构,以股权方式进入。具体结构如图 5 所示,银信合作理财产品有利于银信双方实现共赢,但是由于目前银行业和信托行业所处的地位不同,这一类产品在设计过程中,出现了"银强信弱"的问题,银信双方的风险和收益出现了不对等的状况。

以本案例为例,中国工商银行作为项目的实际主导方,向中诚信托推荐了该行的贷款客户——山西振富能源集团公司,中诚信托为中国工商银行开辟类通道业务,设计发行"诚至金开 1 号"产品,再由中国工商银行向其私人理财客户推销。但是从信托交易结构可以看出,中诚信托被置于主导方的位置,承担项目管理的主要风险,收益费率仅为 2‰。而中国工商银行仅作为托管行和代理发售行,收益率费率达到 4‰,远远高于中诚信托。同时,一旦发生兑付问题,主要责任则落在了中诚信托公司身上,这种风险和收益不相匹配的交易结构,客观上削弱了信托公司加强项目监管的积极性,剥夺了信托公司的主动权,这也是目前银信合作存在的一大问题。

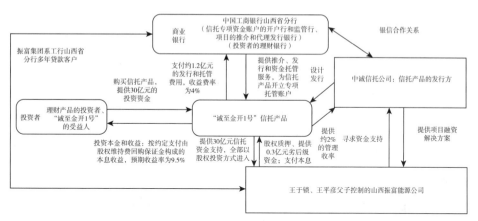

图5 "诚至金开1号"交易结构

4. 能源矿产资源信托的特点与投资要点

矿产资源投资信托,是指信托资金的用途是为煤炭、石油等能源类企业提供并购资金、流动资金以及项目资金的信托计划。这类信托的主要还款来源是矿产销售带来的现金流,因此矿产资源的价值是影响项目成败的关键。资源储量、煤种、成品煤的交易方式与运输方式是影响矿产储量的重要因素,投资者在选择投资时应当关注是否有此类信息,如果投资推介中没有此类信息的详细介绍,则投资者不应冒险投资。以本案例为例,在项目计划书中,中诚信托对煤种有所介绍,但是煤炭储量的预估并没有采用公允的科学估值,而仅取信融资方提供的数据。这种信息披露并不充分。

通过对本案例的分析还可以看出,能源矿产资源信托具有以下风险特点:第一是市场风险和经营风险较大。矿产资源投资信托的还款来源主要是标的矿企或标的矿藏的经营收入和特定资产收益,这就决定矿产资源的市场价格将很大程度地影响还款来源的可靠性。此外矿企属于高风险作业行业,一旦发生事故,监管当局会要求暂停作业进行安全整改,有的甚至要求停止矿山勘查、开发,对矿企的打击是致命的。第二是法律风险较高。我国法律规定矿产资源属于国家所有。矿业权(包括探矿权、采矿权)的转让时间长,流程复杂。在实务过程中,对标的矿企、矿山的矿业权及相关审批手续是否合法存在一定不确定性。第三是项目估值风险较高。矿产资源属于地下资源,且随着开采不可再生地消耗,因此对计划中涉及的矿产资源价值评估就存在很大的主观性,准确评估资源价值的风险很高。

5. 刚性兑付存在的原因与弊端

"买者自负盈亏、自担风险"是任何金融主体都应当遵守的法则,但长久以来,我国信托行业一直保持着"刚性兑付"的传统。所谓刚性兑付,是指信托产品到期后,不论产品的实际表现如何,信托公司都会通过各种手段保障投资者的本金和利息收益。就"诚至金开1号"案例而言,是以第三方接盘的方式终结。谁会以巨额资金购买基本没有投资价值的振富集团的资产?背后很可能是不愿触动"刚性兑付"魔咒的中诚信托及其利益相关人。

"刚性兑付"的弊端是十分明显的。刚性兑付意味着当项目亏损时,信托公司很可能要以自有资金弥补损失,因此,信托公司客观上有打破刚性兑付的心理意愿。从投资者的角度考虑,长期在资金完全保障条件下进行投资活动,扭曲了风险和收益的配比关系,使得投资者逐渐形成了心理惯性,即政府或者公司必须为其投资的失败兜底,这让投资者在采取群体性维权行动时充满了正义感,殊不知自己的行为并不能得到信托法律的支持。再从整个市场的角度看,长期坚持不计成本的兑付,忽视对于项目的筛选和尽职调查,很可能导致大量不稳定因素的积聚,最终引发系统性风险。

相比而言,信托行业坚持刚性兑付的原因是复杂的,从信托公司自身角度看,保持兑付有利于维护公司的形象和客户资源;而尽管高额的兑付费用形成了信托公司打破刚兑的动力,但在整体行业中,先打破刚兑者将遭受巨大损失,因此整个行业在博弈均衡中陷入囚徒困境。

此外,监管层不愿意看到市场的不良波动和相应的群体事件,因此,从某种程度上说,监管层默许刚性兑换,以此维持市场稳定。

五、背景信息

本文所涉及的中诚信托"诚至金开1号"信托事件所相关的所有公开信息可在中诚信托公司官方网站的公开栏进行查阅;本文附录亦提供关于此项目的所有公开新闻网站链接地址;以上材料以及读者从其他渠道获取的相关信息均可作为本案例的背景。

六、关键要点

对尽职调查的理解和掌握;对信托交易结构和银信合作现状的了解;对能源矿产资源信托的认识。

七、建议课堂计划

本案例可以作为专门的案例讨论课来进行,如下是按照时间进度提供的课堂计划建议,仅供参考。整个案例课的课堂时间控制在 90 分钟以内。

1. 课前计划:在课堂上讨论本案例前,应该要求学生至少读一遍案例全文,并对案例启发思考题目进行初步思考。

2. 课中计划:

(1)案例回顾与课堂前言:5—10 分钟。

(2)小组讨论:20 分钟,准备发言大纲。可将学生分为 4 个小组,按启发思考题目分别进行讨论和准备发言。

(3)小组发言:30 分钟,每组 5—6 分钟。

(4)引导全班进一步讨论,尤其是各个小组之间进行讨论,对知识梳理总结:20 分钟。

(5)总结与答疑:5—10 分钟。

3. 课后计划:可以布置互动式课堂作业。

将学生分为若干团队,分别给予某一特定信托项目计划,每团队再分出代表尽职调查、风险控制和推介部门的小组,由尽职调查小组对项目进行全面调查,并出具基础性综合报告,由风险控制小组评估项目的具体风险和应对措施,由推介小组发掘项目的内在价值并进行说明。最后,整合团队的成果形成一份课堂作业,该作业应当对项目是否值得推行和具体推行措施做出回答。

中资商业银行海外并购折戟
——中国民生银行并购美国联合银行案例分析

史建平　闫思宇　张一凡

摘　要：中国民生银行对美国联合银行的并购迈出了中资商业银行并购美国本土银行的第一步，但是由于多种原因，该并购最终以失败黯然收场。本案例重点描述了中国民生银行并购美国联合银行的始末，剖析了并购失败的原因。此外，银行并购动因、并购效应评价、并购风险分类与管理、中资商业银行进行海外并购时应该注意的问题等也是本案例在教学中力图启发学生思考的重要内容。

关键词：商业银行，并购，银行并购动因，银行并购的效应评价，银行并购风险分类与管理

一、引　言

中国民生银行（民生银行）成立于1996年1月12日，总部设在北京，是中国第一家主要由民营企业发起设立的全国性股份制商业银行。经过近二十年的运营，民生银行的净利润已经从1997年的1.7亿元增长到2015年的461.11亿元，增长了270倍。作为民营资本经营的"试验田"，其跨越式发展历程是中国银行业的一面特色鲜明的旗帜。

民生银行在高速发展中也一直在探索国际化经营的路径。2004年，民生银行在中国香港设立代表处，但由于代表处的业务范围受到中国香港的银行制度

的严格限制,只能从事银行与中国香港客户之间的联系工作。2007年,民生银行召开董事会,决定用并购美国当地银行的方式实现真正的国际化经营,并购目标是在美国设有70家分支机构的美国第二大华人银行——美国联合银行。民生银行确立了"三步走"的并购步骤,并于2008年3月以9 573.19万美元收购了美国联合银行4.9%的股份,实现了第一步并购。此后,金融风暴来临,民生银行又以抄底的心理于2008年12月以2 989.91万美元收购了美国联合银行5%的股份。至此,民生银行在美国联合银行的持股比例为9.9%,实现了第二步并购。然而,2009年9月,民生银行的第三步并购还没有来得及迈出,美国联合银行董事会便公布独立调查报告,承认管理层有意隐瞒日趋恶化的财务状况。同年11月,美国联合银行被美国加利福尼亚州金融管理局勒令关闭,宣告了民生银行海外并购尝试的失败,同时为民生银行带来了折合人民币约8.87亿元的投资损失。作为中资银行并购美国本土银行的首个案例,对民生银行海外并购失败的原因进行分析,找到中资银行进行海外并购时应该注意的问题,对中资商业银行的国际化之路有着非凡的借鉴意义。

二、并购前民生银行国际化经营状况与美国联合银行的基本背景介绍

(一)并购前民生银行国际化经营状况介绍

并购前民生银行的国际化经营主要体现在其国际贸易融资业务上。2007年度,民生银行发生国际结算量576亿美元,吸纳外币对公存款21.1亿美元,同比增长36%;贸易金融企业客户6 356家,同比增长15.1%。民生银行的贸易金融业务呈现出蓬勃发展的态势,但是,如果没有海外分支机构的支撑,其贸易金融的发展也必将在达到一定规模后触碰到瓶颈。在海外分支机构方面,民生银行于2004年在中国香港设立了代表处,但根据中国香港银行的三级发牌制度的规定,代表处不得从事任何银行业务,其主要职责只限于银行与中国香港客户之间的联系工作。因此,民生银行的国际化经营还局限在贸易金融这一领域,真正的"走出去"道路仍未真正开启。

(二)并购前美国联合银行的基本背景介绍

美国联合银行成立于1974年,是美国加利福尼亚州特许设立的注册商业

银行,总部位于美国旧金山。美国联合银行主要服务的对象是华人社区以及在华从事商业活动的企业与个人,是全美第二大华人银行。美国联合银行的业务主要分布在美国加利福尼亚州,但在全美多个大城市均设有分支机构,共计 70 家分行及贷款中心。

三、民生银行并购美国联合银行始末

(一)并购意向初定

美国是全球金融的核心地带,有着成熟的金融机制和前沿的金融管理理念,是中资商业银行眼中的金融圣地,如果能在美国找到立足之地,银行的业务能力、创新能力、综合视野都会得到全面提升。同时,中美贸易在 2002—2006 年以 28.22% 的年复合增长率飞速发展,为中美贸易提供金融服务成了商业银行一个新的利润增长点(见图 1)。2007 年,基于美国的上述两大优势,民生银行决定选择其作为国际化之路的突破点。在美国进行国际化经营有两种途径,一种是在美国设立分支机构,另一种是直接并购美国当地银行。当时的背景是:与民生银行同为全国性股份制商业银行的招商银行早在 2002 年 10 月便已在美国纽约设立代表办事处,但因为中美银行业在法律环境、会计准则、风险管理标准、内部控制制度等方面有着不小的差别,所以招商银行在向美国金融监管当局申请设立分行的过程中遇到了重重阻碍,筹备多年仍没有结果。一方面,招商银行艰难的分行申请之路为民生银行提供了前车之鉴;另一方面,当时民生银行在美国仍未设立代表处,申请直接设立分行将会比已苦心经营代表处长达 5 年之久的招商银行更加困难。于是,民生银行决定采用第二大途径——并购。

同样是在 2007 年,为了更好地为在中美两国间有商务往来的客户提供服务,拓展银行业务,美国联合银行在中国也不断地寻找着可以利用的银行平台。2007 年 3 月 29 日,美国联合银行与中国首家外商独资银行——德富泰银行的股东达成协议,以 2.05 亿美元现金收购德富泰银行 100% 的股权。但是,德富泰银行仅在中国上海和中国汕头设有分行,经营规模小,无法完全满足美国联合银行的业务需要。在这种背景下,美国联合银行在中国本土急需一个更加强有力的合作伙伴。

美国联合银行董事长兼总裁胡少杰来到中国,共接触了三家中资银行,其中包括招商银行,但美国联合银行最终还是和民生银行走到了一起。美国联合

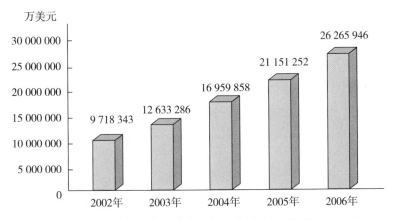

图 1　中美进出口总额变化趋势（2002—2006）

资料来源：国家统计局网站，http://data.stats.gov.cn/。

银行的华尔街五大同行之一——美林证券，作为民生银行的财务顾问起到了桥梁和纽带的作用。民生银行与美国联合银行财务报告审计委托的会计师事务所都是普华永道，亦为双方合作起到了推动作用。2007年7月4日，胡少杰与民生银行董事长董文标会面商讨并购事宜。这次会面，胡少杰给董文标留下了"精干""深得美联储的支持"的印象。他认为并购美国联合银行可谓一举两得：一方面，民生银行的国际化战略需求可以得到满足；另一方面，美国联合银行是华人银行，主要客户是华裔，主要业务是个人与中小企业的存贷款，民生银行作为中国本土银行与其文化背景相近，业务侧重点也相类似，二者可以形成良好的跨国互动合作态势。而胡少杰也对民生银行管理层的作风与高效率称赞不已。至此，双方就并购达成了初步意向。

（二）并购协议签署

2007年9月，董文标、胡少杰以及美林证券中国区主席任克英举行第一次正式会谈，商议了股权转让价格、份额以及并购最大的障碍——如何通过美国的监管审批。9月21日，民生银行以通信表决的形式召开了第四届董事会第三次临时会议，表决截止到9月27日，会议以17票同意、1票反对、0票弃权的结果通过了"关于投资联合银行控股公司（美国）的决议"。反对票由苏庆赞董事投出，苏庆赞时任淡马锡控股公司联合首席投资官，他认为针对美国联合银行的财务尽职调查发现美国联合银行现有业务主要集中在房地产抵押与建筑类贷款领域，贸易融资业务占比相对较低，与民生银行的战略定位不一致。此外，3年的股票锁定期过长。尽管有苏庆赞董事的反对票，但根据民生银行公司章程规定,18名董事中只要过半数通过则代表决议通过,因此,该决议得以通过。2007年10月8日,民生银行正式发布了对外投资公告,公告与之前的投资决议共同绘制了其"三步走"的投资蓝图(如图2所示)。

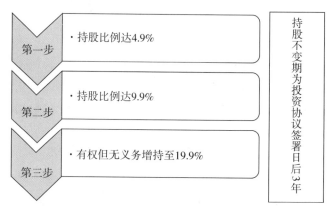

图2 并购战略各步骤持股比例

资料来源:民生银行《对外投资公告》。

第一步:以现金认购美国联合银行近期拟增发的新股普通股约535万股,占美国联合银行增发后股本的4.9%,认购价格为签署投资协议前90个交易日美国联合银行在纳斯达克股市的平均收盘价,投资额约为2.12亿—3.17亿美元,折合人民币约16亿—25亿元,这一步收购可以不需要美国联邦储备系统(美联储)的批准。

第二步:2008年12月31日前,民生银行增持美国联合银行股票,股票来自美国联合银行发行的新股或者特定原股东出售的老股,增持后持股比例达9.9%,这一步仅仅需要美国加利福尼亚州金融监管委员会的批复。

第三步:民生银行有权但无义务增持至19.9%的股权。

民生银行将其对于美国联合银行的投资按照投资目的定性为战略性投资。双方的投资协议还规定了民生银行在签署投资协议后3年内,不可以出售或转让所持有的美国联合银行股份。

(三)顺利的第一步并购

2008年3月,民生银行发布公告称其参股美国联合银行的行动已获中国银行业监督管理委员会(银监会)的批复,也通过了国家外汇管理局对境外投资外汇资金来源的审查,获得了资本项目的外汇业务核准件。民生银行最终以每股17.79美元的价格购进美国联合银行538.12万股,总额为9 573.19万美元(折合

6.82亿元人民币），实现了对美国联合银行的第一步并购。民生银行向美国联合银行派驻一名董事，但没有任何话语权。市场普遍认为这次收购的价格比较适中，因为该价格与2007年以来美国联合银行股价的平均值相近，也基本符合美国区域性银行指数 KRX 指数2007年的平均市净率（P/B）和市盈率（P/E）。

（四）金融危机下看似健康的美国联合银行

第一步并购结束后不久，全球金融危机正式爆发，从美国蔓延至全世界。在美国各知名金融机构面临大额亏损的背景下，美国联合银行在2008年的前9个月仍有着正的净利润，其支付优先股股利前的净利润达到943万美元。此外，美国联合银行维持着稳定的股利政策，2008年前三个季度每股累计分配现金红利0.12美元，并已宣布第四季度仍将分配现金红利每股0.04美元。

截至2008年9月底，美国联合银行控股的总资产达到130亿美元，净资产11.5亿美元，一级资本充足率为10.05%，资本充足率为12.51%，均超过美国监管部门设定的6%和10%的"良好"标准，风险可控。胡少杰分析认为，美国联合银行住房抵押贷款的客户主要是华人，华人有偏好储蓄的特点，消费习惯比较保守，购房首付比例高（多达到或超过三成），且按时还款，因此美国联合银行没有次级贷款。此外，房地美和房利美（"两房"）被政府接管导致其股票价格急剧下跌，美国联合银行由于持有"两房"的优先股，致使其面临一定的投资损失，但是美国联合银行对持有的两房优先股已计提充足的坏账准备（接近95%），不会对公司未来盈利产生较大的风险。美国联合银行风险分散性也呈现向好的趋势，5年前该行几乎所有贷款都集中在美国加利福尼亚州，但2008年其贷款60%在美国加利福尼亚州，30%在中国香港，其余分散在纽约、休斯敦等城市。

为了应对金融危机，美国财政部金融稳定局提出了资本购买计划（Capital Purchase Program，CPP），总额2 500亿美元，它是总额7 000亿美元的不良资产救助计划（Troubled Asset Relief Program，TARP）中规模最大的资助行动，旨在缓解金融危机的负面影响，维护金融市场的稳定。2008年11月，美国联合银行受益于CPP，得到了美国财政部2.987亿美元的注资，是获得美国财政部注资的21家中小银行中唯一一家主要服务于华人的银行。美国财政部曾经表示，CPP目标银行都是经过美联储和财政部精心筛选的，只针对经营状况良好的金融机构。因此，美国联合银行获得注资证明其未来经营被美国政府看好，同时注资提升了美国联合银行的资本充足率，使之达到15%，民生银行第二步并购实施后，资本充足率还将有进一步的提升。当然，注资并非无偿给予的，注资采用优先股的形式,美国联合银行在注资后前5年内每年须支付5%的股息,5年后每年须支付9%的股息。

美国联合银行的资本金相比其他金融机构而言比较充足,其主要经营问题在于怎样利用充足的资本金开拓业务、提升资本回报率。由于目前发放贷款的风险仍然较高,因此美国联合银行的短期战略是购买美国国债和评级达到AAA级的公司债券。美国联合银行的中期战略是深耕华裔住房分期付款市场,因为历史上看美国联合银行贷给华裔的住房贷款不良率为0,且首付比例超过30%,这样的贷款会比较安全;同时,美国联合银行还会在美国市场恢复后,继续为符合条件的中小企业提供贷款。此外,美国联合银行还会关注金融危机下因资不抵债被美国联邦存款保险公司(FDIC)接管的中小银行,选取其中只是暂时困难但发展前景好的银行进行收购,从而推动美国联合银行的快速壮大。

(五)抄底心理的第二步并购

与其他金融机构一样,美国联合银行的股价在金融风暴的冲击下也急剧下跌。2008年12月11日,其股价为5.18美元,相比民生银行第一步并购时的并购价格下跌了70.88%。胡少杰于2008年12月来华访问,他认为美国联合银行股价的暴跌是因为其股东九成以上都是机构投资者,这些机构投资者面临着大量的赎回单,只能被动卖出美国联合银行的股票。胡少杰还表示美国金融机构的股价已经跌到谷底,未来一定会上涨,现在是增持美国联合银行股票的绝佳机会。胡少杰自己更是用行动证明其对公司未来股价的乐观,2007年年底他持有31万股,而2008年年底他持有80万股,一年间增持了158.06%。

胡少杰的来访与游说给民生银行的管理层吃了一颗定心丸,美国财政部的隐性认可也让民生银行更为放心。同时,根据双方的协议,在民生银行完成第二步并购之后,双方的各类实质性合作,比如互相开设账户为对方提供信用额度、向民生银行介绍有意来中国发展的美国客户、客户汇款手续费减免以及职工培训与交换等将逐渐开启。且本次增持后,民生银行将成为美国联合银行的第一大股东,获得更多话语权。此外,借助第二步并购的低价格也能摊薄第一步并购的成本。

2008年12月23日,民生银行又以每股4.85美元的价格购进美国联合银行616.48万股,总投资额为2 989.91万美元(折合2.05亿元人民币),增持后共持有美国联合银行发行后总股本的9.9%,完成了第二步并购,且两次并购的平均成本降低到每股10.88美元。民生银行至此成为美国联合银行的第一大股东(见图3)。

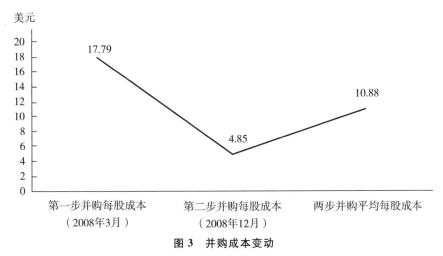

图3 并购成本变动

资料来源:民生银行定期财务报告。

(六)并购折戟

其实,美国联合银行在金融危机中没能独善其身,也面临着较大规模的不良贷款以及房贷的巨额亏损,看似健康的财务数据其实是经过管理层粉饰的。2009年,美国联合银行高管隐瞒亏损、财务造假、对外发布误导性信息的丑闻被曝光,美国联合银行遭遇两起集体诉讼,投资者指控胡少杰及美国联合银行首席信贷执行官 Ebrahim Shabudin 在知情的情况下欺骗投资者,隐瞒公司真实的经营情况,致使投资人做出错误的投资决策,利益受损。2009年9月3日,美国联邦存款保险公司和美国加利福尼亚州金融管理局给美国联合银行发出了严格的终止命令,要求其停止所有不利于存款安全的行为,并限定美国联合银行在2个月内补足流动性,使一级资本充足率在2009年年末达到10%或以上。9月8日,美国联合银行公布了由董事会下设的审计委员会撰写的调查报告,称美国联合银行面临呆坏账与房贷亏损,计提的贷款损失准备不足,内部监管存在漏洞,银行高级管理层涉嫌欺诈。11月6日,美国联合银行每股收入为-1.25美元,市值仅1.01亿美元,被美国加利福尼亚州金融管理局勒令关闭,由美国联邦存款保险公司接管。在这两步并购中,民生银行累计投资金额为8.87亿元人民币,已经确认投资损失和减值损失合计8.24亿元人民币。至此,民生银行并购美国联合银行彻底失败。

四、并购失败原因分析

（一）民生银行对跨国并购前后的法律风险与政治风险认识不足

民生银行在并购美国联合银行的过程中，由于对美国法律的不熟悉，一方面对美国法律严格限制其并购行为无可奈何，另一方面也对前两步并购后商业风险转化为法律风险束手无策。首先，外资机构试图取得美国境内银行股权，要面对《银行持股公司法案》《银行兼并法案》《银行控股权变更法案》《里格-尼尔州际银行业务与分支机构效率法案》《国际银行法案》《金融服务现代化法案》《外资银行监管强化法案》等诸多法律的限制。其次，在外资银行参股美国银行股权比例上，美国也有着严格的限制。比如，美国法律规定：外资银行在取得一家美国本土银行或银行控股公司5%的股权前，都必须得到美国金融监管部门的批准。外资银行拥有一家银行不少于25%的有投票权股份，即被定义为收购，要面临严格的审查并须得到美联储的批准。美联储在民生银行赴美并购前，与民生银行进行了交流，民生银行为了顺利完成并购，反复保证自己是来美国学习的，将来向美国联合银行派驻董事也是为了更好地学习，这使其丧失了获得话语权的机会，在未来的谈判中也处于弱势地位。受限于美国法律对外资银行参股美国本土银行的规定，民生银行未来想要通过提高持股比例来增强话语权势必十分困难。最后，在金融危机中，美国联合银行面临着一系列呆坏账和巨额亏损，这种经营上的风险为其管理层铤而走险、知法犯法提供了诱因，美国联合银行管理层的违法行为后来终于被起诉，美国联合银行几经挣扎也难逃被美国加利福尼亚州金融管理局关闭的命运，美国联合银行的经营风险最终转化成了并购的法律风险。综上可见，东道国美国复杂、完备的法律为民生银行造成了法律障碍，放大了并购的法律风险，为并购失败埋下了伏笔。

民生银行对在美收购的政治风险也疏于考量。在美国联合银行倒闭前夕，民生银行向美联储提出了注资申请，希望用自己的力量拯救美国联合银行。但美联储认为，民生银行的注资将进一步提高其持股比例，不利于美国国家安全，拒绝了民生银行的请求。有经济学家评估美联储的拒绝令美国纳税人损失了近3亿美元，认为这可能是美国政府处理此次金融危机的十大错误之一。美国宁可蒙受巨大损失也要顾及政治因素，致使民生银行无法借助自身力量救活美国联合银行，挽回前期投资损失，这反映了政治风险的严重性以及前期并购决策中民生银行对政治风险的失察。

（二）民生银行对美国联合银行的法人治理结构及真实经营状况失察

1. 民生银行自身失察

美国联合银行的董事长兼总裁由胡少杰担任，在1998年亚洲金融危机中，他拼尽全力，避免了美国联合银行被印度尼西亚股东变卖的危机，并在1998年11月带领美国联合银行在纳斯达克市场上市。因为这些丰功伟绩，他在美国联合银行的地位卓著，甚至能够以个人意志主导银行的决策，而美国联合银行缺乏相应的制约监督机制。在双方多次的会谈与民生银行拜访美国联合银行总部的过程中，虽然民生银行高管看到了胡少杰权力集中、独自操办所有事情，但是民生银行没有能够进一步察觉到美国联合银行法人治理结构上存在的严重问题。

2. 轻信中介机构

财务顾问是并购活动中的总协调人，其重要职责之一就是对公司并购重组活动进行尽职调查，全面评估相关活动所涉及的风险并出具专业意见。民生银行在并购中选择的财务顾问——美林证券是世界上极负盛名的投资银行之一，曾在并购领域缔造了多个经典案例。

审计机构在并购中主要负责对被并购方的内部控制制度、财务数据的真实性等进行核查。民生银行选择的审计机构普华永道是全球四大会计师事务所之一，其审计业务更是名列全球第一。

然而，上述两大专业机构并没有能够利用自身卓著的专业水准去发现美国联合银行独裁的决策体制与脆弱的内控机制，也没有查出美国联合银行的亏损隐瞒与财务造假。民生银行只看到了这些机构的声名卓著，却忽视了它们遇到问题得过且过、力求促成并购交易以获取巨额中介业务收入的强烈动机，轻信了两大机构提供的并不客观的"专业"意见。

3. 对美国监管部门的盲目信赖

2008年年末，美国财政部依托其与美联储联合精心筛选的结果，将美国联合银行选定为CPP的注资对象，认为美国联合银行是经营状态良好的金融机构，有注资的价值。民生银行在得知这一消息以后，坚定了继续进行第二步并购的决心。但是，美联储与中国银监会的监管模式区别很大，美联储对美国联合银行的了解很模糊，财政部和美联储对银行真实经营状况的把握并不准确。民生银行对于美国监管部门的盲目信赖助推了其错误决策的产生。

(三)投资性质不明,没有话语权

在战略投资中,一般投资方和被投资企业有着业务上的联系,从事上下游或者近似行业,投资方对被投资企业影响比较大,对被投资企业有很强的话语权。而在民生银行对美国联合银行的并购中,尽管在民生银行发布的《对外投资公告》中将其定性为战略投资,但是民生银行在美国联合银行派驻的董事没有任何话语权,这与战略投资中投资方话语权强大的特点相违背。因此,民生银行的并购行为不能完全定性为战略投资,民生银行孱弱的话语权甚至还使得该并购带有明显的财务投资的特点。但是,如果把该并购作为财务投资来看待,那么投资协议中3年限售期的规定又过长,使得民生银行很难在看到市场风向变化时及时抽出资金,所以又不能把该并购定性为财务投资。因此,投资性质的模糊不清、话语权的缺乏以及限售期的设定也为并购失败埋下了伏笔。

(四)地域选择失误

美国的金融市场极其发达,有着复杂的金融环境和众多的法律法规,外资金融机构在美国成功经营的难度极大。民生银行在美国并未设立任何分支机构,便选择直接在美国并购一家本土银行是不明智的。根据民生银行董事会做出并购决议前其他内资商业银行海外并购的经验(如表1所示),内资商业银行大部分选择了东南亚国家和中国香港、中国澳门等地区作为并购目的地(见图4)。一方面,这些地区的文化背景、金融习惯与中国内地更相近;另一方面,中国内地的企业与这些地区的贸易往来较多,具有很大的金融服务需求,能够为商业银行的业务拓展提供空间。民生银行对美国联合银行的并购是内资银行在美国本土并购银行类金融机构的首例,最终以失败黯然收场,并购对象所在地域选择的重要性可见一斑。

表1 内资商业银行海外并购情况

(截至2007年9月27日,即民生银行董事会做出并购决议时)

年份	并购方	被并购方	持股比例(%)	被并购方所在地
1984	中国银行	澳门大丰银行	50	中国澳门
1994	中国建设银行	香港工商银行	40	中国香港
1998	中国工商银行	英国国民西敏寺证券(亚洲)	60	中国香港
2000	中国工商银行	香港友联银行	70.9	中国香港

(续表)

年份	并购方	被并购方	持股比例（%）	被并购方所在地
2001	中国银行	印尼中央亚细亚银行	51	印度尼西亚
2001	中国银行	南洋商业银行	100	中国香港
2001	中国银行	集友银行	100	中国香港
2004	中国工商银行	华比富通银行	100	中国香港
2006	中国建设银行	美国银行（亚洲）	100	中国香港
2006	中国银行	新加坡飞机租赁公司	100	新加坡
2006	中国工商银行	印度尼西亚哈林姆银行	90	印度尼西亚

资料来源：根据银行财务报告和其他公开信息整理。

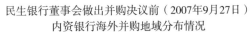

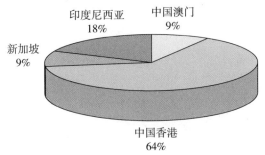

图 4　民生银行董事会做出并购决议前内资银行海外并购地域分布情况

资料来源：根据银行财务报告和其他公开信息整理。

（五）对董事意见重视程度低

在第四届董事会第三次临时会议上，对于并购联合银行的决议，来自世界知名股权投资机构——淡马锡控股公司的董事苏庆赞投出反对票并给出了具体的反对理由。他的反对理由集中在美国联合银行的业务结构与民生银行的战略定位不一致和股票锁定期过长两大方面，每一点都一针见血地指出了客观存在的投资风险。但是民生银行没有对该董事的意见给予足够的重视，没有针对该董事提出的问题开展进一步的调研与分析，使得董事会议事机制流于形式，丧失了重新审视并购决策的宝贵机会。

五、尾声

中国民生银行并购美国联合银行的故事以美国联合银行被美国联邦存款保险公司接管、民生银行损失 8.87 亿元人民币黯然收场。尽管中资商业银行里第一个尝试并购美国本土银行的民生银行铩羽而归,但是中资商业银行赴美并购的道路并没有就此中断(2012 年,中国工商银行并购美国东亚银行),民生银行并购美国联合银行案例中凝结的经验与教训仍然值得我们不断去汲取与深思。

案例使用说明

一、教学目的与用途

1. 适用课程：商业银行经营管理、企业并购与重组、金融企业战略管理、跨国公司财务管理、公司金融等相关课程。

2. 适用对象：金融专业硕士。

3. 教学目的：本案例主要描述了民生银行并购美国联合银行但最终失败的始末，并深入分析了失败的原因。该案例所述事件是中资银行并购美国本土银行的首例，在中资商业银行海外并购中具有较强的代表性，能够为日后中资银行"走出去"提供借鉴。通过对本案例的学习，希望学生掌握以下四个方面的内容：

（1）银行并购的动因；

（2）银行并购的效应评价；

（3）银行并购的风险类别与风险管理；

（4）中资银行海外并购应该注意的问题。

二、启发思考题

1. 请问民生银行为什么要进行海外并购？

2. 你认为民生银行并购美国联合银行存在哪些利弊？

3. 假设美国联合银行披露的下列财务数据满足会计信息质量要求，请对其经营状况进行评价。

Balance Sheet（资产负债表）

单位（百万美元）	31/12/2004	31/12/2005	31/12/2006	31/12/2007	31/12/2008
Gross Loans（贷款总额）	4 381.700	6 070.282	6 778.521	8 009.287	8 670.687
Total Assets（总资产）	6 317.900	7 955.314	10 324.737	11 783.241	13 499.547
Deposits & Short Term Funding（存款和短期融资）	5 295.100	6 554.957	8 346.479	9 157.023	10 126.372
Total Liabilities（总负债）	5 706.600	7 227.859	9 321.937	10 537.012	11 882.182
Equity（股东权益）	611.300	727.455	1 002.800	1 246.229	1 617.365

(续表)

单位(百万美元)	31/12/2004	31/12/2005	31/12/2006	31/12/2007	31/12/2008
Income Statement(利润表)					
Net Interest Income(净利息收入)	215.700	249.869	276.131	342.902	354.561
Pre-tax Profit(税前利润)	149.300	162.972	165.667	185.724	−71.488
Net Income(净利润)	94.500	110.427	109.990	120.375	−30.801
重要财务比率					
Assets Quality(资产质量)(%)					
Loan Loss Reserve/Gross Loans(贷款准备金率)	1.29	1.04	0.92	0.93	2.20
Capital(资本充足率)(%)					
Tier 1 Ratio(一级资本充足率)	11.46	9.92	9.67	8.59	11.93
Total Capital Ratio(总资本充足率)	12.71	10.97	10.53	10.78	14.44
Equity/Total Assets(股东权益比率)	9.68	9.14	9.71	10.58	11.98
Operations(营运指标)(%)					
Net Interest Margin(净利息收益率)	3.84	3.72	3.24	3.37	3.08
Return on Average Assets(总资产回报率)	1.59	1.55	1.20	1.09	−0.24
Return on Average Equity(权益回报率)	16.71	16.50	12.71	10.71	−2.15
Cost to Income Ratio(成本收入比)	37.65	39.19	47.76	45.83	58.03
Liquidity(流动性指标)(%)					
Net Loans/Total Assets(净贷款/总资产)	68.46	75.51	65.05	67.34	62.82
Net Loans/Customer & ST Funding(净贷款/客户和短期资金)	81.68	91.64	80.47	86.65	83.74
Liquid Assets/Dep & ST Funding(流动资产/存款和短期资金)	3.84	1.94	6.34	5.41	7.49

资料来源:BankScope 数据库。

4. 结合本案例,请列举未来中资银行在进行海外并购时应该注意的问题。

三、分析思路

教师可以根据自己的教学目标来灵活使用本案例。这里提出供参考的案例分析思路,主要是依照思考题的顺序进行。

1. 教师应该引导学生从银行并购动因的相关理论出发,对民生银行海外并购的原因进行分析。首先,从宏观经济环境的角度,要看到当时中美贸易迅速增大的客观背景,并对这一背景所催生的跨境金融服务的巨大需求有所认识;其次,从民生银行自身的角度,要注意民生银行多年来在海外没有经营实体的劣势及其实现国际化战略的动机;再次,从海外并购的优点角度,要了解海外并购所能带来的协同效应、抢占市场先机等诸多好处;最后,从与在海外设立分行相比较的角度,要对设立分行漫长的审批与客户积累周期有所考虑,并认识到并购所具备的高效化优势。

2. 教师可以启发学生以银行并购的效应评价理论为基础,对民生银行并购的利弊进行思考。选择民生银行并购美国联合银行的微观收益、宏观正效应作为利处,选择微观成本、宏观负效应作为弊端,把利弊的分析转移到并购效应评价理论的框架下,让学生学会用理论解决现实问题。

3. 教师可以引导学生建立银行财务报表分析的基本思路。首先,熟悉资产负债表和利润表中的数据绝对值、变化趋势,做到总体把握、心中有数;其次,从营运能力、盈利能力等方面的具体指标入手,计算并进行分析;再次,要考虑银行的行业特点,重点关注资本充足率、净利息收益率等指标,并掌握同业间进行对比的方法;最后,要注意财务数据的质量对分析结果的影响。在本题中,我们假设美国联合银行披露的财务数据符合会计信息质量的要求。但事实上,美国联合银行故意隐瞒了其在金融危机中不断恶化的经营状况,粉饰报表,我们如果仅仅利用这些数据进行分析会出现偏误。我们一方面要建立财务舞弊的识别意识,另一方面要结合业务特点和经济环境去分析公司的经营状况,而不是仅仅关注财务数据。此外,在教学过程中,教师可以引导学生积极利用学校的数据资源,到国内外数据库上查找与下载所需数据。

4. 第一,教师可以以风险管理为框架来分析中资银行在进行海外并购时应该注意的问题,引导学生联系银行海外并购的风险分类以及风险管理措施进行探讨,启发学生分别从内部决策、宏观环境把控、并购对象、并购操作过程、并购整合等的风险点角度分别列举中资银行海外并购应该注意的问题。第二,可以寻找一些风险管理之外的建议,例如,银行海外并购后应该力求本土化、银行应该重视国际化人才的培养问题,不要陷入将国际化等同于美国化或西方化的误区,等等。

四、理论依据与分析

(一) 银行并购动因理论

1. 协同效应理论

协同效应理论分为经营协同效应理论和财务协同效应理论。经营协同效应理论认为收购或兼并后形成的新银行作为之前两个银行的统一体,可以享受到经营的协同效应,所以能比两个银行独立经营获得更高的效益。首先,并购后双方可以整合管理系统和人力系统,从而节省管理费用和人力成本;其次,并购可以促进双方优势互补,共同利用长期积累的优秀人才、机构网点和渠道;最后,并购可以扩大银行的规模,提振资金拆借市场对该银行的信心,从而降低银行的融资成本。财务协同效应理论认为并购可以为银行带来财务方面的正效益,且这一正效益并非来自效率的提高,而是来自税收、会计处理及证券交易等。两家银行的业务不完全相关时,并购可以起到分散风险的作用,使得净利润更加平稳;此外,并购后银行的资本扩大,破产风险相对降低,偿债能力和取得外部借款的能力会得到提高。民生银行并购美国联合银行后,其与美国联合银行有着共用营业网点、互派员工进行培训的合作意向,这正是经营协同效应中节约管理费用的反映。

2. 国际化理论

国际化理论认为并购是比申请设立分行更为快速的跨国业务拓展方式,能够加快银行的国际化进程。在全球化发展的早期,在一个陌生的环境中开设分行的初期成本和风险都比较低,是跨国银行的首选,花旗银行、汇丰银行等在发展早期也多采用这种在境外申请设立分行的形式进行国际扩张。但是,现在全球主要市场竞争日渐激烈,市场趋于饱和,并购的方式因为具有快速打开市场并获得成熟的网络和客户资源的优势,成为当前银行首选的方式。民生银行在招商银行申请设立分行的漫长之路中得到警示,选择通过并购的途径直接进入美国市场,利用国际化理论便能对此进行很合理的解释。

3. 中介推动理论

中介推动理论认为并购的中介方,尤其是投资银行在并购中起到了桥梁和纽带的作用,并在一定程度上促成了银行并购意愿的达成。一方面,投资银行掌握着大量有并购买卖意向的企业的信息;另一方面,投资银行具备并购领域需要的专业财务法律知识和协调能力,在巨额佣金的吸引下,投资银行有意愿竭尽全力,促成并购方与被并购方达成交易。因此,投资银行是并购实现的动因之一。民生银行并购美国联合银行的达成,就是在美林证券的穿针引线和持续运作下实现的。

(二) 银行并购效应评价理论

1. 银行并购的微观成本

银行并购的微观成本包括直接的并购支出(即并购价格)、各种中介费用、并购后的整合成本以及并购失败的风险成本等。在民生银行在并购美国联合银行的过程中,首先,民生银行付出了均价 10.88 美元/股,折合 8.87 亿元人民币的直接收购支出;其次,民生银行支付给美林证券、普华永道、律师事务所巨额的中介费用;再次,第一步、第二步并购后,为了实现双方的实质性合作,民生银行还付出了大量的人力、物力;最后,面对中国银监会、国家外汇管理局、美联储、美国加利福尼亚州金融管理局的监管,并购存在的失败可能性给民生银行带来了或有成本。

2. 银行并购的微观收益

银行并购的微观收益包括突破进入壁垒并拓展经营边界、产生协同效应、实现优势互补、产生科技进步效应并加快金融创新的步伐、提高银行预期效应并获得市盈率幻觉等。首先,美国联合银行为民生银行突破壁垒、进军美国市场提供了平台和跳板。民生银行除了在中国香港设有不能经营具体银行业务的代表处外,没有其他海外业务网点,而美国联合银行下辖的 70 家分支机构,可以基本覆盖美国所有华裔聚居区。同时,美国联合银行成立于 1974 年,已经深耕美国市场长达 30 余年,积累了丰富的经验,培养了专业的管理队伍,有着稳定忠实的客户群体和良好的声誉。并购美国联合银行能为民生银行业务的拓展提供一个很适合的跳板,也为民生银行日后进入更多国家奠定了基础。其次,并购后的整合可以产生协同效应。中美进出口贸易总额在 2002—2006 年间增长了170.27%,相应的中美间汇兑、国际贸易融资、跨境金融服务需求也伴随着进出口总额的增长而激增,民生银行并购美国联合银行可以搭上中美贸易高速增长的快车。双方可以通过互荐客户、业务合作分成、合作建立产品研发与营销中心等方式实现协同发展。最后,美国联合银行盈利能力势头较好。并购美国联合银行后民生银行能够分享其业绩增长,且美国联合银行各项财务指标都比较健康,并购风险较小。美国联合银行的盈利能力一直在稳步上升,

2006年净利润为1.01亿美元,过去四年的净利润年复合增长率为26.9%,是美国增长率较高的银行之一。成为美国联合银行的股东之后,民生银行将能够分享美国联合银行的盈利增长。

3. 银行并购的宏观正效应

银行并购除了能够对银行自身产生微观影响外,还能够对整个银行业、国家乃至世界产生一定的影响,既包括宏观正效应,也包括宏观负效应。银行并购的宏观正效应表现在其能够促进资产存量的合理流动、提高资源的整体配置效率,还表现为并购可以拯救危机银行、保持金融体系的稳定等。民生银行对美国联合银行进行并购所用的资金全部来自自有资金,是民生银行2007年上半年通过非公开发行股票募集的182亿元人民币的一部分,将这些较低效率的资金投资到净利润年复合增长率为26.9%(2002—2006年)的美国联合银行,正体现了闲置金融资源流动合理、资源配置效率得到提升的宏观正效应。此外,在美国联合银行濒临倒闭的时候,民生银行提出对美国联合银行进一步收购,可惜在美联储的阻止下没有成功,否则有可能成为通过并购拯救危机银行、保持金融系统稳定的绝佳案例。

4. 银行并购的宏观负效应

银行并购的宏观负效应表现在并购后为实现协同效应,银行会关闭业务雷同和地域重叠的分支机构,造成失业;还表现在并购导致银行数量减少,形成卖方集中的局面,造成一定程度的垄断。此外,银行并购还会由于并购后银行业务的综合化导致金融监管难度增大。由于民生银行并购美国联合银行属于海外并购,原来民生银行在美国又没有网点,且持股比例较低,因此,这一并购不存在失业、垄断的问题。但是,由于涉及民生银行海外业务的增加以及更为复杂的业务构成,会带来加大银监会等监管机构监管难度的宏观负效应。

(三)银行并购风险管理理论

1. 内部决策风险与管理

内部决策风险一般表现为银行管理层决策失误的风险,分为并购战略决策风险、并购区域和目标决策风险。并购战略决策风险表现在能否在宏观环境判断、银行需求识别等的基础上确定正确的并购战略。并购区域和目标决策风险表现在能否根据文化背景、监管政策、经济环境、并购对象资质等对并购对象及其所在区域做出明智的选择。中资银行的并购地域在2007年前都集中在中国港澳及东南亚地区,民生银行走出了中资银行赴美收购的第一步。但美国的文化背景、金融消费习惯等都与国内差别巨大,因此民生银行在地域选择上面临着极大的风险。此外,民生银行在有董事提出合理反对理由的情况下仍然决策失误,这正是内部决策风险的突出体现。对于内部决策风险的管理,应该注意以下两个方面:第一,选择的并购战略应与银行整体战略相符;第二,选择的并购对象特质应该与本行相得益彰。民生银行选择的美国联合银行贷款多集中在房地产领域,贸易融资业务比重小,并购并不利于实现民生银行实现其促进贸易融资业务发展的目标,且美国联合银行业务集中于华裔群体,并非美国主流银行,该并购对民生银行的国际化战略贡献有限。

2. 宏观环境风险与管理

宏观环境风险因素主要囊括了全球经济运行态势影响下的市场风险、本国或被并购方所在国的政治风险、本国或被并购方所在国的监管与法律风险等。全球金融危机的爆发这一宏观因素能够产生巨大的市场风险,对银行业而言,房地产贷款可能产生大量的呆账和坏账,因此,对美国本土银行的并购应该考虑这一风险。此外,美国虽然政局平稳、暴力事件少,但是其仍存在排外干预、设置进入壁垒等政治风险,美国纷繁复杂的法律法规体系也为民生银行带来了理解偏差等法律风险。对于宏观环境风险的管理,一方面应该密切跟踪市场趋势,对并购目标所在国家的经济走势、市场情况、发展潜力等进行科学论证;另一方面,应该认真学习本国及并购目标所在国家与并购相关的监管制度、司法制度及法律法规,并借助中介机构(如律师事务所)的专业技能理清未来并购与整合的主要合规风险点。

3. 并购对象风险与管理

并购对象风险指并购对象自身所存在的风险。比如,并购对象的交易标的在权属上是否存在纠纷、并购对象自身是否具有合法资质或特别限制、并购对象在经营管理上时都存在风险漏洞、并购对象是否存在重大诉讼或潜在法律纠纷等。美国联合银行在经营上住房贷款比率过高,在次贷危机背景下经营风险大;此外,美国联合银行因为高管隐瞒亏损、发布虚假业绩等面临着集体诉讼的风险。对于并购对象风险的管理,侧重点不应该放在不可能实现的选择"零风险"并购对象上,而应该审慎地分析并购对象存在的潜在风险,判断其严重程度,并在后续并购与整合过程中随时监控风险,采取适当的措施管理风险。

4. 并购操作过程风险与管理

并购操作过程风险揭示了银行在并购实施过程中所面对的风险,主要包括以下四个方面：一是并购对象的估值风险，即并购价格的确定是否科学；二是尽职调查风险，尽职调查的主要作用是发掘并购目标的潜在风险、设计防范措施等，同时尽职调查搜集的信息也是对并购对象进行估值的依据之一，由于中介机构水平的限制及佣金带来的不当激励，尽职调查面临着流于形式、有失公正等风险，美林证券为了促成并购，获得佣金，没有能够向民生银行充分提示潜在风险，正是尽职调查风险的反映；三是信息保密风险，即并购信息作为高度保密信息被泄露的风险，这可能造成新竞争对手的进入、被并购方股东提高要价、谈判难度增大、并购方声誉受损等不良影响；四是交易审批风险，主要指并购交易无法通过双方股东大会（或董事会）、管理层决议或监管机构审批的风险。针对并购对象估值风险，并购方应该与财务顾问等共同做好尽职调查，搜集准确的数据，掌握被并购方的经营状况及市场风向，选取恰当的估值模型科学确定被并购方的真实价值。针对尽职调查风险，并购方应该注意中介机构的遴选，严格控制尽职调查的质量，建立健全的监督机制。针对信息保密风险，交易双方应该规范运作流程，控制信息泄露点，在合同中明确保密条款和惩罚机制，对于关键信息还应该严格控制知情人范围。

5. 并购整合风险与管理

并购交易的结束并不代表并购的成功，全球知名咨询公司——贝恩公司的研究表明，全球范围的企业并购失败案例中，80%都直接或间接地因并购后的整合失败。因此，并购整合风险的管理十分重要。经营管理的整合、人力资源的整合、企业文化的整合都是并购整合的风险点所在。民生银行并购美国联合银行后，由于在联合银行董事会中话语权的缺乏，面临着更大的整合风险。针对经营管理的整合风险，并购方应该将被并购方纳入集团的总体战略中去，对战略定位与布局统筹考虑，并将双方的机构设置、管理制度等一并进行整合优化。针对人力资源的整合风险，并购方应该把双方的人才进行综合分析与调配，使其各司其职、各尽所能。针对企业文化的整合风险，并购方在保留被并购方文化精髓的同时，应该将自身的企业文化传播到被并购方中去，使得集团整体在保持原有文化优势的同时，能够形成统一的文化竞争力。

五、背景信息

本文所涉及的中国民生银行并购美国联合银行事件的所有公告都可以在中国民生银行官方网站的"投资者关系"中的"信息披露"栏目中进行查阅，本案例使用说明第八部分（其他教学支持）亦提供关于此事件的主要公开新闻网站链接地址,以上材料以及读者从其他渠道获取的准确信息均可作为本案例的背景。

六、关键要点

1. 利用学过的理论知识针对某一特定案例进行分析,着重分析民生银行并购美国联合银行失败的原因以及中资银行进行海外并购时应注意的问题。

2. 掌握银行并购的动因。

3. 掌握对银行并购效应进行评价的方法。

4. 理解如何识别银行海外并购面对的各类风险并了解相应的应对措施。

七、建议课堂计划

本案例可以作为专门的案例讨论课(本文附录提供教学配套的 PPT)来进行,整个案例讨论的课堂时间建议控制在 100 分钟以内。以下是按照时间进度提供的课堂计划建议,仅供参考:

1. 案例讲述:20 分钟(本案例使用说明的第八部分提供了与案例相关的视频)。

2. 小组讨论:25 分钟,学生发表各自观点,准备发言大纲。可将学生分为 4 个小组,按启发思考题目分别进行讨论和发言。

3. 小组代表发言:20—25 分钟,每组 5 分钟。

4. 引导全班进一步讨论:15 分钟,小组之间互相讨论与提问。

5. 教师点评与答疑:15 分钟。

6. 课后:可以布置互动式课后作业。

7. 互动式课堂作业:将学生分为若干团队,教师分别给予他们不同的近年发生的中资商业银行海外并购事件作为分析对象。每个团队设置组长一名,自行商议分工。最后,团队整体提交一份分析报告,该分析报告应当对该并购的动因、效应评价、风险点以及如何管控各类风险进行分析。教师对学生提交的作业深入阅读思考后于下次课前予以点评。

八、其他教学支持

(一)教学配套 PPT 支持(请见二维码)

(二)视听辅助手段支持(视频网址)

1. "民生银行欲购美国联合银行股权",http://v.ifeng.com/f/200710/3b83f62e-5746-4939-8f94-227922d0090c.shtml,

教学配套 PPT 支持

访问时间 2007 年 10 月 8 日。

2. 董文标,"民生银行入资美国银行界是个破例",http://v.ifeng.com/f/200906/a4921db0-29e9-480a-8b58-eca1244f7be8.shtml,访问时间 2009 年 6 月 2 日。

3. "民生银行对美国联合银行投资提足拨备",http://v.ifeng.com/f/200911/4cb02446-45f5-430d-a201-ff2e05198373.shtml,访问时间 2009 年 11 月 10 日。

4. "美国联合银行突然关闭,民生银行 8.87 亿元投资或打水漂",http://v.youku.com/v_show/id_XMTMxMjE2MzA4.html,访问时间 2009 年 11 月 10 日。

(三) 延伸阅读网址

1. 中国民生银行官方网站,www.cmbc.com.cn。

2. "民生银行拟收购美国联合银行控股公司 9.9%股份",http://news.xinhuanet.com/newscenter/2007-10/08/content_6843268.htm,访问时间 2007 年 10 月 8 日。

3. "看好中小企业市场,美国联合银行落户中国",http://finance.sina.com.cn/money/bank/20080317/03204627709.shtml?from=wap,访问时间 2008 年 3 月 17 日。

4. "民生银行海外投资浮亏逾 3 亿",http://finance.cctv.com/20080325/102171.shtml,访问时间 2008 年 3 月 25 日。

5. "民生回应 6 000 多万美元海外浮亏",http://finance.sina.com.cn/roll/20081105/02272498121.shtml,访问时间 2008 年 11 月 5 日。

6. "金融海外抄底又有下文,民生拟增持美国联合银行",http://finance.sina.com.cn/money/bank/bank_hydt/20081213/07235631696.shtml,访问时间 2008 年 12 月 13 日。

7. "民生增持美国联合银行",http://finance.ifeng.com/roll/20081222/271488.shtml,访问时间 2008 年 12 月 22 日。

8. "美国华资银行大并购,华美银行兼并联合银行",http://www.chinanews.com/cj/cj-gjcj/news/2009/11-07/1952512.shtml,访问时间 2009 年 11 月 7 日。

9. "美国联合银行倒闭民生损失逾 8 亿",http://business.sohu.com/20091111/n268118210.shtml,访问时间 2009 年 11 月 11 日。

10. "阻止民生银行收购联合银行,美国代价高昂",http://www.ftchinese.com/story/001029856,访问时间 2009 年 11 月 20 日。

11. "民生银行在美国政府接管联合银行前曾提出收购申请",http://finance.qq.com/a/20091120/002827.htm,访问时间 2009 年 11 月 20 日。

参考文献

1. 丁慧,"银行业并购后经营业绩实证研究",《金融研究》,2009 年第 7 期,第 52—65 页。

2. 高汉,"中资银行'出海'并购得失分析与路径选择——以次贷危机为背景的分析",《企业经济》,2009 年第 5 期,第 5—7 页。

3. 胡伟,"中资商业银行海外并购战略研究",《时代金融》,2013 年第 30 期,第 141—142 页。

4. 赖平,"商业银行跨境并购后的业务整合研究",《财经界》,2016 年第 5 期,第 24—25 页。

5. 欧宇,"企业并购整合之路——商业银行跨国收购案例研究",厦门大学硕士学位论文,2014 年。

6. 史建平,《商业银行管理》。北京:北京大学出版社,2011 年。

7. 吴璐鹭,"我国商业银行海外并购效率研究:以工商银行为例",中国人民大学金融硕士专业论文,2014 年。

8. 叶望舒,"论美国外资并购中的国家安全审查——以中国企业在美并购法律风险防范为视角",对外经贸大学硕士学位论文,2013 年。

9. 张文峰、杨雪君,"国有大型商业银行的国际化之路——以中国工商银行为例",《国有经济评论》,2013 年第 9 期,第 56—67 页。

10. 张志刚,"我国银行业国际化进展和可资借鉴的经验与教训",《杭州金融研修学院学报》,2013 年第 1 期,第 17—21 页。

商业银行不良贷款风险化解与处理：
山东 A 集团案例分析

李建军　明　洋　盖永康

摘　要：A 集团是国内一家地区重要性综合企业，以钢铁冶炼与管坯生产为核心业务，有着多年的辉煌历史。但由于地区环保压力、宏观经济形势压力及行业产能过剩、竞争加剧等问题，A 集团进行减产、限产，现金流出现问题，债务开始逾期，投放贷款的地区内多家商业银行面临巨额不良信贷风险。本文着重描述了为避免金融风险沿互保链①及产业链蔓延，由当地政府牵头组织当事银行分工合作完成的 A 集团分板块综合信贷风险化解方案，并对结果进行了简要介绍。

关键词：商业银行，不良贷款，地方金融风险，风险化解

一、引　言

A 集团有限公司(以下简称 A 集团)是一家集团综合性企业，注册资金 18 亿元，自成立至今，逐步形成了以钢铁为主，热电、贸易、建材建筑、房地产、食品餐饮、运输为辅的多元化发展体系。A 集团共拥有 21 家子公司，其中包含 1 家国内 A 股上市企业。2010 年，A 集团已经连续 9 年入围"中国企业 500 强"，

---

①　互相担保链(简称"互保链")，指企业之间为便于融资等而进行直接或间接的互相担保，多家企业的担保关系形成链状。由于互保链多以不可撤销连带责任保证为担保方式，可能导致一家企业违约后与其具有互保关系的多家企业都陆续违约。

2010年位居"中国企业500强"第338位。集团旗下品牌有"a"和"b",均为省名牌产品和国家免检产品,同时获得20项国家专利,在技术创新、节能减排、安全生产等方面都走在了同行业前列。

由于A集团在甲市重工业企业中处于龙头地位,生产规模大,企业发展和融资需求高,银行贷款和发行债券成为A集团主要的融资方式。2012年和2013年A集团分别发行募集金额8亿元和6亿元的公司债券,并在甲市多家商业银行进行金额庞大的贷款融资。

A集团的主营业务为冶炼钢铁。但现有生产区位于环境治理重点区,面临着国家对于钢铁行业治理的政策风险,未来钢铁业务发展仍面临较大的环保压力及政策不确定性。2016年上半年,集团净利润为-35 010.58万元,较2015年年末下降幅度较大。主要原因包括:2016年,钢铁行业竞争依然激烈,钢铁产能过剩,企业经营压力较大。该集团因受2015年环境治理影响,产能压缩了30%,再加上A集团某高炉上半年因检修停产一个月,从而影响了产量。另外,集团财务费用支出较高等原因也导致了企业上半年的亏损。根据鹏元资信评估有限公司出具的《A集团有限公司2012年公司债券2016年跟踪信用评级报告》,将公司主体长期信用等级由A+下调为BB,将其债券信用等级由A+下调为BB,评级展望维持为负面。A集团内部出现严重亏损,银团贷款偿还困难,利息逾期,极大加剧了商业银行贷款的违约风险。但由于A集团在甲市重工业行业中的重要地位,对当地经济发展和金融稳定等方面影响较大,因此由甲市政府牵头,各商业银行积极配合,对接A集团不同业务板块,形成了综合风险化解方案,通过分拆、重组、租赁等方式,成功盘活A集团,从而化解了A集团银团贷款大规模不良化的风险,成功实现了银行、企业、地区的三赢。

二、A集团情况说明

(一)A集团简介

A集团有限公司是一家集团综合性企业,自成立至今,逐步形成了以钢铁为主,以热电、贸易、建材建筑、食品餐饮、运输为辅的多元化发展体系。公司拥有年发电量32亿千瓦时、年产钢铁400万吨、管坯315万吨、建筑陶瓷3 500万平方米、木材进口及胶合板加工100万立方米的生产能力。A集团共拥有21家子公司,其中包含1家国内A股上市企业。A集团先后荣获"XX省企业文化品牌十佳单位"、省级"守合同重信用企业"、二星级"中国专利XX明星企业""百姓口碑最佳荣誉单位""XX省纳税先进企业""XX省节能先进企业"以及"XX省首批履行社会责任达标企业"等荣誉称号。A集团旗下品牌包括"a"和"b",均为省名牌产品和国家免检产品,已获得20余项国家专利。2012年,A集团已经连续11年入围"中国企业500强",2012年位居第345位;同时A集团位居2012年"中国制造企业500强"第179位和2012年"中国民营企业500强"第80位。在技术创新、节能减排、安全生产等方面,A集团都走在了同行业前列,综合实力较强。根据XX会计师事务所出具的审计报告,截至2012年年末,A集团总资产1 264 721.12万元,所有者权益457 224.91万元,2012年度实现营业收入897 005.39万元,净利润18 325.15万元,归属于母公司所有者的净利润22 981.49万元。A集团2010—2012年度三年平均净利润为15 720.89万元,归属于母公司所有者的净利润为16 175.82万元,三年平均经营活动现金流量净额为93 515.88万元。

受制于产业转型升级、生产过剩以及生产区环境整治等不利因素的影响,近两年集团内部大量生产停滞,压缩产能,上市公司停牌,集团净利润极度萎缩。2016年上半年,A集团净利润为-35 010.58万元,较2015年年末下降幅度较大,出现严重偿债困难。

(二)历史沿革

A集团有限公司前身系1987年由王某某先生创办的XX镇白瓷厂,1989年9月他将该企业全部赠予甲市XX镇XX村委。1991年12月,由XX镇人民政府文件批准XX村委出资组建"甲市aa集团总公司"。1993年12月,经XX省体改委批准由"甲市aa集团总公司"更名为"XX省bb集团总公司"。2001年12月,经甲市XX区经济体制改革委员会批准,由"XX省bb集团总公司"改制为"AA集团有限公司",并增加注册资本。增资后发行人注册资本为3.6亿元。2002年5月,发行人申请变更公司名称。同年8月,国家工商总局正式核准由"AA集团有限公司"变更为"A集团有限公司"。2012年,股东甲市XX区XX街道XX社区居民委员会以货币增资,截至2012年12月31日,A集团实收资本为人民币15.6亿元。2013年,经集团股东会决议通过,由王XX对A集团进行增资,增资后A集团注册资本达到18亿元。

(三)主营业务

A集团的主营业务为钢材、热电、运输、畜牧养殖业等(2015年和2016年的经营情况见表1)。

表1 A集团2015—2016年经营情况

单位：万元

项目	2016年1—6月	2015年1—6月	同比变动(%)
主营业务收入	217 792.68	193 006.40	12.84
其中：			
钢材	156 146.91	99 062.06	57.63
热电	13 871.55	19 446.24	−28.67
建筑业	5 555.64	896.74	519.53
餐饮服务	4 002.69	4 255.33	−5.94
建材	12.39	693.25	−98.21
运输	1 166.71	7 349.84	−84.13
贸易	4 778.33	5 115.66	−6.59
日用瓷	0	1 208.70	−100.00
肉制品	9 483.14	14 738.06	−35.66
畜牧养殖业	8 392.63	4 785.91	75.36
其他	14 382.68	35 454.60	−59.43
主营业务成本	223 380.95	181 390.24	23.15
其中：			
钢材	168 502.47	94 624.03	78.08
热电	13 155.03	18 218.41	−27.79
建筑业	5 950.60	836.68	611.21
餐饮服务	790.57	835.09	−5.33
建材	62.53	473.64	−86.80
运输	2 416.05	7 164.73	−66.28
贸易	4 672.85	5 011.73	−6.76
日用瓷	0	1 151.08	−100.00
肉制品	8 716.15	14 642.14	−40.47
畜牧养殖业	6 350.91	4 980.55	27.51
其他	12 763.79	33 452.17	−61.84

1. 钢铁板块业务发展状况

钢铁业务是A集团最主要的业务板块。该板块主要由位于同一工业园内的下属子公司某钢铁有限公司和某管业有限公司负责运营。A集团生产的管坯主要销往甲市当地的无缝钢管制品企业,主要下游客户为甲市 M 无缝钢管有限公司、甲市 N 管业有限公司、甲市 O 管业有限公司及甲市 P 管业有限公司等企业。该集团产品突出专精,与周边地区的主要生产线材相比,差异化明显,销售时多为自有铁路运输。2011—2013 年,A 集团生铁和铁水的产量分别为 138.87 万吨、136.00 万吨和 163.02 万吨;管坯的产量分别为 140.93 万吨、140.00 万吨和 157.11 万吨。该集团近年来一直在不断扩充生铁和管坯的产能,目前集团生铁的产能达到 400 万吨,管坯的产能达到 315 万吨。

2. 热电板块业务发展状况

A 集团自成立以来积极进行产业资源整合,而投资热电业务的原因是,一方面能够在用电高峰期时为集团用电需求提供便利,另一方面还能够充分利用焦化厂、钢铁厂生产过程中产生的副产品——煤气,发展循环经济,还能够为集团在规模化成本优势上打下坚实的基础。子公司某实业旗下的热电分公司目前拥有 2 台 2.5 万千瓦背压式供热机组,年利用高炉煤气 6.32 亿立方米,目前处于满负荷运转状态,2013 年度供电 4.2 亿度,供热 45 万吨,2013 年 12 月,子公司华盛热电锅炉采用 130 吨燃气锅炉,年利用高炉煤气 16.5 亿立方米,节约标煤 17.9 万吨,年发电 2.77 亿度,供热 100.8 万吨,2013 年度累计供电 0.35 亿度,供汽 3.70 万吨。此外,A 集团旗下重要参股公司某某铝电公司也经营电力生产供应、供热和供汽。

3. 运输板块业务发展状况

A 集团旗下控股子公司专营集团专用线及货物运输,主要为集团内部各企业的原材物料及产成品的输出、输入的服务,并且也重点服务于所在地市内的各大企业,以振兴所在地市经济的发展。该铁路的修建和运营经省铁路局批准,并通过了省铁路局的考核验收。该项目总投资 2 亿多元人民币,于 2001 年 10 月筹建,2002 年 4 月开工建设,2003 年 2 月正式投入使用,全线长达 14 公里,沿途经过三个乡镇办事处的 16 个村庄、大小桥涵 50 座,其中立交桥 4 座,总占地面积 455 亩,属国内铁路专用设施。A 铁路货场占地 243 亩,共设 6 股装卸线,其中电厂 2 股专用卸煤线、货场 4 股专用线(卸煤线 1 股、卸陶土线 1 股、集装箱装卸线 1 股、散装货物线 1 股),实际年吞吐量已达 450 万吨,可满足重车整列 5 000 吨取送条件。该铁路专线以煤炭运输为主,园区内部主要客户为某铝电有限公司、某焦化有限公司,占总运量的 48%,外部到站客户大多为甲市某焦化有限公司、某煤业有限公司、甲市某能源股份有限公司等其他客户,外部到达煤炭占总运量的35%。矿粉运输以钢铁为主,占总运量的15.8%。发送豆粕以甲市某油脂化工有限公司为主,占总运量的0.7%。

(四)财务状况

由于生产区内环境整治和产业升级,行业竞争加剧,以及A集团主营业务以钢材、电力等高能耗业务为主,公司自2014年起一直处于亏损状态,集团旗下唯一上市子公司于2015年5月10日起停牌至今。其停牌前总股本5.12亿元,收盘价9.96元/股,市值50.97亿元。

与此同时,A集团面临大量债务融资和生产违约。经审计,2015年归属母公司所有者的净利润为-3.4亿元。仅2016年上半年A集团就发生违约事件17起,拖欠合同款项2 000余万元。截至2016年6月30日,A集团2016年累计新增借款为19.11亿元,超过2015年年末净资产30.04亿元的20%。同时,由于支付银行利息出现困难,A集团面临违约困境,截至2016年6月底,A集团旗下子公司的银行贷款逾期未偿还金额达2.86亿元(如表2所示)。

表2 A集团逾期未偿还贷款情况

单位:万元

银行名称	到期日	贷款主体	借款类别	金额	状态
甲市农行XX支行	2016年7月7日	A集团有限公司	流资借款	5 000	逾期
甲市农行XX支行	2016年8月9日	A集团有限公司	流资借款	215	逾期
甲市商业银行XX支行	2016年6月15日	A集团旗下肉制品有限公司	流资借款	4 000	逾期
甲市商业银行XX支行	2016年6月15日	A集团旗下管业有限公司	流资借款	5 500	逾期
甲市商业银行XX支行	2016年8月10日	A集团旗下钢铁有限公司	流资借款	9 100	逾期
甲市农村用合作银行	2016年8月3日	A集团有限公司	流资借款	4 834	逾期
小计				28 649	

A集团主要财务情况如表3、表4所示。截至2016年6月底,A集团经营状况明显好转,营业收入及经营性现金流大幅改善,但经营性现金净流量持续

为负,速动比率仅约0.3。A集团仍处于经营窘境。

表3 A集团主要财务数据

单位:万元

主要会计数据	2016年6月30日	2015年12月31日	增减变动(%)
总资产	1 224 540.33	1 271 891.38	−3.72
归属于母公司股东的净资产	243 768.80	279 621.70	−12.82
主要会计数据	2016年1—6月	2015年1—6月	同比增减(%)
营业收入	227 968.56	206 619.04	10.33
归属于母公司股东的净利润	−35 852.90	6 513.55	−650.44
经营活动产生的现金流量净额	−5 990.12	−32 335.97	−81.48
投资活动产生的现金流量净额	0	49 365.17	−100.00
筹资活动产生的现金流量净额	16 097.93	−48 949.63	132.89
期末现金及现金等价物余额	24 936.48	5 885.29	323.71

表4 A集团主要财务指标

项目	2016年1—6月	2015年度
流动比率(倍)	0.71	0.73
速动比率(倍)	0.31	0.36
资产负债率(倍)	78.32	76.38

三、A集团不良贷款风险分板块综合化解方案

为化解A集团整体财务风险,避免出现地区金融动荡甚至区域性金融危机,由甲市政府牵头,各主要当事银行合作,确定了分块处置、银行分别盘活的整体风险化解思路。下文将以主要板块农林板块为例,介绍具体方案细节。方案总体将在随后进行简要介绍,农林板块的相关商业银行方案文件可参见附录。

（一）A 集团旗下 a 农林产业发展有限公司并购方案

1. a 农林产业发展有限公司基本情况

a 农林产业发展有限公司成立于 2012 年 10 月，注册资本人民币 35 000 万元，是 A 集团有限公司的全资子公司。

公司自成立以来一直致力于筹建综合性养殖项目，其中一期养猪场建设项目主要从事猪的饲养。项目完成后，可实现年出栏种猪及商品猪 50 万头、年存栏母猪 3 万头和年产生态有机肥 8 万吨的生产规模。项目于 2012 年 10 月开工建设，于 2014 年 5 月项目完成全部建设，已通过竣工验收，投入正常运营。截至 2015 年 6 月，公司生猪存栏量已达到 12.5 万头，累计出栏量 7.2 万头。

截至 2014 年年末，该公司总资产 118 712 万元，净资产 36 688 万元，资产负债率 69.09%，实现销售收入 20 673 万元，净利润 1 645 万元。截至 2015 年 6 月末，该公司总资产 110 342 万元，净资产 36 861 万元，资产负债率 66.59%，实现销售收入 13 013 万元，净利润 173 万元。

2. X 农业科技有限公司基本情况

X 农业科技有限公司是为本次并购新成立的公司，注册资金 2 亿元，由自然人付 XX 独立出资，公司位于甲市某开发区。

3. 并购重组方案

（1）注册成立 X 农业科技有限公司，股东付 XX 实际控制 Y 林业发展有限公司，新公司注册完成后，将以股权收购的方式收购 Y 林业发展有限公司，成为 Y 林业发展有限公司的母公司。

（2）组织对 a 农林产业发展有限公司进行资产评估，预计净资产价值约 4 亿元。X 农业科技有限公司现金出资 1.6 亿元，通过甲市某商业银行并购贷款支持 2.4 亿元（期限 7 年），全资收购 a 农林产业发展有限公司。收购完成后，X 农业科技有限公司将与 a 农林产业发展有限公司合并，合并后注销 a 农林产业发展有限公司。

（3）并购完成后，X 农业科技有限公司承接 a 农林产业发展有限公司所有的资产和债务，由 X 农业科技有限公司进行经营。

（4）并购完成后，原 a 农林产业发展有限公司 6.5 亿元的固定资产贷款和新发放的并购贷款还款来源为 X 农业科技有限公司（集团公司）的经营收入、折旧、利润等综合收益。

（5）根据合并后公司的经营收益，调整原 a 农林产业发展有限公司的还款期限及还款计划,确保还款计划与公司经营收益相匹配。

(6)新发放的并购贷款风险缓释措施为 Y 林业有限公司的林权抵押;原 a 公司的 6.5 亿元固定资产贷款风险缓释措施调整为 Y 林业有限公司的林权抵押。

实质上,A 集团农林板块完成并购后,已经剥离出集团,盈亏自负。后期,经过多次讨论与结合实际情况,上述原则更新为:

(1)由自然人付 XX 全资收购 A 集团对旗下子公司 a 农林产业发展有限公司的股权。

(2)付 XX 收购股权完成后,对 a 农林产业发展有限公司进行更名,并追加 1 亿元注册资本金。

(3)更名和增资后的新公司原价收购某省某县林业种植有限公司股权。

(4)收购完成后,中国建设银行为新公司申请授信额度 6 亿元,其中:固定资产贷款额度 2 亿元、流动资金贷款额度 4 亿元。具体用途如下:2 亿元固定资产贷款额度用于承接原 a 农林产业定发展有限公司产业发展有限公司在中国建设银行的 2 亿元的固定资产银团贷款;4 亿元的流动资金贷款,期限 3 年,其中:1 亿元流动资金贷款额度用于企业补充流动资产,2 亿元用于承接 A 集团(本部)在中国建设银行的 2 亿元流动资金贷款,1 亿元流动资金贷款额度用于承接原 a 农林产业发展有限公司在中国建设银行的 1 亿元流动资金贷款。

(5)申请原银团贷款 2 亿元展期 2 年,同时依据项目后评价结果调整还款计划,调整计息方式为按半年结计利息。

(6)新增流资贷款 1 亿元以及承接原 a 农林产业发展有限公司的 6.5 亿元银团贷款(其中:中国工商银行 3.5 亿元、中国建设银行 3 亿元),承接 A 集团的 2 亿元流动资产贷款,风险缓释措施调整为某省等地足额林权抵押。

(二) A 集团旗下其他板块化解方案

A 集团受经济下行和环保风暴影响,经营资金紧张,已影响正常生产经营,在甲市多家银行已欠息两个月。根据 2015 年 11 月 18—19 日各银行省行授信审批部、公司业务部、风险管理部、投资银行部等部门到甲市现场调研的意见和甲市市委、市政府 12 月 8 日的专题会议决定,确定了对 A 集团实行分块处置、银行分别盘活的工作思路,主要方案为:

1. 甲市农业银行牵头促成某油脂公司租赁 A 集团旗下的油脂公司,争取 12 月 20 日前达成协议,用租金支付银行欠息,保证年末不划入不良贷款。

2. 甲市工商银行牵头盘活 A 集团钢铁板块,对钢铁板块上下游企业进行授信,力争企业满负荷生产,支付利息。

3. 甲市建设银行牵头,甲市工商银行配合,协力盘活 A 集团农林板块,保证企业正常经营。

在整体性形成化解方案并完成分工后,各方还达成一致,要求各牵头银行向甲市政府每周汇报所负责板块的推进情况。

截至 2016 年年末,农业银行牵头的 A 集团油脂板块和某油脂公司达成了租赁经营协议,双方律师正在起草合同文本,初步暂定每月租赁费 1 000 万元;工商银行负责的钢铁板块于 2015 年 12 月 18 日经市银监局组织召开了债权人联席会,确定给下游 8 家企业新增授信 3 亿元,以预付款的方式注入钢铁板块。

四、化解成果

省委高度关注 A 集团转型升级和并购重组情况,先后多次签批集团转型升级工作汇报,市委、市政府为全区配备了一套好班子,帮助企业转型升级。在各级领导关心和帮助下,现在企业的各项手续全部完善,环保治理已经达到一流水平,并且通过了国家环保部的验收和认可。企业转型升级顺利进行,改革改制取得了阶段性成功。目前 A 集团已经进入正常发展轨道,正在全面转型。一是 2 个 35 万千瓦热电联产项目手续、征地等各环节已经完成,完全具备开工建设条件。二是钢铁板块 2 台 1 260 立方的高炉手续已经全部完善。三是农业板块猪肉价格持续稳定,生猪存栏量计划达到 30 万头以上,年出栏量达到七八十万头,最终实现年出栏 100 万头。A 集团与某农业公司联合打造的中草药种植项目,取得良好的市场效果。下一步,A 集团力争在多年来双方合作的基础上,重点围绕热电、铝制品深加工、物流园和煅后焦四大项目开展合作。A 集团成立联合共建项目部,以最短时间和最低成本建成 2 个 35 万千瓦电厂项目;利用产业合并、项目整合腾出的土地,打造铝制品深加工项目,探索新形势下混合所有制模式,把传统友好合作继续推向纵深;充分利用所在地物流区域优势以及成本全国最低的先天条件,依靠置换出的土地、厂房和铁路专用线,以省重点项目为载体,建设铝交割市场,推动集团传统产业向大物流高端产业转变;继续支持煅后焦项目建设,为项目顺利推进创造有利条件。

五、尾声

A 集团在政府、银行的支持下,通过并购重组和转型升级,有效地缓解了贷款偿付问题,同时开发了产业和深加工了产品,对于企业的可持续发展具有重要意义。目前 A 集团产业转型升级已经取得显著效果,但并购重组方案尚在进行中,对于企业贷款偿付和降低商业银行不良贷款也正发挥着积极作用。由于受近两年环境整治以及产业升级缓慢造成的巨额债务影响,A 集团 2016 年仍未摆脱亏损状态,但出现好转态势。A 集团旗下唯一上市子公司通过制定和执行重组方案,2016 年实现营业收入 261 696 812.87 元,同比减少 3.87%;实现归属于上市公司股东的净利润 44 551 132.80 元,2015 年同期为 −340 492 521.10 元。公司 2016 年度不进行利润分配,不进行资本公积金转增股本。商业银行通过对旗下 a 农林产业发展有限公司的盘活调整,利用租赁和收购等方式申请授信额度,较为有效地避免了不良贷款,A 集团正从濒临破产的边缘逐步走向正轨。

案例正文附录

附录一:a 农林产业发展有限公司并购方案

附录二:a 农林产业发展有限公司盘活方案

商业银行不良贷款风险化解与处理：山东A集团案例分析

案例使用说明

一、教学目的与用途

（一）适用课程

本案例主要适用于商业银行管理学、企业并购与重组、投资银行学等相关课程。垃圾债券违约部分可用于投资学、固定收益证券等课程的参考，行业分析部分也可用于行业研究相关课程的参考。

（二）适用对象

本案例主要适用于金融类、经济类专业硕士相关课程的教学，也可用于MBA教学，或用于管理类专业硕士生相关课程的参考。

（三）教学目的

本案例主要讲述了某市工商银行、农业银行、中国银行、建设银行及当地城市商业银行等多家商业银行联合，分工化解山东A集团巨额贷款不良化风险的过程，重点讲述了化解过程中的综合化解方案，并对事件背景与处置结果做了简要介绍。本案例设计的主要关注点包括：山东A集团重组、引入第三方同行业公司介入相应板块、上市公司保壳、次要业务板块的资产剥离、借助地方政府居中协调、多家当事商业银行合作制定与执行化解方案等，同时也可以作为对垃圾债券、困境债券进行投资分析的案例使用，还可以作为重资产行业研究分析的案例使用。

本案例设计的重要关注点和创新点是：除常用的市场化出售不良信贷资产、直接核销、债务条款协商、破产清算等直接处置方法外，通过协助保壳、协助再融资、上下游企业增量信贷、协助分拆剥离次要业务板块等方式盘活企业，从而避免违约银行贷款，保证名下贷款不进入不良范畴，是一种另辟蹊径、收益更高的银行贷款信用风险控制与化解方法。

1. 覆盖知识点
- 商业银行贷款管理及贷款信用风险管理要点；
- 商业银行信贷风险的度量与管理要点；
- 商业银行贷款损失的控制与处理要点；
- 债券信用风险、违约溢价及垃圾债券的投资要点；
- 公司分拆及并购重组的流程及关注要点；
- 行业分析的基本方法。

2. 能力训练点

• 掌握商业银行不良贷款的基本分类和处置要求；

• 掌握公司资产分拆、剥离的流程，以及相应影响；

• 掌握商业银行主动化解贷款风险的可行操作手法；

• 掌握商业银行在企业重组处置中发挥的作用和要求；

• 以钢铁、发电、铁路运输等行业为例，掌握传统重资产行业在环保压力增加和宏观经济下行导致需求波动时的周期性与相应波动；

• 掌握对困境证券投资的方法和关注点。

二、启发思考题

尝试以不同角色的视角思考：

1. 当事商业银行之一的公司业务部总经理

• 你将如何设计此次不良贷款风险化解方案？

• 在此次 A 集团危机化解后，下一步你将如何设计针对该客户的风险监控及可能的合作方案？

• 你如何看待为盘活、挽救 A 集团钢铁板块而对钢铁板块上下游企业进行增量授信的做法？

2. 可以进行垃圾债券投资的基金经理

• 你是否会在"12A 集团""13A 集团"等相关企业债信用评级滑入 BB 级后参与该债券的投资？

• 你认为在什么情况下投资该债券是可行的？

3. 油脂板块租赁介入方三维油脂的该项目负责人

• 你如何看待此次租赁 A 集团下属油脂子公司？

• 你觉得以多大的代价租赁该油脂子公司是可行的？

4. 钢铁行业的研究员

• 你如何看待钢铁行业的未来趋势？

• 如何看待环保压力带来的 A 集团主营业务板块——钢铁板块的停产、限产？

• 你认为如何才能盘活 A 集团的钢铁板块？

• 从行业角度而言，你是否建议第三方并购 A 集团的钢铁板块？

5. 为 A 集团重组提供财务咨询的投资银行团队成员

• 你将如何判断各板块进行并购重组的可行性？

• 进行分拆重组的方案难点是什么？相应的对策是什么？

- 如何操作可以有效保存上市公司壳资源、避免退市？

6. 山东 A 集团实际控制人或主要经营管理负责人
- 你如何评价此次集团大规模重组方案对集团未来生产经营的影响？
- 集团战略发展重心是否需要改变？
- 如何重新树立投资者对集团的信心，提振上市公司股价？

三、分析思路

1. 以钢铁行业和山东 A 集团陷入经营困境、商业银行面临大规模不良贷款风险为例，分析重资产行业的周期性波动特征，以及近期宏观经济形势对行业的影响，分析此种行业状况下商业银行对该类客户已发放贷款的风险监控与化解举措。

2. 以某市商业银行银团合作分块化解 A 集团不良贷款风险为例，分析多个投放主体对同一客户的风险化解的合作意义与难点。

3. 以 A 集团农林板块分拆、剥离为例，分析资产分拆对企业经营的影响和对企业及其上市子公司价值的影响。

4. 以引入第三方租赁资产、上下游增量授信为例，分析创新信贷风险化解手段对商业银行贷款信用风险控制的意义以及局限性。

5. 以"12A 集团""13A 集团"债券为例，分析债券违约风险，以及违约债券的投资要点。

四、理论依据与具体分析

(一) 理论依据
- 行业分析理论：周期理论等；
- 企业管理理论：波特五力模型、SWOT 理论等；
- 商业银行信贷风险管理的一般理论；
- 商业银行贷款损失的控制与处理理论；
- 上市公司及一般企业估值相关理论；
- 固定收益债券违约风险相关理论；
- 并购重组中关于公司资产分拆、剥离及注入的理论。

(二) 具体分析

以下具体分析仅为分析思路与方向的参考，其他分析方法与方向亦可。

1. 客户所处行业与商业银行相关风险把控

在本案例中，行业分析可以说是后续所有分析的基础。行业分析应对 A 集团陷入困境从而使得当事各家商业银行产生巨额不良贷款隐患的原因做出解释,并提出商业银行在此案例中可能存在的风险监控漏洞。虽然钢铁行业是基础性产业,但是过去的盲目扩张使得中国钢铁行业的过剩产能已到了病入膏肓的地步。截至 2016 年,中国钢铁去产能仍面临很大压力,钢铁行业过剩的产能无法在短期内实现消化,钢铁行业前景不甚明朗。

钢铁行业的特点是固定成本和经营杠杆高,属于最典型的重资产行业之一。此外,钢铁需求波动性大,行业整体受宏观经济形势影响大,行业波动受政策因素的影响也较大,表现为对生产的干预、产品价格波动、上游产品价格波动等。据中国钢铁工业协会数据,2016 年 1—8 月,钢铁行业运行情况好于预期,粗钢产量为 5.36 亿吨,同比下降 0.1%;全行业实现利润 215 亿元,比 2015 年同期增利 300 多亿元。钢材价格回升是目前企业盈利的主要原因。2016 年,随着国家稳增长和化解过剩产能政策效果显现,钢材供需矛盾有所缓解,价格回升。截至 2016 年 8 月末,中国钢材价格指数(CSPI)中国钢材价格指数为 77.54 点,比 2015 年 12 月末上升了 37.56%。

总结钢铁行业企业经营状况可以发现,在当前钢铁行业较为恶劣的行业环境下,能够维持良好经营状况的企业主要具有三个特点:一是部分企业实现了减产增效"双赢",包括宝钢、河钢、首钢、武钢、沙钢、本钢、太钢、马钢、酒钢、陕钢、凌钢、重钢等。2016 年 1—8 月,上述企业的粗钢产量均出现不同幅度的同比下降,大部分企业实现盈利,个别企业大幅减亏。特别是宝钢,在剔除湛江钢铁基地的因素后,产量同比下降,在化解过剩产能方面起到了带头作用。二是在多数钢铁企业面临融资困难的背景下,河钢和沙钢在筹措资金方面做出了榜样。其中,河钢减少贷款、降低财务费用,以低成本发债融资置换银行贷款,得到了市场投资者的认可;沙钢总体融资环境良好,是大部分银行总行积极争取的银企合作伙伴,融资到期银行均能及时审批续办。三是在整个行业"洗牌"期间,包括首钢在内的部分钢铁企业通过内部调整结构换来了效益。2016 年,首钢强化"产销研用"一体化推进体系,提高产品结构调整对企业经济效益的贡献度,高端领先产品实现同比增产。

A 集团在行业形势恶化时,未能及时适应行业趋势,抓住产品结构调整、拓展融资途径、减产增效等机会度过行业冰期,导致主营业务大量关停,公司现金流出现断链,当事商业银行巨额不良贷款风险增大。企业的行业嗅觉迟钝固然是导致困境的主要原因,但当事银行未能提早发现重点客户的潜在经营问题和行业环境恶化,对宏观经济形势变动带来的影响估计不足,对当地环保政策压力敏感度不够,亦应该做出反思;负责贷后管理的客户经理及中台风控人员存在一定失职。

在行业分析中,应当引导学生对钢铁产业链进行梳理。产业链分析是行业分析的重要组成部分,而钢铁行业产业链各环节的竞争格局、进入壁垒、核心竞争力差别比较明显,故可引导学生运用波特五力模型、SWOT等分析框架,分析行业上、中、下游的不同情况,对A集团主营业务做一定位。A集团主营业务钢铁冶炼(生铁、管坯)处于钢铁行业中游,产能过剩情况最为严重,竞争激烈,并存在恶化情况向上、下游扩散的趋势。根据钢铁行业的特点,在对A集团钢铁业务全面分析的基础上,可以引导学生尝试设计A集团钢铁板块升级改造计划。

2. 商业银行不良贷款风险化解合作化方案

为化解A集团整体财务风险,避免出现地区金融动荡甚至区域性金融危机,由甲市政府牵头,各主要当事银行合作,确定了分块处置、银行分别盘活的整体风险化解思路。在这一过程中,各当事银行在当地政府的统一组织下,自行协商,协作完成了针对A集团的不良信贷风险解决方案,达到了比较令人满意的处置效果。针对这一情况,可以引导学生从以下几个方面开展分析:

(1) 提高风险化解效率。从本案例中可以看出,分工合作式的风险化解方案结局是令人满意的,基本完成了保证企业继续经营、保证逾期贷款不成为不良贷款的底线目标,并实现了当事企业有望改善经营、重新起步的高层次目标。但是,如何发挥这种风险化解模式的优越性,避免多机构合作带来的效率降低,是一个值得深入思考的问题。

(2) 如何合理分配任务,在化解任务分配时形成权责一致。这是应用和推广案例经验的主要限制之一。在本案例中,实际上的分工原则是"谁放贷,谁处置",要求各家当事银行针对自己熟悉的板块寻求化解方案,通过对比各家银行能够提出的化解方案,综合考虑,在集体讨论后选择最优组合。企业、政府、银行以及可能存在的财务咨询服务提供机构必须建立可靠的沟通协作机制,并明确工作时间表和相关进度负责人,以保证方案的及时确定和顺利执行。

(3) 如何避免合作化解不良信贷风险时的"搭便车"行为。这与第二点类似,主要的矛盾在于,即使部分机构无法完成化解任务,但由于其他板块的成功处置,企业将得以继续经营、偿债,于是产生了"搭便车"现象。可以考虑将企业之后的偿债顺序与各机构化解工作的绩效挂钩,从而产生激励作用。

3. 企业分拆、重组、剥离的影响

对于这个问题,可以引导学生从以下角度着手开展分析:

(1) 剥离农林板块对 A 集团发展的影响。农林板块与集团主营业务关联度低,资产、负债关系比较清楚,是 A 集团多元化扩张时期的产物。剥离农林板块对集团的经营基本没有影响,主要是剥离了林权资产及对应负债,并回收一笔现金,用以快速筹集偿债资金,维系集团现金流。

(2) 租赁油脂板块对 A 集团发展的影响,包括分析油脂板块对集团营业收入的贡献及其在产业链中的地位,并估计对外租赁后集团是否存在折现损失。对外租赁是相对比较有利的选择,保留了资产所有权,并能够固定回收一笔关键的现金,创造了一个稳定的现金流来源。虽然对外租赁会放弃油脂板块的相关资产使用权,失去了潜在的更高盈利,但在企业的危急关头,如此处置是比较合适的。此外,对外租赁相比于直接剥离出售,一方面避免了生产设备变现比较慢且折价严重的问题,另一方面也保留了集团生产经营状况好转后继续经营油脂板块的可能。

(3) 从 A 集团投资者的角度考虑,包括旗下上市公司"A 实业"的股权投资者及购买"12A 集团"等债券的债券投资者。一方面,可以计算剥离资产后上市公司估值的变化:由于剥离资产必然导致公司每股收益下降,因此可以考虑 A 集团使用剩余偿债资金来进行股票回购从而对公司估值造成的影响;现实中,集团内部对剥离资产的反对声较大,且剥离资产的难点在于大部分方法需要公告。可以引导学生从估值的角度分析这个问题,以及思考采取何种措施说服投资者,或尝试找到无须公示的重组办法(如实际采用的自然人收购、更名、再收购)。

(4) 从农林板块重组方的角度考虑,农林板块收购方实际上获得了较优质的资产,并取得了相对稀缺资源——"林权",在有利可图的情况下,收购动机比较容易理解。

4. 创新信贷风险化解手段

本案例中所述的由当地市政府牵头、各大银行配合的综合风险化解方案,实质上是为了防范区域性金融风险集中爆发,避免引发区域性金融危机。在此基础上,化解信贷风险的手段多样化,出现了上、下游授信、协助资产剥离、协助租赁等较少见的风险化解办法,收到了较好的效果。虽然"大而不能倒"的情况不值得提倡,但在实务中,如出现地方重要企业风险集中爆发,可以从以下几个角度寻求化解办法:

（1）动员当地其他企业，通过预交货款、延长应收款账期、宽限民间借款期限、互助式注资、善意并购等方式，协助企业渡过难关，从而化解巨额不良信贷风险。

（2）深入分析当事企业，寻求企业的应急现金流来源，并积极协助企业进行应急性资产变现；同时，尽力保存企业未来的持续经营能力，保存企业核心资产与核心业务，保存企业的技术与研发实力，实现"银企合作"的新高度，打造"关系型信贷"模式。

（3）跳出当地，从全国乃至全球范围内寻求企业风险的化解方法，通过引入外资、对外租赁等手段，协助企业寻求新现金来源，保存核心业务。

5. 债券违约风险及垃圾债券投资

违约风险及其带来的违约溢价是固定收益投资中非常重要的一项内容，但国内债项违约不多见，在2014年后才陆续有违约事件发生，因此相关案例还不多见，比较出名的有国内首例违约上市债券"11 超日债"等。在"12A 集团""13A 集团"等违约事件中，我们可以引导学生关注：

（1）信用评级下调。"12A 集团""13A 集团"经历信用评级下调，债券价格跌幅极高，且跌幅基本集中于第一次信用评级下调，截至2016 年年中价格已跌至 85 元左右。因此，对违约风险的判断必须具有前瞻性，债券投资需要关注企业基本面情况，注重评级下调的实质，避免对评级公司评级的盲目依赖。在第一次评级下调时，A 集团实质问题已经相当严重，流动性出现严重困难，资金链面临断裂，主营业务开工不足，但仍维持了 A+评级。

（2）国内债券违约事件尚不多见，但上市公司破产重整的案例较多，因此可以引导学生从过去上市公司破产重整的成功率等方面来思考如何把握此类公司债券的投资风险。

（3）对垃圾债券的投资应着重考虑偿还可能性与回收率，可以引导学生借鉴其他垃圾债券、违约债券和类似行业公司破产清算案例来思考。

五、背景信息

本案例所涉及企业、事件均真实存在，所使用数据均根据公开资料整理，但由于风险化解方案较为敏感，因此协商后将全部涉及名称做匿名处理，包括且不限于集团名称"A 集团"、上市子公司"A 实业"（"＊ST 实业"）、企业债"12A 集团""13A 集团"等。可参考的财务资料、化解方案文件、评级公告等均做同样匿名处理后在正文中呈现，并于附录中呈现了两份完全真实的商业银行处置方案汇报文件，以供参考。A 集团整体风险化解案例是2014 年后ⅩⅩ省不良信贷风险集中爆发的缩影,是地区系统性金融风险的具体体现,如不能正确应对,会造成连锁反应,借助地方企业互保链、资金链形成风险扩散,在极短时间内形成灾难性的地区性金融危机。此案例具有高度的代表性和典型性。

六、关键要点

1. 针对重资产行业的行业分析与商业银行相应的风险防控及化解。
2. 商业银行贷款信用风险综合化解方案的制定与执行。
3. 企业重组、剥离、分拆的流程与要点,及相应的战略考虑与估值要素。
4. 企业资产剥离与并购重组。
5. 债券违约风险及垃圾债券投资。

七、建议课堂计划

本案例可以作为专门的案例讨论课进行,预计两课时完成,使用的课堂时间应控制在 90 分钟左右,并配合课前布置的预习任务及课后的分析作业使用。

以下是按照时间进度设计的简要课堂计划,仅供参考,请结合教学时的实际情况进行调整。

1. 课前计划

在课堂上对本案例进行讨论前,应要求学生至少通读一遍案例全文,浏览提供的参考材料,并对案例的启发思考题进行初步思考。由于思考题目较多、涉及的知识范围较广,应根据课程的具体要求,督促学生深入思考,而非对多个方面的问题泛泛而谈。

课前,应完成对学生的分组。小组以不超过 6 个为宜;如超过 6 个小组,需要相应压缩每个小组的发言时间。

2. 课中计划

(1) 案例回顾与课堂前言:5—10 分钟,引导学生快速回顾案例背景与化解方案等重点要素。

(2) 小组讨论:20 分钟,小组准备针对思考题的发言大纲。由于本案例设计的知识点较多,且涉及的范围较大,可现场给每个小组分配题目,分别进行讨论和准备发言。如果小组数目高于 6 个,或要求完成量化性分析如债券/企业估值等,也可在课前分配题目,并相应延长小组发言时间。

(3) 小组发言:30 分钟,每组 5—6 分钟,小组对思考题做出解答,并对案例选择某一思路进行分析。

(4) 知识梳理与总结:20 分钟,引导全班进一步思考,对相应知识点进行梳理和总结,并给出参考的分析思路。

（5）问答与机动:5—10分钟。

3. 课后计划

（1）请学生每人完成案例分析报告(1 000—1 500 字)。

（2）请学生自由组合,4—6人一组,完成风险化解方案,要求方案文稿以及展示 PPT(针对商业银行管理等课程)。

银行营销新模式——北京银行"信贷工厂"

徐焕东　余晓卉

摘　要：本案例通过描述北京银行"信贷工厂"营销模式的发展历程，突显选取正确营销策略的重要性。在银行产品同质化严重的背景之下，北京银行通过创立"信贷工厂"模式，立足于北京中关村科技园，进行了准确的市场细分，采用了合理的产品策略，运用高效的渠道管理和促销手段，在激烈竞争中脱颖而出，赢得了广大中小企业的信任，保持了市场的领先地位。

关键词："信贷工厂"，营销策略，客户导向战略

一、引　言

2011年5月28日，北京中关村迎来了首家分行级银行机构——北京银行中关村分行。北京银行一直致力于打造为中小企业提供全面贴心金融服务的品牌形象，而北京银行中关村分行的成立无疑是一个让中关村芸芸的中小科技企业兴奋不已的消息——这意味着它们将从乐于创新、善于创新的北京银行中，得到更多有力的金融支持。

在中关村分行的开业典礼上，北京银行也正式启用了"信贷工厂"这一模式。中关村分行将作为北京银行"信贷工厂"这一营销模式的第一家分行级试点单位，以批量化营销、标准化审贷、差异化贷后、特色化激励的运作模式，专注于与客户密切关系的建立，提高对客户审贷情况的反应速度，追求与较高风险相互匹配的回报。

二、什么是"信贷工厂"？

（一）"信贷工厂"的定义

"信贷工厂"就是指银行借鉴工厂标准化制造产品的流程，批量处理信贷。简而言之，就是一种以客户为导向的批量作业模式，而这种模式无疑迎合了当下以客户为导向的营销观念。具体而言，就是银行对中小微企业贷款的设计、申报、审批、发放、风险控制等流程按照"流水线"作业方式进行批量操作。在"信贷工厂"模式下，首先，在信贷审批环节，将尽量简化企业提交的材料要求；在授信调查环节尽量实现标准化作业，为客户提供便利。其次，在贷款过程中，将实现客户经理、审批人员和贷后监督人员专业化分工协作，降低审贷成本。最后，为了监控风险采用产业链调查方法，从不同角度对借贷企业进行交叉印证，保证了对客户的差异定价。

（二）中国建设银行"信贷工厂"模式的粉墨登场——镇江模式

2005年，中国建设银行（建行）开始与美国银行、淡马锡（亚洲金融）等进行战略性合作，希望分享国外银行的先进技术和经验。其中，淡马锡将小企业业务模式引入建行，建行也由此将中小企业业务作为战略发展的一项重点。

2007年10月，建行江苏省镇江分行首先被确立为"信贷工厂"试点机构，并于2008年6月开始进行试营业。镇江模式采用了准事业部制的组织框架，设立了市场客户部、信贷管理部、品质管理部三个团队，以实现客户满意作为重要目标，各部门分工明确，相互合作，使小企业中心实现了从市场调研到售后支持的"一站式"服务。

镇江模式最重要的特点是标准化作业，流程化控制。将整个信贷过程分为营销、销售、业务申报、审批、支用、客户维护、贷后管理等具体环节，对每一位工作人员的工作职责和考核评价界定得非常细致明确，对重要的业务环节也设计了量化标准，使得整个信贷过程真正实现数字化、工厂化流程和效率的有效监控。此外，镇江模式引入了多元素的客户风险评级和差异化的产品定价策略，将客户评定为A、B、C、D四个等级，同时，还针对不同行业不同规模的企业制定了不同的评级标准，最后根据银行自己的评级，确定贷款额度的发放以及相应的执行利率。在贷后的风险控制方面，镇江模式主要强调的是动态管理，通过各种渠道监控并及时发现客户的风险变动。

在镇江模式推出之后,建行镇江分行 2008 年小企业贷款客户和余额分别比年初增长了 62.5%和 114.24%。镇江模式的成功极大地鼓舞了建行对于"信贷工厂"模式的信心。截至 2008 年年末,建行共成立了 78 家"信贷工厂",在实现贷款高速增长的同时,也有效地控制了风险,有力地验证了"信贷工厂"在中国的有效性。

(三)中国银行"信贷工厂"模式的小试牛刀——"通宝"系列

2008 年,通过借鉴其战略合作伙伴新加坡淡马锡控股有限公司的"信贷工厂"模式,中国银行将这一模式引入了中国,最初的试点机构选定中国银行福建省分行,重点试验地区为福建泉州。泉州地区是福建省乃至全国范围内一个较大的中小企业聚集地区,"爱拼才会赢"的精神在泉州人民的身上展现得淋漓尽致。泉州地区的民营经济非常活跃,民营企业众多,其中包括了许多著名品牌,如"七匹狼""安踏""富贵鸟""九牧王""361°"等等。但由于"出身"问题,大部分企业都面临着融资难、融资贵的问题。中国银行福建省分行在泉州地区组建了泉州中小企业业务中心,依照"信贷工厂"的模式研发了适应当地客户需求的"通宝"系列产品,包括"典石通宝""木艺通宝"等。该系列的产品结合了当地企业的信用等级不高、以轻工业为主、规模以中小型客户为主等特征,产品贴合客户需求,备受好评。以"典石通宝"为例(如图1),该产品要求借款企业(主要是当地从事石材行业的企业)向银行提供一定数量的进口石材货物作为质押物,并将质押物交由与银行签有合作协议的物流公司实施动态监管,而后提供贷款给借款企业。质押期间,库存分为三种状态:自由库存、库存警戒线、监管库存,这三种状态分别对应了企业能对该批质押物行使的权利:货物自由进出、可以提货但提醒补货、银行通知才可出库。"典石通宝"不但为该类企业找到了合适的抵押物,控制了银行风险,也使企业贷款成为可能,大大提高了贷款效率。该产品有两个特色:一是选择当地所有石材企业中,信用资质良好,经营正规,有一定规模的企业优先支持,打响"通宝"品牌;二是邀请专家为当地企业进行相关财税知识的传授,促进当地企业向正规化、专业化方向发展,建立与当地企业的良好关系。中国银行在此次实践中,感受到了"信贷工厂"模式在中小企业营销方面的巨大潜力,也更加重视"信贷工厂"本土化和针对性的创新。

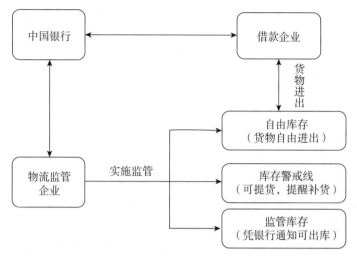

图1 "典石通宝"流程

三、北京银行:为"中小微"而生

(一)定位"中小微"

北京银行成立于1996年,由当时的九十余家信用合作社联合组建而成。在成立之初,尚且幼稚、发展基础薄弱的北京银行就找到了"服务首都经济、服务中小企业、服务市民百姓"的准确市场定位。

北京银行先后贷款支持了包括平安大街、四环路、京昌高速路、地铁九号线在内的多项建设项目,努力提高首都基础设施,以此对经济发展贡献力量。此外,各类康居工程也得到了北京银行的大力支持,包括前门地区、官园地区等危房改造项目以及马家堡小区、望京小区等住宅建设项目。毫无疑问,在改善这些地区市民的生活居住条件的过程中,北京银行发挥了积极的作用,尽到了自己的社会责任,与政府、公众、当地企业建立了良好的关系。

(二)服务"中小微"

早在2001年,北京银行就率先推出了"小巨人发展计划",这一计划是致力于扶助中小微企业的最早计划之一。以该计划为基础,北京银行又在2006年推出了"小巨人"中小微企业成长融资方案,并于2007年正式推出"小巨人"中小微企业融资服务品牌。2007年的融资方案开创性地包括了"创融通""及时予""腾飞宝"这三类核心基本产品包以及科技金融、文化金融、绿色金融三大行业特色附加产品包,内含五十余种特色融资产品,以保证能够全方位、多层次地为处在创业期、成长期、成熟期等不同阶段,面临不同问题和困难的中小微企业提供一站式的融资服务。目前,北京银行已经成功地在全国范围内成立了多家中小企业金融服务中心,通过组建专职的团队来操作中小微金融业务,保证提供专业化的中小微企业金融服务。此外,北京银行在全国先行建立了一批中小微企业的专营支行,为开展批量业务提供了有力的支撑,拓展了营销渠道。

(三)造福"中小微"

目前,北京银行精心打造的"小巨人"品牌已经在对中小微企业的金融服务中占有较为重要的地位,而北京银行自身也已连续多年荣获"中小微企业金融服务工作先进单位"的称号。截至 2015 年,北京银行累计服务的小微企业达到 10 万余家,其中,为 3 万余户的小微企业发放了贷款,金额达到近 1 万亿元,贷款余额近 3 000 亿元,占到北京地区市场份额的近 1/3。同时,北京银行为北京市 10 万余家中小企业提供优质的金融服务,占北京中小企业总数量的 1/4。北京银行累计为中关村示范区 6 000 余户科技类小微企业发放超过 1 000 亿元的贷款,小微企业贷款余额在中关村示范区中排名第一。此外,北京银行还为北京 2 000 余家的文化创意企业提供了近 800 亿元贷款支持,其市场占有率排名第一。

四、助力"中小微"的新"烦恼"

伴随着利率市场化的推进,互联网金融的茁壮成长,为众多中小微企业提供了高品质金融服务的北京银行正面临着新的挑战。

利率市场化从 20 世纪七八十年代开始,在国外轰轰烈烈、如火如荼地开展着。1996 年,中国也开始了漫长的利率市场化之路。一直以来,银行业被认为是一个垄断行业,享受着利差的好处,"躺在功劳簿上睡大觉",然而利率市场化,可能会给这一切画上一个句号。从已经进行利率市场化改革的国家的经验来看,利率市场化往往会带来利差收窄、利率风险上升等种种问题,甚至引发"资金价格战",故而将从各个方面影响商业银行的安全性、流动性和营利性。北京银行,作为一家定位鲜明、致力于服务中小微企业的城市商业银行,虽然规模较大,但是依然存在中国商业银行的通病:较多倚重利差,中间业务的发展落后,创新能力依然不足。此外,利率市场化会加剧银行之间的竞争,而与大型国有银行相比,虽然北京银行有优势,但不能忽视其存在的劣势,比如在政策扶持方面、人才方面、资产规模方面等，与大型国有银行还是存在差距，因而北京银行面临的困难也不容小觑。这些问题，会使得北京银行在助力中小微企业方面承受巨大的压力。

除利率市场化以外，今年崛起的互联网金融力量也是不能忽视的一个挑战。阿里巴巴的创始人马云曾经说过，银行不改变，我就去改变银行。这句话，为支付宝、余额宝等互联网金融产品的出现吹响了号角。阿里巴巴金融打开了一扇门，各种各样的互联网金融产品应运而生。同时具备流动性和收益性的"宝宝"类产品，引起了银行储蓄存款的流失，大量金融脱媒一度导致了银行业的恐慌。虽然现在的互联网金融产品受到了一定的制约，同时也有较大的不稳定性，但是，对于北京银行来说，这类产品带来的影响不得不说是巨大的。互联网金融力量的介入，使得北京银行在助力中小微企业方面面临较为艰难的处境。

面对这些问题，为"中小微"而生的北京银行，应该何去何从？

五、服务"中小微"的"新技能"——"信贷工厂"模式

（一）新的起点

北京中关村是中国第一个国家自主创新示范区，集聚了以百度、联想为代表的众多高新技术企业，数量达到两万余家，涵盖了下一代互联网、移动互联网和新一代移动通信、卫星应用、生物和健康、节能环保、轨道交通等六大优势产业，此外，还包括了集成电路、新材料、高端装备与通用航空、新能源及新能源汽车等四大潜力产业集群和高端发展的现代服务业。不过，融资难问题始终困扰着中关村许多处在成长期的中小企业。这些企业拥有类似的规模，都属于第三产业，信用状况可以在中关村科技园区管理委员会（中关村管委会）咨询得到，集群效应非常明显。

虽然早期北京银行已经提供了"创业贷""科技贷"等多类产品，但为了进一步满足中关村地区广大中小企业的融资需求，应对利率市场化和互联网金融等方面冲击带来的巨大挑战，北京银行凝聚二十多年支持中小企业成长发展的经验和精华，于2010年10月在中关村示范区推出了中小微企业"信贷工厂"。该模式借鉴工厂流水线的操作方式，将相似类型的中小企业贷款业务划分为一个个分工明确、职责清晰的环节，明确划分了市场营销、业务操作、信贷审批、贷款发放、贷后管理等环节，旨在提升中小微企业贷款业务的处理效率，建立高效的反馈机制，与客户建立密切联系，同时降低成本。北京银行中关村海淀园支

行也成了北京银行引进"信贷工厂"模式的第一家试点单位。

（二）模式特点

北京银行中关村海淀园支行根据"信贷工厂"模式的要求，采取特色定位的竞争模式，结合当地目标市场——高新科技中小微企业的具体情况，重新调整了小微企业授信业务的贷前调查、贷中审查、贷后监管一系列的流程，对岗位设置、岗位职责以及贷前、贷中、贷后流程化管理进行创新，并创造性地实现了风险嵌入营销的管理模式，实现了差异化产品设计。该支行设立相对独立的营销团队，力图加强前端的专业化营销；同时设立信贷经理团队，对信贷业务进行更好、更完善的贷前调查工作；从风险控制方面考虑，结合权力下放原则，分行在"信贷工厂"派驻风险经理，专门负责贷款项目的最后审查工作。在信贷工厂的整个流程中，营销经理专职从事营销，信贷经理调查完成后直接进入风险经理环节，省去了支行审议环节，大大提高了效率，节省了时间。整个团队力图打造客户满意度和客户忠诚度。

北京银行中关村海淀园支行在实践"信贷工厂"模式的过程中，充分实现了其独特的战略定位策略和客户服务目标，实实在在地实践了"信贷工厂"批量化营销、标准化审议、差异化贷后、特色化激励的营销特色。针对中关村园区内高新技术企业集聚、中小企业众多、企业成长性较强的特点，分行给予了海淀园支行差异化授权，凡是权限内的授信业务，只需要由信贷工厂的签批人和分行派出风险官双线审批后，即可出具审批意见。该模式根据不同类型客户的不同特点，为每类不同的客户都设计了有针对性的打分卡和调查报告模板，大大简化了报告的撰写方式。值得称道的是，对于500万元以下的贷款，北京银行专门推出了小企业打分卡，探索出了一条小企业贷款批量化操作模式，使一个贷款项目通过审批所经历的时间和环节都大大缩短和减少，极大地提高了效率。信贷经理处理一笔贷款的时间由原本的几周缩短至如今的平均2—5天，很好地满足了中小企业融资需求"急"的特点。当然，更大的优势在于，风险经理的提前介入，可以有力地缓解在传统的业务中营销和控制风险存在的矛盾，使得风险管理这一重要手段在营销的前期就能够及时地参与到贷款的方案设计中去，使得业务快速推进和风险有效控制并行。不难发现，整个流程使得客户的满意度大大提高，实现了与客户之间的双向沟通。

（三）贴近企业

2011年3月份，王思明的公司成立于中关村海淀园区，企业的核心技术是

"持续性保护系统",该技术的目的在于解决大数据处理过程中的数据丢失、备份和恢复问题。用王思明自己的话说,"只要有数据存在,就需要我们的软件"。就是这样一家具有高技术含量和高市场潜力的公司,在创办早期,由于缺乏相应的资金支持,企业的发展举步维艰。通常来说,软件企业开发的软件上线后需要一定的回款周期,但是与此相冲突的是,软件运行过程的维护和升级又需要源源不断的资金投入。由于没有什么抵押物和贷款信用记录,缺乏同商业银行接触经验的王思明,在需要资金的时候只能通过寻找亲朋好友临时凑钱的方式。"但成本太高,不是长久的办法。"王思明说。而北京市首家贷款卡办理点于北京银行海淀园支行的落地无疑成为"求资若渴"的王思明的及时雨。通过北京银行一站式的综合金融服务,王思明获得了在融资过程中结算账户开立、贷款卡办理、融资方案设计等的全流程支持,很短时间内就顺利拿到了北京银行中关村分行为其发放的 50 万元贷款,这是他始料未及,又万分惊喜的。"贷款卡真的太方便了,真的是小企业的'及时雨'!"王思明说。

对于北京银行来说,开设贷款卡代办点是北京银行探索解决科技型小企业贷款难的第一步。"我们更想通过代办点告诉企业,我们有这个渠道可以为其提供融资服务,这是最主要的工作。"北京银行副行长许宁跃表示。中关村地区小企业数量众多,而且存在融资需求规模小、偿债能力较弱、财务披露不够规范、成长风险高等普遍特点,这也使得这些小微企业抵御风险的能力较差。从融资的角度来说,这些小微企业也正经历着一个最为艰难的时期。北京银行始终秉持给客户创造便利、给企业创造价值的理念,针对这种情况,中关村海淀园支行信贷工厂积极转变放贷思路,从一般信贷业务传统的"守株待兔"模式转变为主动挖掘模式,努力探索客户需求,通过流水线作业,提供高效办理贷款手续的服务,力求帮助企业更稳、更好地渡过前期的融资难关。

(四)志在"优质"

中关村"信贷工厂"这种创新模式,正在造就一条提供科技金融服务的"流水线",惠及广大中小微企业,全方位地提高中关村科技园区的科技创新和高端产业发展的信贷服务水平。不过,北京银行中关村海淀园支行已经不单纯满足于仅仅作为贷款提供者这样一个角色,它力求通过不断创新,丰富中小企业金融服务的内涵,扩大中小企业金融服务的范围,重塑中小企业的信贷文化,让中小企业产生对北京银行品牌的深厚情感和认同感,从而全面打造一个服务小微企业的优质、知名、专精的品牌。

在"信贷工厂"模式中,多层次又各具特色的产品是北京银行实现"信贷工厂"模式与企业批量化对接的一个最为关键的工具。目前来看,通过十多年的积累,前期丰富多样的信贷产品使得信贷工厂的生产线可以全程覆盖中小企业从初创到繁荣的整个过程中的需求。中关村海淀园支行借助"信贷工厂"模式努力开拓了多种营销渠道组合,逐步加深同政府部门、担保公司、中关村科技园区等渠道的合作,成功打造出十多个精品渠道,通过"链式"营销,与大公司下属的二三级公司、核心大客户的上下游供应链客户等建立了良好的合作关系,为对方提供更为丰富、更加专业的金融服务,逐步获得了越来越多的客户认可。

同时,面向中关村科技型中小企业,"信贷工厂"灵活地运用北京银行"小额信用贷""创业贷""软件贷""融资贷""小瞪保""智权贷"等特色产品,实现差异化定价策略。此外,"信贷工厂"通过对中关村园区内的企业进行更进一步的分类,相对应地展开更专业的金融服务,增加附加产品价值,由此进一步开展产品的批量化推荐和渠道的批量化营销。

六、尾 声

在北京银行中关村海淀园支行信贷模式推出之后,2011年年末,中小企业贷款户数较年初增量突破100户,贷款余额的增幅也达到84%,新模式所带来的效率优势展现得淋漓尽致。同时,海淀园支行对园区内中小企业的支持也得到了全区企业和管理部门的好评。2012年4月27日,北京银行中关村海淀园支行被中国银监会评选为"2011年度全国小微企业金融服务先进单位",该支行已经成为服务小微企业的一面旗帜。

在此背景下,2011年5月28日,北京银行中关村分行正式成立。成立之后,该分行不断从产品、模式和机制体制等方面加强创新,通过特色化的专营支行和规模化的信贷工厂模式,真正构建起了专业化经营、集约化发展的科技型小微企业服务体系。在未来,北京银行中关村分行将继续坚持以"科技金融创新"为使命,积极参加中关村"百千万"科技服务金融服务平台建设,打造中关村示范区内领先的科技金融品牌,建设中国的"硅谷银行"。

2013年,北京银行响应相关部门号召,发布了"北京银行中关村零信贷小微金融服务行动计划",一年内协助600家零信贷企业办理贷款卡,为科技型小微企业提供融资支持,切实帮助科技型小微企业迈出"首贷"第一步,在回馈社会、树立良好形象的同时,也为自己带来了巨大而又忠诚的客户群体。

2014年4月初,继2013年与车库咖啡签订协议后,北京银行中关村分行再度联手车库咖啡和北京市股权交易中心签署协议,共同探索股权、债权合作共赢的模式,不断拓宽自己的营销渠道。

2015年开始,北京银行中关村分行大力推动国家关于"大众创业、万众创新"的新精神,支持"中关村创业大街"建设及车库咖啡等创新型孵化器,不断创新产品,运用"信贷工厂"的模式累计发放创业贷、创业担保贷、创业保等创业类贷款151笔,共计5 545万元,逐渐成为小微企业服务的领导者。

案例使用说明

一、教学目的与用途

1. 适用课程:本案例主要适用于银行营销课程。若将本案例用于其他课程的教学使用,需根据课程进行相应调整。

2. 适用对象:学习银行营销课程的本科生、研究生。

3. 教学目的:

21世纪对于商业银行而言,是一个重要的新世纪。在这个世纪,伴随着互联网的发展、利率市场化的推进、各种各样衍生品的出现等,商业银行之间的竞争日益激烈,商业银行正面临着更多、更大的挑战与机遇。银行是一个特殊的企业,它经营的产品不是普通商品,而是金融产品,但是它作为企业,必须满足企业最基本的属性:追求利润最大化。因而,银行需要认识到,它需要推销自己的产品,这些产品包括各类贷款、存款、信用卡等。在产品推广中,营销的重要地位毋庸置疑。如何做好银行营销,通过好的营销方式赢得客户,创造长期价值,是许多商业银行都应该思考,也是正在思考的命题。

在21世纪,涌现了许多金融创新模式,本案例讨论的"信贷工厂"模式就是其中之一。银行营销的重点在于创造长期忠诚的客户、准确定位细分的市场、塑造良好的品牌定位、制定合理的产品战略、设计合适的渠道以及良好的公共关系管理。"信贷工厂"模式的重点就在于通过设计符合自身的细分市场——集群性中小企业的产品,高效率的贷款流程,给中小企业带来良好的体验,打造为中小企业服务的良好品牌,从而建立长远的合作关系,创造长期价值。而北京银行是实行"信贷工厂"模式较好的一家城市商业银行,其对"信贷工厂"模式的本土化,对于如何进行银行营销有很强的借鉴意义和示范作用。本案例中还介绍了同样采取"信贷工厂"模式的中国银行以及中国建设银行,方便学生进行比较学习。

具体说,有如下目的:

(1)通过对"信贷工厂"模式整体营销策略的分析,了解银行营销所包括的主要环节,理解不同营销环节对于银行营销的作用,掌握银行营销策略的运用方式。

(2)理解银行营销在不同类型的商业银行(如城市商业银行、国有大型银行)的具体运用中的差异,更系统、更全面地掌握银行营销方法。

（3）通过对银行营销分策略的梳理，了解银行营销中的分策略的具体内容，理解分策略的使用，掌握分策略的方法。

二、启发思考题

1. "信贷工厂"模式中采用了什么营销策略？
2. 与建行和中行相比，北京银行的"信贷工厂"模式有哪些异同？
3. 在"信贷工厂"模式中，从营销分策略的角度来看，采用了什么分策略？
4. 对于北京银行"信贷工厂"模式的成功，我们可以从中得到哪些启示？

三、分析思路

1. 分析北京银行"信贷工厂"模式在制定自己的营销策略时主要考虑了哪些因素。我们可以从竞争对手分析、战略导向、营销环境（包括宏微观和区域环境等）、市场细分和定位等角度来充分探讨。通过对这些因素的讨论，我们最终可以得出北京银行"信贷工厂"模式究竟采用了什么样的营销策略来适应这些因素。

2. 建行和中行的"信贷工厂"模式均早于北京银行的"信贷工厂"模式，从建行和中行的例子中北京银行可以汲取怎样的经验，找出它们的相同点和类似的地方。北京银行的自身定位和所处环境与建行和中行又有所不同，针对这些不同，北京银行在中关村创立的"信贷工厂"模式又采取了哪些改变和创新？

3. 分策略的讨论中，我们可以从产品设计、营销渠道、营销组织等角度去考虑，北京银行在"信贷工厂"模式的设计和运营中究竟采用了哪些营销分策略？

4. 从市场定位和引进再创新的角度提出两点启示，另外鼓励学生通过讨论从其他角度提出更多有意义的启示。

四、理论依据与分析

1. "信贷工厂"运用的营销策略是什么？

"信贷工厂"运用的营销策略核心是以客户为导向，根据其定位中小企业的特点，进行产品设计、渠道分销、价格制定、产品推广等。总体而言，"信贷工厂"的模式就是通过提供符合中小企业特点的流程服务，吸引客户，保证客户满意度，最终培养客户忠诚度，为银行自身创造长期价值。信贷工厂的营销策略可以分为四个部分：产品策略、价格策略、渠道策略及促销策略。

（1）产品策略。"信贷工厂"模式专注于具有集群效应的中小企业，因而产品的设计相应符合中小企业融资短、小、频、急的特点。第一，在授信审批环节，材料简化,对授信调查进行标准化处理,最大限度解决频、急问题;第二,实现客户经理、审批人员和贷后管理人员明确分工,专业协作;第三,完善贷款的风险控制,针对中小企业贷款风险大的问题,多角度、多渠道地进行信息采集工作,通过行业协会咨询、供应链调查等手段,进行交叉印证工作;第四,在产品的期限上,也较为符合中小企业融资时间短的特点,这样也更好地满足了其融资需求急的特点。

(2) 价格策略。中国目前银行的自主定价能力稍显不足,"信贷工厂"模式在定价方面没有很大改变,基本按照银行自身产品的定价模式进行定价。但是由于"信贷工厂"针对的对象是中小企业,而中国中小企业的融资需求往往十分迫切,它们对价格的接受度要远远大于大型企业,对利息成本的敏感性要低于大型企业,可以接受更高的定价。此外,这些企业的风险也要高于大型企业,基于风险与收益匹配的原则,也应当对提供给它们的产品进行更高的定价。因此,"信贷工厂"模式下的产品的定价要高于其他模式下普通贷款的定价。

(3) 渠道策略。中国商业银行的分销渠道主要分为两类:直接渠道和间接渠道。直接渠道的代表是分支机构,而一个理想分支机构的地点会对银行营销起到意想不到的作用。"信贷工厂"模式在渠道策略方面选择的就是直接渠道模式,考虑到自身提供的贷款类型,它强调营销团队对客户进行实地调查,同客户进行面对面的沟通,了解客户的真实情况和需求,因而其选址一般都在中小企业具有集群效应的地区,以降低成本和使客户批量化。

(4) 促销策略。促销策略是银行营销的一个重要组成部分。如何维系旧客户、扩展新客户,促销策略起着重大作用。"信贷工厂"模式的推广主要以建立的分支机构的行内人员推广为主,客户之间的"口口相传"、营销团队的主动上门为辅,通过为中小企业提供较为优质、高效的服务,打造良好的品牌,吸引中小企业主动寻求"信贷工厂"提供的贷款产品。

2. 北京银行与建行、中行的"信贷工厂"模式的异同是什么?

从整体上说,北京银行和建设银行、中国银行都采取了由淡马锡控股公司创造的"信贷工厂"模式,在流程管理上进行了简化,实行标准化作业,流程化控制,大大缩短了审批时间,提高放贷速度。此外,这三家银行在引进"信贷工厂"模式的时候,都结合试验区域的特点进行了本土化改造,使得这一模式在当地能够得到更有效的运用。但是北京银行作为一家定位在北京、定位于中小微企业的城市商业银行,与建设银行、中国银行的模式存在一定的区别。

第一,从自身的品牌定位角度考虑,北京银行一直以来都致力于服务中小企业,推广了以"小巨人"系列产品为代表的多项中小企业类项目,努力打造"小微金融""科技金融""惠民金融"等特色品牌。因而,在服务中小企业方面,北京银行拥有比主要致力于发展、巩固大型企业客户的中国银行、建设银行更丰富的经验,在针对中小企业贷款的合理定价、简化流程、提高客户满意度等方面,也有更多的优势。

第二,从三家银行具体选择的细分市场来看,虽然它们都根据"信贷工厂"模式的特点,选择了中小企业集聚地区,并根据企业的行业、规模、性质和信用特点来设计产品,使批量作业能够实现,保证收益覆盖成本,但北京银行与中国银行、建设银行的具体目标市场的区别仍比较明显。中国银行、建设银行选择的"信贷工厂"的试验地区均为南方沿海地区,主要是商品经济发达的浙江、江苏、福建一带,这类地区通常具有民营经济活跃、民营企业众多、小商品市场广袤的特征,有明显的集聚效应,以轻工业为主,且这些企业一般都具有一定的有形资产,如厂房、车辆作为抵押品,同时有材料、商品可以作为质押品。比如,中国银行在泉州地区推广的"典石通宝"有可以进行质押的货物,如进口石材;而建行在镇江地区提供的针对小企业的贷款,小企业可以提供相应的货物作为质押品,也可以提供厂房进行不动产抵押。但是北京银行选择的试验地区是比较特殊的——北京的中关村国家自主创新示范区。作为中国第一个国家自主创新示范区,它拥有以百度、联想为代表的众多高新技术企业,数量达到两万余家,涵盖六大优势产业、四大潜力产业集群和高端发展的现代服务业。毫无疑问,中关村聚集了众多具有明日腾飞希望的中小企业,但当它们面对资金难问题却一样束手无策。与建行、中行选择的地区不同,中关村地区的中小企业成长性虽然更强,但是风险也更大,同时由于它们的行业特殊性,往往难以提供比较有效的质押物,因为高新企业最宝贵的东西——技术,难以量化和评估。此外,这些企业也缺乏土地、厂房等不动产作为抵押物,又缺乏信用记录。这类细分市场,对北京银行的风险管理、成本控制、后期监督都提出了更高的要求。

3. 在"信贷工厂"模式中,从营销分策略的角度看,北京银行采用了什么分策略?

(1)营销渠道策略

理论依据

市场营销渠道是指配合生产、销售和消费某一生产者的商品和服务的所有关联企业和个人,比如资源供应商、生产者、中间商、辅助商以及最终的消费者和用户等。鉴于银行营销的行业特殊性,银行的营销渠道则是指任何提供银行服务和方便客户使用银行服务的各种手段,即银行产品和服务从银行流转到客户手中所经过的流通途径。

营销渠道的选择关系到银行能否及时地将资金筹集进来并快速地运用出去,关系到资金成本、中间业务收入和盈利水平,与银行的业务拓展有密切的关系。因此,银行应该根据政策的导向、区域环境的特点、客户情况的变化等适当地调整自己的营销渠道,形成合理的组合,通过分支机构的设置以便将产品和方便迅速的服务送给需要的客户,使客户感到便利性和可接受性,从而达到吸引客户的目的。

从目前看,银行营销渠道主要分为分支机构的营销渠道、电子营销渠道以及百货店型分支点、社区银行、外包渠道等其他营销渠道。在中关村的"信贷工厂"模式中,北京银行主要采用了分支机构的营销渠道,分支机构是一个银行工作人员和客户能面对面交流的场所,是银行形象的载体,也是银行最为重要的营销渠道。

案例分析

在中关村的"信贷工厂"模式中,由于中关村企业大都是科技型小企业,且大部分处于企业发展的起步状态,具有实物资产较少、科技含量较高、专业化集中度较强等特征,因此信贷风险控制也显得尤为重要。支持这些中小企业的发展,争取客户资源,很难通过间接营销渠道来完成,因此创新服务体系、完善营销渠道就显得尤为重要。北京银行利用自己的体制灵活的优势,成立了专业性分支机构。在分行之下,又设立了专门为信贷工厂而生的海淀园支行、上地支行等专业性支行,短时间内形成有效的专业网点覆盖。在每个支行,又设立专门的营销经理,专门负责拓展营销渠道。在充分利用网点优势和人力优势的同时,又利用自身在北京地区的影响力积极与中关村管委会合作,通过与政府合作推出"瞪羚计划"等项目积极拓展渠道。积极有效的渠道建设使得中关村分行审批通过的信用贷款市场占比超过了50%,在创业板上市的中关村企业中,有超过一半都是该行的客户。

(2)产品设计策略

理论依据

银行进行产品创新设计的目的主要有以下三点。第一,满足客户需求,这也是最为重要的一点。当原有的产品在功能上已经不能满足客户的需求时,银行就应秉持以客户为中心的营销理念,针对客户的新需求,对原有的产品进行优化和改进，从而满足客户需求，吸引并留住更多客户。第二，提升银行形象。银行产品很容易同质化，这就弱化了银行产品的优势，此时，一个银行的对外形象往往会对客户的选择产生重大的影响。如果银行的某一创新型产品在社会上具有了一定的影响力，客户在使用产品的过程中，也会得到精神上的满足，这也有利于吸引更多的客户。第三，增加银行的收益。一方面，新的银行产品极大地满足了客户的需求，有利于银行扩大市场份额。另一方面，新产品虽然在前期投入开发成本较大，但投产后大多可以节约成本。

银行产品开发的策略主要包括创新策略、包装策略、延伸策略和移植策略。其中，创新策略是指研究出新的产品，这种策略成本最高，开发期也最长，但往往能带来较大的影响。包装策略是银行为了迎合某些客户群体，对原有的产品进行重新包装，使其具有独有的特征。延伸策略是指银行在原有产品和服务的基础上延伸，增加新的服务和功能。移植策略则是指银行可以将其他非银行金融机构和一般企业的一些服务项目移植到银行经营上来，并根据银行经营的特点进行改造。

案例分析

在北京银行的"信贷工厂"模式中，这种"工厂"模式即从工厂流水线移植而来，将贷款的设计、申报、审批、发放、风险控制等流程按照"流水线"作业方式进行批量操作。北京银行在流程设计上，设立了单独的营销团队，加强专业化营销，设立了独立的信贷经理团队，对信贷业务进行完善的尽职调查，同时派驻专门的风险经理，负责贷后的审查。这种创新大大提高了效率，节省了时间，同时问责也更加准确。

北京银行针对中关村内科技企业的不同需求，根据企业发展的不同阶段，将贷款产品进行了全新的包装。对于创业初期的中小企业，北京银行创立了"创融通"系列，提供贷款、保函、银行承兑汇票等多种融资产品。对于成长和成熟期的企业，北京银行推出了"及时予"系列，提供包括房产抵押、知识产权质押等多样化的担保方式。而"腾飞宝"系列则是北京银行为快速成长的中小型企业提供的，包括财务融资顾问、上市财务顾问和并购贷款等升级专属性的产品服务。

北京银行在产品设计推出的过程中，也十分重视银行产品品牌形象的建立，以此来争取更大的市场份额。早在2001年，北京银行就推出了"小巨人发展计划"，在这个基础上，2006年推出了"小巨人"中小微企业成长融资方案，并于2007年正式推出"小巨人"中小微企业融资服务品牌，寓意是希望与自己合作的中小企业能在自己专业的金融服务下逐步成长为真正的巨人。

（3）营销组织策略

理论依据

传统银行营销可供选择的组织模式主要有职能型营销组织、产品型营销组织、市场型营销组织和地理型营销组织。职能型营销组织适用于只有一种或很少几种产品的银行。产品型营销组织通常适用于具有多种产品且产品差异较大的银行，做法是设立多个产品经理，分别管理不同的产品。市场型营销组织是对不同的市场进行细分，不同的客户经理负责不同的市场。地理型营销组织主要是将业务人员按照地理情况进行组织。

案例分析

在组织结构方面，不同于以往仅有单一客户经理同客户打交道的模式，"信贷工厂"模式打造了一个四人的营销团队，在这个团队当中同时包含了销售组长、客户开发人员、客户维护人员和销售支持人员，角色不同，分工协作。其中，销售组长主要负责市场分析工作、新客户的方向性选择、售后管理以及盈利目标达成的工作；客户开发人员，顾名思义，进行新客户的开发和授信方案的发起工作；客户维护人员，主要负责管理开发人员移交的客户，同时负责存量客户的维护、客户后续相关需求的挖掘工作等；销售支持人员，主要负责为其他三类人员提供各类支持，包括资料的收集整理、客户的信息维护、台账管理等。这四类人员在营销组织里术业有专攻，大幅地提高了工作效率，也使得整个贷款的流程大大缩短。此外，在该类模式下，有了较为完善的监督、制约机制，四人之间能够形成一定程度上的"分权制衡"，形成了明确的权责机制，一直以来存在的"只重视贷前管理，不重视贷后监督"的情况会有一定程度的改善，也降低了银行的操作风险。

4. 北京银行"信贷工厂"模式的成功，我们可以从中得到哪些启示？

（1）商业银行在推出服务之前首先要有一个明智准确的市场定位。北京银行充分发挥了自己作为城市商业银行在北京地区独有的优势，立足北京，扎根北京，服务北京，同时将市场定位于中小企业，认为中小银行就应该与中小企业唇齿相依。正是准确的市场定位，使得北京银行在中小银行特色化经营的道路上扎实前行，并与中小企业建立了良好的合作关系，树立了北京银行在中小企业心目中的形象，创造了客户的长期忠诚。

（2）发展业务要学会借鉴，但借鉴并不是抄袭。"信贷工厂"模式在国内不是由北京银行首先引入,但是北京银行却是做得最好的。这是因为北京银行根据区域政策和客户需求等不同对"信贷工厂"进行了良好的改进,使其更加适应中关村企业的实物资产少、技术含量高等特点,使北京银行的"信贷工厂"模式成为"科技金融"的标杆。

(3) 鼓励学生讨论,启发学生思考,提出其他有意义的启示。

五、关键要点

1. 关键点:本案例分析的关键在于结合市场营销的 4P 理论来理解银行营销,同时把握北京银行的"信贷工厂"模式采用了何种营销策略。此外,应结合其他银行推行"信贷工厂"的情况进一步探究如何根据不同银行差异化的战略特点和市场实际情况选择相应的、恰当的营销策略。最后,还需要从营销策略分策略的角度探讨在"信贷工厂"模式中采取什么样的具体措施,以实现模式的成功运作。

2. 能力点:分析与综合能力,启发性、扩散性、批判性的思维以及运用理论知识解决实际问题的能力,主要是灵活利用所学理论知识进行市场分析以及营销策略的制定。

六、建议课堂计划

本案例可以专门的案例讨论课的形式进行,可参照如下计划组织学生进行课堂讨论。整个案例的课堂时间安排预计 90 分钟左右。

1. 课前计划:

提前下发案例,要求学生在讨论课之前进行充分的预习,分组对案例进行阅读、查找相关的资料和文献,充分利用课余时间,以小组为单位,对案例中所提出的问题进行思考与讨论,保证在上课之前对案例整体有比较系统的了解,对案例中所提问题有初步的认识和思考,也可以鼓励学生以案例为依据,提出相关的问题。

2. 课中计划:

(1) 案例回顾和课程介绍:10 分钟。

(2) 小组成果展示:50 分钟。分组(大概 5 组左右,每组尽量不超过 8 个人,保证合理的人员分工)后,按抽签顺序上台展示小组讨论结果,每组控制在 10 分钟左右。

（3）进一步讨论及进行知识梳理：20分钟。鼓励学生对案例、知识点提出问题并进一步进行深入的讨论。对案例涉及的知识进行最后系统的梳理总结。

（4）问答和机动：10分钟。

3. 课后计划：

要求学生结合小组讨论、展示内容及上课内容，查阅相关资料，以个人为单位撰写并上交一篇1 000—1 500字的案例分析报告。

互联网金融

総論求語

泛亚交易模式及"日金宝"流动性挤兑危机案例分析

方 意

摘 要：泛亚有色金属交易所推出的金融创新产品"日金宝"，在2015年出现流动性挤兑危机，引起了广泛关注。本案例介绍了泛亚交易的基本知识点，详细讲解并对比了泛亚的三类交易模式，并在此基础上解读"日金宝"产品在其中所起到的作用。最后，本案例以时间顺序，从泛亚、"日金宝"投资者、云南省政府、媒体等角色主体角度梳理了挤兑危机发生的全过程。

关键词：泛亚交易模式，"日金宝"，流动性挤兑危机

一、引言

22万投资账户、400多亿元资金血本无归！又是一个投资的惊天大骗局，还是一场围猎资本的游戏？从2015年年初开始，昆明泛亚有色金属交易所（简称泛亚），一个全球最大的稀有金属交易所，由于一款"日金宝"的理财产品，吸引了全国投资者惊异的目光。2015年年底，昆明市政府通报：泛亚涉嫌非法吸收公众存款罪，已被公安机关立案侦查。

2015年，泛亚都经历了什么？它究竟是一个什么机构？"日金宝"又是一款什么产品？为何会出现挤兑危机？"年化收益率13%""零风险""保本息"！这是泛亚推出"日金宝"理财产品时给予投资者的承诺。除固定收益外，泛亚还承诺，资金随进随出，每日结息，实时到账。由于被认为是政府担保的高收益理

财,一时间,各路资本不断涌向泛亚,泛亚从交易平台变为一个融资平台。

然而,泛亚模式不久便被质疑是"刀尖起舞"。泛亚还一度被曝恶意操纵价格,集资风险一触即发。2015年1月,泛亚正式取消卖出申报业务。2015年4月开始,"日金宝"投资者开始感受到流动性压力——泛亚修改交易规则、限制转出资金、变更业务、强行锁仓,最终出现400多亿元资金无法赎回的局面。

400多亿元莫名"失踪",钱去哪儿了?按泛亚的说法,所有资金变成了稀有金属货物,其中最主要产品铟有3 600多吨库存,但据投资者称,这些货物目前总价值为100多亿元。也就是说,投资者的400多亿元经过泛亚多年的投资变成了100多亿元的货物。而更令投资者心惊的是,这些货物是否真实存在还是个问号。

流动性挤兑危机爆发之后,至少300余家与泛亚有关的授权服务机构被关闭,80%与泛亚进行合作的企业被神秘"剔除","日金宝"官方网站则已关闭,外界与泛亚管理层的沟通渠道也被完全切断。

屋漏偏逢连夜雨,泛亚的流动性挤兑危机问题一经曝光,便被有关媒体渲染成为"庞氏骗局",并导致泛亚有关投资者进行大规模的维权行动。例如,2015年8月至9月,全国多地的泛亚投资者纷纷赶赴云南昆明进行"信访""静坐""报警"等多种形式的维权行动。2015年9月21日,大批泛亚投资者甚至聚集到中国证券监督管理委员会(证监会)门前进行请愿活动。

为了缓解投资者的愤怒情绪,2015年9月23日,泛亚在其官网发布了《关于委托受托业务债权债务重组征求意见的公告》,拟对部分稀有金属交易品种进行退市清理以及债务重组。然而,大部分投资者并不接受该措施。

二、泛亚的成立背景

(一)稀有金属具有战略价值

稀有金属又称为小金属。稀有金属的"稀有",有两层含义:第一,其储藏量较为稀有;第二,其使用较为稀有,又称为金属"维生素",作为添加剂能够很好地改善金属特性。稀有金属是国民经济发展的重要基础材料,铟、锗、钨、铋、镓、钴等稀有金属,被称为电子金属,在高科技、新能源、新材料、现代航空、现代军事等领域具有广泛的应用价值,成为世界各大经济体争夺的战略资源。

（二）稀有金属产业窘境

中国稀有金属行业面临如下窘境（图1）：稀有原材料储藏丰富，稀有金属产成品市场需求较大，但稀有金属加工制造产业落后。这种行业格局导致中国稀有金属原材料处于大量出口，而稀有金属产成品却呈现出大量进口的态势。

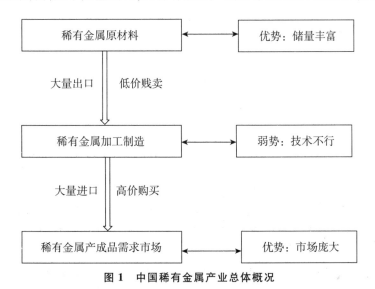

图1 中国稀有金属产业总体概况

以铟为例（表1），2011年全球精铟产量达到640吨，中国产量则占50%。从储量来看，中国精铟储量占全球储量的72.7%，可见中国铟的产量和储量都是世界最高。再从全国各省分布看，中国铟的分布在15个省区，主要集中在云南（占全国铟总储量的40%）、广西（31.4%）、内蒙古（8.2%）、青海（7.8%）、广东（7%）等。

从铟的加工制造来看，由于铟锭的光渗透性和导电性强，主要用于生产ITO靶材（用于生产液晶显示器和平板屏幕）、电子半导体领域、焊料和合金领域等。对于中国企业而言，高纯铟、ITO靶材、含铟半导体材料等高技术含量、高附加值的铟加工产品，一直没能形成市场竞争力。为此，中国铟主要用于出口，而不是供国内企业进一步加工使用。例如，泛亚（2014）指出中国铟的供给超过500吨，而中国自身的工业用量不超过50吨。从铟产成品市场需求看，中国对平板显示器、电脑芯片、铜铟镓硒薄膜太阳能电池的需求高速增长。从全球其他国家铟的供应看，2008年以后，由于世界各国加强对稀有金属资源的保护，美国、日本、韩国等国家通过国家战略储备铟等稀有金属，从中国等国家进口大量铟。以上三个方面均表明，中国稀有金属的出口需求特别旺盛。

表 1 精铟的产量和储量

国家	产量(吨)		储量(吨)
	2010 年	2011 年	
美国			280
比利时	30	30	
巴西	5	5	
加拿大	67	65	150
中国	340	340	8 000
日本	70	70	
韩国	70	100	
俄罗斯			80
其他国家	27	30	1 800
全球总计	609	640	11 000

资料来源:钟奇等(2012)。

尽管中国稀有金属原材料生产量较大,但分散于各个小企业。这种产业格局导致中国稀有金属原材料往往以低价贱卖给国外厂商。原因在于,企业数量众多,价格竞争非常激烈,为了最大化自身的利益,厂商有低价出售稀有金属原材料以占领市场的动机。另外,国外厂商在国家战略收储的政策下,对中国分散的小企业采取"各个击破"策略,尽力压价,从而中国稀有金属原材料大量流失于国外。这些结果均离不开中国稀有金属原材料交易市场不发达、稀有金属定价权落于国外等原因。

三、泛亚交易所简介

泛亚有色金属交易所是全球最大的稀有金属交易所。泛亚交易所的主要目的是利用中国独有的稀有金属资源优势,通过先进的电子商务模式改造传统产业,提升中国稀有金属产业链价值,在中国形成具有全球影响力的稀有金属国际定价中心,通过不同交易模式为企业提供购销和供应链融资服务,为投资者提供便捷高效的稀有金属投资服务。

2011 年 4 月 21 日,泛亚交易所正式开市交易,已上市品种包括铟、锗、钴、钨、铋、镓、白银、钒、锑、碲、硒、铑、镝、铽等 14 个品种,其中铟、锗、钨、铋、镓等品种的交易量、交收量、库存量均为全球第一。经过四年多的发展,铟、锗、钨、铋、镓等金属已经取得了一定的国际话语权。截至 2015 年 7 月底,泛亚交易所累计成交额超过 3 263 亿元人民币,全国各地交易商总数超过 23 万个,稀有金属贸易总量超过 44 万吨,其创新性金融业务为稀有金属行业融资超过 367 亿元。

泛亚的模式可以概括为:通过挂牌实物交易方式为稀有金属企业提供购销和融资服务,通过信息透明、交易公开的定价机制实现中国稀有金属产业的资源聚合;通过便捷高效的服务为投资者提供投资稀有金属、分享资源增值收益的渠道。

四、泛亚交易基础知识

(一)现货电子交易系统与交易者

泛亚主要经营稀有金属现货交易,其交易的核心设施是其现货电子交易系统(图 2)。现货电子交易系统是指交易所为会员提供的电子商务平台。它可以提供上市交易品种买入贸易或卖出贸易的价格申报,价格申报成功后生成电子合同,提供交割申报、交割配对,以及划转货款、商品融通和信息等市场管理服务。

泛亚的现货交易类型主要包含两类:交易和交割。其中,交易主要用来形成电子合同(买卖双方形成的买卖合同)、达成买与卖的交易意向,而交割(又称交收)则主要来执行电子合同。电子合同的交割(排除后面的委托交割)意味着合同的终结。

根据《昆明泛亚有色金属交易所现货电子交易管理办法(暂行)》(简称《管理办法》),电子合同的主要条款包括:合同名称、交易品种、商品代码、交易单位、计价单位、最小变动价位、每日涨跌幅限制、交易时间、交割申报时间、交割品级、交割地点、最小交割单位、最低合同订金、交易手续费、交割手续费、交割方式、延迟交割补偿金费率以及电子合同附件等。电子合同附件与电子合同具有同等法律效力。

参与电子合同交易的有三类交易者:交易商、生产商和批发商,它们都必须具备交易所的会员资格。其中,《管理办法》规定,交易商会员是在现货电子交易系统中开设交易商会员账户的投资者;生产商会员是在现货电子交易系统中

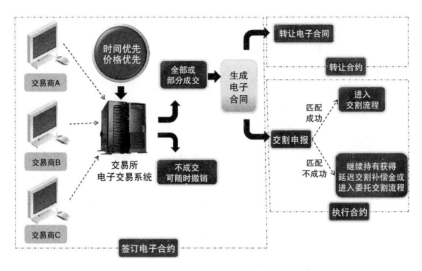

图 2　泛亚交易所的交易和交割系统

资料来源：泛亚(2013a)。

开设交生产商会员账户的企业法人；批发商会员是在现货电子交易系统中开设批发商会员账户，并在一定范围内为交易商会员提供合理买卖机会、提高市场流动性，并因此而获得收益并承担风险的法人投资者。根据上述定义，可以对这几类交易者进行总结，如表2所示。交易商可以由个人投资者组成（本案例的主角"日金宝"即是此类角色）。交易商和批发商主要交易已经在市场上流通的有色金属（"二级市场"），但是它们的参与目的不同，交易商主要是为了投资（如"全额预定保值增值模式"以及"受托申报固定收益模式"）和投机（如"双向杠杆交易模式"）获利。批发商主要是为了提高稀有金属市场的流动性，通过做市获取价差收益。生产商由稀有金属生产企业组成，其参与有色金属交易主要是为了销售其货物，因此生产商的交易类似于"一级市场"的IPO（首次公开发行）。需要注意的是，泛亚交易所稀有金属存货的增加完全来源于生产商在泛亚交易所的销售。

表 2　泛亚交易所的几类交易者

	交易商	生产商	批发商
参与者	企业、个人	稀有金属生产企业	企业
参与目的	投机、投资	卖出稀有金属	做市
参与市场	二级市场	一级市场	二级市场

（二）交易与交割

现货电子交易系统中的交易有两种方式：挂牌交易和现货委托受托业务。挂牌交易是在交易所采用挂牌交易的方式进行各类商品交易，包括卖方挂牌交易和买方挂牌交易两种。买方挂牌交易指的是买方在交易系统中挂牌申报希望买入的商品价格和数量等信息。对于买方挂牌而言，卖方可以在交易系统中进行点价（也叫"摘牌"），并按照此价格卖出相应数量。双方达成交易协议后，如果一方要求交割，另一方要么接受，要么赔偿违约金，此违约金又叫滞纳金或延迟交割补偿金，这是"日金宝"收益的根本来源。在签订交易合同时，买方和卖方均需缴纳20%的保证金。交易达成后，如果交易者同意交割，则卖方向买方交付货物（也叫注册仓单）并收回货款，买方向卖方交付货款，拿到注册仓单。此时，卖方收回其20%的保证金，而买方则在20%的保证金基础上补足80%的余款。需要注意的是，双方签订交易电子合同后，双方都有权利进行转让，将合同转让给第三方。合同转让类似于股票市场的二级市场中的股票买卖转让，是未交割电子合同被转移至第三方。

关于买方挂牌交易，有以下要点需要强调：
（1）卖方点价申报数量多于买方挂牌申报数量未成交部分的申报失效；
（2）卖方在同一价位进行点价申报按照时间优先原则处理；
（3）买方挂牌交易只允许对所挂出的最高买价进行点价。
对于卖方挂牌交易与买方挂牌交易相反（具体可以参考《管理办法》）。

表3对电子合同的交易和交割进行了深入的对比。交易有两种形式，分别是订立合同交易和转让合同交易，这两种形式都表明该电子合同还在存续期。委托交割是介于交易和交割之间的一种形式，委托交割下的电子合同仍然在存续期，交割则意味着合同的终结（这里指的是交割成功）。

从合同方的意愿看：订立交易是交易合同签订的初始时期，双方都有交割的意愿，但未交割；转让交易则是交易的一方并不想持有该交易合同，从而转让给其他交易者；委托交割则是交易的一方急于交割，而另一方并不急于交割，从而急于交割的一方与第三方（受托方）进行交割；交割则指双方都有交割的意愿，且已经成功执行交割。

表3 交易和交割的对比

比较对象	交易		委托交割	交割（交收）
	订立	转让		
合同存在状态	未执行	未执行	未执行	已执行
合同方的意愿	交易双方（A与B）刚签订买卖合同，双方都有交割的意愿，但还未交割。	交易双方（A与B）签订买卖合同已经有一段时间，其中一方（A）不想再持有该交易合同，更不想交割，从而其主动将电子合同转让给另一方（C）。本质上变为被转让方（C）与交易对手方（B）的交易合同。	交易双方（A与B）签订买卖合同已经有一段时间，其中一方（A）想交割，而另一方不想交割（B），为此，想交割的一方（委托方，A）找一个受托方（C）来交割。本质上转化为受托方（C）与交易对手方（B）的交易合同。	交易双方（A与B）签订的买卖合同已终结，交易双方（A与B）都有交割的意愿，且买方和卖方均同意交割。
是否有保证金	A与B均需缴纳20%的保证金。	A与C均需缴纳20%的保证金，B收回其保证金。	仅B缴纳20%保证金。	均不用缴纳保证金。
交易时间（北京时间）	20：30—00：30；9：00—11：30；13：30—16：00。	20：30—00：30；9：00—11：30；13：30—16：00。	16：15—16：29。	16：00—16：14。

从保证金的征收看，订立交易合同双方都会征收20%的保证金，转让之后的交易双方需要征收20%的保证金，委托交割则只对原有合同中未交割的一方征收保证金，交割则不会征收保证金。从交易时间看，订立交易和转让交易的交易时间段为20：30—00：30、9：00—11：30和13：30—16：00，委托交割的交易时间段为16：15—16：29，而交割的时间段为16：00—16：14。

另外，根据泛亚的官方规定，为提升交割率，对于委托交割业务，要求受托方与交易对手方必须在180日之内履行交割，否则交易所将对其代为处置（泛亚，2011b）。

（三）交易方向及交易之后操作

根据上述描述和《管理办法》中的有关文件，可对泛亚交易进行总结

（表4）。为阐述方便起见，下文均以交易商来表示。

表4 泛亚交易所的交易总结

	买入交易	卖出交易
交易方式	(1)挂牌买入(保证金比例为商品合约价值的20%)； (2)在卖方挂牌下点价买入(保证金比例为商品合约价值的20%)。	(1)挂牌卖出(保证金比例为商品合约价值的20%)； (2)在买方挂牌下点价卖出(保证金比例为商品合约价值的20%)。
下步操作	(1)持有不交割(如果交易对手方交割，需缴纳延迟交割补偿金)； (2)持有一段时间转让给其他交易者(在持有期间交易对手方交割，则需缴纳延迟交割补偿金)； (3)当日交割(补足80%余额)： 　(i)交割成功，从卖方那获得货物； 　(ii)交割不成功： 　　(a)委托交割，从受托方买入货物，受托方从交易对手方获取延迟交割补偿金——货物受托； 　　(b)从交易对手方获取延迟交割补偿金。	(1)持有不交割(如果交易对手方交割，需缴纳延迟交割补偿金)； (2)持有一段时间转让给其他交易者(在持有期间交易对手方交割，则需缴纳延迟交割补偿金)； (3)当日交割： 　(i)交割成功，从卖方那获得货款，并收回20%保证金； 　(ii)交割不成功： 　　(a)委托交割，将货物仓单转让给受托者，收回20%保证金，并获得货款，受托方从交易对手方获取延迟交割补偿金——资金受托("日金宝"业务)； 　　(b)从交易对手方获取延迟交割补偿金。

交易商想签订买入的电子合同，有两种方式：一种方式是自己挂买单，等待其他交易商来购买；另一种方式则是在卖方挂牌下点价买入。交易商签订买入合同后，并不一定要马上交割。但是，根据《管理办法》，只要签订协议的一方有交割需求，另一方则必须承担与其交割的义务，否则违约的一方必须缴纳延迟交割补偿金。延迟交割补偿金按日征收，正常的延迟交割补偿金率为交易合同总价值的5‰(如表5显示，延迟交割补偿金率会变化)。设计此机制的目的在于促使交易被真正地履行，这与期货市场交易有很大的不同：泛亚交易所是现货市场，鼓励交易最终交割；期货市场中绝大部分交易都不交割，而被中途平仓。由于未交割的交易要征收补偿金，这在一定程度上降低了泛亚交易所的投机气氛。

表 5　泛亚交易所采取的风险控制管理办法

保证金	(1)会员在订立现货电子合同(即上文的买入交易或卖出交易)时缴纳一定比例资金作为其履行合同的保证金。(2)保证金比例为商品合约价值的20%,且买卖双方都需要缴纳保证金。(3)交易所可根据市场情况按规定调整保证金。
代为转让	当会员出现下列情况之一时,交易所将实行代为转让交易合同:(1)该会员交易资金不足,且未能在下一交易日上午10:00前补足的;(2)订货量超出其限额规定的(详见订货限额制度);(3)该会员存在交易所认定的违规行为的;(4)根据交易所的紧急措施应予代为转让的;(5)其他应予代为转让的。
涨(跌)停板	(1)正常的涨(跌)停板幅度为上一交易日结算价±8%。(2)交易所可以根据市场情况调整各上市交易品种涨(跌)停板幅度和延迟交割补偿金费率。(3)当某一上市交易品种以涨(跌)停板价格申报时,成交撮合原则①实行"代为转让优先、转让优先、时间优先"的原则,但当日新订立的电子交易合同不适用"转让优先"原则。具体的涨(跌)停板情形请见图3、图4。
订货限额	订货限额指交易所规定单个会员按买入成卖出单方向计算可以持有一上市交易品种订货量的最大数额。详见图5。
大户报告	(1)当会员某一上市交易品种的订货数量达到交易所对其规定的订货限额80%(含)以上时,会员应向交易所报告其资金情况、订货情况。交易所可根据市场风险状况,调整改变订货报告标准。(2)会员的订货数量达到交易所报告界限的,会员应主动于下一交易日结束前向交易所报告。如需再次报告或补充报告,交易所将通知有关会员。
官方指导价格披露和延迟交割补偿金费率联动机制	(1)上市交易品种的官方指导价格是指交易品种卖方委托交割成功但未完成交割配对(即该电子合同属于委托交割,但还未真正交割)货物的结算价按照数量进行加权平均计算的价格。 (2)当某上市交易品种的市场交易价格(以当日结算价计算)偏离该上市交易品种官方指导价格超过一定幅度时,交易所可以在随后交易日采取提高延迟交割补偿金费率等措施控制风险,抑制市场过度投机。 具体而言: (1) $\frac{\|市场价格-官方指导价格\|}{官方指导价格} \geq 20\%$,延迟交割补偿金率相对于标准水平上升10倍; (2) $\frac{\|市场价格-官方指导价格\|}{官方指导价格} \geq 25\%$,延迟交割补偿金率相对于标准水平上升100倍。

资料来源:泛亚(2011c)。

---

① 泛亚吸收了国外交易所做市商和撮合交易混合机制经验,创建了批发商协助成交或有义务成交制度,剔除了由庄家保证流动性而带来人为操纵价格的负效应。

签订买入合同后,交易商有三种选择:(1)持有暂不交割;(2)持有一段时间转让给其他交易商;(3)当日交割。对于前两种而言,如果在持有期间,其交易对手方有交割需求,则该交易商必须给予对手方延迟交割补偿金。如果交易商选择交割,其有两种可能性:交割成功和交割不成功。对于交割成功而言,交易商补充80%的余款,并获得货物仓单即可;当交割不成功的时候,可有两种选择:(1)委托交割;(2)等待交割,获得延迟交割补偿金。对于委托交割而言,交易商本质上是从受托者买入货物,并将货款以及电子合同转让给受托者,受托者获得延迟交割补偿金。此情形下的延迟交割补偿金,有一个新名词叫委托日金。

对于卖出交易,具体的内容介绍与上述基本类似。这里只强调在交割不成功下的委托交割。对于卖出交易委托交割而言,交易商是将货物仓单转让给受托者,受托者交出100%的货款,并获得受托日金,"日金宝"业务主要针对此种情形。

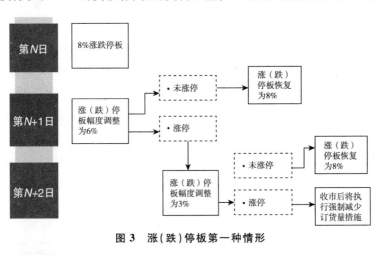

图3 涨(跌)停板第一种情形

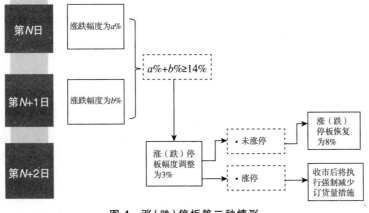

图4 涨(跌)停板第二种情形

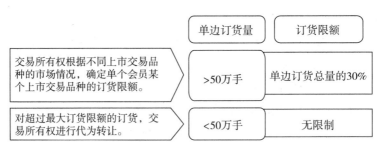

图 5 订货限额制度详解

资料来源：泛亚(2011d)。

（四）交易保障

为了保障交易商、生产商和批发商在泛亚交易平台（也即现货电子交易系统）中的交易安全，泛亚从人员保障、货物保障、资金保障和风险保障等多个方面全面保障交易的安全执行。

表 6 是从其官方资料《管理办法》中整理出来的交易保障措施。在人员保障方面，主要有交易会员的严格准入制度以及对泛亚交易所员工的自律制度；在货物保障方面，主要有货物质检、货物仓储、货物质保、第三方质量检验和全额投保制度；在资金保障方面，主要有第三方银行结算制度；在风险保障方面，主要有异常情况处理、风险警示、风险准备金和风险控制管理制度等。对于风险控制管理制度，泛亚提出了多种管理办法（见表 7），如保证金、代为转让、涨（跌）停板、订货限额、大户报告、官方指导价格披露和延迟交割补偿金费率联动机制等制度。

表 6 泛亚交易所采取的多重交易保障

人员保障	会员准入制度	对生产商会员和批发商会员采取资格评定、品牌准入审核、产品原厂认证、货物质保等一系列措施进行货物质量风险控制。
	人员自律制度	提高员工职业操守，加强员工职业道德教育，严格内部审计，防范职业道德风险。
货物保障	货物质检	交易所指定第三方质检机构，该机构对进入指定交收仓库的货物进行质量检验，并对其出具的检验报告负责。货物经指定质检机构进行质量检验且合格后，在入库（见下文的货物仓储）之后生成注册仓单。会员在交易过程中产生质量纠纷，可以选择指定的第三方质检机构出具检验报告，作为认定是否发生交收违约的依据。

(续表)

	货物仓储	交收的货物须存放于指定交收仓库内。该仓库由交易所指定,为会员提供仓储服务及货物交收的第三方仓储企业。
	货物质保	实行货物质保制度。生产商会员和供货批发商会员对交易所指定交收仓库未出库的交收货物(注册仓单)承担质量保证。
	第三方质量检验	交易所指定质检机构对进入指定交收仓库的货物进行独立的第三方质量检验,指定检验机构须对其出具的检验报告负责。
	全额投保	交易所选取专业保险机构合作,统一为会员的仓储货物足额投保。
资金保障	第三方银行结算	交易所须在指定的结算银行开设专用结算账户,会员须开立银行结算账户,交易所与会员之间资金划转通过交易所专用结算账户和会员银行结算账户办理。
风险保障	异常情况处理	交易出现异常情况时,交易所可以宣布市场交易进入异常情况并采取紧急措施化解风险。
	风险警示	交易所认为必要时可以分别采取或同时采取要求会员报告情况、谈话提醒、书面警示、公开谴责、发布风险警示公告等措施中的一种或多种,以警示和控制风险。
	风险准备金	按比例提取风险准备金以防范风险。
	风险控制管理	在交易制度建设方面不断完善风险控制细则,有效防范现货交易制度风险。

资料来源:泛亚(2011a)。

五、泛亚宣传的三种交易模式

泛亚有三大类交易模式,分别为双向杠杆交易模式、全额预定保值增值模式和固定收益模式。下面分别展示泛亚的这三大类交易模式。

(一)双向杠杆交易模式

双向杠杆交易模式,类似于期货投资,本质上属于"订立交易-转让交易"模式。"双向"有两层含义:(1)操作手段双向,要么"先买后卖",要么"先卖后买";(2)操作市场预期双向,如果交易商预期稀有金属价格看涨,则会做"先买后卖"操作;如果交易商预期稀有金属价格看跌,则会做"先卖后买"操作。这与期货交易中的多头操作、空头操作类似。"杠杆"指的是交易过程带有杠杆,由于保证金是20%,从而此种交易方式有5倍杠杆。

1."先买后卖"操作

图6和图7分别给出了泛亚现货电子交易系统的操作画面。图6的含义是交易者通过买入订立交易签订了买入合同,且买入价格为385元/手,买入数量为200手。在买入的时候,交易者不需要全额付出购买货物的资金,只需缴纳20%的保证金即可。当交易者预期稀有金属价格已经涨到预期目标时,其会通过卖出转让交易进行"平仓"。

图6 铟的买入订立交易

图7 铟的卖出转让交易

举例:假设某交易商预期铟的价格①在近期会上涨,因此在某日的交易时段,其以含税价400元"买入订立"100手铟(税率为17%),等到价格上涨到含税价450元后再采取"卖出转让"操作。该订单的合同金额为:400元 × 100手 = 40 000元,由于订立合同只需要20%的保证金,因此交易商投入的本金是40 000元 × 20% = 8 000元。由于交易商是以450元的价格卖出,因此其毛利润为(450元 - 400元) × 100手 = 5 000元。交易商的毛利润率为毛利润/投入本金 = 5 000元/8 000元 × 100% = 62.5%。如果不采取杠杆操作,则投资的毛收益率只有5 000元/40 000元×100% = 12.5%。从而,杠杆操作下的杠杆倍数为5倍。

2."先卖后买"操作

对于先卖后买操作,交易者的操作与"先买后卖"操作相反,交易者先订立卖出交易合同(图8),等到交易者认为稀有金属价格已经降到足够低的时候,

---

① 此价格是泛亚现货电子交易系统中的交易价格,但其与其他市场的交易价格有较大差距。

其再执行一次买入转让交易(图9),从而锁定利润。

图 8　铟的卖出订立交易

图 9　铟的买入转让交易

在双向杠杆交易模式下,净利润需要考虑税收、泛亚征收的手续费、仓储费以及保险费等(这些都是一次性缴纳)。更重要的是,在持有订单的过程中,如果交易对手方有交割需求,交易者还要缴纳延迟交割补偿金,且延迟交割补充金与持有订单时间成正比,这是交易者必须考虑的交易成本。

(二) 全额预定保值增值模式

如果说双向杠杆交易模式类似于期货投资,那么全额预定保值增值模式则类似于股票投资,它本质上是一种不带杠杆的投资交易。全额预定保值增值模式分为看涨全额预定保值增值模式和看跌全额预定保值增值模式。

当交易者预期未来较长一段时间稀有金属价格上涨时,它可以采取看涨全额预定保值增值模式。这种模式具体的操作如下:(1)在交易时间段进行买入订立操作,并交纳20%的保证金(图10)。(2)在当天的交割时间段(16:00—16:14)进行买方交割申报,并准备80%的余款(图11)。需要注意的是"交易"是立即的,而"交割"则未必能立即成交,交易对手方可能会延迟交割。(3)在交割时,交易者应该查询交割是否成功(交割配对情况)(图12)。为了能立即交割,交易者可以同时选择买方委托交割以提高交割的成功概率。当交割成功时,交易者会拿到稀有金属注册仓单,并将其长期持有。(4)持有一段时间之后,当投资者预期该稀有金属价格上涨空间不大时,交易者可以在交易时间段进行卖出订立操作,并交纳20%的保证金(图13)。(5)在交割时间段进行卖方交割申报(图14)。(6)由于交割未必成功,交易者应该查询卖方交割申报情况(图15)。如果不成功,则应该下一期继续提交交割申请。另外,交易者也可以同时提交卖方委托交割,以提高交割成功概率。

关于全额预定保值增值模式的例子可以参照不带杠杆的情形。对于看跌全额预定保值增值模式,按完全相反的方向操作即可。

图 10 铟的买入订立交易

图 11 铟的买方交割申报

图 12 铟的买方交割申报查询

图 13 铟的卖出订立

图 14 铟的卖方交割申报

图 15 "铟"的卖方交割申报查询

（三）固定收益模式

与上述两大类交易都暴露于稀有金属价格波动的市场风险不同,所有的固定收益模式至少从设计角度而言,"几乎"与稀有金属价格波动无关。固定收益模式的收益主要来源于交易对手方的延迟交割补偿金。固定收益模式也分成两大类:全额预定固定收益和受托申报固定收益。

1. 全额预定固定收益

全额预定固定收益模式是通过零差价买入卖出订立合同,并进行立即交割而从延迟交割的交易对手方获取稳定的延迟交割补偿金的交易模式。

具体而言,交易者在交易时间段同时进行价格相同、交易数量相同的"买入订立"电子合同和"卖出订立"电子合同。在交割时间段,再同时进行"买入交割"和"卖出交割"的电子合同。需要注意的是,为了避免"买入交割"没有配对成功、"卖出交割"配对成功，交易商手中却没有注册仓单的情形发生，交易商可以通过同时提交"买入委托交割"和"买入交割"的申请以提高买入交割成功的概率。

由图 16 可知，在全额预定固定收益交易模式，交易者需要拿出电子合同交易 100% + 20% = 120% 的本金进行交易，需要投入的成本非常高。但是由于所有操作均由交易者自身完成，因此此种模式交易费率较低（大约为 0.05‰/日，只需征收交易服务费、交割申报费、报销费和仓储费等）。

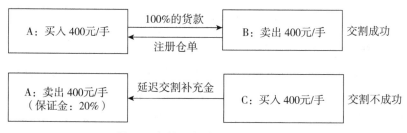

图 16　全额预定固定收益交易模式

2. 受托申报固定收益

全额预定固定收益模式是同时做方向相反的两次操作，而受托申报固定收益则只做一次操作。受托申报固定收益模式又分为货物受托和资金受托两种模式。

（1）货物受托申报固定收益

货物受托对应着买入委托交割（图 17）。当买方（A）想交割，而卖方（B）却想延迟交割时，买方可以通过买入委托进行交割，作为受托方 C 此时可以把自己库存的注册仓单转交给 A。由于 B 违约，B 的延迟交割补充金从 A 转至 C，由于此时存在委托受托业务，因此延迟交割补偿金会扣除受托方综合管理费（大约 0.125‰/日，不再收取保险费、仓储费），扣除后的补充金叫作受托日金。正常的受托日金费率为 0.375‰/日（0.525‰/日 − 0.125‰/日 = 0.375‰/日）。因此，全额预定固定收益的收益率要高于受托申报固定收益。

货物受托固定收益模式（图 17）主要适用于生产商，原因在于生产商自身有注册仓单不需要在泛亚交易平台购买。生产商采取此种受托模式的原因在于，盘活稀有金属存货，让其"生息"，这也是泛亚为稀有金属产业提供的创新型金融服务之一。另外，广义来讲，**全额预定固定收益与货物受托固定收益模式，本质相同，只是全额预定固定收益的适用范围更广（对于所有会员都可以）**，因为其可以通过购买注册仓单实现货物受托。

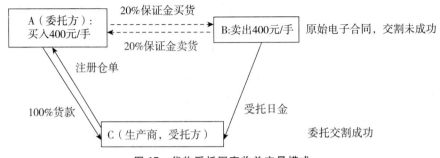

图 17　货物受托固定收益交易模式

(2) 资金受托申报固定收益

资金受托对应着卖出委托交割(图 18)。当卖方(A)想交割,而买方(B)却想延迟交割时,卖方可以通过卖出委托进行交割,作为受托方 C 此时可以拿出资金购买稀有金属货物,A 把注册仓单交由 C 保管。由于 B 违约,B 的延迟交割补充金从 A 转至 C,C 收到 B 给付的受托日金。正常的受托日金费率为 0.375‰/日。

专栏　　　　　　　　　　"日金宝"

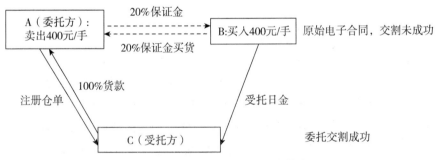

图 18　资金受托固定收益交易模式

资金受托固定收益本质是有"资金"交易商进行的固定收益类投资模式。此模式有一定的局限性,原因在于门槛较高(资金门槛与会员资格门槛)。为降低门槛,泛亚交易所将这种资金受托业务做成类似于银行理财的"资金池"业务,即为"日金宝"业务。"日金宝"作为资金受托方,其面向全体公众吸收投资资金,并将吸收的资金与大量的卖出委托交割进行资金受托业务,同时拿到注册仓单,并接受由这些委托交割的电子合同交易对手方付出的受托日金(延迟交割补偿金扣除受托方综合管理费),"日金宝"投资者则得到受托日金费。与资金受托申报固定收益相同,日金费率为0.375‰/日。

在具体设计"日金宝"产品时,有两种模式:(1)日金和本金可以当天取出;(2)结构化产品,即日金当日到账,本金则在180天封闭期结束后到账。这两种模式的区别有点类似于活期存款和定期存款的区别。截至2014年12月,"日金宝"产品有50%的受托资金都是结构化产品(孙琦子和冯建岚,2015)。

由此可见,"日金宝"是一种特殊的资金受托固定收益交易模式。

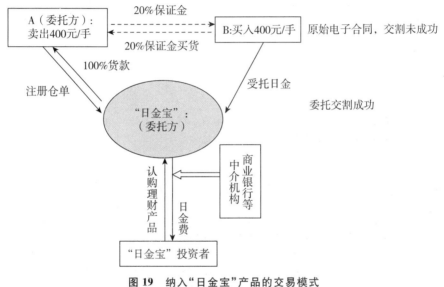

图19 纳入"日金宝"产品的交易模式

(四)模式对比与总结

由于泛亚的交易比较复杂且种类多,这里进一步从各个角度对这几类交易模式进行对比,详细的对比结果见表7。需要指出的是,货物受托特别类似于另类的"正回购"。传统的正回购是付出"证券"得到"资金",到期收回"证券"而付出"资金",货物受托也是受托时付出"货物"得到"资金",受托结束之后收回"货物"而付出"资金"。但是,正回购方是付出利息的一方,而货物受托则是得到利息的一方。资金受托(包含"日金宝")非常类似于逆回购。逆回购是付出"资金"得到"证券",到期返还"证券"而得到"资金",资金受托也是受托时付出"资金"得到"货物",到期返还"货物"而得到"资金"。这里,逆回购与资金受托都是得到利息的一方。

表 7　泛亚交易模式对比

比较对象	双向杠杆交易模式		全额预定保值增值模式		固定收益模式		
	先买后卖	先卖后买	看涨	看跌	全额预定	货物受托	资金受托（含"日金宝"）
类似于市场投资	期货市场多头投资	期货市场空头投资	股票市场做多投资	股票市场做空投资	—	另类的"正回购"	逆回购
收益是否与稀有金属价格相关	正相关	负相关	正相关	负相关	几乎无关	几乎无关	几乎无关
风险点	稀有金属市场风险	稀有金属市场风险	稀有金属市场风险	稀有金属市场风险	违约风险	违约风险	违约风险、流动性风险
风险大小	极大	极大	较大	较大	较小	较小	较小
注意事项	关注稀有金属价格短期变化，短线操作	关注稀有金属价格短期变化，短线操作	关注稀有金属价格长期变化，长线操作	关注稀有金属价格长期变化，长线操作	保证在较长时间内有足够的闲余资金	保证在较长时间能持有货物	保证在较长时间内有足够的闲余资金

六、"日金宝"挤兑危机事件梳理

泛亚的交易模式多且复杂。从制度和交易规则看，"日金宝"产品作为一个基于稀有金属委托受托业务的理财产品，享受着较高的固定收益，且收益来源于交易对手方违约带来的延迟交割补偿金。理论上，"日金宝"产品不存在较大的风险，但现实情况却远比上面介绍的（"理想"或"理论"）交易模式要复杂得多。为此，案例正文附录二从时间顺序对泛亚"日金宝"流动性挤兑危机事件进行了梳理。

由于上述事件梳理内容较多，表 8 进行了进一步总结。

表8 泛亚与媒体、"日金宝"投资者的"斗智斗勇"

	泛亚	媒体、"日金宝"投资者
对"日金宝"产品的解读	为政府战略收储,提高稀有金属定价权; 为稀有金属生产企业提供供应链融资; 为投资者提供高收益的投资渠道; 产品是资金受托业务,以稀有金属注册仓单为抵押,在流动性挤兑情形下,可以用稀有金属来偿还本金。	以"战略收储"为名进行"忽悠",并利用政府对其发行"日金宝"产品背书; 泛亚为稀有金属生产企业谋取利益,许多稀有金属生产企业是"皮包公司"; "日金宝"是"庞氏骗局"; 产品类似于银行理财产品,无风险,还本付息。
"日金宝"产品流动性挤兑危机原因	全球大宗商品价格急剧下跌; 交易模式由$T+1$改为$T+5$交易、彻底实名制、取消卖出申报业务; 2014年年底股市的火爆以及2015年6月的"股灾"所产生的负向传染媒体的恶意炒作。	泛亚以高于市场价格收储,且必须保障市场价格每年上涨20%以上,整个泛亚交易平台只有稀有金属"入库",而没有"出库"。
"日金宝"产品流动性挤兑危机采取的行动措施	"剔除"合作服务机构;"合并"合作的稀有金属生产企业;将危机事件转嫁给云南省、昆明市政府;对恶意宣传泛亚危机的媒体提出警告;不断地发布、修改危机有关的报告。	不断地进行维权行动; 不断地挖掘"内幕"消息。
"日金宝"产品流动性挤兑危机解决方案	引入战略投资者;进行债务重组;转入"泛融网";不断地让稀有金属生产企业回购注册仓单;不断延长锁定日期;按照合同规定,以资金的120%直接提货;将$T+5$改回为$T+1$。	按照签订的协议还本付息; 部分投资者接受转入"泛融网"。

(一)泛亚与媒体、"日金宝"投资者"斗智斗勇"

具体来说,他们对"日金宝"产品的解读、流动性挤兑危机原因、危机事件采取的行动措施以及解决方案等方面基本上是"针锋相对"的。

1. 对"日金宝"产品的解读

从对"日金宝"产品的解读看,泛亚认为其利用金融创新为"国家战略收储",并与国外争夺稀有金属定价权,利用供应链融资为稀有金属生产企业提供资金进行产业升级,为投资者提供投资稀有金属产业的渠道,且其在产品设计时,"日金宝"定位为资金受托业务,其以稀有金属注册仓单为抵押品。媒体和"日金宝"投资者的看法则完全相反,认为泛亚以为政府"战略收储"的名义让政府对其发行的"日金宝"产品进行"行骗"背书,其设计这款产品主要是让"日金宝"投资者为一些与泛亚有各种利益关联的稀有金属生产企业(一些稀有金属生产企业甚至是泛亚高管开设的"皮包"公司)"输血"。在销售"日金宝"时,投资者认为泛亚宣扬"日金宝"是固定收益率类产品,完全无风险,且每天均"出金"("收益每日结算""收益每日到账""随进随出")。

2. 对流动性挤兑危机原因的解读

泛亚认为流动性挤兑危机主要源于:

(1)全球大宗商品价格急剧下跌,以铟为代表的稀有金属价格亦未能幸免。由于商品价格下跌,在泛亚交易平台购买稀有金属价格的交易商数量急剧下降,从而延迟交割补偿金下降。

(2)在监管当局的要求下,泛亚交易平台的交易规则由$T+1$改为$T+5$,并实行实名制,泛亚交易量急剧下降[①],延迟交割补偿金下降。

(3)监管当局要求取消卖出申报业务。在卖出申报取消前,原本400多亿元的客户资产中,50%为具有180天封闭期的结构化资产,另外50%为流动资产。在卖出申报取消后,结构化资产全部变成了可流动资产。这加剧了"日金宝"产品的流动性风险(孙琦子和冯建岚,2015)。

(4)2014年年底的股票市场价格大涨吸引"日金宝"投资者变现,导致"日金宝"流动性紧张;2015年6月份的"股灾"导致投资者恐慌心理,并进一步挤兑"日金宝"。

(5)媒体对"日金宝"流动性挤兑事件的过度解读,加剧了投资者的恐慌,并形成了"预期自我实现"。

媒体和投资者则完全从"庞氏骗局"对其挤兑原因进行解读:

(1)泛亚以远高于其他现货市场的价格吸引稀有金属生产企业在泛亚交

[①] 根据泛亚提供的数据,交易规则由$T+1$改为$T+5$之后,交易量从每周平均5 000多吨下降到每周500—700吨,2015年4—5月则降至每周200—400吨(孙琦子和冯建岚,2015)。

易,从而保证其为"国家收储",并导致泛亚交易平台只有"入库",而没有"出库"。该企业在卖出稀有金属时,需要同时开出相同数量的"买入"交易合同。由于"买入"交易需要20%的保证金,因此稀有金属生产企业卖出其货物只能拿到80%的货款。泛亚为了保证稀有金属生产企业的利益,其平台价格要高于其他市场价格25%—30%。

(2) 泛亚保证稀有金属每年上涨20%以上,从而能保证稀有金属生产企业永远不平仓,并为其付出延迟交割补偿金。由于1年延迟交割补偿金需要18.25%,只要稀有金属价格每年能上涨超过18.25%,稀有金属生产企业不需要再投入资金,即可一直维持"买入"交易且不平仓(如云南天浩公司有非常多的2011年6月入库至今却依旧未赎回的货物)。

(3) 整个交易过程中,稀有金属生产企业以远高于其他市场的价格卖出其货物,这个市场溢价完全来源于投资者投入的资金。由于稀有金属生产企业卖价高于其他市场,从而有动机卖出稀有金属货物,最终导致泛亚有大量的稀有金属库存。

(4) 投资者是整个交易平台亏损的一方,其"利息"来源于后进入投资者投入的资金,为了保障泛亚模式能持续下去,需要吸引越来越多的投资者投资"日金宝"。

3. 对兑付危机采取的行动措施

从对兑付危机采取的行动措施看,泛亚有以下举动:

(1) 精简合作服务机构和合作生产商(稀有金属生产企业)。"日金宝"流动性挤兑危机事件爆发后,泛亚将与其合作的400多家的服务机构减少至41家,将与其合作的54家生产商减少至12家。

(2) 泛亚宣称其经营完全符合云南省、昆明市政府的监管条例,并且这些政府也发表了公告以支持其运营,并证实其合规。在危机的中后期,政府还接管了泛亚的官方网站,代替泛亚与公众沟通。

(3) 泛亚认为媒体的报道有违事实,并将诉诸法律手段来维护自身的合法权益。

(4) 针对媒体以及投资者的强势攻势,泛亚不断地修改与危机有关的公告。媒体则利用各种渠道对泛亚的交易漏洞、利益输送以及投资者的"亲身经历"等各个方面进行挖掘,而维权的投资者则对泛亚及其服务机构,向昆明市政府、云南省政府、银监局、公安局、证监会和中纪委等地进行维权。

4. 对兑付危机采取的解决方案

从对兑付危机采取的解决方案看,泛亚有以下举动:

(1) 将"日金宝"投资者投入的资金转移至"泛融"①的平台上,本金结算期为 180 天、360 天、15 个月或者 18 个月,利息为日付月结或者半年结,另外稀有金属生产企业可根据自身可承受的额度回购货物。

(2) "日金宝"投资者可继续保留在泛亚平台上,并同原委托方签订补充协议,在 24 个月内委托方还款收货,受托方则可提前提货自卖。在持有期间,利息按年支付,24 个月到期还本。

(3) 客户代持的注册仓单转成自持仓单,仓单可以自行交易。

(4) 24 个月之内按年支付利息,24 个月后客户提走货物。

(5) 投资者以其投入资金的 120% 直接提货。

(6) 引入战略投资者注资泛亚交易所。

(7) 将 T+5 交易规则改回 T+1,泛亚已报备政府,2015 年 9 月 1 日上线新的交易系统。

绝大部分投资者并不认可泛亚的解决方案,只有 130 亿元的资金愿意转到"泛融网"(孙琦子和冯建岚,2015),其他投资者仍然通过各种维权行为向泛亚索取其投入的本金。

(二) "日金宝"流动性挤兑危机事件的核心要素

1. 政府背书:泛亚利用其为"国家战略收储"的背景,尤其是为云南当地的稀有金属生产企业提供服务,获得了云南省政府、昆明市政府的大力支持,有政府的信用背书。

2. 银行背书:"日金宝"产品的销售大多由商业银行帮助完成。泛亚与相关银行签订联合推广协议、银商转账协议、银企合作协议、交易结算资金存管服务协议、第三方存管服务协议、电子商务支付服务合作协议、总对总协议、银商通协议等。然后,银行对相关高端客户进行定点销售,并且宣扬"日金宝"理财产品零风险、随用随取、年化利率 13% 等(孙斌,2015c)。

3. 经济学名人背书:泛亚聘请了郎咸平、宋鸿兵等经济学名人进行专题讲座,为泛亚销售"日金宝"产品摇旗呐喊。

4. 投资者追求高收益、迷信权威、忽视风险:投资者在购买产品时,并不详

---

① "泛融网"全称为泛融(深圳)互联网金融服务股份有限公司,为泛亚在深圳开设的投资于稀有金属的互联网金融企业。

细去了解其资金投向,只看重政府背景、银行销售以及相关经济学名人的宣传,即认定其安全。在高收益的驱使下,投资者将其大部分财富投入"日金宝"(投资者投入"日金宝"的资金占其自身财富的比值非常高),这与一般的资产配置投资完全不同。

5. 稀有金属生产企业在利润的驱使下,盲目扩大产能,稀有金属产业严重产能过剩:泛亚的生产商客户由于能高价出售其稀有金属库存,不顾现有的需求,大肆兴建厂房扩大生产,甚至从国外进口稀有金属①。国内稀有金属的生产加上泛亚交易平台的库存远高于中国每年的真实需求。例如,泛亚囤积了全球95%的铟(约3 500吨),但实际上中国一年仅使用铟20吨。

6. 对泛亚及其交易模式的评价有两个极端:"金融创新"与"庞氏骗局",至今仍未有定论。泛亚和地方政府认为泛亚的交易模式是一种金融创新,这种金融创新有助于实现争夺稀有金属定价权、国家战略收储以及改善稀有金属产业环境等目的,而投资者以及媒体则基本上从"庞氏骗局"角度看待其交易模式。

---

① 中国稀有金属原本大量出口(生产量远大于需求量),泛亚成立后,泛亚生产商会员(稀有金属生产企业)在利润的驱使下,以低价从其他厂商乃至国外进口,然后在泛亚交易平台高价销售。

案例正文附录

附录一 泛亚交易所的对外宣传[①]

为了吸引投资者购买"日金宝"理财产品,泛亚从以下方面对其自身进行了广泛的宣传:(1)品牌和影响力宣传,体现为从其获得的荣誉、举办大型活动、参与峰会论坛历程、参与社会公益活动历程、权威媒体报道等方的宣传;(2)监管和法律合规宣传。表9对泛亚的品牌和影响力宣传进行了总结。

表9 泛亚交易所的品牌和影响力宣传

获得荣誉	2011年5月中国有色金属工业协会将泛亚评为《中国有色金属》理事会副理事长单位。 2011年6月10日,泛亚荣获"2011年中国最具投资潜质创新企业"称号。
举办大型活动	2011年7月3日,"2011投资风向标"宁夏卫视·第一财经·泛亚交易所全国巡回投资报告会正式在杭州启动。 2011年7月16日,泛亚与兴业银行在上海签署战略合作协议,确定总对总合作关系。 2011年12月16日,泛亚发起主办了金属硅行业标准研讨会。 2011年12月15—17日,泛亚作为协办单位支持2011年(第二届)滇池泛亚股权投资高峰会,并主办了以"促进有色金属产业发展推动战略性要素市场建设"为主题的圆桌会议。 2012年3月24日,泛亚联合山西省天津商会共同举办了2012年泛亚财富论坛。
参与峰会论坛历程	2011年11月11—14日,泛亚总裁作为中国企业家代表团成员,在美国参加了2011年APEC工商领导人峰会。 2012年4月1日至4月3日,泛亚董事长作为中国企业家代表团成员参加了2012年博鳌亚洲论坛。 2012年4月11日,交易所领导应邀出席了2012年国际铟、锗论坛。

---

① 本部分主要资料来源于泛亚(2012)。

(续表)

参与社会公益活动历程	2011年8月,泛亚向中国光华科技基金会绿舟工程捐赠200万元人民币,并筹备专门的慈善基金,为云南贫困地区的基础教育、民生保障等方面提供公益援助。 2011年9月泛亚组织全体员工集体义务献血。 2012年3月20日、21日泛亚为云南省元谋县灾民们捐赠抗旱应急物资。 2012年4月泛亚交易所参加了由昆明市五华区经贸局组织的抗旱爱心捐赠活动。 2012年5月泛亚交易所联合云南省黄埔军校同学会、云南省归国华侨联合会发起并组织开展的大型"忠魂归国"公益活动,并捐资60万元。
权威媒体报道	2011年4月21日,泛亚正式开市交易,中央电视台新闻频道、财经频道、云南电视台等权威媒体对交易所进行了专题报道。 2012年1月11日,中央电视台经济频道《经济信息联播》栏目对泛亚进行了"泛亚有色现货电子贸易兴起"专访。 2012年3月24日,中央电视综合频道对泛亚新上市品种金属硅进行了报道。据称,中国是世界上最大的金属硅出口国,但缺失定价权,泛亚金属硅现货合约上市后有利于解决整个行业上下游之间资金信任、价格不透明等问题。 英国金属网(Metal-Pages)对泛亚相关新闻进行持续报道;《伦敦金属导报》(London Metal Bulletin)已经将泛亚的铟交易价格作为现货参考价格定期向全球发布。

除此之外,泛亚还通过各种官方资料宣传其受到政府管理部门的严格监管,且其交易规则符合当前的各种金融监管规定。根据泛亚官方宣传资料,泛亚是由昆明市委办公室和云南省金融局主管,并由上述两部门和云南省工商局、云南省商务局、云南省税务局等多家行政管理部门组建针对泛亚的监督管理委员会,此委员会对交易所和市场参与者以及交易所内的商品交易活动进行规范、监督和指导。《管理办法》则进一步指出,其交易规定完全遵守:(1)国务院颁布的《国务院关于清理整顿各类交易场所切实防范金融风险的决定》(国发〔2011〕38号);(2)《国务院办公厅关于清理整顿各类交易场所的实施意见》(国办发〔2012〕37号);(3)云南省人民政府办公厅颁布的《云南省人民政府办公厅关于印发清理整顿各类交易场所工作方案的通知》(云政办发〔2011〕256

号);(4)昆明市人民政府颁布的《昆明泛亚有色金属交易所交易市场监督管理暂行办法》(昆政发〔2010〕110号)(泛亚,2011a)。

除此之外,泛亚宣称其有"五大创新"和"五大功能"。其中"五大创新"为:

(1)制度创新。泛亚是首家在政府监督指导下运营的股份制有色金属交易所。泛亚协同各类市场参与者共同发起了有色金属现货电子交易行业协会,并邀请国内外著名经济学专家和学者、有色金属行业专家、金融行业专家、企业家和相关政府官员成立有色金属现货电子交易专家顾问委员会。

(2)交易模式创新。泛亚采用现货电子交易创新交易模式进行交易。

(3)商品融通创新。泛亚与各大银行开展供应链融资合作,为买卖双方融资提供充足的资金保障。

(4)价格形成机制创新。泛亚吸收国外交易所做市商和撮合交易混合机制的先进经验,独创批发商协助成交或有义务制度。

(5)服务模式创新。泛亚采用授权服务中心推广的新模式,为市场各类参与者进行商品服务。

"五大功能"如下:

(1)有色金属现货贸易与流通功能。泛亚每天3个交易时间段进行交易,买卖双方每天都可以申报交割。

(2)供应链融资功能。泛亚利用交割模式和银行仓单质押的方式,扩宽了生产商、批发商和交易商的融资渠道。

(3)信息传导功能。泛亚通过电子商务平台的运用,使得信息传递更加快速、便捷、透明。

(4)商品投资和保值功能。泛亚实现了高效的资金利用、实用的买卖双向交易、可选择延期交割等各种交易功能。

(5)商品定价功能。泛亚现货电子交易平台具有极强的定价功能,企业能更好地把握商品价格走势。

为了宣传"日金宝",泛亚在宣传广告里面有以下多种阐述(表10、图20、图21)——总结而言,"日金宝"是高流动性、高收益性且非常安全的"理财产品"。

表 10 "日金宝"官方宣传特征总结

高流动性	(1)收益每日到账,日结;(2)资金 $T+1$ 模式($T+5$ 政策出来之前),今日了结,明日取出。
高收益性	(1)日息万分之 3 或 3.75,年化收益率可达 13.68%;(2)利息日结,可做复利,收益最大化。
高安全性	(1)银行第三方托管账户;(2)资金对应仓单,仓单对应货物,货物有第三方质检机构质;(3)三大保险公司全额承保;(4)生产商连带责任;(5)第三方专业化仓储物流。

图 20 "日金宝"官方宣传

资料来源:泛亚(2013b)。

图 21 "日金宝"官方宣传

资料来源:孔令超等(2015)。

附录二 泛亚危机事件梳理

表 11 泛亚"日金宝"流动性挤兑危机的重要事件时间表

时间	事件
2013 年 5 月	《经济观察报》以"泛亚交易规则被质疑 离职员工曝其操纵价格"为题,揭露泛亚更像是个"击鼓传花"的"疯狂市场"。该报道披露,泛亚存在价格操纵行为,泛亚交易平台中铟的价格是"人为控制的结果",泛亚模式正在"刀尖上起舞"。由于泛亚控制着卖货交割的节奏,泛亚仓库里的货物会越积越多,各路资金也源源不断地涌向泛亚。泛亚成了一个汇集资金的资金池,由于"集资款"的投资范围是"定向"的,短时间内这种集资风险可能不会爆发,但时间长了,总有一天会有人反应过来。
2014 年 1 月 3 日	云南省昆明市相关部门组成的验收检查小组发布了《关于昆明泛亚有色金属交易所整改现场检查验收情况和西双版纳金融资产商品交易所有关事项的报告》。报告指出:未发现泛亚在其交易模式和交易机制中采用集合竞价、连续竞价、电子撮合、匿名交易、做市商等集中交易方式进行标准化合约交易;未发现其违反国发〔2011〕38 号、国办发〔2012〕37 号文的相关规定;未发现其开展的委托受托业务违反现行相关法律法规和有关规定。验收结果通过。
2014 年 11 月 19 日	云南省证监局官网刊出《云南省政府召开专题会议加快推进清理整顿收尾》,内容为:云南省证监局局长王广幼在汇报时指出,特别是泛亚风险巨大,积极应对和处理相关风险刻不容缓。段琪副省长指出,云南交易场所清理整顿工作形势极为被动,不能一拖再拖。他要求有关单位要按照"谁审批、谁负责"的原则,立即行动,严控风险,牢牢守住不发生区域性风险的底线。
2014 年 12 月	泛亚按照证监会、云南省清整办、昆明市清整办、云南证监局等监管部门要求施行 T+5 交易、彻底实名制以及取消卖出申报业务。
2015 年 1 月	泛亚正式取消了卖出申报的交易模式。原本 400 多亿元客户资产中,50% 为具有 180 天封闭期的结构化资产,另外 50% 为流动资产,其中还有 20% 以上的风险处置金。卖出申报取消后,400 多亿元客户资产变为 100% 可流动资产,流动性风险难以管理。
2015 年 4 月	A 股市场快速上涨,"日金宝"投资者和有色金属企业纷纷从泛亚撤资转投 A 股,"日金宝"投资者开始感受到流动性压力——泛亚修改交易规则,限制出金、变更业务、强行锁仓。

（续表）

时间	事件
2015年6月24日	部分"日金宝"投资者去新疆维吾尔自治区银监局上访,该监管当局通知中国工商银行、中国银行新疆分行主要领导带队前往自治区政府处理。
2015年7月12日	泛亚再次发布公告称强制锁仓24个月。
2015年7月13日	投资人前往泛亚交易所了解情况,泛亚董事长单九良和云南省昆明市金融办领导与6名投资者代表进行会谈沟通。
2015年7月14日	微博账号"华夏大地的黄昏2015"爆料:泛亚7月13日晚被来自全国各地的800多位心急如焚的投资者包围。原因在于泛亚交易所资金链断裂,涉及全国20个省份,22万名投资者,总金额达400亿元。此微博的发出使得泛亚流动性挤兑危机彻底暴露,并成为热点事件。
2015年7月15日	泛亚公告称,交易所委托受托交易商近日出现资金赎回困难,部分受托资金出现了集中赎回情况。
2015年7月15日	泛亚公告称,针对$T+5$实施以来导致交易盘面不活跃、市场功能失灵的现状,交易所报备政府,9月1日上线新交易系统。
2015年7月20日	300多位泛亚投资者聚集在云南省政府的大门前请愿。
2015年7月22日	《期货日报》刊发的《资金链断裂风口上的"泛亚"》一文,被多家网站转载,报道指出泛亚"恶意操纵现货商品价格""恶意申请,强行逼空方'割肉'""交易所规则不公开、不公平、不公正""生产企业与交易所勾结操控市场"等内容。
2015年7—8月	《中国经营报》《经济观察报》《第一财经频道》《英国金融时报》《英国金属导报》《凤凰财经》等海内外知名财经媒体纷纷报道泛亚《日金宝》流动性挤兑危机事件。
2015年8月3日	泛亚"交易所公告"发布了2 700多字的《有关泛亚交易所供应链金融业务法律关系的说明》(下称《说明》)以及数千字的附件——《北京市中伦律师事务所关于昆明泛亚有色金属交易所相关业务的法律意见书》(下称《法律意见书》)。后者为"泛亚模式""合法合规"背书,以打压投资者和曝光泛亚的媒体。对此,各界炮轰这是"此地无银三百两"。泛亚急忙将其撤下。

(续表)

时间	事件
2015年8月5日	"日金宝"投资者向《期货日报》记者说明泛亚不信守承诺、规则多变：(1) 2015年4月，泛亚出现兑付危机，泛亚说5月份一定会好转，投资者相信了；(2) 2015年6月，泛亚说7月份生产商企业回购就能"出金"；(3) 2015年7月，泛亚宣布停止理财产品"日金宝"此前承诺的"收益每日结算""收益每日到账""随进随出"等一系列承诺；(4) 与此同时，泛亚强行将"日金宝"投资者改为交易商，把资金出借强制改为购买现货的注册仓单，违背了泛亚自定的"资金受托"投资模式；(5) 泛亚建议投资者转入深圳"泛融平台"，不再刚性兑付；(6) 2015年8月3日的"交易所公告"中"日金宝"投资者变成稀有金属货物所有者；(7) 2015年8月5日泛亚通知两年内"日金宝"彻底不能"出金"。
2015年8月	(1) 投资者不定时拉着横幅聚集在云南省金融办紧闭的大门前；(2) 投资者频繁到当地政府、泛亚昆明总部"讨说法"；(3) 上海泛亚、北京泛亚及泛亚在江苏等地开设的服务机构，被维权投资者围观和占领；(4) 泛亚昆明总部的会议室，成了维权者做饭、睡觉、维权的场所；(5) "日金宝"投资者代表到北京向中纪委、证监会等有关部门举报。
2015年8月	泛亚流动性挤兑危机事件传染至银行部门，并产生区域性系统影响。新疆等地的投资者，向销售泛亚理财产品不能兑付现金的银行不断抗议，要求还钱。
2015年8月8日	(1) 上海、北京等地投资者不断反映泛亚服务机构跑路，包括泛亚相关单位人去楼空；(2) 泛亚渠道管理中心当天发出《服务机构进行整合的通知》进行安抚，将投资者说的"跑路"换了种说法叫机构"整合"为41家。也就是说，泛亚的400多家机构中至少300多家将不复存在。
2015年8月10日	(1) 泛亚的一些直属机构人去楼空；(2) 泛亚官网的《昆明泛亚有色金属交易所授权服务机构介绍》已删除；(3) 泛亚发布《交易商提货出库流程》，"日金宝"投资者回应：泛亚彻底抛弃了其"理财客户资金本息安全，绝对不让大家拿货回家"的承诺，泛亚管理层近年来一直宣称为国家收储战略金属，夺取定价权，如今让约占全世界存量90%，约8万吨有毒有色稀有金属，混乱无序地流入民间，制造市场混乱，是何居心？

泛亚交易模式及"日金宝"流动性挤兑危机案例分析

(续表)

时间	事件
2015年8月11日	泛亚在大门口贴出公告并以电子屏滚动播报说：个别利益集团恶意造谣污蔑，组织煽动部分客户非法维权、暴力维权，造成形势恶化升级。鉴于上述情况严重影响到交易所的日常运营，泛亚决定自即日起暂停接待客户，以待恢复正常办公和接待秩序。
2015年8月	(1)泛亚董事长单九良及夫人副总裁张子诺等，被限制出境；(2)泛亚交易所向《期货日报》展示《关于请求撤销对泛亚交易所相关人员不当限制出境的请示》。《请示》申诉：第一，不准出境的限制措施会造成严重的不良后果。限制出境的消息一旦被扩散或被竞争对手利用，都可能引起客户不解甚至大面积恐慌，都可能会被极度负面、扩大化解释，进而被无限制放大进而导致资金流动性风险。第二，不准出境的限制措施会造成业务的严重阻碍。不准出境的限制措施会严重阻碍交易所的业务发展，被禁止出境的消息扩散，则会在国际上造成更难以估计的舆论影响。
2015年8月	数位早期"日金宝"投资者，对泛亚模式及其流动性挤兑危机事件进行了以下归纳：(1)泛亚一直在宣传其帮助中国收储了珍贵的稀有资源，但是其用的是22万"日金宝"投资者的资金在收储。泛亚并无在银行发行理财产品的资质，所谓的"受托业务"，实质是给泛亚交易平台中的投机交易者垫付货款。(2)投资者是被"日金宝"高达13.68%的年化收益率吸引而进行投资的，并不知道其投入的资金是拿来收储这些稀有金属的。投资者与银行签署的银商通协议，实质是一个转账协议，即投资者的资金被以"第三方托管"的名义，通过银行完全进入了泛亚的交易账户，这亦是泛亚利用投资者投入的大量资金铸就铟高库存的根本原因。(3)国家或企业收储时都会咨询很多现货供应商，以比现货价格还要相对低廉的价格收储，而泛亚是按其交易平台交割收储，而泛亚交易平台的价格比其他市场现货价格高30%。(4)泛亚的交易行情完全偏离其他现货市场。
2015年9月14日	泛亚将其54家可以交货的生产商进行"剔除"，只剩下12家。投资者调查发现，被泛亚"剔除"的企业，多是皮包公司，或与泛亚高层高度关联并涉及利益输送，或根本就不存在的一些企业。泛亚通过"剔除"等手段，正在刻意掩盖"左手倒右手"的收储游戏真相。
2015年9月	投资者在上海飞平物流有限公司昆明仓库（泛亚最大的仓储基地）发现云南天浩公司（泛亚铟产品的最大生产商）有大量的2011年6月入库但至今依旧未赎回的货物（根据"日金宝"产品设计规则，最长委托交割期限为180日）。

(续表)

时间	事件
2015年9月21日	上千名"日金宝"投资者聚集到证监会门口维权被广泛曝光。在这些维权投资者眼中,昆明地方政府在处理泛亚流动性挤兑危机时已经失信。"日金宝"投资人中有部分人与维权人士意见相左,他们希望泛亚可以重组,并希望有人来扮演"接盘侠"。
2015年9月23日	泛亚在官网发布了《关于委托受托业务债权债务重组征求意见的公告》,提出为化解目前流动性危机,拟采取两个措施:一是部分品种退市了结,二是债务重组。
2015年9月23日	"日金宝"的维权投资者代表与公安部有关负责人会面,但公安部相关负责人并未当场对是否立案予以回复。
2015年9月24日	泛亚连发两个公告:(1)对不实报道的媒体,泛亚将诉诸法律,坚决维护自身及广大客户的权益;(2)"兼驳部分媒体的不实报道"——幕后势力一直在通过不良媒体丑化泛亚、妖魔化泛亚,把复杂的危机简单化、脸谱化。
2015年9月26日	"泛融网"(泛亚于2015年1月成立的互联网金融公司)投资者在深圳举行抗议活动,呼吁监管当局不要让昆明泛亚的灾难在深圳延续,并强烈要求取缔违法"泛融网"。
2015年9月28日	(1)昆明市政府发布通报:将监督泛亚全面、准确地统计投资人的相关信息,及时向社会公开,同时将督促泛亚与投资人直接沟通,保障投资人合法有序地表达利益诉求;(2)云南省政府、昆明市政府接连发通报,表示政府会与投资者密切沟通,对投资者反映集中和热点问题,会及时向社会通报。
2015年11月	昆明市政府接管泛亚官网的信息被曝光。但泛亚官网从此瘫痪。与此同时,云南省、昆明市两级政府的通报也销声匿迹。
2015年12月12日	曾经为泛亚做宣传的经济学名人郎咸平、宋鸿兵分别在上海、太原被泛亚投资者围堵乃至围攻。
2015年12月22日	昆明市政府通报:泛亚涉嫌犯罪(非法吸收公众存款罪),已由公安机关立案侦查。

资料来源:黄杰(2015)、雷士武和黄杰(2015)、李茜(2015)、栗泽宇和包涵(2015)和孙斌(2015a,2015b)。

案例使用说明

一、教学目的与用途

1. 适用课程：本案例适用于"金融学(Ⅱ)""金融监管学"等相关课程。

2. 适用对象：本案例主要面向金融专业硕士等。

3. 教学目标规划

(1) 知识与能力

- 学会利用期货交易等相关知识分析商品交易模式；

- 尝试利用金融市场数据进行有目的的统计分析，并利用此统计分析来推测泛亚实际交易模式；

- 利用金融学相关模型(比如资金供求模型等)来刻画定量交易模型，并结合相关分析来理解挤兑危机的影响因素；

- 培养学生利用信息经济学等有关理论分析复杂的金融创新产品所隐藏的信息不对称问题，并基于这些信息不对称问题尝试着解决或者缓解金融创新产品的内在缺陷问题；

- 培养学生利用金融监管理论来分析金融创新中的监管问题，尤其是通过案例来深刻理解功能监管、行为监管、宏观审慎监管以及改革地方金融管理的必要性；

- 尝试设计金融创新产品，并力求避免案例中金融创新产品的缺陷。

(2) 态度与观念

- 对金融问题的分析，不宜根据媒体宣传以及"表面感观"，需要理性冷静的思考；

- 金融创新不能急功近利，需要深入理解金融创新产品设计的本质内涵；

- 监管部门对金融创新应有一定的容忍度，但是不能放任，尤其涉及多部门的金融创新产品，更应做到监管合作与协调；

- 对投资者的"保护"，绝不是提供高收益且"无风险"的金融产品，而是完全的信息披露，并揭示出极端情形下可能出现的风险。

二、启发思考题与参考分析思路

启发思考题主要用来对案例进行深入的分析，把金融学相关的理论和金融实践相结合，能用金融理论分析金融实践，能从金融实践中提炼出相应的金融理论。为了让学生能更好地理解和分析本案例,建议同学们在课前阅读与案例教学目标对应的知识点。具体而言,学生应提前了解有关大宗商品交易的内容,阅读"信息经济学"中有关逆向选择、道德风险的相关定义,阅读"金融监管学"中有关机构监管与功能监管、微观审慎监管与宏观审慎监管、行为监管与功能监管有关概念。

以下几个思考题可以预先布置给学生,让学生在阅读案例时进行思考:

问题1 泛亚宣传其有三种交易模式,根据泛亚有关资料和相关数据,泛亚实际交易模式是什么?

分析思路:利用案例正文对泛亚宣传的三种交易模式、"日金宝"流动性挤兑危机的案件梳理,结合相关数据来分析。具体的分析思路见图22。

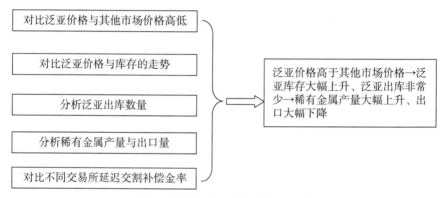

图22 泛亚实际交易模式分析思路

问题2 泛亚实际交易模式存在何种缺陷?并以此交易模式,分析"日金宝"流动性挤兑危机受何种因素影响,以及如何影响?

分析思路:结合泛亚实际交易模式构建"日金宝"产品的资金供求均衡模型,考虑决定供求重要参数的影响因素,从而分析哪些因素导致了"日金宝"产品出现流动性挤兑危机。在分析影响因素时,可结合案例正文中挤兑危机事件梳理中的泛亚与媒体、投资者关于日金宝产品流动性挤兑危机形成原因的解读等相关原因。

问题3 "日金宝"流动性挤兑危机事件中存在哪些信息不对称问题?这些信息不对称问题对危机事件的发生产生了何种影响?

分析思路:将案例正文中的有关信息结合信息不对称的两种主要形式——逆向选择和道德风险来分析。具体而言,可以从几个利益攸关方——泛亚、政府及其他监管当局、泛亚的服务机构(包括商业银行)、稀有金属生产企业、"日金宝"投资者来分析,分析过程中可以结合案例中的泛亚的交易模式、挤兑事件梳理(案例正文附录中泛亚的宣传内容)等内容。可以分别分析挤兑危机事件发生前后的信息不对称问题。

问题4 "日金宝"流动性挤兑危机事件折射了中国金融监管有何漏洞?如何解决?

分析思路:将案例正文中的交易模式、挤兑危机事件梳理等内容结合金融监管相关理论(机构监管与功能监管;审慎监管与行为监管;宏观审慎监管与微观审慎监管;中央金融管理与地方金融管理)来分析金融监管漏洞问题。

问题5(开放性问题) 如果您是泛亚交易所的高级管理人员,如何设计一款"可持续发展"的金融创新产品?如何避免类似的挤兑危机悲剧发生?

分析思路:结合问题1、问题2、问题3和案例正文相关内容来设计金融创新产品(无标准答案)。

问题6(开放性问题) 如果您是云南省政府中直接负责泛亚流动性挤兑事件的有关人员,针对已经发生的流动性挤兑危机问题,如何善后?

分析思路:结合问题1、问题2、问题4和案例正文中的挤兑危机事件梳理等内容并发挥想象力提出一个合适的解决方案(无标准答案)。

三、理论依据与分析

(一)泛亚宣传其有三种交易模式,根据泛亚有关资料和相关数据分析泛亚实际交易模式是什么?

理论依据:

1. 泛亚宣传其有三种交易模式(双向杠杆交易模式、全额预定保值增值模式和固定收益模式),其中前两种交易模式都依据稀有金属价格的涨跌进行操作,反过来这两种类型的交易也会影响稀有金属价格。

2. 在运行正常的市场中,前两种交易方式中"买入"和"卖出"的力量在长期中应该处于均衡状态,从而泛亚的交易价格不能处于长期上涨状态。在套利条件下,泛亚市场的交易价格与其他交易所交易的同种品种的价格应基本相同。

3. 在运行正常的市场中,由于泛亚交易的价格与其他市场价格接近,泛亚的库存量不会长期上涨,泛亚交易平台既有入库,也有出库。

4. 如果泛亚交易所运行正常,则中国稀有金属的生产和出口在泛亚成立之后,并不会发生"质"的变化。

具体分析：

图 23 给出了泛亚交易平台的铟价和南方稀贵金属交规所的铟交易价格数据。① 由图 23 可以看出，泛亚交易平台的交易价格要远高于其他市场价格。图 24、图 25 分别给出了 2013 年、2014 年泛亚有色金属交易价格的累积涨幅，可以看出，铟、锗、钴、铋等品种价格的累积涨幅远高于其他稀有金属（其他稀有金属价格下跌）。从图 26 可以看出在泛亚交易所刚上市的镝、铽（这两个品种于 2014 年 10 月底在泛亚交易所上市）价格出现大幅上涨，与此同时，其他稀有金属价格却出现下跌。

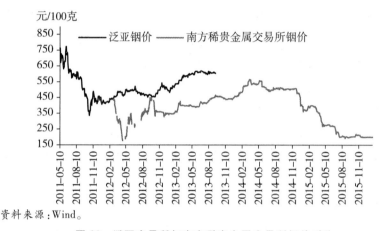

资料来源：Wind。

图 23　泛亚交易所与南方稀贵金属交易所铟价对比

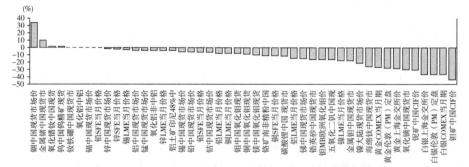

图 24　2013 年 1 月 1 日至 12 月 16 日的有色金属价格累积涨幅

资料来源：乐宇坤（2013）。

---

① 铟是泛亚最重要的交易品种，且全世界绝大部分铟都在泛亚交易所交易。因此在分析时，本案例主要以铟为代表进行分析。

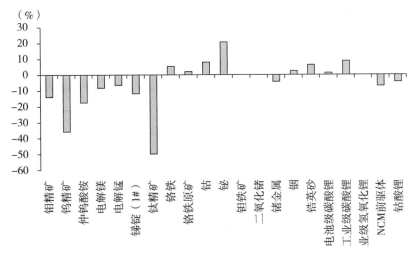

图25　2014年1月1日至12月15日的有色金属价格累积涨幅

资料来源：齐丁等（2014a）。

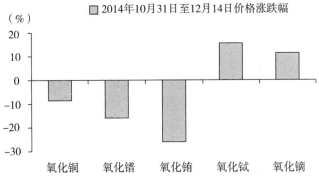

图26　镝、铽在泛亚上市后与其他稀有金属价格出现背离

资料来源：齐丁等（2014a）。

上述稀有金属的价格数据反映了泛亚交易平台的稀有金属交易价格有两个特征：（1）泛亚交易平台的稀有金属价格远高于其他市场的价格；（2）当其他稀有金属的价格处于下跌状态时，泛亚交易平台的稀有金属价格却出现大幅上涨。

图27给出了2011—2014年泛亚交易所总库存的变化趋势，可以看出，泛亚总库存快速攀升。图28则进一步给出了泛亚新增铟库存量与泛亚铟价之间的关系，可以看出泛亚新增铟的数量较高，且当泛亚铟价快速上涨时，泛亚新增铟的数量也出现快速上涨。表12则给出了泛亚稀有金属出库的数量。由表12可知，在许多交易月份，泛亚没有任何出库，且在有出库的月份，其出库数量与

泛亚总库存数量相比非常之少。因此,由泛亚库存数据可以得出以下结论:(1)泛亚库存数量快速攀升,攀升的原因在于泛亚交易价格上涨较快;(2)泛亚出库数量极少。

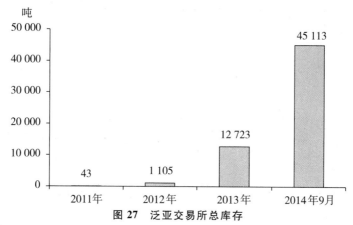

图 27　泛亚交易所总库存

资料来源:泛亚(2014)。

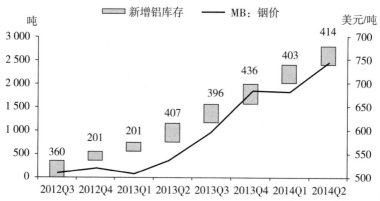

图 28　泛亚新增铟库存与铟价之间的关系

资料来源:齐丁等(2014b)。

表 12　2014 年(出库)货物量统计

单位:吨

品种	1月	2月	3月	4月	5月	6月	7月	8月
铟	0.045	0	0	0	62.1	0	0	0
钴	19	32	7.75	6	5.5	3.5	9.75	0
白银	0	0	1.5468	0	0	0	0	0.165
锑			18.598	0	0	0	0	0

注:数据截至 2014 年 8 月 29 日。

资料来源:泛亚(2014)。

图 29 给出了中国铟的产量与出口量。可以看出,在泛亚成立(2011 年)之后,中国铟的产量有一定的上升,与此同时其出口量却接近于 0。由案例正文部分可知,中国铟的下游企业竞争力较弱,国内生产的铟主要供出口使用。泛亚成立之后,出口量下降为 0。这表明,泛亚交易平台对铟的吸引力非常强,一些原本用来出口的铟不再出口,而被吸引至泛亚交易平台。这个结果结合上文库存结果数据进一步论证了:泛亚对稀有金属的吸引力非常强,从而导致了国内稀有金属出口量的急剧下降以及泛亚交易平台稀有金属库存的大幅上升,根本原因在于泛亚交易平台交易价格的两个特征——相对于其他市场而言价格更高,且长期保持上涨趋势。

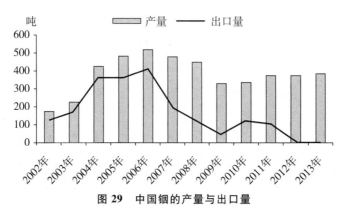

图 29 中国铟的产量与出口量

资料来源:齐丁等(2014b)。

表 13 对国内主要金属交易所的延迟交割补偿金率进行了对比,可以看出泛亚的延迟交割补偿金率远高于其他交易所。由案例正文可知,延迟交割补偿金是违约一方的成本,而是"日金宝"投资者收益的唯一来源。由此可知,"日金宝"收益率较高的原因在于,泛亚征收了远比其他交易所更高的延迟交割补偿金率。由图 30 可知,"日金宝"投资者数量大量上涨,且其规模也大幅上涨。结合延迟交割补偿金率数据不难理解这个结果:泛亚较高的延迟交割补偿金率,从而吸引了大量"日金宝"投资者投入了大量资金。

表 13 国内主要金属交易所延迟交割补偿金率对比

单位:‰/日

	上海黄金交易所	天津贵金属交易所	广州贵金属交易中心	昆明贵重金属交易所	昆明泛亚有色金属交易所
延迟交割补偿金率	0.25	0.2	0.125	0.2	0.5

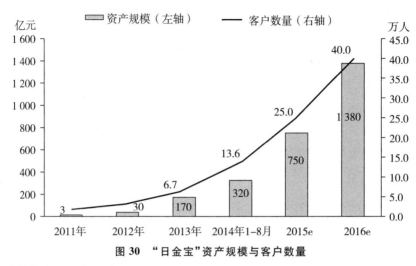

图30 "日金宝"资产规模与客户数量

资料来源：泛亚(2014)。

图31进一步给出了泛亚累积交割量与延迟交割补偿金总额的关系,可以发现这两个变量之间的走势几乎完全一致。结合上面的图形分析,可由此推断：泛亚交割数量决定了延迟交割补偿金总额,而交割数量很可能来源于生产商(稀有金属生产企业)将注册仓单卖给"日金宝"。与此同时,"日金宝"拿到注册仓单却又卖出,但是其交易对手方并不急于交割,从而延迟交割补偿金数量跟累积交割量走势一致。

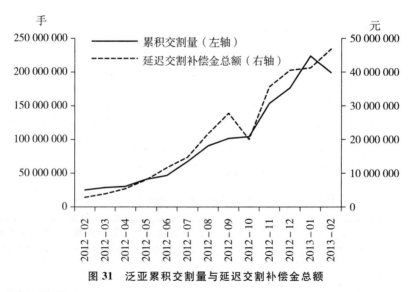

图31 泛亚累积交割量与延迟交割补偿金总额

资料来源：Wind。

将以上几组数据和结论进行汇总,可得出以下逻辑:

1. 泛亚稀有金属供给来源于其生产商会员(稀有金属生产企业),其供给持续不断增加的原因在于稀有金属价格高于其他市场价格,且快速上涨。泛亚交易平台中稀有金属需求来源于"日金宝"投资者,其需求持续不断增加的原因在于泛亚较高的延迟交割补偿金率(图32)。

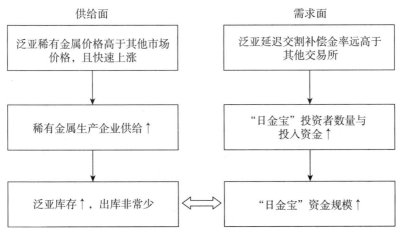

图32 泛亚实际交易模式中稀有金属货物的供给与需求

2. 泛亚交易平台中交易价格与延迟交割补偿金率"互为因果关系"。较高的交易价格用来吸引生产商会员(稀有金属生产企业)在泛亚平台销售货物,较高的延迟交割补偿金率用来吸引"日金宝"投资者来持有这些货物;由于延迟交割补偿金率直接来源于泛亚交易会员(包括生产商)的违约,为其交易成本。因此,较高的稀有金属价格是用来弥补其交易成本的。由于泛亚的交易价格较高,参与泛亚交易的会员不可能长期持有货物(可能短期持有,用以追逐短期的价格上涨),最终长期持有的便是"日金宝"的投资者。因此,为了吸引"日金宝"投资者持续不断地增持生产商会员售出的货物、支撑泛亚日益攀升的库存,泛亚必须要设置较高的延迟交割补偿金率(图33)。

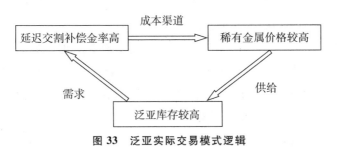

图33 泛亚实际交易模式逻辑

3. 结合案例正文中的三种交易方式、"日金宝"流动性挤兑危机事件梳理以及上述两个结论,推测实际交易模式很可能为如下模式(图34):生产商A(稀有金属生产企业)在交易时间段同时进行价格相同、交易数量相同的"卖出订立"电子合同和"买入订立"电子合同,"日金宝"则作为一种特殊的交易商在交易时间段同时进行价格相同、交易数量相同的"买入订立"电子合同和"卖出订立"电子合同。在交割时间段,生产商会员和"日金宝"同时进行"买入交割"和"卖出交割"的电子合同。但是,只有生产商会员的"卖出交割"合同和"日金宝"的买入交割合同成交,另一合同并未能成交。

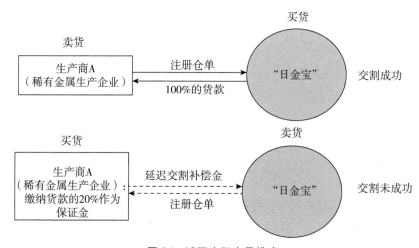

图 34　泛亚实际交易模式

最终的结果是:

(1) 生产商以泛亚的交易价格卖出货物,同时持有"买入交易"合同;"日金宝"拿到注册仓单,同时持有"卖出交易"合同;

(2) 生产商需要拿出 20% 的货款作为"买入交易"合同的保证金,并且生产商需要付给"日金宝"0.5‰/日的延迟交割补偿金;

(3) "日金宝"则持有注册仓单和"卖出交易"合同,扣掉交易费用,"日金宝"投资者获得 0.375‰/日的"日金费";

(4) 为了吸引生产商参与泛亚的交易,泛亚设置了更高的稀有金属价格,这个价格至少比其他市场高 20%,从而保证生产商会员即使只拿到 80% 的货款(因为扣除了 20% 的保证金)也比在其他市场销售更得利——这解释了为什么泛亚交易价格比其他市场交易价格更高;

(5) 为了保证 0.5‰/日的延迟交割补偿金,泛亚需要保证每年稀有金属价格上涨 18.25%（=0.5‰/日 × 365 日），这样才能保证生产商会员不用投入新的资金。

需要指出的是：

（1）上述模式与案例正文中的挤兑危机事件梳理部分中投资者和媒体记者报道比较接近。

（2）上述模式本质上是"全额预定固定收益"交易模式，并不是其官方宣扬的"资金"受托模式。在极端情况下，"日金宝"投资者可能只会获得"日金费"和"注册仓单"，而无法实现"卖出交易"合同的交割。因此这种交易模式并非其宣传的完全无风险。

（3）上述模式并不是泛亚唯一的交易模式，且参与交易的也不只包括生产商会员、"日金宝"，还可能包括交易商。由上文分析可知，泛亚在短期存在"双向杠杆交易模式""全额预定保值增值模式"等，但长期而言，本案例推测的模式必定是最重要的交易模式。

（二）泛亚实际交易模式存在何种缺陷？并以此交易模式，分析"日金宝"流动性挤兑危机受何种因素影响，以及如何影响。

理论分析：

1. 泛亚的实际交易模式：生产商以高于其他市场的价格销售货物；"日金宝"投资者是真正的购货方（不排除还有其他交易商买货）。"日金宝"投资者参与交易是支持泛亚交易价格高于其他市场价格的根本原因。但是，由于"日金宝"产品被设计为高收益的固定收益产品（需要还本付息）。因此，最终的结果是："日金宝"产品通过吸引新的投资者投入资金来支持生产商的卖货资金以及前期投资者的本金和利息。

2. 利用实际交易模式构造泛亚的资金需求供给模型。这里采用由浅入深、循序渐进的方法来分析：

（1）首先构建两类交易者的简单的资金供求均衡模型（只考虑实际交易模式）。引入该模型的目的：以图示深刻揭示泛亚实际交易模式的本质（即总结问题 1 的结果）；为引入更现实的资金供求动态均衡模型做准备。

（2）构建三类交易者的现实资金供求动态均衡模型（同时考虑实际交易模式以及泛亚宣传的三种交易模式）。引入该模型的目的：同时考虑泛亚实际交易模式与其宣传的三种交易模式，进而对案例正文中梳理的挤兑危机事件的影响因素进行归类分析。

具体分析：

1. 构建简单的资金供求均衡模型（图 35）

假设没有引入"日金宝"产品之前，生产商的稀有金属供给为 S_1，交易商的稀有金属需求为 D_0。均衡点为 A 点，此时有 $S_1 = D_0$，均衡价格为 P_0。为简便起见，假设初始的均衡价格（P_0）等于其他市场的均衡价格。引入"日金宝"产品之后，新增的稀有金属需求为 R_1，从而总需求为 $D_1 = D_0 + R_1$。新的均衡点为 B 点：$S_1 = D_1$。总需求增加之后，稀有金属的均衡价格由 P_0 增加至 P_1。因此，引入"日金宝"产品之后，稀有金属价格大幅提高。下一期，稀有金属的供给（S_2）除了上一期生产商会员卖出的数量（S_1）外，还有上一期"日金宝"利息（rR_1）以及"日金宝"投资者卖出货物抽走的资金（R_2）。① 即有：$S_2 = S_1 + rR_1 + R_2$。为了满足稀有金属价格仍然高于其他市场（即维持价格为 P_1），需要的总需求为 $D_2 = D_0 + rR_1 + R_2$，新的均衡点为 C 点。

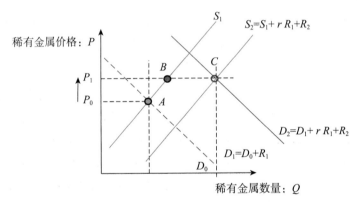

图 35 泛亚实际交易模式的供求均衡

根据上述供求均衡模型可知：

（1）"日金宝"产品的引入推高了泛亚交易平台的交易价格；

（2）泛亚实际交易模式中，只能通过生产商销售货物吸收资金流入，且资金流入主要来源于"日金宝"投资者投入的资金；

（3）泛亚交易模式能持续下去的必要条件是每一期新流入的资金不低于上一期"日金宝"资产规模的利息以及退出"日金宝"的本金；

（4）"日金宝"对应的资产规模本质上是稀有金属货物，由于投入的资金越

---

① 这里需要强调的是，在泛亚实际交易模式中，给投资者支付的利息和本金，本质上都需要通过新的生产商卖出货物才能实现。

来越多,所以稀有金属货物库存越来越大。

2. 构建更为现实的泛亚资金供求动态均衡模型

该模型引入三类交易者(生产商、交易商以及"日金宝"投资者)。假设泛亚交易平台中只有生产商才能卖出货物,而买入货物的是"日金宝"以及其他交易商。① 需要强调的是:就理论而言,由于"日金宝"的固定收益产品属性,其并不是实质购买稀有金属货物的一方,其他交易商才是这样的交易者;就实际而言,由于交易商市场参与灵敏度较高,根据市场交易情况,会灵活调整其购买货物的数量,最终导致"日金宝"被迫成为实质购买稀有金属货物的一方。

假设当期为第 t 期,泛亚当前稀有金属库存货物规模为 M_t(由"日金宝"和其他交易商持有),交易商购买的稀有金属货物库存规模为 N_t,则"日金宝"购买的稀有金属库存价值为 $M_t - N_t$。根据前文理论分析的论述可知,"日金宝"购买的稀有金属库存规模占比越多,稀有金属在泛亚的市场价格越高,从而交易商愿意购买的稀有金属货物规模就越小。为方便起见,假设有:

$$N_{t+1} = N_t \left(1 + \alpha - \frac{M_t - N_t}{M_t}\right), \tag{1}$$

其中 α 为常数,用来表示泛亚交易所对交易商的吸引系数。α 越大,表明泛亚交易所对于交易商的吸引力越强。$\frac{M_t - N_t}{M_t}$ 反映交易所中"日金宝"占"买入货物"交易者的比例,其占比越高,泛亚交易价格相对于其他市场越高,从而交易商越不愿意参与泛亚交易所的交易。

假设第 t 期支付给"日金宝"投资者的收益率为 β(为方便起见,这里的收益率为没有扣除任何手续费的收益率,即延迟交割补偿金率),"日金宝"投资者退出的比例为 γ。为阐述方便起见,假设生产商投入的保证金均用来支付延迟交割补偿金,且保证金比例为 χ。

根据上述假设,可以推出 t 期末,泛亚交易平台总的资金需求为:

$$\pi_t = \underbrace{(\gamma + \beta)(M_t - N_t) - \chi M_t}_{\text{"日金宝"资金需求}} + \underbrace{N_t - N_{t+1}}_{\text{交易商资金需求}}. \tag{2}$$

将式(1)代入式(2),进一步化简得到:

$$\pi_t = (\gamma + \beta - \chi) M_t + \left(\frac{M_t - N_t}{M_t} - \alpha - \gamma - \beta\right) N_t. \tag{3}$$

---

① 需要注意的是,本模型的构建并没有直接考虑泛亚交易价格,因此库存货物数量等于库存货物价值。案例授课教师可以引导学生明确引入泛亚交易价格。

根据前文理论分析,新增加的资金需求只能通过生产商向"日金宝"销售货物得到。由于保证金比例为 χ,因此只有出售 π_t/χ 的货物才能获得 π_t 的资金。从而,第 $t+1$ 期的泛亚库存货物规模为:

$$M_{t+1} = \underbrace{M_t - N_t + \pi_t/\chi}_{\text{"日金宝"购买的货物}} + \underbrace{N_{t+1}}_{\text{交易商购买的货物}}. \tag{4}$$

将式(1)、式(3)代入式(4)得到:

$$M_{t+1} = \frac{\gamma + \beta}{\chi} M_t + \left[\left(\frac{1}{\chi} - 1\right)\left(\frac{M_t - N_t}{M_t} - \alpha\right) - \frac{\gamma + \beta}{\chi}\right] N_t. \tag{5}$$

式(5)给出了泛亚交易平台库存货物规模的动态方程。

由于上述方程是非线性差分方程,很难求得解析解。为此,可以借用宏观经济学的动态随机一般均衡方法(Dynamic Stochastic General Equilibrium,DSGE)中的参数校准方法来得到数值模拟解。我们假设此处的 1 期为 1 年。因此,根据案例正文的资料有: $\beta = 0.5‰ \times 365 = 18.25\%$, $\chi = 20\%$。对于 γ 的校准,我们需要利用另一个数据——总配比率。总配比率度量了每一期退出"日金宝"的资金数量与购买"日金宝"数量的比例。这里我们可以用 $\frac{\gamma M_t}{\chi \pi_t}$ 代替总配比率。图 36 是泛亚"日金宝"总配比率数据的情况,其一直在波动,但总体数值大约等于 15%。因此,我们假设初始的总配比率满足:

$$\frac{\gamma M_1}{\pi_1/\chi} = 15\%. \tag{6}$$

将式(3)代入式(6)得到:

$$\frac{(\gamma + \beta - \chi) + \left(\frac{M_1 - N_1}{M_1} - \alpha - \gamma - \beta\right)\frac{N_1}{M_1}}{\chi \gamma} = \frac{1}{0.15}. \tag{7}$$

由式(7)可知,对 γ 的校准需要得到 $\frac{N_1}{M_1}$ 和 α 的值。不失一般性,假设初始的交易商购买的稀有金属货物规模占比为 0.5,即有 $\frac{N_1}{M_1} = 0.5$。对于参数 α 的校准,本案例利用泛亚交易所成立之后中国 GDP 的季度同比增长率平均值计算而得(样本期为 2011 年第二季度至 2015 年第四季度),最终得到 $\alpha = 0.077$。如此校准 α 的原因在于交易商在没有任何偏好的情况下将按其收入的增长率(不失一般性,大约为 GDP 的增长率)投入资金至泛亚交易所。由此,根据式(7)得到:

$$\gamma = \frac{1}{\frac{\chi}{0.15} - 1 + \frac{N_1}{M_1}} \left[(\beta - \chi) + \left(1 - \frac{N_1}{M_1} - \alpha - \beta\right) \frac{N_1}{M_1} \right]. \quad (8)$$

对式(8)进一步化简得到 $\gamma = 0.1233$。所有的参数校准结果见表14。

表14 模型参数校准表

α	β	χ	N_1 / M_1	γ
0.077	0.1825	0.2	0.5	0.1233

为方便阐述,在模拟的时候,初始时刻泛亚库存量(M_1)标准化为1单位。图37至图39分别给出了上述模型模拟的泛亚库存规模、交易商购买货物规模和"日金宝"每期需要吸收的资金规模数据。

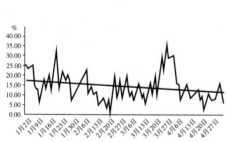

图36 2014年泛亚交易所委托受托资金总配比率情况

资料来源:泛亚(2014)。

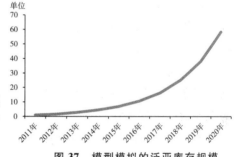

图37 模型模拟的泛亚库存规模

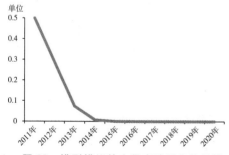

图38 模型模拟的交易商购买货物规模

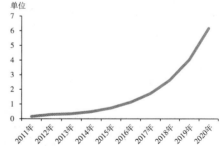

图39 模型模拟的"日金宝"每期需要吸收资金规模结果

为验证该模型是否合理,这里将模拟结果与真实数据结果进行对比。将图37与图27、图28对比,可以发现模型模拟的泛亚库存规模与泛亚真实库存规模走势非常类似——都呈现指数增长形式;从某种角度而言,交易商购买货物其实是泛亚去库存的一种方式(因为"日金宝"本质是固定收益产品,从理论而言不会是实质的购买货物的一方)。对比图38和表12都可以看出,泛亚去库存数量都非常少;图39和图30都反映了"日金宝"资金规模的变化趋势,两个结果走势也基本一致。因此,本模型利用参数校准得到的结果与实际情形基本一致,本模型是符合泛亚实际交易模式的。另外,根据模拟数据和真实数据,可以得出:"日金宝"出现流动性挤兑的条件为泛亚库存规模和"日金宝"资金需求同时呈现出指数增长趋势(后面分析用到此结论)。

3. 模型参数敏感性分析

前一部分的模拟结果主要基于校准参数而得,这里对模型中的主要参数(α、β、χ、N_1/M_1 和 γ)进行敏感性分析。

关于敏感性分析,需要强调以下两点:(1)对每个参数进行敏感性分析时,先保证其他参数不变(按照上部分的校准结果)。每个参数通过移动固定步长变动取值进行敏感性分析,其中 $\alpha \in [0.01, 0.42]$(固定步长为0.01),$\beta \in [0.01, 0.3]$(固定步长为0.01),$\chi \in [0.1, 0.46]$(固定步长为0.01),$N_1/M_1 \in [0.1, 0.46]$(固定步长为0.1),$\gamma \in [0.01, 0.3]$(固定步长为0.01)。参数的取值范围主要考虑了现实经济学意义以及为了确保泛亚库存规模数据为正值。(2)在每个参数的敏感性分析结果中,限于篇幅以及观察结果的直观性,本案例重点关注参数取值在区间两端的模拟库存结果以及"日金宝"每期需要吸收的资金规模数据、在参数取值区间内所有第10期的模拟库存结果数据。具体结果见案例分析附录。

对参数的敏感性分析能非常清晰地观测到每个参数在泛亚库存形成以及"日金宝"资金需求中所起到的重要作用,再将参数代表的含义与案例正文中的危机梳理内容相结合,即可分析"日金宝"流动性挤兑危机发生的原因以及各个影响因素的相对重要性。

表15对参数的敏感性分析结果进行了总结。

表15 参数敏感性分析结果总结

	经济学含义	改变参数值能否避免"日金宝"流动性挤兑危机	传导机制
α	泛亚交易所对交易商的吸引系数。	不会,较大的 α 值能延迟挤兑的时间。	越大的 α 值使得市场"买卖"力量越均衡,能持续运营的时间越长。

(续表)

	经济学含义	改变参数值能否避免"日金宝"流动性挤兑危机	传导机制
β	泛亚支付给"日金宝"投资者的收益率。	会,较小的β值能避免挤兑。	越小的β值,泛亚需要支付给"日金宝"投资者的资金越少,对加大库存吸收资金的需求越低。
χ	泛亚征收的交易保证金比例。	会,较大的χ值能避免挤兑。	越大的χ值,泛亚对生产商会员征收的保证金越多,从而支付给"日金宝"投资者利息和本金的能力越强,对加大库存吸收资金的需求越低;同时,生产商会员单位卖出稀有金属所带来的资金供给会更多。
N_1/M_1	初始时刻交易商占"买方"比例。	不会,几乎无影响。	较大的N_1/M_1值仅在初期使得泛亚"买卖"力量更加均衡,但长期影响非常微弱。
γ	"日金宝"投资者每期退出投资的比例。	会,较小的γ值能避免挤兑。	与β作用类似;越小的γ值,泛亚需要支付给"日金宝"投资者的资金越少,对加大库存吸收资金的需求越低。

4."日金宝"流动性挤兑事件影响因素分析

有了前面三部分的理论基础,接下来可以对"日金宝"流动性挤兑危机事件的影响因素进行深入分析,最终的结果如表16所示。

表16 "日金宝"流动性挤兑危机的影响因素分析

	影响的参数	如何影响参数	影响结果
泛亚在前期的宣传	N_1/M_1增大。	前期宣传使得初期交易商更愿意参与泛亚市场交易。	短期影响、影响微弱,有利于缓解"日金宝"流动性挤兑事件的发生。
稀有金属价格大幅下跌	α下降,γ增大。	稀有金属价格大幅下跌,使得交易商不愿意参与泛亚交易,与此同时投资者预期投资"日金宝"有风险的存在,从而存在退出的动机。	根本性影响,导致"日金宝"流动性挤兑事件的重要因素。

(续表)

	影响的参数	如何影响参数	影响结果
"T+1"改成"T+5"	α下降。	"T+1"改成"T+5"使得交易商承担的流动性风险加大,从而参与泛亚交易的吸引程度降低。	有一定的影响,在一定程度恶化了"日金宝"流动性挤兑事件。
实名制	α下降。	实名制使得交易商需要透露更多的交易新协议,从而参与泛亚交易的意愿下降。	有一定的影响,在一定程度恶化了"日金宝"流动性挤兑事件。
取消卖出申报	γ增大。	取消卖出申报,使得"日金宝"的流动性急剧上升,投资者退出的可能性和意愿上升。	根本性影响,导致"日金宝"流动性挤兑事件的重要因素。
股市的影响	α下降,γ增大。	股市的波动使得交易商参与泛亚交易的动机下降(α下降),"日金宝"投资者退出日金宝的动机增强(γ增大)。	根本性影响,导致"日金宝"流动性挤兑事件的重要因素。
媒体的过度报道	α下降,γ增大。	媒体的过度报道使得交易商和"日金宝"投资者对于泛亚交易模式产生怀疑,从而交易商参与泛亚交易的动机下降(α下降),"日金宝"投资者退出日金宝的动机增强(γ增大)。	根本性影响,导致"日金宝"流动性挤兑事件的重要因素。
泛亚在后期危机公关	α下降,γ增大。	泛亚与投资者沟通不畅、删除资料,使得泛亚的信誉受到极大损害,从而交易商参与泛亚交易的动机下降(α下降),"日金宝"投资者退出日金宝的动机增强(γ增大)。	根本性影响,导致"日金宝"流动性挤兑事件的重要因素。

限于篇幅,不再重复表16的结果。这里只强调以下两点:

(1)事实的本质与"表面的感观"存在差异。从媒体的报道和投资者的反应看,"日金宝"流动性挤兑危机是一个"庞氏骗局"。但深入分析的话,并不能轻易下此结论。根据案例理论分析,媒体认为的泛亚模式为"庞氏骗局"只是泛亚实际交易模式在某些参数下的一种表现,此种交易模式,虽然很有可能发生流动性挤兑危机,但并不是无法避免的。另外,正如案例正文中泛亚对此次危机的辩驳而言:即使泛亚本来没有问题,媒体的过度解读导致投资者的不信任,流动性挤兑危机也能发生。

(2)流动性挤兑危机既可能源于"基本面"因素,也有可能源于投资者的"心理预期"因素。在"心理预期"因素发生作用时,一定要注意与媒体和投资者做好沟通、加强危机公关,切忌"玩失踪""删文件"之类的把戏。

(三)"日金宝"流动性挤兑危机事件存在哪些信息不对称问题?这些信息不对称问题对危机事件的发生产生了何种影响?

理论依据:

信息不对称是信息经济学中的重要概念,来源于委托-代理问题。委托-代理问题指的是委托方与代理方签订了一个合同,代理方采取各种措施以实现委托方的目标,但是由于委托方往往是信息弱势的一方(代理方则是信息优势的一方),因此代理方可能利用其信息优势为自己牟取私利,损害委托方的利益。委托-代理问题的出现,使得最终解并不是最优解,委托方只能通过设置一个激励相容的合同实现次优解,这个次优解相对于最优解的损失即为信息租金——委托人为了解决信息不对称问题,而不得不放弃的收益。

信息不对称问题有两大类:逆向选择和道德风险。其中,逆向选择指的是代理人(信息优势的一方)通过隐藏信息(比如冒充另一种类型的代理人)来为自己牟取私利,往往出现在签订合同之前;道德风险指的是代理人通过隐藏行动(比如采取不利于委托人的行为)来为自己牟取私利,往往出现在签订合同之后。对于信息不对称的详细介绍可以参考博尔顿和德瓦特里庞(2008)。

在本案例分析中也涉及信息不对称问题,可以通过对利益攸关方——泛亚、地方政府及其他监管部门、泛亚的服务机构(包括商业银行)、稀有金属生产企业、"日金宝"投资者、媒体等进行分析来探讨信息不对称问题。

具体分析:

信息不对称问题可以分为两个阶段:"日金宝"流动性挤兑危机之前和挤兑危机之后。这里,先分析挤兑之前的信息不对称问题。

1. 泛亚与地方政府(包括云南省政府、昆明市政府等)之间的信息不对称问题

泛亚与地方政府之间的信息不对称,主要体现为泛亚是信息优势的一方(代理方),而地方政府是信息弱势的一方(委托方)。它们之间的委托-代理关

系体现为泛亚交易所的成立和运营需要地方政府的审批。

根据案例正文资料,云南稀有金属的储量以及生产在全国乃至全世界都是非常领先的,泛亚在各种场所宣称,其有"五大创新""五大功能",能为国家"战略收储"、争夺稀有金属定价权以及为稀有金属产业升级提供金融服务等。因此,泛亚通过各种宣传在一定程度上"迎合"了地方政府的需求。尽管这种宣传在一定程度上符合实际,但是难免过度夸张,隐藏了一些真实信息(比如其交易模式对生产商非常有利,且根据媒体报道,有些生产商与泛亚管理者存在利益关系)。从而,泛亚与地方政府之间存在逆向选择问题:泛亚通过夸张宣传,隐藏了部分真实信息,使得地方政府在未全力审查的情况下批准了其运营。

在批准运营之后,泛亚并未能完全按照其宣传的模式进行运营,例如其宣传资金受托业务的最长期限是180天,但是在真实交易时,生产商往往长期不履行交割业务(见案例正文中的危机梳理部分),从而导致泛亚最终的资金流入主要为"日金宝"投资者投入的资金。因此,泛亚与地方政府之间也存在道德风险问题:泛亚未能完全按照其承诺的模式进行运营,对生产商过于宽松,并导致泛亚市场出现一个"卖方"占绝对优势的市场,最终导致挤兑危机。在出现危机的时候,泛亚还经常以地方政府批准其运营、地方政府认为其合规等各种方式让地方政府对其进行背书。

地方政府与泛亚之间的信息不对称,还体现为地方政府是信息优势的一方(代理方),而泛亚是信息弱势的一方(委托方)。它们之间的委托-代理关系体现为地方政府对泛亚交易所的审批。云南稀有金属较多,稀有金属的生产是云南非常重要的产业。云南省政府(主要是政府官员)认为鼓励泛亚开展稀有金属交易业务能繁荣云南稀有金属产业,尤其是通过"日金宝"业务从全国吸引资金投入云南的稀有金属产业,使云南省政府有对其放松管制的道德风险;另外,云南省政府还想通过各种金融创新业务打造其区域金融中心地位,泛亚交易所的成立恰好满足其这一需求。因此,地方政府与泛亚之间的信息不对称体现为地方政府有道德风险:地方政府在支持地方稀有金属产业发展以及打造区域金融中心的动机驱使下,有放松对泛亚审批及监管的可能性。

2. 泛亚与"日金宝"投资者之间的信息不对称问题

泛亚与"日金宝"投资者之间的信息不对称,主要体现为泛亚是信息优势的一方(代理方),而"日金宝"投资者是信息弱势的一方(委托方)。它们之间的委托-代理关系体现为泛亚向"日金宝"投资者出售"日金宝"产品。

根据案例正文资料,泛亚通过各种场合宣称,其发行的"日金宝"理财产品收益率高、流动性高、安全性高,是一种无风险收益产品。"日金宝"的各种宣传广告都将其与"银行理财产品""银行存款""货币市场基金"等风险极低的金融产品相对比。泛亚还通过银行渠道进行销售,并利用政府、经济领域名人为其宣传。这种过度宣传使得"日金宝"投资者误以为其产品是一种完全优于"一般银行理财产品"的银行理财产品(体现为其超高收益),从而纷纷大量购买"日金宝"。根据案例正文,许多投资者正是因为看到商业银行销售、政府背景才大量购买了"日金宝"产品。因此,泛亚与"日金宝"投资者之间存在逆向选择问题:泛亚通过政府、商业银行、经济领域名人为其宣传背书,并将其与极低风险的金融产品相对比,让"日金宝"投资者误认为"日金宝"是一种完全优于"一般银行理财产品"的银行理财产品。

在投资者购买"日金宝"产品之后,泛亚并未能完全按照其宣传的模式进行运营,"日金宝"原本是资金受托业务产品,理论上不会承担任何稀有金属价格风险。事实上,由于其设置的实际交易模式完全偏向生产商,从而导致生产商持有"买入"交易但却长期不交割,违背了资金受托业务最长期限为180天的规定。"日金宝"投资者原本只是资金受托者,是给生产商融资的,最终却变成了高价持有稀有金属货物的一方。因此,泛亚与"日金宝"投资者之间也存在道德风险问题:泛亚售出"日金宝"之后,并未能安全按照"资金受托"模式进行运营,最终形成了一个让生产商高价卖出稀有金属货物、"日金宝"投资者高价买入稀有金属货物的模式。

泛亚创设"日金宝"产品还存在一种道德风险:通过利用"日金宝"投资者的资金高价吸储以垄断整个稀有金属市场,进而以更高的垄断价格销售("囤货居奇")。这种道德风险在某种程度上是其非常自信能长期保持高价以及维持此种交易模式的重要原因之一。但是,其没有考虑到稀有金属的需求量相对于其储量来说太小,进而导致其交易模式完全失败。

另外,泛亚与"日金宝"投资者之间还存在一种信息不对称:"日金宝"投资者是信息优势方,泛亚是信息弱势方。这种信息不对称体现为"日金宝"投资者的道德风险:由于泛亚有政府背景,"日金宝"产品由银行代理发行,且资金由银行托管,另外还有知名专家进行"广告"以及"日金宝"的超高收益率,导致投资者有放松对"日金宝"产品进行甄别和监督的道德风险。

3. 泛亚与生产商会员之间的信息不对称问题

泛亚与生产商会员之间的信息不对称,主要体现为生产商是信息优势的一方(代理方),泛亚是信息弱势的一方(委托方)。它们之间的委托-代理关系体现为生产商会员向泛亚出售稀有金属货物仓单。

就目前收集的资料而言,它们之间的逆向选择还未有显著的证据,但有明显的道德风险问题。案例正文中已经揭示出,泛亚对生产商会员的资格认定非常严格,且只允许生产商会员在其平台出售稀有金属货物。事实上,一旦稀有金属生产厂商被认定为生产商会员之后,泛亚交易平台过高的价格使其有非常强烈的动机在泛亚平台销售稀有金属货物,为此其通过三种方式达成目的:(1)急剧扩张生产规模,提高稀有金属生产能力。如泛亚生产商会员云南天浩在泛亚成立(2011年)之前,每年的铟产能为10吨,而2015年急剧扩张至200吨(雷士武和黄杰,2015)。(2)向其他非生产商会员购买稀有金属货物。根据雷士武和黄杰(2015),云南天浩还向其他生产厂商(非泛亚生产商会员)低价收购铟,并在泛亚平台销售。(3)从国外进口稀有金属货物。在泛亚成立之前,中国的稀有金属货物大量出口,而泛亚成立之后,稀有金属货物不再出口,反而从国外进口。因此,泛亚与生产商之间存在道德风险问题:为了尽可能赚取利润,在成为会员之后,其不仅不顾生产基本面而大肆扩张产能,而且向国内非生产商会员低价购买稀有金属货物以及从国外进口稀有金属货物,从而导致泛亚的稀有金属货物库存急剧扩张。

4. 泛亚与商业银行之间的信息不对称问题

泛亚与商业银行之间的信息不对称,主要体现为泛亚是信息优势的一方(代理方),商业银行是信息弱势的一方(委托方)。它们之间的信息不对称问题非常类似于泛亚与"日金宝"投资者之间的关系:既存在泛亚的逆向选择问题(泛亚向商业银行隐藏信息),也存在泛亚的道德风险问题(泛亚向商业银行隐藏行动)。

商业银行也存在道德风险问题。从2010年起,银监会就严禁非本银行机构人员驻点银行网点,但商业银行理财经理为了经营业绩不顾监管的规定,帮助泛亚销售"日金宝"产品(黄杰,2015)。根据郭芳和何方竹(2015),泛亚通过商业银行销售"日金宝"会增加银行的"流水",在存贷比的限制下,银行"流水"增加,其贷款额度也会增加。因此,无论是商业银行的职员(理财经理)还是商业银行自身都存在道德风险问题。

5. 其他监管机构与地方政府之间的信息不对称问题

虽然按照当前的监管分工,泛亚交易所主要由云南省政府监管。但是,泛亚采取了类似于期货、股票等的交易,且杠杆较高,存在巨大的市场风险;除此之外,其发行的"日金宝"产品向全国募集资金,完全不限于云南省。与此同时,商业银行不仅在销售"日金宝"方面承担了重要职责,且帮助"日金宝"进行了第三方托管。由于"日金宝"在商业银行销售,投资者将其看作银行理财产品。然而,在"日金宝"流动性挤兑事件中,几乎难觅银监会、证监会等监管机构的踪迹。因此,这里其他监管机构存在道德风险:由于国家的相关法规规定,泛亚主要由云南省政府监管,且泛亚已经被地方政府审批合格,因此其他监管部门有放松本该对泛亚及其相关机构监管的道德风险。

图40对"日金宝"流动性挤兑危机之前的信息不对称问题进行了总结。其中箭头的发出方为信息优势方,主要问题也来源于它。其实,由上述分析不难发现,这些信息不对称问题对于"日金宝"流动性挤兑危机的发生有着非常重要的影响。限于篇幅,这里不再详细论证其如何影响,请同学们根据前面论述补充。

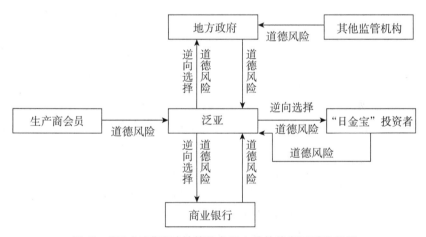

图40 "日金宝"流动性挤兑危机之前的信息不对称问题

"日金宝"流动性挤兑危机发生之后,信息不对称问题发生了根本性的变化:泛亚、地方政府、商业银行纷纷变为信息弱势的一方(委托方),"日金宝"投资者和媒体则变为信息优势的一方(代理方)。为阐述方便起见,这里不再细分泛亚、地方政府、商业银行等,而将其统称为"日金宝"销售方。

6. "日金宝"投资者与"日金宝"销售方之间的信息不对称

这里的信息不对称主要体现为"日金宝"投资者的道德风险:比较强势且提前知道内情的"日金宝"投资者为了个人利益,不顾泛亚及其他投资者的利益,通过多种维权、示威手段向"日金宝"销售方施压,这种施压可能是只是为了尽快拿回自己的本金和利息。

7. 媒体与"日金宝"销售方之间的信息不对称

这里的信息不对称主要体现为媒体的道德风险:部分媒体通过"庞氏骗局",并伙同部分投资者过度曝光泛亚,从而引起所有投资者的恐慌。媒体的这种做法,也许并不是为了从根本上帮助"日金宝"投资者获得利益(根据问题 2 的解答,媒体的过度曝光导致了危机的发生),而是为了自己的曝光率(见图 41)。

图 41 "日金宝"流动性挤兑危机之后的信息不对称问题

(四)"日金宝"流动性挤兑危机事件折射了中国金融监管有何漏洞?如何解决?

理论分析

"日金宝"流动性挤兑危机的发生存在诸多原因,其中一个核心环节是金融监管出现了漏洞。可以从四个角度来分析金融监管的漏洞:

1. 关注机构监管,忽视功能监管。泛亚交易所从机构而言归属云南省政府,但是其创设的"日金宝"产品却横跨银行、证券等多个行业。

2. 关注审慎监管,忽视行为监管。"日金宝"产品销售的各种信息误导、银行销售经理和商业银行的道德风险、投资者"非理性"理财观念等方面折射了中国行为监管(金融消费者保护)的缺失。

3. 关注微观审慎监管,忽视宏观审慎监管。"日金宝"流动性挤兑危机涉及的不仅仅只是泛亚交易所和"日金宝"投资者,其可能对商业银行部门、其他类"日金宝"产品、稀有金属行业等多个方面存在风险的外溢性(传染),从而需要宏观审慎监管来限制风险的跨机构、跨市场、跨部门(实体经济部门与金融部门)传染。

4. 忽视中央金融管理部门与地方金融管理部门的协调监管。泛亚完全由地方金融管理部门监管,由于地方金融管理部门存在监管能力不足、监管动机不强(道德风险)等原因,出现"重事前审批,轻持续监管"现象,从而需要中央金融管理部门来协助监管。

具体分析：

1. 中国金融监管现状

中国当前的监管体制体现为以下几个特征：

（1）分业经营、分业监管。分业监管的具体体现为机构监管。

（2）审慎监管为主，行为监管为辅。

（3）微观审慎监管为主，宏观审慎监管为辅。

（4）基本金融机构和金融市场由中央金融管理部门监管，其他金融机构和区域新交易市场由地方金融管理部门监管。

"日金宝"流动性挤兑危机事件恰好凸显了中国金融监管的漏洞。深入挖掘本案例对于学生理解这些监管概念非常重要，同时也可为越来越多的金融创新产品的监管提供借鉴。下面我们将从上述方面探讨"日金宝"流动性挤兑危机事件的监管漏洞问题。

2. 机构监管与功能监管

机构监管是按照不同的金融机构来划分监管对象的金融监管模式。与机构监管相对应的是功能监管，即根据金融功能的不同而实施针对性的监管。可将金融功能划分为：(1)风险的交易、对冲、分散和集中功能；(2)资源分配功能；(3)监督管理者和控制企业；(4)集中储蓄；(5)便利商品和服务的交换。这些功能对于经济增长的两大环节——资本累积和技术进步有巨大的作用。本质原因在于这些功能很好地解决了实体经济的信息成本和交易成本两大摩擦（Levine, 1997）。但是，金融体系在提供这些功能时面临各种风险，且这些风险具有显著的负外部性，从而需要进行监管。功能监管的立脚点认为不同金融功能面临的金融风险点存在显著的差异，因此，需要针对不同的金融功能采取相应的监管措施。

本质而言，机构监管与功能监管并不矛盾，原因在于不同的金融机构所面临的金融功能存在显著的差异。例如，银行通过创造存款货币实现了功能(5)，并通过吸收存款实现了功能(4)，通过存贷款业务实现了功能(2)；证券市场则在风险[功能(1)]以及监督和控制企业[功能(3)]等方面更擅长。因此，机构划分近似于功能划分，机构监管是一种简易、特殊的功能监管。但是，机构监管和功能监管并不是同一种监管模式，它们存在显著的差异：

（1）机构监管的对象是金融机构，功能监管的对象是金融功能。面向对象的差异决定了两者监管的本质差异。同一金融机构可能有多种功能，不同类型的金融机构可能存在相同的功能,实现同一功能可能需要不同类型机构的参与,这些都导致了机构监管与功能监管的差异。

(2) 机构监管是一种监管实践,实施较为便利,但监管扭曲较大;功能监管是一种监管理论,实施成本较高,但监管扭曲较小。

机构监管存在"监管真空"和"监管重叠"两种扭曲。"监管真空"指的是在机构监管模式下,可能存在一些领域未受到事实上的监管。这些领域往往是金融创新、多种类型金融机构合作的金融领域。例如,"日金宝"产品的发行者是泛亚交易所,这是区域性商品交易所,名义上属于云南省、昆明市政府监管。由于其采用了类似于期货、股票等连续交易方式,而且其募集资金的方式借鉴了货币市场基金(且面向全国发行),因此证监会也应有相应的职责(曹远征,2016①)。另外,"日金宝"的销售和资金托管均借助于商业银行,因此银监会也应有相应的责任(见问题3)。可见,"日金宝"的产品设计及运营涉及的金融机构种类较多,但是上述监管机构并没有起到实质的监管作用,进而导致"监管真空"的发生。所谓"监管重叠"指的是在机构监管模式下,同一领域不同的监管当局均采取了监管措施。这些领域往往也是那些多种类型金融机构合作的领域。另外,"监管重叠"的出现往往对应着某一监管当局的监管无效("水桶效应"),原因在于最终的监管结果由最严格的监管当局来决定。需要注意的是,"监管真空"和"监管重叠"最终会导致监管套利的发生。

监管套利指的是在不同的监管力度下,监管者的自利动机驱使其选择监管力度最弱的领域。在机构监管体制下,由于"监管真空"领域的监管力度远小于"监管重叠"领域的监管力度,金融体系参与者往往有更大的动机去从事"监管真空"领域以实现监管套利目的。这在一定程度上是"日金宝"产品推出后并在初期发展迅速、销售火爆的重要原因。功能监管则对不同的金融功能实施针对性监管,理论而言并不存在"监管真空"和"监管重叠"的可能。但是,由于要识别各项金融功能,其监管实施的进入门槛和识别成本要高于机构监管。

为深入理解机构监管和功能监管的优劣,可以构建下述模型。

对于机构监管而言,它的成本主要是"监管真空"和"监管重叠"导致的扭曲成本,即 $C_{ins}(i)$。其中,C_{ins} 为机构监管成本,i 为金融创新程度。另外,假设有 $\dfrac{\partial C_{ins}}{\partial i} > 0$,$\dfrac{\partial^2 C_{ins}}{\partial i^2} \geq 0$,即机构监管成本随金融创新程度的增加而增加,且随着

---

① 曹远征(2016)认为进行连续交易的为金融,不连续交易的不是金融。

金融创新程度增加的成本递增。假设的依据主要基于上述分析,金融创新程度越高,"监管真空"和"监管重叠"的可能性越大,扭曲成本越高。

对于功能监管而言,它的成本主要是识别金融功能创新的成本。为此,假设其成本为 $C_{fuc}(i)$,且有 $C_{ins}(0) < C_{fuc}(0)$,$\frac{\partial C_{ins}}{\partial i} > \frac{\partial C_{fuc}}{\partial i} \geq 0$,$\frac{\partial^2 C_{ins}}{\partial i^2} > \frac{\partial^2 C_{fuc}}{\partial i^2} \geq 0$,其中 C_{fuc} 为功能监管的成本。上述假设的理由源于:功能监管需要对金融功能进行详细的识别,因此在金融创新程度较低时,其识别成本要高于机构监管的扭曲成本。随着金融创新程度的增加,尽管功能监管的识别成本在上升,但是其上升的速度和加速度均小于机构监管的扭曲成本。最终的结果如图42所示。

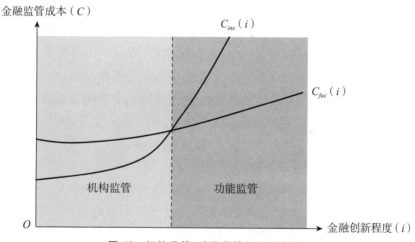

图 42 机构监管、功能监管与金融创新

由图42可知,监管模式的选择主要由监管成本决定。当机构监管成本低于功能监管成本时,选择机构监管较为合适;当机构监管成本高于功能监管成本时,选择功能监管较为合适。进一步而言,这两种监管成本由金融创新程度决定。当金融创新程度较低时,选择机构监管较优;当金融创新程度较高时,选择功能监管较优。

由案例正文可知,泛亚至少有以下几方面的金融创新:

(1)泛亚利用电子商务平台为稀有金属的需求方和供给方搭建销售平台;

(2)为稀有金属生产企业提供供应链融资;

(3)为对稀有金属感兴趣的投资者提供带杠杆的投资模式(双向杠杆交易模式)以及无杠杆的投资模式(全额预定保值增值模式);

(4) 为持有稀有金属货物的生产商提供固定收益(全额预定的固定收益模式);

(5) 为有闲余资金的投资者提供相对高收益的固定收益产品("日金宝"产品)。

因此,根据前面的理论推演,对泛亚的监管如果采取功能监管的话,出现"日金宝"流动性挤兑事件的可能性将会大大降低。

3. 审慎监管与行为监管

审慎监管指监管当局为了防范金融机构风险,通过制定资本充足率、资产质量、贷款损失准备等审慎指标,定期监测和评估金融机构的风险状况并组织现场检查等措施。审慎监管的最终目标是维持金融机构和金融体系的稳定,可进一步分为微观审慎监管与宏观审慎监管。

行为监管指的是监管当局对金融机构的经营行为进行监督管理,主要包括信息披露要求,禁止欺诈误导,保护个人金融信息,反对不正当竞争,打击操纵市场行为和内幕交易,规范广告行为、合同行为和债务催收行为,关注弱势群体保护,提升金融机构和消费者的诚信意识、解决金融消费争端等。同时,围绕相关规则,建立现场检查和非现场监管工作体系,促进公平交易,维持市场秩序,增强消费者信心,确保金融市场的健康、稳健运行(孙天琦,2015)。关于审慎监管与行为监管的对比详见表17。

审慎监管与行为监管具有高度的一致性(孙天琦,2015):(1)有效的审慎监管才能保护金融消费者权益。审慎监管通过维持金融机构的稳健从而起到间接保护金融消费者利益,因为一个不稳健的金融机构是难以保障金融消费者利益的。(2)行为监管能够把风险管理和监管甚至金融稳定的关口大大前移。(3)有效的行为监管可以提高金融消费者的行为理性,提高其金融素养和风险防范的意识及能力,增强其对金融市场的信心。

然而,两者之间存在一定的冲突。首先,审慎监管以金融机构为核心,重在风险防范和确保金融机构稳定;行为监管以消费者为核心,重在保护消费者权益。例如,扩大存贷利差有利于增强金融机构的利润以及稳健性,但可能对存款人不利;国际金融危机期间金融机构发行的各种衍生品尽管在短期增加了金融机构的利润,但却损害了投资者的长期利益。其次,严格的行为监管、对侵害金融消费者权益行为的重罚在短期可能恶化审慎监管指标。因此,为避免两者的冲突,英国经济学家 Taylor 提出"双峰"监管模式,并被澳大利亚、英国、美国等国家采用。所谓"双峰"监管主要体现为同时成立审慎监管机构和行为监机构,且两者保持相对的独立。目前,中国采取"内双峰"模式,即"一行三会"(即中国人民银行、中国证监会、中国银监会和中国保监会)各自在其机构内部施行行为监管,但总体而言,行为监管相对于审慎监管的受重视程度要弱得多。

表17 审慎监管与行为监管

比较项目	审慎监管	行为监管
直接目标	限制金融机构风险,维持金融机构的稳健。	保护金融消费者的利益。
最终目标	金融体系的稳定。	金融体系的稳定。
视角	金融体系的角度,对有可能危害金融安全的金融机构进行监管和处罚。	金融消费者的角度,保护购买或投资金融产品的消费者。
分析工具	提出资本充足率等监管指标;金融分析手段。	颁布行为准则、产品准则;调查取证、法律剖析、纠纷数据库分析、暗访手段等。
知识结构要求	金融风险、财务分析、金融工程;数据分析、逻辑性强,可进行标准化处理。	法务知识;针对特定案例进行具体分析,难以进行标准化处理。
工作对象	与金融机构打交道,"监管者-金融机构"双边关系。	与金融机构、金融消费者打交道,"监管者-金融机构-金融消费者"三方关系。
监管时间	较为靠后,无法在事前有效防范存在于金融机构各种产品、服务及商业模式中的潜在隐患。	较为靠前,需要主动、介入式的监管,能在风险初期萌芽状态解决问题。

资料来源:廖岷(2012)、孙天琦(2015)。

本案例凸显了中国金融体系行为监管的不足:

(1)云南省政府、昆明市政府只批准了泛亚交易所在稀有金属交易中的现货交易部分,但是对于泛亚交易所推出"日金宝"金融创新产品并没有进行限制。一个很重要的例证是泛亚模式在昆明获得成功,但其在辽宁省开展业务时,却被辽宁金融办以涉嫌非法集资叫停(郭芳和何方竹,2015)。

(2)由案件梳理部分可知,许多投资者购买"日金宝"金融产品时均被银行理财经理以及相关宣传所误导(如"零风险""保本""高收益""随时可取"等),认为其为银行理财产品,从而大量购买该产品。商业银行理财经理在销售该产品时显然没有做好"信息披露"等基本要求,并且可能存在恶意欺诈、虚假广告等行为。

（3）在危机爆发时,泛亚管理层、云南省政府、昆明市政府都没有第一时间站出来承担责任,而是采用回避、"踢皮球"等方式处理投资者的维权行为,这显然也违背了行为监管中的关注弱势群体保护、解决金融消费争端等要求。

（4）泛亚交易所发行"日金宝"产品违背了行为监管中需要公平公正对待金融消费者的"金融伦理"。所谓"金融伦理"指的是金融业务中存在的道德伦理和人文精神。为了尽快赚取利润,泛亚交易所以"高收益"吸引大量投资者,并以高价从市场中收购大量的稀有金属原材料。由案例的梳理可知,泛亚管理层存在一种侥幸心理:通过高价收购大量的稀有金属库存,然后以垄断的更高价格向市场出售该产品("囤货居奇")。此种投资方式蕴含着巨大风险,却被销售给一些风险承受能力较低的金融消费者。这些投资者以买银行理财产品的资金买入了大量"日金宝"产品。据记者采访,这些投资者大部分有一个共同特征:亲戚朋友汇聚大量的资金一起投资于一个投资账户。由此可以看出,"日金宝"产品的发售是违背"金融伦理"的。

（5）行为监管的一个重要方面体现为金融消费者教育。泛亚事件的爆发凸显了中国的金融消费者教育存在重大缺失。一些明显高于市场利率几倍、"高流动性""无风险"的金融产品被大量"无知"投资者购买。金融市场中高收益必然伴随高风险的金融理念存在极大缺失,这显然与金融教育缺失存在巨大关系。这种理念的缺失不仅导致自己遭受损失,更为严重的是,追逐高收益的理念破坏了金融生态。对于一些在相对较低收益要求下能够生存的企业,由于市场上"充斥"着各类高收益产品,从而难以吸收到资金("融资难、融资贵"问题);高收益要求同时催生了以泛亚为代表的各类金融企业的"道德风险"——发行高收益产品融得资金,而不管是否可持续。另外,案例梳理中存在一个细节:由于泛亚将"日金宝"业务转移至泛融网,一些投资者抱有让后来投资者"接盘"从而能迅速"跳出火坑"的心理,并不愿意维权投资者将泛亚事件扩大化。这体现了金融消费者教育的缺失——不去揭露高风险的金融模式,反而让其继续存在以导致更多的投资者遭受损失。

4. 宏观审慎监管与微观审慎监管

审慎监管包括宏观审慎监管和微观审慎监管两方面(两者的区别见表18)。

表 18　宏观审慎监管与微观审慎监管的区别

比较项目	宏观审慎监管	微观审慎监管
直接目标	抑制金融体系的系统性风险。	限制个体机构的困境。
终极目标	避免与金融不稳定性相关的成本。	保护消费者。
风险特征	内生性:源于金融机构的集体行为和相互作用。	外生性:源于个体金融机构,不考虑集体行为的反馈效应。
机构间的相关性与共同敞口	重要。	不相关。
审慎控制的衡量	系统范围风险;自上而下。	个体机构风险;自下而上。
政策重点	赋予大型复杂金融机构更大权重;逆周期调控。	保护个体机构。

资料来源:方意(2013)。

微观审慎监管的理念非常简单:既然单个机构(市场)倒闭会导致其他机构(市场)受到影响,为此,可以对单个机构设置严厉的监管要求以维持其稳健性。表面看起来,此理念非常合理,事实上却有不合理之处,原因在于个体最优,并不意味着集体最优(是博弈中的"囚徒困境"结果)。在微观审慎监管下,金融机构为了满足监管要求,必然采取对自己最有利的措施,比如当经济下滑时,为避免其资产遭受损失从而达不到资本金要求,其很有可能卖出资产(或收回贷款)。但在经济形势较差的时候,卖出资产可能导致资产价格进一步下滑(即降价抛售,fire sale),从而可能导致其他金融机构遭受损失。因此,微观审慎监管虽然从个体角度维护了金融机构的稳定,但从整体角度却导致了金融体系的不稳定,本质原因在于其假设任何金融机构的行为都对金融体系没有重要影响,即其风险是外生的,决策也是外生的,从而负外部性也是外生的。

宏观审慎监管则纠正了上述缺陷,其站在整个金融体系角度考虑问题,并认为单个金融机构的风险及决策均具有内生性,所有金融机构(市场)之间都存在风险传染性。除此之外,金融体系和实体经济之间也存在风险传染性。

宏观审慎监管考虑了两个维度,这两个维度都与传染(关联)性相关:(1)横向传染,又叫空间维度,指的是宏观审慎监管关注金融体系内部的传染,包括金融机构之间、金融市场之间、金融机构与金融市场之间以及金融体系的跨国传染;(2)纵向传染,又叫时间维度,指的是宏观审慎监管关注金融体系与实体经济之间的纵向传染。此纵向传染体现为金融体系与实体经济的"共振",共振机制包括信贷需求方面的金融摩擦[如 Bernanke et al.(1999)的金融加速器机制、Kiyotaki and Moore(1997)的信贷抵押约束机制等],还包括信贷供给方面的金融摩擦(如银行贷款渠道、银行资本金渠道等)。这种共振机制使得金融体系的风险呈现出与实体经济之间一样的顺周期性特征。

另外,还可以从系统性风险的角度来看待宏观审慎监管。具体而言,宏观审慎监管的目的在于限制系统性风险(systemic risk)。系统性风险与个体风险不同,它是整个金融体系的一种风险,这种风险的核心在于传染性。因此,系统性风险也有两个维度:空间维度和时间维度。空间维度指的是金融体系系统性风险在各个金融机构、金融市场之间的分布(FSB et al.,2011)。这种风险分布或风险贡献的依据在于金融体系内部之间的风险传染。时间维度指的是金融体系系统性风险随时间演进的趋势。金融体系系统性风险的时间趋势本质上来源于金融体系与实体经济之间的各种顺周期性机制。因此,上述两类宏观审慎监管的定义本质相同。关于宏观审慎监管以及系统性风险相关内容的详细介绍,可参见方意(2013,2015)。

本案例突显了宏观审慎监管的重要性。宏观审慎监管重点在于限制风险传染。为此图43给出了"日金宝"产品在利益攸关方的风险传递情况,可知:

(1)为了促进稀有金属行业的发展,泛亚通过创设"日金宝"提高了稀有金属的流动性和交易价格,这意味着稀有金属行业的风险传导至泛亚和"日金宝"产品。

(2)"日金宝"产品需要有托管机构,所以在一定程度上托管机构——商业银行承担了稀有金属行业传导过来的风险。

(3)商业银行只是服务中介,稀有金属行业的风险最终将由商业银行转嫁给投资者。

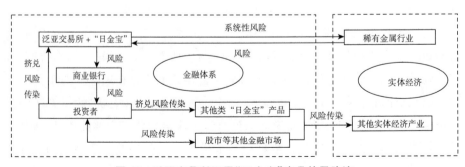

图43 泛亚交易所下属"日金宝"产品的风险流

(4)"日金宝"产品设计的内在缺陷、稀有金属价格大幅下跌、"$T+1$"交易模式改为"$T+5$"交易模式、实名制、取消卖出申报、股市因素、媒体的过度报道以及泛亚较差的公关能力等多种因素促使流动性挤兑危机发生。流动性挤兑危机可能使得一些类"日金宝"产品被挤兑。另外,由于"日金宝"的投资者遭受巨大损失,可能对股市等其他金融市场产生传染效应("日金宝"流动性挤兑危机与中国股市2015年股灾爆发时间接近可能存在某种联系——"日金宝"挤兑危机全面爆发是在2015年7月中旬,而股市自2015年6月15日开始,千余只股票开始下跌)。① 进一步分析可知,投资者对"日金宝"产品的流动性挤兑、对其他类"日金宝"理财产品的挤兑、对股市等其他金融市场的资产售出等,本质上是金融体系内部的一种风险传染,属于系统性风险的空间维度,也是宏观审慎监管需要针对的空间维度。

(5)"日金宝"产品的流动性挤兑事件将对稀有金属行业产生不利影响。由案例正文及问题3的分析可知泛亚交易所通过高价收购铟等稀有金属原材料,导致稀有金属行业出现产能过剩(如泛亚生产商会员云南天浩由于大肆扩张铟生产而破产),本质上已经形成"泡沫"。"日金宝"流动性挤兑危机的发生可能导致稀有金属行业"泡沫"的破裂。另外,"日金宝"产品危机的横向传染使得其他产品、其他金融市场受到负向影响,对其他实体经济产业产生负向影响。本质上,这是泛亚危机带来的纵向传染,是金融体系向实体经济的风险传染,是宏观审慎监管时间维度的体现。

表19还对功能监管与宏观审慎监管进行了对比。功能监管主要根据金融功能的差异进行针对性的监管,实施难点在于对金融功能识别的困难较大,其对立面是以金融机构类型为对象的机构监管;宏观审慎监管以系统性风险作为监管对象,其实施难点在于对金融体系系统性风险的测度以及对单个金融(市场)对整个金融体系系统性风险的贡献,它的对立面是针对机构个体风险、市场个体风险的微观审慎监管。

在此,需要着重阐述一下在当前"一行三会"与"中央与地方协作监管"的监管框架下功能监管与宏观审慎监管所面临的共同要求:金融监管机构的协调。

---

① 泛亚交易市场与股票市场的风险是双向传染的。在对案例正文和问题2分析时,考虑了股票市场对泛亚交易市场的风险传染。这里则分析泛亚交易市场对股票市场的风险传染。

表 19　功能监管宏观审慎监管的异同点

比较项目		功能监管	宏观审慎监管
不同点	面对对象	金融功能	系统性风险（横向传染和纵向传染）
	实施难点	对金融功能的识别	对系统性风险的测度和预警
	对立面	针对不同种类金融机构的机构监管	针对机构个体风险、市场个体风险的微观审慎监管
相同点	监管改革	金融监管机构协调	金融监管机构协调

对于功能监管而言，当前的分业监管模式常常出现"监管真空"以及"监管重叠"的漏洞。"日金宝"金融创新产品出现流动性挤兑危机的重要原因在于"一行三会"中没有一个监管机构对泛亚进行了实质的监管（云南省政府是名义上的监管机构，但是由于泛亚涉及的业务完全是面向全国的金融创新产品，而不仅仅局限于云南省，因此其没有动机也没有能力进行有力的监管），在其出现危机发生之时没有一个监管机构为其真正"负责"，各个监管机构互相推脱责任，以至于出现了投资者无处可维权的情况。

对于宏观审慎监管而言，由于金融风险的传染性，金融机构的风险很容易传导至不同类型的金融机构和金融市场，从而需要在"一行三会"与"中央与地方协作监管"的监管框架下梳理"日金宝"产品的风险及可能的传染路径。

应当指出的是，尽管功能监管和宏观审慎监管都需要金融监管机构之间的协调，但是它们关于机构协调的重点有所差异：功能监管下的金融监管机构间协调，重点在于保证所有金融产品（工具）、金融市场都处于监管之下，且要协调各监管机构的监管力度以保证不存在监管套利的发生；宏观审慎监管下的金融监管机构间协调，重点在于各监管机构数据的沟通以及面临风险跨机构、跨市场传染时对风险的共同防范。

5. 中央金融管理与地方金融管理

中国当前金融监管格局是中央金融管理为主，地方金融管理为辅，其中中央金融管理部门主要是"一行三会"及其地方派出机构。

从监管的金融机构看，"一行三会"对银行业金融机构、证券公司、期货公司、基金公司、保险公司等正规金融机构进行监管。对于小额贷款公司、典当行、融资性担保公司、融资租赁公司、商业保理机构、农村信用合作组织、股权投资企业、私募证券投资基金等从事金融业务的其他机构，一般采取中央部门指导、地方政府具体管理的方式(张健华,2013)。

从监管的金融市场看,"一行三会"对信贷市场、货币市场、资本市场、保险市场进行监管。区域性股权交易市场、其他各类地方性交易场所以及非法集资等都由地方政府负责管理。对于一般民间借贷目前还没有明确的管理部门(张健华,2013)。

基于以上分析,泛亚交易所应由云南省政府(金融办)直接监管。地方政府进行金融管理的好处在于(张健华,2013):(1)相对于中央金融管理部门而言,地方政府对地方经济的了解程度更高,控制能力更强,通过与"一行三会"派出机构进行合作协调,能更快地落实国家金融政策;(2)地方金融管理部门对从事金融业务的其他机构和区域性交易市场管理,填补了金融管理体制的空白;(3)地方政府可以动用各类地方政府资源,在对非法集资、从事金融业务的其他机构的风险处置上发挥积极作用。

尽管地方政府有上述优势,但是通过本案例可知,地方政府在金融管理上存在以下显著不足的地方:

(1)云南省政府在监管泛亚交易所时存在"重事前审批,轻日常监管"倾向。由案例正文可知,泛亚交易所在成立时得到云南省政府、昆明市政府的鼎力支持。但是,泛亚交易所在运营过程中通过推出"日金宝"业务等风险业务高价吸储时,却没有得到云南省政府的制止。这说明云南省政府在日常监管中存在缺位,这可能源于地方政府在管理金融的人员较少,且大部分工作人员缺乏从事金融管理工作的知识储备和经验(张健华,2013)。

(2)云南省政府在监管泛亚交易所时存在"重金融发展,轻金融风险"倾向。泛亚的成立是云南地方金融创新很重要的一部分。不仅如此,泛亚直接纳税3.6亿元,间接纳税6.7亿元,这对于云南省政府有非常大的激励。由案例正文可知,泛亚的交易品种基本都是云南省的优势产业,因此,泛亚交易所的成立在一定程度上有利于云南省实体经济的发展。这也是云南省政府一直支持泛亚的重要原因。但是,泛亚创设的"日金宝"产品面向全国投资者募集资金,并投入了"高价格"与"高库存"的稀有金属品种,相当于让全国投资者为云南省经济金融发展"埋单"。这种投资方式存在巨大风险(问题1和问题2),但是云南省政府并没有格外关注此问题(问题3)。

6. 监管建议

结合案例正文以及前述理论分析,为了同时做到行为监管、功能监管、宏观审慎监管以中央与地方协作监管,对于泛亚可以采取如下监管措施:

（1）云南省政府作为对泛亚交易所的审批和日常监管负责的地方政府,应监督其各类交易模式的真实性,应查实稀有金属交易是否存在"价格高估"等不正常现象,有义务将监管信息向"一行三会"共享。

（2）银监会应禁止商业银行参与销售"日金宝",并严格监控商业银行对"日金宝"产品的资金托管信息,防止投资者资金直接购买稀有金属原材料。

（3）"日金宝"产品的发行和销售应由证监会审批和监管,并由证监会对"日金宝"产品的发行及其资产池的价值变化做到实时监控。证监会应禁止泛亚交易所发行"日金宝"的虚假广告行为,并责成泛亚对"日金宝"业务存在的风险进行完全的信息披露。对于一些"知名专家"在不了解产品风险的情况下盲目"站台",应给予警示。除此之外,证监会还应该做好金融消费者教育问题,告诉投资者"任何高收益产品,背后必然对应较高的风险"。

（4）银监会、证监会还应核实所监管的机构是否存在类似于"日金宝"的金融产品。

在监管过程中,银监会、证监会以及云南省政府(金融办)应共享相关交易数据信息、资金流动信息等。

当然,上述监管措施只是根据当前监管框架做出的合理想象,并不是实际情形;相信如果监管当局按照此种监管模式进行监管,"日金宝"流动性挤兑危机发生的可能性将大大降低。

（五）如果您是泛亚交易所的高级管理人员,如何设计一款"可持续发展"的金融创新产品?如何避免类似的挤兑危机悲剧发生?

理论分析:结合问题1、问题2、问题3的有关理论和案例正文进行分析。

具体分析:

由问题2的分析可知,"日金宝"产品之所以出现流动性挤兑危机事件,根本原因在于泛亚市场是买卖不均衡的市场,这个市场对于作为"卖方"的生产商会员过于有利,对买方会员过于不利。为了解决此问题,根据问题2的分析,设计一款"可持续发展"的金融创新产品,应在当前"日金宝"产品设计基础上,做好以下改进:

1. 降低延迟交割补偿金率(降低β)。由问题1分析过程的表2可知,泛亚的延迟交割补偿金率相对其他交易所比较高,降低延迟交割补偿金率,也只是向正常水平靠拢而已。根据问题2的分析结果,延迟交割补偿金率越高,泛亚资金流出越多,越易发生流动性挤兑危机。另外,延迟交割补偿金率的降低,对应着"日金宝"收益率的降低。

2. 提高交易保证金比例(提高 X)。由问题2的分析可知,保证金比例要求越高,越不可能发生流动性挤兑危机。

3. 对投资者进行完全的信息披露(降低 γ)。向投资者披露该金融产品的性质是资金受托业务,并不是银行理财产品,在正常情形下没有本金安全问题。请投资者详细了解泛亚的交易模式,并且告知投资者,真实收益率依赖于其自身的行动。

4. 降低泛亚交易价格与其他市场价格的偏离程度(提高 α)。泛亚交易价格越高,对生产商越有利,对作为最终买方的交易商越不利。降低泛亚交易价格与其他市场的偏离程度,有利于提高泛亚对交易商的吸引力。

5. 时刻关注有关泛亚的媒体报道,并积极应对媒体和投资者的询问和质疑(降低 γ)。"日金宝"流动性挤兑危机的发生很大程度上源于其在早期对媒体的应对过于被动,消极甚至回避应对投资者的质疑,而这只能导致投资者的不信任以及挤兑危机的发生。

需要指出的是,上述具体分析3、具体分析5在一定程度上也应用了问题3,即这些措施在一定程度上缓解了媒体、投资者对于"日金宝"产品的信息不对称问题。

(六)如果您是云南省政府中直接负责泛亚流动性挤兑事件的有关人员,针对已经发生的流动性挤兑危机问题,如何善后?

理论分析:结合问题1、问题2、问题4的有关理论和案例正文进行分析。

具体分析:

1. 应保证投资者的利息支出。利息支出的利率应按照当期市场的无风险利率计算,取消前期承诺的高利率;对于本金的偿还,可以等稀有金属价格好转再择机出售获得偿还的资金。保证投资者的利息支出,能在一定程度上稳住投资者的心理,避免挤兑的进一步恶化。利息支出的资金,应来源于对泛亚管理人员的处罚和违法资金的追缴,如果这些资金还不够偿还利息支出,云南省政府应给予一定的补贴。

2. 在做好利息偿还的同时,还应积极向投资者解释"日金宝"产品的性质,避免投资者仍然将其看作传统的银行理财产品。同时,应告知购买"日金宝"所对应的稀有金属库存仍然有价值,只是当前价值较低,等合适时机可以换回本金。

3. 妥善保管泛亚稀有金属库存,以待合适时机出售。由案例正文可知,稀有金属是国家战略金属,有巨大的商业和科技价值。目前,稀有金属价格下跌主要源于大宗商品价格的下行周期。只要长期持有稀有金属库存,未来价格必定能到合理的价值。

4. 对泛亚有关管理人员进行追责,没收其非法收益并进行处罚,这些收益用来支付投资者的利息支出。

5. 完善监管,具体可参照问题4的解答。

四、关键要点

在案例正文部分详细介绍了泛亚交易所官方宣传的交易模式(包括"日金宝"的本质)并梳理了"日金宝"挤兑危机事件的发展过程。

在案例分析部分,结合案例正文从三个角度剖析"日金宝"流动性挤兑危机:

1. 金融数据分析和资金供求理论模型分析;

2. 利益攸关方信息不对称分析;

3. 金融监管漏洞分析。

在要点1中,案例详细收集了各类统计数据,从多个角度去甄别推演泛亚实际交易模式。因此学生可以在此交易模式基础之上,构建简单的资金供求理论模型。利用参数敏感性分析解析各个重要参数的传导机制,从根本上剖析"日金宝"流动性挤兑危机的原因。在要点2中,从各个利益攸关方角度出发,结合信息经济学有关内容深入分析其中的信息不对称问题。在要点3中,结合机构监管与功能监管、审慎监管与行为监管、宏观审慎监管与微观审慎监管、功能监管与宏观审慎监管、中央金融管理与地方金融管理等方面阐述流动性挤兑危机中所折射的监管漏洞,并提出监管方案。

完成以上分析之后,以此为基础并结合案例正文,尝试设计"可持续发展"金融创新产品以及如何做好危机"善后"工作。本案例的整体框架与要点总结如图44所示。需要格外指出的是,本案例是一个较大型的综合案例。在使用案例时,教师可以根据实际的课程要求任选其中的1个或2个角度做深入分析。

五、建议课堂计划

本案例可以作为专门的案例讨论课来进行,以下是按照时间进度提供的课堂计划建议,仅供参考。整个案例课的课堂时间控制在两个课时(100分钟)。

1. 课前计划:提前一周(即在上次课结束后)将案例正文发送给学生阅读,完成学生的分组(控制在5组左右),并将前述的6个启发思考题和简要的分析

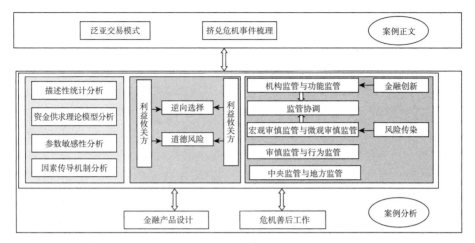

图 44　本案例的框架和要点

思路分发给各组,请学生在课前完成案例正文的阅读,并形成初步思考,完成简单的展示 PPT。

2. 课中计划:

(1) 由教师对案例简单介绍,并明确本课时需要完成的任务(用时:5 分钟)。

(2) 小组分组发言(每组 8 分钟),幻灯片辅助(用时:40 分钟)。

(3) 由教师和其他小组对各组的发言进行评述、补充和打分(用时:15 分钟)。

(4) 由教师引导,对重点问题分组讨论(用时:25 分钟)。

(5) 引导全班进一步讨论,并进行归纳总结(用时:15 分钟)。

3. 课后计划:请学生从案例分析中的三个视角(任选其一)进一步挖掘"日金宝"流动性挤兑危机的原因,并以此提出新的产品设计方案和危机善后方案,并与案例中的解决方案进行对比,看看谁的方案更好,分小组写出案例分析报告(1 000—1 500 字)。

案例使用说明附录

问题 2 中参数敏感性分析结果

图 45 至图 47 给出了参数 α 的敏感性分析结果。可以看出,参数 α 值越大,泛亚库存规模越小,"日金宝"资金需求也越小。但是,需要注意的是,尽管更大的 α 值使得泛亚库存规模和"日金宝"资金需求量在总量上有所降低,但是 α 值的变化并没有改变这两个变量的指数增长趋势,即较大的 α 值仍然会导致"日金宝"流动性挤兑事件的发生,只是危机发生时间会更晚而已。由于 α 代表泛亚交易所对交易商的吸引力,结合敏感性分析结果可以得出:泛亚交易所对交易商的吸引力越强,"日金宝"流动性挤兑事件发生时间越晚。对这个结果的解释如下:生产商是泛亚交易所最终的"卖方",交易商则是泛亚交易所最终的"买方"(尽管"日金宝"也是买方,但只是暂时的,它"买入"稀有金属货物主要是为了获得固定收益,并且会在某一期按买入价"卖出")。由于泛亚的实际交易模式对"卖方"非常有利,泛亚交易所对交易商的吸引力越强,则泛亚市场"买卖"力量相对越均衡,从而流动性挤兑发生时间会越晚。但是,由于泛亚交易所从总体而言还是"卖方"主导,因此流动性挤兑事件很难避免。

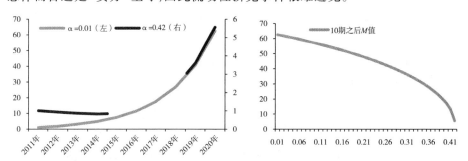

图 45　不同 α 值下的泛亚库存规模(M_t)　　图 46　不同 α 值下第 10 期泛亚库存规模(M_t)

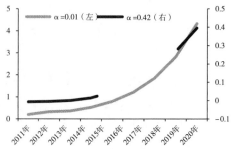

图 47　不同 α 值下"日金宝"每期需要吸收资金规模(π_t)

图 48 至图 50 给出了参数 β 的敏感性分析结果。可以看出,参数 β 值越小,则泛亚库存规模越小,"日金宝"资金需求也越小。需要注意的是,对于较小的 β 值(比如 $\beta = 0.01$)而言,泛亚的库存规模呈现出上下波动的平稳态势。对于"日金宝"资金需求结果而言,"日金宝"资金需求在前 2 期为正值,而后数期均呈现大幅流出的态势。因此,模拟结果表明,较小的 β 值不会导致"日金宝"流动性挤兑危机发生;较大的 β 值会导致流动性挤兑危机发生。对这个结果的解释需要分析参数 β 的传导机制:参数 β 代表泛亚"日金宝"投资者的收益率。β 值越大,泛亚需要支付给"日金宝"投资者的资金越多,从而下一期需要生产商卖出更多的稀有金属货物来吸收更多的资金;与此同时,下一期支付的利息也越多。最终的结果是泛亚交易所库存规模和需要吸收的资金急剧上升,从而出现"日金宝"流动性挤兑危机。相反,β 值小,泛亚征收的保证金足以保证"日金宝"投资者利息的支付,也就不需要通过卖出大量的货物来筹集资金,从而不会导致泛亚"日金宝"资金需求的急剧上升。

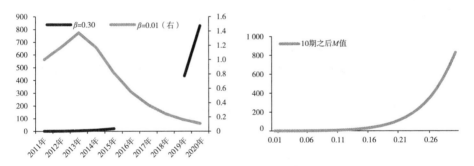

图 48　不同 β 值下的泛亚库存规模(M_t)　　图 49　不同 β 值下第 10 期泛亚库存规模(M_t)

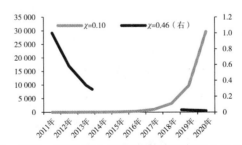

图 50　不同 χ 值下"日金宝"每期需要吸收资金规模(π_t)

图 51 至图 53 给出了参数 χ 的敏感性分析结果。可以看出,参数 χ 值越大,泛亚库存规模越小,"日金宝"资金需求也越小。需要注意的是,对于较大的 χ 值(比如 $\chi = 0.46$)而言:泛亚的库存规模不仅没有呈现出指数上升的态势,反而

逐渐下降接近于 0;对于"日金宝"资金需求结果而言,"日金宝"资金需求在整个模拟期间均处于流出的态势。这种结果表明,较大的 χ 值不会导致"日金宝"流动性挤兑危机的发生。参数 χ 传导机制如下:参数 χ 代表泛亚交易所对交易者征收的保证金比例,χ 越大,保证金比例越高,杠杆越小。χ 越大,泛亚征收的保证金越多,从而支付"日金宝"投资者利息的能力越强,下一期需要通过生产商卖出货物吸收资金的需求越少;与此同时,χ 越大,生产商卖出单位货物使得泛亚留存的资金越多。这些都表明,较大的 χ 使得泛亚不需通过生产商卖出大量稀有金属货物来吸收资金,不会导致泛亚库存的日益增多以及"日金宝"流动性挤兑危机的发生。

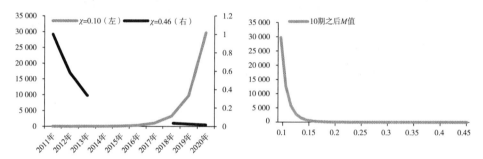

图 51　不同 χ 值下的泛亚库存规模(M_t)　　图 52　不同 χ 值下第 10 期泛亚库存规模(M_t)

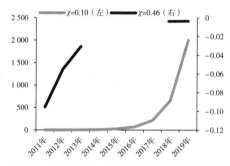

图 53　不同 χ 值下"日金宝"每期需要吸收资金规模(π_t)

图 54 至图 56 给出了参数 N_1/M_1 的敏感性分析结果。与前面 α、β、χ 的参数敏感性结果不同的是,参数 N_1/M_1 的变动的效果非常微弱:N_1/M_1 的增大只会导致泛亚稀有金属库存和"日金宝"资金需求量有轻微的下降,并不改变这两个变量的指数增长趋势,从而"日金宝"流动性挤兑事件无法避免。由于 N_1/M_1 表示泛亚成立初期交易商会员持有的稀有金属货物的比重,且交易商是泛亚最终的"买方",泛亚的实际交易模式对生产商("卖方")有利,在初期增加"买方"

比重能使得市场更加均衡,在一定程度上能缓解"日金宝"流动性挤兑危机。但是由于泛亚制度因素没有发生变化(如保证金比例、支付给"日金宝"投资者的收益率等),"卖方"力量仍然处于绝对优势地位,从而"日金宝"流动性挤兑危机无法避免。

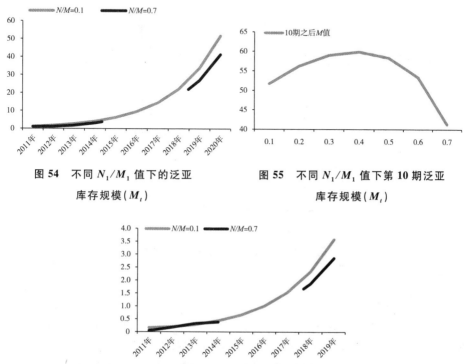

图 54 不同 N_1/M_1 值下的泛亚库存规模(M_t)

图 55 不同 N_1/M_1 值下第 10 期泛亚库存规模(M_t)

图 56 不同 N_1/M_1 值下"日金宝"每期需要吸收资金规模(π_t)

图 57 至图 59 给出了参数 γ 的敏感性分析结果。可以看出,参数 γ 值越大,泛亚库存规模越小,"日金宝"资金需求也越小。需要注意的是,对于较小的 γ 值(比如 $\gamma=0.01$)而言:泛亚的库存规模在初始状态(1 单位)上下波动,比较稳定。对于"日金宝"资金需求结果而言,"日金宝"在前 3 期是资金流入,之后处于流出状态。这种结果表明,较小的 γ 值使得"日金宝"流动性挤兑危机不会发生。参数 γ 传导机制如下:参数 γ 代表每期从"日金宝"流出的本金比例,γ 越小,每期流出的资金越少,下一期需要通过生产商卖出货物来吸收资金的需求越少,泛亚库存规模增长速度就越慢,也就越不可能导致"日金宝"流动性挤兑危机的发生。

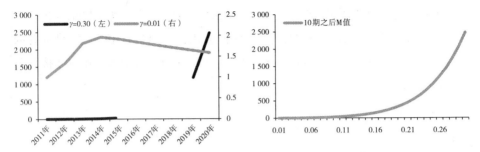

图 57　不同 γ 值下的泛亚库存规模（M_t）　　图 58　不同 γ 值下第 10 期泛亚库存规模（M_t）

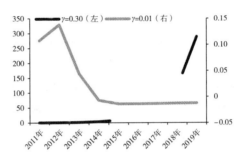

图 59　不同 γ 值下"日金宝"每期需要吸收资金规模（π_t）

参考文献

1. 曹远征,"从泛亚骗局看中国金融监管体制改革",2016 年,http://inance.sina.com.cn/money/bank/bank_hydt/20160118/181324174787.shtml,访问时间 2018 年 11 月 27 日。

2. 泛亚有色金属交易所（泛亚），"昆明泛亚有色金属交易所现货电子交易管理办法（暂行）",2011a 年。

3. 泛亚有色金属交易所（泛亚），"泛亚'知识百科'",2011b 年。

4. 泛亚有色金属交易所（泛亚），"昆明泛亚有色金属交易所风险控制管理办法（暂行）",2011c 年。

5. 泛亚有色金属交易所（泛亚），"风险控制管理办法介绍",2011d 年。

6. 泛亚有色金属交易所（泛亚），"崛起的泛亚——交易所基本情况概述",2012 年。

7. 泛亚有色金属交易所（泛亚），"交易客户端操作说明",2013a 年。

8. 泛亚有色金属交易所（泛亚），"泛亚日金宝操作指南（介绍）",2013b 年。

9. 泛亚有色金属交易所（泛亚），"'无心插柳柳成荫'——商业收储与泛亚模式",2014 年。

10. 方意,"房地产市场贷款冲击下的银行系统性风险研究——基于持有共同资产间接关联视角",工作论文,2015 年。

11. 方意,"中国宏观审慎监管框架研究",南开大学博士论文,2013年。

12. 郭芳、何方竹,"泛亚危机:400亿的'庞氏骗局'?",《中国经济周刊》,2015年9月21日。

13. 黄杰,"多家银行充当'日金宝'销售渠道监管机制待完善",《中国经营报》,2015年9月7日。

14. 孔令超、郦彬、朱俊春、王佳骏,"泛亚事件有利于资金回归正规渠道",国信证券研究所研究报告,2015年。

15. 乐宇坤,"有色金属评论周报:美债务上限问题将解决,国储局对铟锗进行收储",中银国际研究所研究报告,2013年。

16. 雷士武、黄杰,"泛亚恶意收购导致铟产业全线崩塌",《中国经营报》,2015年8月31日。

17. 李茜,"泛亚事件敲响投资'警钟'",《上海金融报》,2015年10月9日。

18. 栗泽宇、包涵,"泛亚黑洞",《华夏时报》,2015年9月24日。

19. 廖岷,"对危机后银行业'行为监管'的再认识",《金融监管研究》,2012年第1期,第64—74页。

20. 〔美〕博尔顿、〔比〕德瓦特里庞,《合同理论》,费方域、蒋士成、郑育家等译。上海:格致出版社,2008年。

21. 齐丁、衡昆、陈书炎,"投资需求旺盛,泛亚交易所推涨镝、铽",安信证券研究所研究报告,2014a年。

22. 齐丁、衡昆、陈书炎,"锡铟的魅力",安信证券研究所研究报告,2014b年。

23. 孙斌,"'泛亚':围猎资本的游戏",《期货日报》,2015a年8月14日。

24. 孙斌,"'泛亚'真相再调查",《期货日报》,2015b年9月18日。

25. 孙斌,"泛亚骗局露底裤:要挟政府还是在转嫁矛盾",《期货日报》,2015c年12月17日。

26. 孙琦子、冯建岚,"泛亚兑付危机迷局",《经济观察报》,2015年7月19日。

27. 孙天琦,"金融业行为风险、行为监管与金融消费者保护",《金融监管研究》,2015年第3期,第64—78页。

28. 吴清、王金龙,"泛亚400亿兑付之殇",《中国经营报》,2015年7月27日。

29. 张健华,"深化地方金融管理体制改革",《金融发展评论》,2013年第10期,第1—8页。

30. 钟奇、施毅、刘博,"小金属投资框架——行业内最全面的小金属投资指南(包含12种小金属品种)",海通证券研究所研究报告,2012年。

31. Bernanke, B. S., Gertler, M., and Gilchrist, S., 1999, "The Financial Accelerator in a Quantitative Business Cycle Framework", in Taylor, J. B., and Woodford, M., (eds.), *Handbook of Macroeconomics*. Elsevier.

32. Financial Stability Board (FSB), International Monetary Fund (IMF), Bank for International Settlements(BIS), "Macroprudential Policy Tools and Frameworks: Progress Report to G20", 2011.

33. Kiyotaki, N., and Moore, J., "Credit Cycles", *Journal of Political Economy*, 1997, 105(2), 211—248.

34. Levine, R., "Financial Development and Economic Growth: Views and Agenda", *Journal of Economic Literature*, 1997, 35(2), 688—726.

甜橙金融：布局互联网金融闭环生态圈

杜惠芬　陈玺如

摘　要：2011年3月，甜橙金融在北京成立，致力于将金融、电信、互联网三者的文化融合。自此，甜橙金融不断在摸索中创新，超越自我，发展速度一直保持着200%的高水平。从创立之初单一的翼支付移动支付到现在集支付、征信、财富管理、供应链融资、消费金融、信息技术六大业务模块的互联网金融布局，甜橙金融的成绩令人瞩目。本案例介绍互联网金融发展的背景与内涵，重点讨论甜橙金融的创立、发展、战略布局以及面临的机遇与挑战。

关键词：甜橙金融，互联网金融，翼支付

一、引　言

2015年10月22日，甜橙金融在上海举办主题为"合作共赢，扬帆起航"的产业链合作大会，来自120余家企事业单位的领导及专家出席了本次大会，期间总经理高宏亮正式公布了公司未来的产业合作政策。令外界惊讶的是，诞生仅仅四年的甜橙金融一直保持着超过200%的高速发展趋势，从创立之初单一的翼支付移动支付业务发展到现在的集支付、征信、财富管理、供应链融资、消费金融、信息技术六大业务模块的互联网金融布局。据相关人士预计，甜橙金融2015年交易额将突破7 500亿元；其支柱业务翼支付已经拥有超过1.8亿名用户，在全国350个重要城市布局，在支付宝、微信支付之后，跻身中国国内前三大个人移动支付APP。

那么,甜橙金融究竟是一个怎样的集团?它的创立背景及发展独特之处在哪里呢?其发展战略又能带给我们怎样的启示和思考?

二、甜橙金融的前世今生

2011年3月,家喻户晓的中央企业中国电信为进军支付金融领域,在北京成立了子公司——天翼电子商务有限公司,以"科技服务民生、创新改变生活"为己任,致力于金融、电信、互联网三者的文化融合。

之后四年,天翼电子商务有限公司不断在摸索中创新,在挑战中进步。2014年以"添益宝"为起点开始发展理财业务,以"天翼贷"为起点发展供应链融资业务,由"零元购机"衍生出消费金融业务,以及由大数据支撑的征信业务,已成为具有一定根基和用户的全平台、综合类互联网金融企业。

2015年,天翼电子商务有限公司以"甜橙金融"的身份再度起航,依托"翼支付"的入口,甜橙金融打造了一个完整的金融业务闭环,展现了其建设集支付、征信、财富管理、供应链融资、消费金融、信息技术六大金融核心业务于一体的互联网金融生态圈的雄心。

三、甜橙金融的组织模式

提出甜橙金融概念的初衷是建设一个综合类的互联网金融平台。目前甜橙金融旗下拥有六大业务板块(见图1),分别对应支付功能、财富管理功能、征信功能、供应链融资功能、消费金融功能以及信息技术功能等六大金融核心功能。

图1　甜橙金融的组织模式

(一)"翼支付"

早在2011年年初,中国电信为发展运营支付以及互联网金融业务,创立了"翼支付"平台,与甜橙金融下的"交费易"一同成了甜橙金融支付业务的支柱。

"翼支付"作为甜橙金融支付业务的明星产品,在成立后短短三年中用户量破亿,目前拥有超过1.7亿名用户,用户体验满意度高达85.5%,创造了移动支付领域发展的神话。"翼支付"之所以能取得这样的成绩,与其致力于通过用户提供安全完善的支付环境以及便捷丰富的支付场景,来提高用户体验是分不开的。

1. 安全的移动支付环境

"翼支付"自诞生以来就十分注重用户支付环境的安全,致力于支付技术的发展和创新,采取了许多先进技术对用户支付流程进行层层保护。在支付安全方面,"翼支付"研发了具有U盾功能的UIM卡,并提供了网络接入VPN、SSL、防解密等信息安全技术保障,在对用户身份、数据等信息加密的基础上,利用访问权限、分权管理等设置,大大提高了用户使用"翼支付"的环境安全性;在交易方面,"翼支付"不仅建立了集交易加密、交易限额、客户征信于一体的交易风控体系,还提供了实时反馈交易信息服务,与合作商家一起全方位、多角度来保障用户的账户安全,大大提高了用户支付的安全性和对"翼支付"的信任。

2. 丰富的移动支付应用场景

"翼支付"支持手机客户端和网页版两种形式(附录一),经过多年的发展和创新,"翼支付"线上线下的支付应用已覆盖人们生活的方方面面,通过刷手机、扫二维码等简单流畅的操作方式,大大便捷了人们的衣食住行。线上支付主要有水费、电费、煤气费和电视费缴纳、信用卡还款、话费充值、彩票购买、电影票购买、火车票订购等,线下"翼支付"目前已经与超过十万家的超市、物流、加油站网点等签订了合作协议。除此之外,"翼支付"还运用"添益宝""天翼贷"以及"交费易""翼支付碰碰"等为"翼支付"的个人和企业用户提供全面的互联网金融服务,同时"翼支付"也采取差异化经营策略,向政企用户提供专业服务,赢得政企用户的信赖。

(二)甜橙理财

甜橙理财诞生于2014年,发展宗旨是致力于建设创新型的一站式理财平台,发展一年多便已经拥有超过1 300万名用户,超过100亿元的资产管理规模,未来发展潜力不容小觑。

甜橙理财拥有丰富的购买渠道,用户可以根据自己的偏好从"翼支付"客户端和门户(附录二)以及甜橙理财的客户端、微信公众号等渠道了解和购买甜橙理财产品。根据投资者不同的风险偏好和投资需求,甜橙理财提供多层次的丰富的理财产品和服务,活期理财、定期理财、保险理财、基金等产品均被覆盖,还与券商合作推出了股票在线开户以及行情查询等亲民服务。

随着互联网金融的发展以及人们对理财需求的增加,各类互联网理财产品层出不穷。在互联网理财大军中,甜橙金融凭借其安全性和高收益,受到了广大客户的青睐,例如"活期宝"的推出,这是甜橙理财与嘉实基金合作推出的货币基金理财产品,拥有高流动性、高收益的特征,在利率下行的时期,使用户财产得到增值。另外,甜橙金融推出了低起购金额、高收益、高兑付理财产品,例如,甜橙理财一个月、三个月、半年、一年的理财产品预期收益分别高达5.4%、5.9%、6.4%、7.1%,历史兑付成功率100%,吸引了不少"80后""90后";除此之外,甜橙理财还向客户提供数百只股票基金、货币基金以及债券基金的产品信息和购买渠道,使不同层次用户的不同理财需求均得到了满足。

(三)甜橙信用

甜橙信用脱胎于2014年年底中国电信旗下成立的天翼征信有限公司,致力于开展专业化个人及企业征信服务。目前,甜橙信用推出的征信产品主要有"甜橙分"、反欺诈报告、企业征信报告等,为甜橙金融旗下许多业务提供了支持,最典型的便是依托于"翼支付"开展的基于全国市场的消费金融业务和小额贷款业务了。

甜橙信用以背靠中国电信的独特优势,拥有4亿名电信用户、约1.9亿名"翼支付"用户以及来自政府、企事业单位等合作机构的数据,为建立全面可靠的征信模型打下了坚实的基础。与此同时,甜橙信用拥有一支阵容强大、经验丰富、专业性强的团队,其中很多团队成员拥有多年互联网金融从业经验以及专业征信评级机构从业背景。因此,凭借着"海量数据+专业团队"的优势,甜橙信用通过对大数据的加工处理后,可以形成真实、客观、公平、公正的评估,有利于有效判断企业的经营状况和个人的信用状况,准确定位对用户的需求,提供有效的企业征信服务和个人征信服务(附录三)。

(四)甜橙云贷

甜橙云贷是由天翼贷提供的供应链融资业务发展起来的。数据显示,甜橙云贷目前累计贷款额突破30亿元,贷款客户突破数万户,据预测,2015年甜橙云贷的贷款规模将突破50亿元。

甜橙云贷中最引人注目的莫过于2015年7月7日推出的"甜橙小贷","甜橙小贷"是依托交费易的供应链融资业务(附录四),不仅提供教育、装修、旅游等方面丰富的民生个人贷款服务,还为有资金需求的中小微企业用户提供贷款。"甜橙小贷"自推出以来就受到了广大企业客户和个人的关注与追捧,主要是由于其相比传统银行贷款,拥有门槛低、申请流程简单、较低的贷款利率等优势。"甜橙小贷"的企业贷的借款期限比较灵活,最短半年,最长可达三年,贷款利率优惠,仅为0.5%—2.5%;个人贷的贷款期限最短为三个月,最长为三年,贷款利率与企业贷款利率区间相同。

(五)"橙分期"

甜橙金融旗下的"橙分期"是为用户提供消费金融业务的平台,"橙分期"平台系统(附录五)以自有账户为核心基础,通过"翼支付"客户端、网页、二维码和POS等介入,现已开展了如表1所示的几种业务。

表1 "橙分期"业务一览表

业务	业务描述
"橙分期"	基于公众、校园群体的分期购金融业务;
信用支付	信息控制和风险控制支付;
信用租机	面向企业和公众用户群体,基于征信评估的0元购机业务;
理财租机	面向新用户和中小微企业,基于理财账户质押的0元购机业务;
"橙吱""橙贷"	"橙吱"是基于征信评估进行线上消费购物授信额度分配的业务;"橙贷"是基于信息控制和风险评估进行用户购物和体现授信贷款额度分配的业务。

随着"互联网+"概念的不断深入,消费金融由于可以帮助家庭和个人实现跨期消费,刺激消费需求,从而越来越受到人们的关注。"橙分期"平台的明星产品,同时也是甜橙金融开始涉入消费金融的起点"零元购机"业务,自2014年推出以来已经覆盖了中国十余省34个城市的超过400个电信营业厅。截至2015年中期,"橙分期"的零元购机业务已经累计受理超过3 000用户,冻结超过740万元的理财资金,发展前景十分广阔。

(六)甜橙技术

在2015年甜橙云技术嘉年华上,甜橙金融首席运营官宁檬在致辞中指出,互联网金融能否健康稳定长期发展的关键是互联网安全问题,这不仅关乎是否能最终得到用户和企业的支持,也是未来互联网金融生态圈实现的根本保障。

依身于运营商的甜橙金融一直致力于安全技术层面的探索和创新,在这方面有着得天独厚的优势。目前,一方面,在个人业务上,甜橙技术的核心"甜橙云"已经实现了跨点、多地域的覆盖技术;另一方面,在对公业务上,甜橙云拥有了自动迭代开发能力,技术在全国处于领先地位。同时,甜橙技术首席架构师陈裕颋还提出了 VXlAN 技术、低延迟链路以及"私有云 + 公有云"混合搭建目标的构想。

四、互联网金融

(一) 互联网金融兴起的背景

20 世纪互联网技术的产生和迅速发展使很多行业发生了颠覆性的变化,也极大地改变了人们的生活,而金融的创新始终与技术的进步息息相关。互联网与金融相互渗透,极大地改变了金融生态,搜索引擎和云计算的发明极大地提高了企业处理海量数据的速度和有效性,帮助企业在数据挖掘的基础上进行决策。各种社交网络平台的诞生和快速发展,累积了海量客户信用和行为数据,方便了互联网金融企业进行大数据挖掘,形成自身的客户评价体系。互联网与金融的相互渗透,已经成了不可避免的趋势。

在中国,互联网金融的兴起与中国金融体系中长期存在的一些低效率或扭曲的因素是分不开的,如小微企业贷款难、正规金融无法满足因经济结构调整而产生的大量消费信贷需求、普通投资者投资理财渠道匮乏、新股发行体制下股权融资渠道不流畅等。此外,中国对发展惠普金融、微金融的重视、支持和大力推进也大大推动了中国互联网金融的蓬勃发展。互联网金融服务的模式,恰好能有效消除用户间信息不对称,降低交易成本,从而达到惠普金融的目标。

(二) 互联网金融在中国的发展

"互联网金融"的概念最早是谢平等人在 2012 年提出的,指的是受互联网技术和互联网精神的影响,传统的金融中介和市场,如银行、证券、保险等,到瓦尔拉斯一般均衡,即金融中介不复存在的金融交易组织和模式,是一个谱系的概念。

2013 年是互联网金融呈现井喷式发展的一年,被外界称作"中国互联网金融元年"。2013 年 6 月,支付宝与天弘基金首度合作,余额宝诞生;8 月,微信更新 5.0 版本,推出了微信支付功能;10 月,百度金融理财平台上线;11 月,"三马"——马云、马明哲、马化腾联手打造的首家互联网保险公司——众安在线财产保险公司成立;12月,京东"京保贝"快速融资业务上线……互联网金融在中国迅猛发展着,各类互联网金融产品如雨后春笋般出现。其中,目前行业内市场规模最大的互联网金融模式为P2P网络贷款,由2011年的50家发展到2014年年底的1 575家,呈现井喷式发展(见图2)。

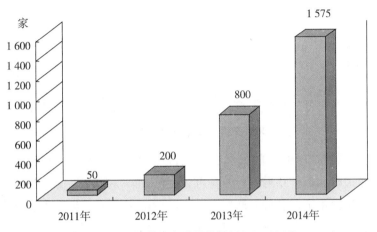

图2　P2P网贷平台发展数量(2011—2014)

目前,互联网金融整体格局已经初现,正如甜橙金融总经理高宏亮在大会发言中所表示的,互联网金融发展主要有三支重要力量:第一支力量是产融结合类企业,如甜橙金融、京东金融、蚂蚁金服等金融平台。这些企业的优势在于本身拥有一定的根基和用户群体,背靠集团的支持,进军互联网金融行业。这些企业的业务大多围绕上下游产业以及内部商户链展开,向个人和企业用户提供各种金融服务。第二支力量是银行类金融转型类企业,这些企业进军互联网金融的优势在于拥有高层次的金融人才、较低的资金成本以及专业的金融产品设计能力和风险控制能力。第三支力量是资本驱动类企业,典型的例子有汇付天下、易宝支付、人人贷等,这些企业的优势在于背靠广阔的资本市场以及创新能力较强,可以快速地扩大用户群体和规模,但缺陷在于其脆弱性。

在互联网金融迅速发展的同时,互联网金融领域中法律风险、信用风险、营运风险等开始逐渐浮出水面,2014年10月被称为中国P2P网贷行业的"黑色十月"。网贷之家数据显示(见图3),2014年10月全国共有31家P2P网贷平台暴露"跑路"风险,平均每天就有一家P2P网贷平台"跑路"。仅浙江地区就有浙江传奇、融益财富、如通金融、朝助创投、温州万通财富及银坊金融等6家P2P网贷平台出现"跑路"风险或提现困难,随时可能触发"多米诺"骨牌效应。

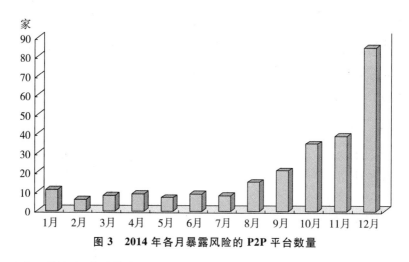

图3 2014年各月暴露风险的P2P平台数量

面对互联网金融时代的机遇和挑战,政府部门应该完善相关监管法律法规,行业相关机构需严格遵守行业规范,加强内部风险管理,投资者也需三思而后行,不被层出不穷的各种互联网金融产品蒙蔽了双眼。互联网金融的快速增长是一把"双刃剑",掀起了整个金融产业的创新和新一轮的发展,同时也提高了对平台安全性、政府监管的要求。

(三)互联网闭环生态圈

随着"互联网金融"概念热度的提高,"互联网金融闭环生态圈"的概念逐渐被提出并受到关注,尤其是对第一类互联网金融企业(产融结合类企业)来说,布局互联网闭环生态圈是综合类平台发展的趋势。然而,关于互联网金融闭环生态圈的定义,众说纷纭,未有定论。有的认为互联网金融闭环生态圈即在底层架构趋于完善的基础上发展"大金融 + 大理财"的概念,是集基础设施、平台、渠道、场景四个互联网金融制高点于一体的互联网生态圈。

民贷天下总经理刘军解释互联网生态圈,认为信息和资本两个基本要素流动的闭环构成了完整的互联网金融生态系统,因此信息和资本是发展互联网生态圈的重要元素,各个环节的建设也围绕这两点开展。信息流的切入主要是依靠各类金融机构,如租赁公司、小贷公司、消费金融、汽车金融等,在进行风控平台分析和征信评估分析等技术分析,层层筛选,并在此基础上,为用户提供安全优质的产品。各类传统、新兴媒体,线上、线下渠道的宣传是资金流切入的主要方式,资金供应方通过这些渠道与平台建立和保持准确、长久的关系。

不可否认,信息、资本、平台、渠道等都是打造互联网金融生态圈的核心。究其本质,互联网金融闭环生态圈是指在大数据时代,互联网金融企业基于共同价值的理论基础,以支付(核心)业务为驱动力,其他衍生业务(理财、贷款、征信等)协同运行的互联网金融生态体系。在这里,共同价值理论变得尤为重要,它的核心是价值不再仅仅由用户单向驱动,而是由用户需求和平台业务双向驱动,即最初用户的需求可以推动核心业务发展创造价值,而核心业务发展创新又产生反向作用力吸引更多的新用户或新需求,通过培育新的用户需求来创造价值。

五、甜橙金融的机遇和挑战

自2011年"翼支付"被推出,发展到现在拥有支付、财富管理、征信等六大金融核心功能于一体的全方位互联网金融平台,甜橙金融从单一到多元、从移动支付到互联网金融综合平台,在金融领域耕耘仅短短四年已经取得了令人瞩目的成绩。

(一)甜橙金融未来的机遇

背靠中国电信的甜橙金融与其他互联网金融企业相比有着得天独厚的优势,多元的数据来源和庞大的数据库是其数据挖掘、完善征信体系、健全互联网闭环生态圈的基础。

1. 充分利用大数据资源

在甜橙金融内,已经形成了数据-信用-价值的闭环系统。原始数据来源有中国电信用户、"翼支付"和"交费易"用户、政府、企事业等合作机构和个人通过电脑或移动设备产生的交易行为,原始数据收集后将会被分配至各个集群服务器进行进一步的开发和挖掘,形成业务模型。因此,如何为海量数据提供充足的专业数据挖掘人才也是甜橙金融未来发展过程中需要关注的。

2. 完善征信体系

甜橙金融的征信功能由旗下的甜橙信用来实现。目前,甜橙信用推出的征信产品主要有"甜橙分"、反欺诈报告、企业征信报告等,为大量的商家和消费者建立信用数据库和信用评价体系。甜橙信用是甜橙金融的核心资产,为甜橙金融旗下许多业务提供了支持,如"翼支付"与消费金融业务的结合——小额贷款业务,"甜橙分"与"随意借"业务的结合等。同时,完善的征信体系也是甜橙金融未来寻求战略投资者和合作伙伴的强大竞争力,是甜橙金融未来全面布局互联网金融生态圈的核心。

3. 坚持创新与健全互联网生态圈

坚持创新和健全互联网生态圈是未来互联网金融企业,尤其是第一类综合性产融结合企业在激烈竞争中保持领先地位的必经之路。甜橙金融目前的互联网生态圈总体雏形已经成型,未来需要做的就是在此基础上探索更多的可能性,为用户提供更加便捷的体验。比如移动支付业务支付媒介的创新,根据甜橙金融的媒介创新中心研究预测,2030年之前,支付媒介主导将会是穿戴设备,这意味着可穿戴媒介将会超过50%的市场交易额和交易量。令人难以想象的是,将来可能一个手机屏幕、一个耳环,甚至是现在想不到的东西未来都可以进行移动支付,这是多么神奇的事情!2040年以后,研究中心预测主流的支付媒介将会演变成为生物识别技术研发的支付载体。再比如在理财功能方面,甜橙金融寻求更多的合作伙伴,在征信业务、消费金融方面发展更多的P2P公司、金融机构的合作,同时丰富业务场景,打造更富有生机和活力的互联网金融闭环生态圈。

(二)甜橙金融面临的挑战

甜橙金融发展之迅速,受到了金融领域许多企业和专业人士的关注。然而,甜橙金融依旧面临着巨大挑战:

1. 平台业务下行

随着互联网金融企业数量的快速增长,竞争日益激烈,业务同质性增加,甜橙金融未来面临着业务量下行的挑战。甜橙金融有传统金融业的奋起直追和资本驱动型企业如人人贷等的竞争,越来越多的企业布局互联网金融领域,推出了许多类似的便民移动支付产品以及各类活期、定期理财产品,使甜橙金融的流量有所分流。另外,甜橙金融还面临阿里巴巴和腾讯两大互联网金融综合平台巨头的挑战,两者发展时间比甜橙金融长,在数据挖掘与处理、价值转化方面比甜橙金融更富有经验,并且其平台也更加完善,公众认知度更高。在这种背景下,甜橙金融如何突破重重挑战,继续保持高速发展扩张的态势,是一个值得思考的问题。

2. 利率市场化

2015年10月24日,央行宣布存款利率浮动上限放开,中国利率市场化改革有了历史性的突破。随着利率市场化改革不断的推进,一方面,由于存贷款利率管制进一步放松,银行息差收益日益收窄,更多地取决于市场的力量,为了获取更多利润,传统商业银行逐渐开始展开互联网金融业务,从而大大挤压了互联网金融平台的市场空间,冲击互联网金融行业;另一方面,贷款利率将会比之前有所下降,导致整个互联网金融理财产品收益率呈现下行趋势,对一些以息差为主要盈利模式的互联网金融平台带来较大冲击。因此,在利率市场化进程加快的背景下,甜橙金融如何应对,如何寻找新的利润增长点呢?

3. 管理能力挑战

在短短四年中甜橙金融从单一的"翼支付"业务发展扩大到现在的综合类互联网金融平台,取得的成绩令人瞩目。然而甜橙金融扩张之迅速、布局之广泛,其管理团队的数量和专业性是否能为其提供有效的支持呢?内部人才的培养是否能跟上甜橙金融扩张的速度呢?未来甜橙金融的继续发展对其管理能力提出了挑战。

过去四年,伴随着互联网金融的兴起,甜橙金融从无到有演绎出一段史诗般的商业传奇。未来甜橙金融如何打造互联网闭环生态圈,取决于如何有效应对上述潜在的机遇和挑战,让我们拭目以待……

案例正文附录

附录一：

图 4 "翼支付"手机客户端界面

图 5 "翼支付"门户界面

附录二：

图 6　甜橙理财门户界面

附录三：

图 7　甜橙信用门户界面

图 8　甜橙分客户端界面　　　　图 9　随意借客户端界面

附录四：

图 10　交费易客户端界面　　　图 11　甜橙小贷客户端界面

附录五：

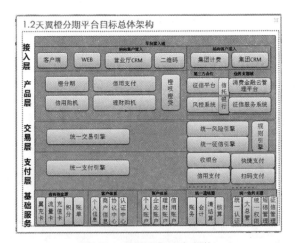

图 12　甜橙分期平台架构

案例使用说明

一、教学目的与用途

1. 适用课程：本案例适用于互联网金融的相关课程。

2. 适用对象：本案例适用于MBA(EMBA)、MPAcc等研究生和高年级本科生层次教学实践。

3. 教学目标规划

（1）在案例学习过程中，加深对互联网金融的认识，提升学员的分析、判断及预测能力；

（2）让案例学习者掌握企业战略分析方法，从甜橙金融创立背景、发展历程、扩张方向、面临的机遇和挑战等方面深入分析企业战略。

二、启发思考题

1. 互联网金融和传统金融有什么联系与不同？
2. 互联网金融的内涵是什么？
3. 甜橙金融的商业模式是什么？
4. 甜橙金融的核心竞争力表现在哪里？

三、分析思路

1. 互联网金融和传统金融有什么联系与不同？

（1）互联网金融与传统金融的联系

互联网金融是对传统金融的延续。首先，金融的核心功能不改变。金融的定义是在不确定的环境中通过对稀缺资源的跨时间和跨空间配置来满足实体经济的需求，互联网金融亦然。其次，各类金融契约的本质没有发生变化。金融契约的本质是约定缔约双方在未来不确定情形下的权利和义务，主要针对未来现金流，比如股权对应公司未来的收益权和控制权，债权对应债权人向债务人收取款项的权利。最后，金融风险、外部性等的定义没有变化。风险的定义仍然是未来遭受损失的可能性，各类传统的金融风险内涵和分析框架不变。

（2）互联网金融与传统金融的区别

第一，互联网金融是对传统金融的变化革新。一方面，互联网技术的加入，大大增加了风险定价和风险管理拓宽了效率，有效缓解了交易成本和信息不对称的问题，拓宽了交易可能性的边界，改变了金融交易和组织形式，使资金供双方可以直接进行交易。另一方面，相对于传统金融的高准入门槛和高要求，互联网精神是一种创新精神、开放精神、共享精神，不仅创新了金融产品，还推动了微金融、普惠金融的发展，推进了社会公平，同时也反映了人人平台组织模式和平台模式的兴起，淡化了金融产品的简单化、金融分工和专业化。

第二，传统金融市场是一种单边市场。在单边市场，经营者对产品价格的确定是依据消费者的需求，因此产品的替代与消费者对产品的需求刚性是经营者采取何种市场行为与决策的重要影响因素。在这类市场中，消费者人数的多寡并不会使得经营者的竞争力发生实质性的改变，因为每个消费者之间对产品的使用是独立的。

而互联网金融市场是一种双边市场。互联网金融市场双边市场有三方主体——平台方（提供服务）、用户（接受服务）、第三方（接入平台）。平台方通过提供免费的服务来吸引足够多的用户，并以此向第三方要价，获取利润。这意味着在双边市场，经营者的成本和利润不再与消费者对产品或服务的支付紧密相关，而是依靠第三方经营者对平台的投入，如风险投资、广告投资等来获取利润，这种运营模式使消费者人数的多寡对平台盈利能力高低有决定性作用。

2. 互联网金融的内涵是什么？

（1）互联网金融的三大支柱功能

如图13所示，互联网金融第一大支柱是支付。支付是金融的基础，决定了金融活动的形态。互联网金融中的支付，一方面，依靠移动支付和第三方支付，显著降低了交易成本；另一方面，与支付与金融产品进行对接，创新了现有的商业模式。

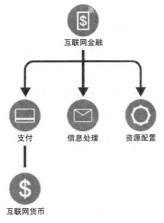

图13　互联网金融的三大支柱功能

第二支柱是信息处理。信息是金融的核心,构成金融配置的重要部分。互联网金融时代,大数据的广泛运用,不仅大大提高了风险定价效率和风险管理效率,而且有助于解决信息不对称问题。

第三支柱是资源配置。互联网金融使金融产品和实体经济联系得更为紧密,交易的可能边界大大拓展,银行、证券公司或交易所等传统金融中介和市场不再是金融交易的必需,资金供求的期限和数量匹配可以由交易双方自行解决。

(2)互联网金融谱系

互联网金融是一个谱系,一端是传统的金融中介和市场,如银行、券商、保险等,另一端是瓦尔拉斯一般均衡,在这种均衡下对应的是无中介或无市场的情形,互联网金融范畴便包括两端的中间部分。

如果通过三大支柱来对现有的互联网金融进行分类,可以分为以下六大主要类型:移动支付和第三方支付、金融互联网化、基于大数据的征信和网络贷款、互联网货币、P2P 网络贷款、众筹融资。

3. 甜橙金融的商业模式是什么?

第一,可以用 SWOT 分析来对甜橙金融面临的战略选择进行背景分析。从甜橙金融四年的发展历程中可以看出,甜橙金融的发展布局是以电商为平台横向发展,向上以支付革新打通金融领域,向下利用互联网技术搜集整理各种交易数据和客户信息,使得数据商品化,并在此基础上不断整合资源,孵化新的业务构架,其资产端与负债端现在与未来的发展战略布局如图 14 所示。资产端包括的业务有 P2P、风险投资、租赁、甜橙小贷、消费金融、信用卡等;负债端的业务有私募基金、众筹、财富管理、保险、借记卡、支付等。

第二,从公司战略来看,甜橙金融的企业战略为成长型、竞争战略为差异化战略。其中,成长型战略可以从横向一体化(如甜橙金融通过收购企业或兼并同类产品生产企业以扩大经营规模)、密集型(如甜橙金融通过市场渗透、开发新产品等来扩大市场占有份额)、同心多元化(如甜橙金融以"翼支付"为基础,不断扩大业务范围)来分析。差异化战略可以从甜橙金融背靠中国电信,拥有大数据财富,以及从其区别于其他类似企业的产品、服务来分析。

4. 甜橙金融的未来核心竞争力表现在哪里?

(1)互联网金融综合平台

"平台化"战略是甜橙金融的核心战略之一。甜橙金融通过开放其业务平台,对入口、数据、用户等资源进行共享,吸引第三方开发者、公众账号、商户等

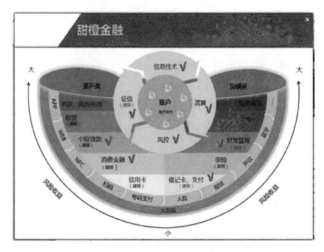

图 14 甜橙金融战略布局

第三方投资,在增强自身黏性的同时,将网络外部性发挥到极致,也方便了广大网民,形成了一个以甜橙金融平台起主导作用的产业生态体系。平台模式实质上是一个"双边市场",通过撮合第三方开发者和网民获利。

(2) 差异化优势

运营商出身的甜橙金融拥有海量的数据库资源,且其作为央企的全资子公司,与政府、企事业机构联系紧密,这两点是使甜橙金融区别于其他互联网金融企业的最大优势。海量的数据库资源为其完善征信体系、开发新业务提供了基础,政府背景为其与其他金融机构业务合作提供了便利,且更加容易获得用户的信任。此外,甜橙金融媒介创新的发展战略如果在将来取得成功,也将成为其核心竞争力之一。

四、理论依据与分析

(一) 互联网金融相关理论

1. 瓦尔拉斯一般均衡理论

瓦尔拉斯一般均衡指在一系列理想化的假设条件下,完全竞争市场将会达到一种所有商品的供给和需求正好相等、资源配置达到帕累托最优的均衡状态。在这种均衡下,金融中介和金融市场,甚至货币都可能不必存在,因为现实中存在金融中介和市场的主要原因是信息不对称和交易成本等摩擦。随着互联网金融的不断发展,这些摩擦因素将显著降低,于是互联网金融也将逼近瓦尔拉斯一般均衡情形。

2. 平台经济理论

平台经济的理论核心是平台本身不生产产品,而是通过促成双方或者多方供求之间的交易收取交易费用或者赚取价差来获得收益。互联网经济就是一种典型的平台经济,主要特征有:(1)平台的价值以及黏度将因为平台模式的发展而不断增加;(2)平台的规模经济和长尾效应:平台规模增加使得平台边际成本降低以及边际效用增加,最终推动平台的边际价值增加;(3)以客户为核心进行多点扩张的平台经济理念将使平台的成长速度以几何级数进行增长,买方和卖方数量的增加都将扩大平台的规模,大量增加使用人数。

3. 长尾理论

长尾理论的基本原理是通过积累小市场创造的利润来最终创造出大的市场规模。长尾理论的应用满足了未来金融市场个性化的需求,依托平台经济,采取差异化、个性化策略,开辟一条新的路径,以量取胜获得最终的成功。互联网金融具备典型的长尾效应,人们在满足基本需求后会愿意投入更多的时间和资金在个性化产品的需求上。平台规模的增长会使平台运营成本会不断减少,差异化战略产生的销量利润将不断增加。

(二)企业战略分析相关理论

1. SWOT 分析

SWOT 分析是一种运用最普遍的企业战略分析方法。在这种分析框架下,企业内部环境的优势与劣势、外部环境的机会与威胁被放在一起进行对比分析,有利于企业分析自己所面临的市场环境,做出合理的战略决策(如表 2 所示)。

表 2　SWOT 分析各要素

要素	阐述
优势	能给企业带来重要竞争优势的积极因素或独特能力。
劣势	限制企业发展且有待改正的消极方面。
机会	随着企业外部环境的改变而产生的有利于企业的时机。
威胁	随着企业外部环境的改变而产生的不利于企业的时机。

2. 总体战略选择

企业层面的战略分为成长型战略、稳定型战略和收缩型战略三大类,每种战略又分为不同的子战略,呈现不同的战略特征,适用不同的条件(如表 3 所示)。

表 3　企业总体战略

企业战略	子战略类型	战略特征
成长型战略	一体化战略	对有优势、潜力的业务沿其经营链条横向或纵向扩张。
	密集型战略	充分利用现有产品、服务的潜力,强化现有竞争地位。
	多元化战略	在现有产品、服务的基础上,扩大业务经营范围,增加产品种类。
稳定型战略		使企业的资源分配和经营状况基本保持在目前状态。
收缩型战略		因经营状况恶化而采取的缩小生产规模或取消某些业务的战略。

3. 竞争战略选择

业务单位层次的战略分为成本领先战略、差异化战略和集中化战略三大类,每种都有不同的战略特征和适用场合(如表 4 所示)。

表 4　企业竞争战略

竞争战略	战略特征
成本领先战略	通过追求规模经济、专利技术、原材料的优惠待遇等取得成本优势,进而转化为高收益。
差异化战略	通过在产品设计或品牌形象、技术特点、外观特点、客户服务、经销网络等方面与竞争对手形成差异化优势,在成本难以取得优势的情况下取得高收益。
集中化战略	主攻某一特殊的客户群、某一产品线的细分区段、某一地区市场来获取高收益。

4. 企业核心竞争力

核心竞争力是指企业拥有的某种资源和能力,使其相对于竞争对手处于优势地位。核心竞争力同时满足以下三个条件:(1)对顾客是有价值的;(2)与企业的竞争对手相比具备优势;(3)难以被模仿和复制。企业核心竞争能力的取得主要有五种资源,如表 5 所示。

表 5　企业核心竞争力的五种资源

建立竞争优势的资源	指能帮助企业利用外部环境中的机会、降低潜在威胁并建立竞争优势的资源。
稀缺资源	企业占有的资源越稀缺,越能满足顾客的独特需求,从而越有可能变成企业的核心竞争力。
不可被模仿的资源	不可被模仿的资源主要包括独特的实物资源(如旅游景点、矿山等)、企业文化、商标、专利、公众的品牌忠诚度等。
不可被模仿的资源	波特的五力模型指出了替代产品的威胁力量。
持久的资源	资源的贬值速度越慢,就越有利于形成核心竞争力。

五、关键要点

本案例讨论的要点在于加深学生对互联网金融与传统金融的区别、联系和内涵的认识,使学员更好地把握未来金融发展方向。同时,学生通过对甜橙金融案例的学习与分析,有效回顾企业战略的相关理论,并理论结合实践,提高学生对企业战略实践的分析能力。

六、建议课堂计划

本案例适用于专门的案例讨论课,以下是按时间进度提供的课堂计划建议,老师也可灵活安排教学计划。此案例适合小班教学,人数最好控制在 25 人以内,整个案例时间控制在 90 分钟。

1. 课前计划:课前一周将案例及思考题发放给学生,请学生完成阅读和初步思考。

2. 课中计划:

(1)简要的课堂开场白,明确案例讨论的主题(5 分钟)。

(2)围绕启发思考题进行分析、讨论(40 分钟)。

(3)分组辩论:甜橙金融模式未来能否取得成功(30 分钟)。

正方:能取得成功,甜橙金融模式是一种创新,拥有核心竞争力。

反方:不能取得成功,甜橙金融模式是复制阿里巴巴、腾讯的发展模式。

(4)教师引导全班进一步讨论,接受大家的质询,并进行进一步归纳总结(15 分钟)。

3. 课后计划:学生可针对此案例提交案例分析报告,任课老师可根据案例分析报告及学生课堂表现进行评分,提出修改意见。

七、后续发展

甜橙小贷秉承着"急用户之所急,专门为用户解决资金烦恼"的理念,平台新推出一款面向所有用户的贷款产品"甜橙快贷"产品系列,与"甜橙易贷""甜橙优贷"一起服务用户资金需求。

新希望乳业控股有限公司与甜橙金融达成战略合作框架,此次制造企业与金融企业的跨界合作,展示了两家企业积极践行"互联网+"国家战略的决心。

蔡拥军——甜橙金融CTO(首席技术官),在"2015创新媒介'橙'就未来——物联网金融与支付媒介沙龙"中,介绍了过去甜橙金融在物联网金融和媒介创新方面的所取得的成就,并预测在未来20年内,生物支付媒介将会得到大力发展,成为主流。

甜橙金融布局跨境金融,成为"海上丝绸之路"开放平台航运枢纽——南沙新区在互联网金融领域建设方面的重要支撑机构。

参考文献

1. "橙分期理财购机:零元购机不是梦",http://www.cnii.com.cn/internetnews/2015-06/26/content_1589800.htm,访问时间2018年11月26日。

2. 高国华,"甜橙金融携手百余家企业共塑互联网金融正能量",《金融时报》,2015年10月26日。

3. 罗为加,"甜橙金融依托翼支付入口,发力互联网金融",http://business.sohu.com/20151022/n423923256.shtml,访问时间2018年11月26日。

4. "甜橙理财资产管理规模超100亿元,一站式互联网投资理财渐成发展趋势",http://money.hexun.com/2015-12-18/181266196.html,访问时间2018年11月26日。

5. 王千,"互联网企业平台生态圈及其金融生态圈研究——基于共同价值的视角",《国际金融研究》,2014年第331卷第11期,第76—86页。

6. 谢平,"2014互联网金融报告",陆金所报告,2014年4月9日。

7. 杨芮,"互联网金融闭环生态圈渐成势,翼支付布局全平台",http://www.yicai.com/news/4701975.html,访问时间2018年11月26日。

8. "翼支付用户量破亿背后的考量",http://finance.china.com/fin/kj/201411/05/4138295.html,访问时间2018年11月26日。

公司金融

迎合炒作还是积极的业绩信号?
——北信源定增"高送转"案例分析

黄瑜琴　尹默禅　徐志明

摘　要：作为调整股东权益内部结构的一种方式,上市公司的送转行为在实质上并不会对其经营业绩及盈利能力产生影响。中国上市公司在进行股利分配时,热衷于采用"每10股送股和转股合计为5股及以上"的方案,而这往往会引起投资者的极大关注和跟风炒作。对于追捧"高送转"股票的现象,理论上通常有三种解释:信号传递理论("高送转"政策向外界传递了公司良好前景的信号)、流动性理论(股票拆分会增加股票流动性,提高其活跃度)及行为金融学的迎合理论(管理者会迎合投资者的非理性偏好,实现短期股价最大化)。在实践中,中国上市公司"高送转"的动机多有不同:或为配合二级市场炒作,或为配合大股东和高管减持,或为使激励对象满足行权条件,又或为使再融资顺利进行。近年来,上市公司"高送转"方案的合理性越来越受到监管部门和市场投资者的关注。

北信源(300352.SZ)是国内领先的信息安全产品及整体解决方案供应商。自从在创业板上市以来,连年实施"高送转"方案。在2016年11月这一个月内接连进行的定增、"高送转",直接导致其股价在短期内剧烈波动,并受到市场投资者和监管当局的质疑。

关键词：定向增发,高送转,减持套现,公司估值,行为金融

一、引　言

2016年的11月,上市公司北信源的公告栏可谓热闹非凡,在纷纷扰扰的三

十余份公告中,11月3日、11月11日、11月22日的三份公告格外引人注目,背后是上市公司、机构投资者、中小投资者不同利益的角逐,配以连串精妙的巧合,以及股价的大幅波动。

上市公司最关注的,应当是11月3日的这份《创业板非公开发行股票发行情况报告书》,从2015年下半年发布定增预案开始,经过一年的辛苦努力,北信源公司定增募资圆满完成。根据发行对象申购报价情况,本次非公开发行股票数量为6 650万股,共募集资金总额12.62亿元,扣除各种费用2 529.91万元后,实际募集资金净额12.37亿元,实际增加资本公积金(资本溢价)11.72亿元。

而参与此次非公开发行的机构投资者,最关注的则是11月11日的《关于创业板非公开发行新股的上市公告书》,而这份公告最特别之处,在于第一页的特别提示:"本次非公开发行股票不存在限售期"。多数中小投资者根本不会注意到,本次非公开发行价格为18.98元/股,高于发行期首日前一个交易日公司股票均价18.92元/股,因此根据《创业板上市公司证券发行管理暂行办法》的相关规定,四家机构本次认购的股票自发行结束之日起即可上市交易,没有"锁定期"的约束,可以随时抛出。

以高于北信源停牌前收盘价的价格进行申购,是否充分显示了机构投资者对北信源的极大兴趣和对定增盈利的强烈信心呢?通常情况下,定增申购方往往都希望以更"优惠"的价格获得股票,从而为将来股价留出更充分的上涨空间。就此次北信源定增发行过程中投资者申购报价情况来看,分化明显:排名在第5—7位的机构投资者申购均价不超过17元/股,而排在前3位公司的最低报价都达到了19.18元/股,其中景顺长城基金的报价甚至高达19.53元/股。诚然,申购价越高,中标的机会就越大。但如此"大手笔"的申购还是较为少见,尤其是从北信源的财务业绩来看,已经连续三年出现"增收不增利"的情况,而2016年第三季报告披露的净利润更是出现了负增长。这就留给市场一个值得深思的问题:为何申购排名靠前的几家机构如此想要购得北信源此次定增的股票?它们又是基于何种投资逻辑,对将来的"全身而退"有如此大的信心?

俗话说"好戏在后头",11月22日北信源发布了《关于2016年度利润分配及资本公积金转增股本预案的预披露公告》,每10股派0.25元转增20股的"高送转"方案横空出世,迅速吸引了中小投资者的眼球。公告当日,北信源股价开盘封死涨停并维持至收盘,第二日股价继续冲高,最高涨幅超过9%。巧合的是,恰恰是高价非公开发行使得北信源刚好符合"高送转"的条件,北信源这一连串"花式"搭配的动作,时间上的精确巧合,让人不得不浮想联翩,同时也引起了监管机构的注意。11月22日,深交所连夜发出《关于北京北信源软件股份有限公司的监管关注函》(创业板关注函〔2016〕第90号),四问北信源……

二、背景介绍

(一)北信源基本情况

北信源公司成立于1996年,于2012年在创业板上市,是一家拥有自主品牌的信息安全产品及整体解决方案供应商。公司总部位于北京,下设多个全资子分公司,在北京、西安、武汉、南京和杭州拥有五大研发中心,构建了全国七大区、近三十个省市的营销与服务网络,是国内信息安全行业的领先企业。目前拥有软件著作权111项,公安部颁发销售许可证17项(有效期内),国家保密局颁发产品检测证书12项(有效期内),注册商标30余项,已授权和申请专利百余项。北信源产品业务体系如表1所示。

立足于信息安全这一传统业务,北信源将信息安全、互联网和大数据等布局为重点战略领域。信息安全方面,公司形成了纵横交错、合理有秩的产品体系,从内网、数据和边界三个维度对各类终端提供安全保障。互联网方面,公司全力打造新型互联网安全聚合通道,构建跨终端、全方位、安全可信的通信聚合平台。大数据方面,公司以大数据技术为载体,连接战略布局的各个领域,强化战略体系的广度和深度,打造大数据产业生态圈。

表1 北信源产品业务体系

产品分类	产品名称
大数据应用	北信源网络及终端大数据分析系统
移动化管理	北信源企业移动化管理系统
国产终端安全	北信源主机监控审计与补丁分发系统
虚拟终端安全	北信源虚拟化终端安全管理系统
边界安全	北信源安全管理平台
	北信源网络接入控制系统
内网安全	北信源终端安全登录与监控审计系统
	北信源主机监控审计与补丁分发系统
防病毒	北信源杀毒软件
互联网安全聚合通道	信源豆豆(Linkdood)

(续表)

产品分类	产品名称
数据安全	北信源数据泄露智能防护系统
	北信源电子文档安全管理系统
	北信源打印安全监控与审计系统
	北信源光盘刻录监控与审计系统
	北信源安全桌面隔离管控系统
	北信源移动存储介质使用管理系统
	北信源安全U盘系统
	北信源软件智能防控管理系统
	北信源金甲防线

资料来源：北信源官网。

（二）北信源财务及估值情况

自上市以来，从2013年至2015年三年的时间中，北信源虽然一直处于盈利状态，但内生增长速度一直比较缓慢，2015年收入增速的跳升也是源于低毛利的硬件业务，从而导致了增收不增利的现象。具体的财务指标和财务数据如表2所示。

表2 北信源财务情况

财务摘要	2012年 12月31日	2013年 12月31日	2014年 12月31日	2015年 12月31日	2016年 9月30日
基本每股收益（元/股）	1.11	0.51	0.25	0.26	0.04
股本（亿元）	0.67	1.33	2.67	2.70	5.13
每股净资产（元/股）	8.88	4.85	2.63	3.10	1.65
每股现金流（元/股）	5.31	−0.35	−0.31	−0.32	−0.25
每股经营现金流量（元/股）	−0.17	−0.08	−0.07	−0.01	−0.17
净利润增长率（%）	34	13	0.3	4	11
营业收入增长率（%）	50	20	15	79	35
利润表（亿元）					
营业收入	1.90	2.28	2.63	4.70	2.25
营业利润	0.58	0.49	0.64	0.57	0.13

(续表)

财务摘要	2012年12月31日	2013年12月31日	2014年12月31日	2015年12月31日	2016年9月30日
毛利率(%)	31	22	24	12	6
利润总额	0.68	0.68	0.74	0.78	0.22
净利润	0.60	0.68	0.68	0.71	0.22
资产负债表(亿元)					
资产总额	6.35	7.06	7.92	9.71	9.89
负债总额	0.43	0.58	0.90	1.34	1.40
股东权益	5.92	6.48	7.02	8.38	8.48
现金流量表(亿元)					
经营现金流	-0.11	-0.10	-0.19	-0.03	-0.87
投资现金流	-0.15	-0.24	-0.48	-0.68	-0.31
融资现金流	3.80	-0.12	-0.13	-0.13	-0.12
净现金流	3.54	-0.46	-0.82	-0.85	-1.30

资料来源:北信源公司公告及作者整理。

由表2可以看出,公司在2015年实现营业收入4.70亿元,同比增长78.89%,实现净利润0.71亿元,同比增长4%;2014年实现营业收入2.63亿元,同比增长15.13%,实现净利润0.68亿元,同比增长0.3%;2013年实现营业收入2.28亿元,同比增长20.13%,实现净利润0.68亿元,同比增长12.99%(如图1所示)。

2016年前三季度,北信源实现净利润2 239万元,相较于2015年前三季度净利润2 019万元,同比上升约11%。2016年前三季度净现金流量为-1.3亿元,同比上升28%。

由于公司上市以来内生增长速度比较缓慢,公司估值水平长期偏高,尤其是2014年以来,公司市盈率估值一直在100倍以上(如图2所示)。在较高估值水平的背景下,如何维持股价,以及如何吸引投资者来参与公司增发股票融资,都成为摆在公司管理层面前的现实难题。

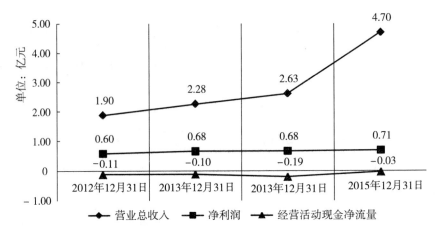

图 1　上市以来北信源的财务状况

资料来源:Wind 资讯。

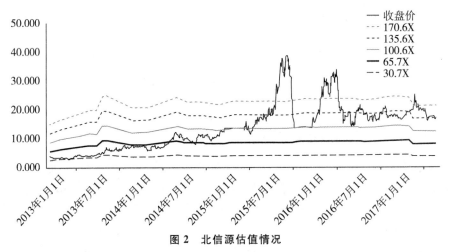

图 2　北信源估值情况

资料来源:Wind 资讯。

北信源在近 5 年的时间内多次转增股本,股本总额从上市之初的 6 670 万股增至本次定增前的 5.13 亿股,扩张至原来的 7.69 倍(如图 3 所示)。2016 年 6 月 14 日至 2016 年 7 月 18 日间,公司实际控制人林皓通过深交所交易系统以大宗交易方式累计减持其所持有的公司非限售流通股 5 000 万股,持股比例由 48.29%下降至 38.55%。公司于 2016 年 10 月 21 日开市起停牌,处理定向增发事宜,停牌前收盘价为 19.05 元/股。

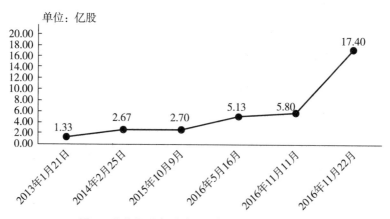

图 3　北信源历年增发和"高送转"后的股本数

资料来源：Wind 资讯。

三、北信源的定增＋"高送转"方案

（一）少见的高价定增

根据北信源在 2016 年 11 月 3 日发布的《北京北信源软件股份有限公司创业板非公开发行股票发行情况报告书》，在 2016 年 10 月 26 日，公司发出《认购邀请书》，开始非公开发行股票。在《认购邀请书》规定的时限内，有 7 家机构向主承销商递交了申购报价单，其中，申购排名在前三位公司的最低报价均比北信源停牌前的收盘价 19.05 元/股还要高（如表 3 所示）。

表 3　投资者申购报价情况

序号	机构名称	申购价（元/股）	申购股数（股）	申购金额（元）	是否缴纳申购定金
1	景顺长城基金管理有限公司	19.53	15 360 983	299 999 997.99	否
		19.35	15 503 875	299 999 981.25	
		19.14	15 673 981	299 999 996.34	
2	宝盈基金管理有限公司	19.51	21 000 000	409 710 000.00	否
		19.32	21 200 000	409 584 000.00	
		19.13	21 400 000	409 382 000.00	
3	浙江浙银资本管理有限公司	19.18	13 300 000	255 094 000.00	是

（续表）

序号	机构名称	申购价（元/股）	申购股数（股）	申购金额（元）	是否缴纳申购定金
4	北信瑞丰基金管理有限公司	18.98	21 000 000	398 580 000.00	否
		18.95	21 800 000	413 110 000.00	
		17.15	24 780 000	424 977 000.00	
5	财通基金管理有限公司	18.09	13 300 000	240 597 000.00	否
		17.14	17 330 000	297 036 200.00	
		16.58	27 030 000	448 157 400.00	
6	申万菱信基金管理有限公司	16.80	13 300 000	233 440 000.00	否
7	平安大华基金管理有限公司	16.65	13 933 933	232 000 000.00	否

资料来源：公司公告。

发行人和主承销商根据有效报价，按照申购价格优先、申购数量优先、收到《申购报价单》时间优先等原则进行簿记建档，确认景顺长城基金管理有限公司、宝盈基金管理有限公司、浙江浙银资本管理有限公司、北信瑞丰基金管理有限公司四家为非公开发行对象，确定最终发行价格为18.98元/股，高于发行期首日前一个交易日公司股票均价18.92元/股（如表4所示）。

表4 最终确认非公开发行对象及获配情况

序号	获配投资者名称	发行价格（元/股）	获配股数（股）	获配金额（元）	本次发行股份占发行后股本的比例（%）	锁定期（月）
1	景顺长城基金管理有限公司	18.98	15 673 981	297 492 159.38	2.70	0
2	宝盈基金管理有限公司	18.98	21 400 000	406 172 000.00	3.69	0
3	浙江浙银资本管理有限公司	18.98	13 300 000	252 434 000.00	2.29	0
4	北信瑞丰基金管理有限公司	18.98	16 126 019	306 071 840.62	2.78	0

资料来源：公司公告。

市场上类似于北信源这样发行价高于前一交易日公司市场价的定增是比较少的。根据《创业板上市公司证券发行管理暂行办法》，对于创业板上市公司的非公开发行股票活动，如果"发行价格不低于发行期首日前一个交易日公司股票均价的，本次发行股份自发行结束之日起可上市交易"，即不再有限售期的限制，因此本次定增股票均不存在限售期，发行结束之日即可上市交易。

（二）"高送转"

即使没有锁定期，对高价申购大量股票的机构来说，市场的风险也是相当高的，那么为何这四家机构会如此想要购得北信源此次定增的股票？它们又是基于何种投资逻辑，对未来"全身而退"拥有如此大的信心？

2016年11月21日，即非公开发行股票完成后的第4个交易日，北信源发布了《关于2016年度利润分配及资本公积金转增股本预案的预披露公告》，拟以截至2016年12月31日公司总股本为基数，向全体股东每10股派发现金股利人民币0.25元（含税），同时以资本公积金向全体股东每10股转增20股。

根据有关规定，北信源若想实现该预案，每股资本公积金至少要达到2元。从北信源2016年第三季度报告的数据中可得，在实施非公开发行股票之前，其资本公积金总额为1 397.15万元，每股资本公积金仅为0.0272元，远远低于"10转20""高送转"的要求。在非公开发行股票完成之后，北信源的每股资本公积金提高至2.04元，相较于资本公积金至少2元/股的要求几乎不多也不少，恰好可以满足"10转20""高送转"的分配方案。

如果没有非公开发行股票的实施，北信源是没有能力拿出"高送转"方案的。而在非公开发行股票完成之后，北信源便"马不停蹄"地推出了"高送转"预案。这样的巧合不禁让人产生疑问：完成定增后的北信源为何能如此"精准"地满足"10转20""高送转"的最低政策要求？这到底是无心插柳的巧合，还是北信源有意为之？这一连串反常的动作是否有更深层次的原因？

（三）股价拉升

在"高送转"预案公布后的首个交易日，北信源股价"一字板"涨停，第二个交易日更是大涨6%。两个交易日内，北信源股价的涨幅高达17%。从11月16日非公开发行的股份上市，到11月23日短短6个交易日，北信源给参与定增的4家机构带来了4亿元的账面浮盈，收益相当可观（如图4所示）。

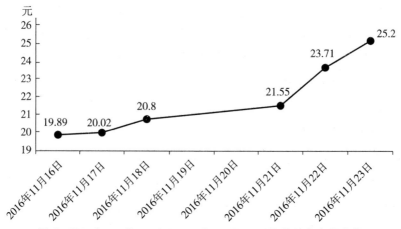

图4 2016年11月16日—2016年11月23日北信源收盘价走势

资料来源：Wind资讯。

（四）减持套现

然而，火爆的行情下却暗流涌动，11月23日（即预案公布后的二个交易日）的"龙虎榜"显示有3家机构在当天大幅减持北信源的股票。11月23日，北信源的股票交易放出历史天量，成交量达到144.74万股之多，换手率更是高达38.33%。巨大的换手率将北信源推上了当日的"龙虎榜"。

"龙虎榜"交易席位显示，当日有3家机构分别卖出1.31亿元、1.09亿元、6 575万元，以23日成交均价24.53元来算，分别卖出536万股、446.09万股和275.8万股，这在资本市场上引起了轩然大波：减持的机构究竟何许人也？和参与定增的机构（北信源本次非公开发行的4家认购公司中，除浙银资本外，其余3家均拥有机构专用席位）到底有无关联？为什么定增完成的时间偏偏正好在"高送转"预案公布之前？参与定增的机构是否事先已经知晓北信源有"高送转"的计划？一时间质疑声四起，众说纷纭，更有人猜测北信源与机构投资者签订了某种"抽屉协议"，利用"创业板公司市价定增无锁定期"这一特殊规定进行利益输送，所谓的账面浮盈或早已被"落袋为安"。

北信源这一连串"花式"搭配的动作同样立即引起了监管部门的注意。11月22日，深交所连夜发出《关于北京北信源软件股份有限公司的监管关注函》（创业板关注函〔2016〕第90号），四问北信源："高送转"是否具备充足的资本公积金？参与定增的机构是否存在炒作"高送转"概念以配合机构投资者进行减持的情形？"高送转"预案与公司成长的匹配性如何？"高送转"预案的筹划过程是否存在信息泄漏？深交所责令北信源立即对上述问题进行书面答复。

四、北信源历年股利分配方案一览

回顾北信源 2012 年 9 月上市至今的 4 年时间中,几乎每年都会实施"高送转",对"高送转"的规则及运作十分熟悉。通过对北信源上市以来股利分配方案的整理,可以得到表 5。

表 5　北信源股利分配方案情况

年份	现金股利	转增股本	分红后总股本(亿元)
2012	每 10 股派 2 元	每 10 股转增 10 股	1.33
2013	每 10 股派 1 元	每 10 股转增 10 股	2.67
2014	每 10 股派 0.5 元	无	2.67
2015	每 10 股派 0.45 元	每 10 股转增 9 股	5.13
2016	每 10 股派 0.25 元	每 10 股转增 20 股	17.40

资料来源:公司公告。

由表 6 可以看出,在历次"高送转"预案发布后的几个交易日内,北信源的股价并不尽然都是上涨,本次披露的"高送转"是 4 次"高送转"行情中累计涨幅最大的一次。

表 6　北信源历次"高送转"公告发布后的股价变动情况

序号	公告日	公告后首交易日(%)	第二交易日(%)	第三交易日(%)	第四交易日(%)
第一次	2013 年 1 月 21 日	-4.73	-3.00	3.65	-2.80
第二次	2014 年 2 月 25 日	-4.88	2.93	0.60	-5.11
第三次	2016 年 5 月 16 日	3.50	5.15	-5.80	2.78
第四次	2016 年 11 月 22 日	10.02	6.28	-5.52	-6.01

资料来源:Wind 资讯。

五、监管机构持续关注

北信源在 2016 年 11 月这一个月的时间内,密集进行的非公开发行和"高送转"之所以会引起市场和监管层的广泛关注,一方面是源于二者在时间上的紧密衔接、安排上的完美配合（例如，此次的非公开发行价格恰好满足定增股票不受限售期限制的最低要求，同时增发后的资本公积金数额刚好能够支持公司随后进行"10转20"的"高送转"方案）；另一方面，则是市场对于内幕交易、公司和认购方存在"抽屉协议"的质疑（从11月16日非公开发行股份的上市，到11月23日，北信源股价的累计涨幅已达27%，参与定增的4个认购方累积了巨大浮盈，由于不存在限售期，认购方可以迅速减持套取收益，从而导致高位接盘的二级市场投资者利益受到损害，有违市场中交易的"公平、公开、公正"原则）。

针对市场上对"高送转"的炒作以及对北信源"高送转"过程中的质疑，深交所于2016年11月23日修订"高送转"方案公告的披露格式，主要针对两大核心问题，即利润分配方案与公司成长的匹配性、重要股东的减持计划，并且增加多个披露细节的要求。

深交所在修订披露格式后，要求北信源立即按照修订后的披露格式对11月21日的"高送转"预案进行补充披露，在补充披露中说明资本公积金是否充足以支持本次"高送转"的实施、4家中标机构在最近3个月内买卖公司股票的情况、是否存在炒作"高送转"配合机构投资者减持的情况，并且要求其披露2016年的业绩预告。11月25日晚，北信源正式回应深交所的质疑，发布《关于2016年度利润分配及资本公积金转增股本预案预披露的补充公告》（《补充公告》），《补充公告》对公司进行"高送转"的合法性、合规性、合理性进行了阐述，并核查确认，在参与定增的4家机构中，除景顺长城基金管理有限公司于2016年11月21日通过二级市场竞价减持348万股外，其余3家机构均未减持公司的股票。但景顺长城的减持行为发生在"高送转"预案发布之前，且对公司"高送转"的计划安排并不知情。补充公告还强调，在"高送转"预案公布后的6个月内，提议人、5%以上股东及公司董事、监事、高级管理人员不存在减持计划。北信源由此也成为两市第一家按照修订后的披露格式对"高送转"预案进行补充披露的公司。

六、案例后续

（一）北信源2016年年报

2017年4月18日，北信源发布了《2016年年度报告》。我们将年报中披露的无限售条件股东持股数量与定增发行情况报告书中的数据对比，如表7所示。

表 7　北信源定增对象认购股份变化情况

非公开发行对象	获配股数(股)	报告期末持有无限售条件股份数量(股)
景顺长城基金管理有限公司	15 673 981	12 190 781
宝盈基金管理有限公司	21 400 000	17 185 037
浙江浙银资本管理有限公司	13 300 000	13 300 000
北信瑞丰基金管理有限公司	16 126 019	13 200 000

资料来源:公司公告。

从表 7 中我们可以清楚地看到,除了浙银资本和景顺长城(扣除已披露的"高送转"预案公布前所减持的 3 483 200 股)所持股数没有发生变动外,宝盈基金和北信瑞丰确实分别减持了 4 214 963 股和 2 926 019 股。然而,北信源此前披露的《补充公告》中称,宝盈基金和北信瑞丰截至 2016 年 11 月 24 日未减持公司股票。若据此推论,那么两家公司必定于 2016 年 11 月 25 日至 12 月底进行了一次或多次减持。由于没有相关公告的进一步披露,宝盈基金和北信瑞丰减持的具体时间我们不得而知。

(二) 创业板定增限售期的新规

如前所述,创业板上市公司定增,只要满足一定的条件,认购方所认购的股票便不受锁定期的限制。这项政策的初衷是在再融资过程中给予上市公司更大的灵活性、激发市场活力,然而部分创业板上市公司却利用"无锁定期"的特殊规定,搭配定增快速减持套现,这种做法饱受市场诟病,同时引起了监管层的密切关注。针对上市公司钻营政策谋取不当利益的乱象,监管层将给予严厉的打击。2017 年以来,关于创业板取消"市价定增无锁定期"规定的传言不胫而走,同期市场上再未出现创业板公司市价、溢价发行快速减持的案例。2017 年 3 月 24 日,方直科技(300235.SZ)定增溢价发行,参与定增的认购方自愿承诺自上市之日起 12 个月内不转让所认购的股票,进一步强化了市场预期。

2017 年 3 月 31 日,证监会发行部与 22 家保荐机构举行座谈会,讨论再融资新规相关事项。会议对创业板定增规则进行了修改,将创业板定增锁定期调整为和主板一致,即在定增结束之后,普通投资者所认购的非公开发行的股票锁定期为 12 个月,控股股东实际控制人及其控制的企业所认购的非公开发行的股票锁定期为 36 个月。新规则目前处于窗口指导阶段,以发行人和保荐人主动申请锁定的形式为主。虽然尚未公布正式文件,但对于减少此前创业板市价定增后的减持乱象具有重要意义。

(三) 监管机构整治"高送转"乱象

在欧洲和美国等较成熟的资本市场中,上市公司多进行现金分红,送红股、转增股本的做法较为罕见,市场也不会对其有太多兴趣,很少有人借机炒作。而A股市场中利用"高送转"进行炒作的做法屡见不鲜。截至2017年4月8日,在公布了分红预案的1 170家A股上市公司中,有245家转增股份。其中,有147家公司公布"10转10及以上"的预案,拟以每10股转增20股以上的公司达到43家。凯龙股份、合力泰、金利科技、赢时胜、大晟文化、东方通、合众思壮等7家公司拟以每10股转增30股的预案进行送转股。

事实上,自2017年以来,监管层对"高送转"的态度愈加明确。对于一些公司"高送转+减持"的套路,监管层也明显加大了关注力度。此前沪深证券交易所已分别发布了"高送转"信息披露指引,实施"刨根问底"问询,如询问公司"高送转"与其经营发展状况的匹配情况、控股股东是否有减持计划、是否严格控制内幕信息知情人的范围等。

2017年3月27日,证监会新闻发言人邓舸在新闻发布会上指出部分公司"内部人"将"高送转"作为掩盖其减持的工具,同时伴生内幕交易、市场操纵等违法违规行为,表示针对上述行为证监会将强化信息披露监管和二级市场交易核查联动机制,依法严惩违法违规行为。

4月8日,证监会主席刘士余在中国上市公司协会第二届会员代表大会上痛批"高送转"乱象,他表示"有的上市公司财务造假,有的用'高送转'来助长股价投机……还有的上市公司根本没有市场竞争力和主营业务,但其大股东,董事、监事和高级管理人员(董监高)拉抬股价高位套现,超比例减持甚至清仓式减持,市场人士讲叫'吃相'很难看",同时指出"10转30"的"高送转"方案全世界罕见,必须将其列入重点监管范围,这让市场看到了监管层整治"高送转"乱象的决心。

(四) 监管趋严下"高送转"公司的应对

2017年4月10日,刘士余4月8日讲话后的第一个交易日,"高送转"概念股应声齐跌,"高送转"指数开盘跳空低开,后一路下行,截至当日收盘,"高送转"指数大跌4.23%,几只超"高送转"的个股,基本都是以跌停报收。

在"高送转"监管日益严格的背景之下,上市公司纷纷开始调整"高送转"预案。截至4月12日晚,已经有14家上市公司宣布调整"高送转"预案,下调送转比例,不少还增加了现金分红。北信源位列其中。

4月11日,北信源发布"关于变更《关于2016年度利润分配及资本公积金转增股本预案的议案》相关内容"的公告。公告称,基于对资本市场、信息安全行业和公司未来发展前景的信心,以及对监管部门的监管理念和监管导向的高度重视,公司控股股东、实际控制人林皓经慎重考虑,提议变更《关于2016年度利润分配及资本公积金转增股本预案的议案》的相关内容,变动如表8所示。

表8 北信源送转比例调整情况

序号	原提议内容	修改后的提议内容
1	每10股派息0.25元(含税)	每10股派息0.4元(含税)
2	以资本公积金向全体股东每10股转增20股	以资本公积金向全体股东每10股转增15股

资料来源:公司公告。

(五)现金分红受关注

除对"高送转"乱象严加管制外,监管层亦高度关注上市公司的现金分红问题。刘士余指出,现金分红是回报投资者的基本方式,"是股份公司制度的应有之义,也是股票内在价值的源泉"。上市公司可以基于长远发展的考虑并经股东大会决策后暂不分红,但不应当长期无正当理由不分红,对于大力度现金分红的上市公司,监管层予以肯定;而对于拥有现金分红能力却常年一毛不拔的"铁公鸡",证监会不会放任不管,会采取相应的强硬措施。

中国神华(601088.SH)于2017年3月18日披露拟派发现金股利人民币0.46元/股(含税),派发特别股息现金人民币2.51/股,受到证监会的高度评价。贵州茅台(600519.SH)于4月15日披露拟每10股派发现金红利67.87元(含税)。相信在监管层严格的政策监管和导向之下,市场会逐渐回归理性,无业绩支撑、纯粹靠"高送转"进行炒作的现象会大幅减少,真正有前景、有价值的公司会在市场的大浪淘沙中将自己磨砺成更加璀璨的"珍珠"。

案例使用说明

一、教学目的与用途

1. 适用课程：投资学、公司金融、行为金融学等相关课程。

2. 适用对象：投资学、证券投资等专业硕士及工商管理硕士研究生。

3. 教学目的：本案例总结了上市公司北信源定增和高送转事件始末，通过对北信源股价估值判断，分析"高送转"股票炒作现象，探讨北信源股利分配方案合理性；通过鼓励学生从行为金融的角度了解公司进行"高送转"的目的及投资者追捧"高送转"股票的原因，讨论北信源可能利用"定增 + 高送转"组合拳进行利益输送产生的道德风险问题。本案例旨在引导学生理解上市公司进行市值管理的目的与手段，以及由此引发的上市公司、机构投资者与普通投资者的利益冲突，并对监管部门应当如何正确引导和规范"高送转"等市场行为进行深入的思考，提供有益的借鉴和启示。

4. 覆盖知识点：

（1）公司估值方法：基本面研究、相对估值方法和绝对估值方法。

（2）公司金融：股权资本成本预测（CAPM）、可持续增长率、财务报表分析。

（3）行为金融学：红利迎合理论、财富幻觉、股价幻觉、羊群效应。

（4）上市公司市值管理、利益输送及监管对策。

5. 能力训练点：

（1）熟悉行业估值方法、确定可比公司，掌握常用估值指标、了解相对估值的局限性。

（2）熟悉股权自由现金流折现模型有关变量的预测、公司内在价值的计算。

（3）掌握"高送转"资本公积金有关规定、财务报表分析方法、股利分配的合理性分析。

（4）掌握行为金融学中的迎合理论，及投资者的股价幻觉等。学会运用行为金融理论解释"高送转"现象。

（5）探讨上市公司的市值管理、道德风险及相应的监管对策。

二、启发思考题

1. 北信源在"高送转"事件中的估值水平同行业以及其他上市公司相比有

无明显异常？是否存在估值泡沫？

2. 如何确定北信源的每股内在价值，并将其与实际股价进行比较？

3. 北信源的股利分配方案是否符合公司的财务和发展状况？定增和"高送转"之间存在着怎样的联系？

4. 为何公司管理层偏好推出"高送转"股利方案？为何市场投资者偏爱"高送转"概念股票？

5. 监管政策应如何应对上市公司采用"高送转"等方案进行的市值管理及隐藏的利益输送，以及相应的道德风险问题？

三、分析思路

1. 简要分析行业情况及估值中枢。确定北信源的可比公司，运用相对价值评估方法进行对比分析，得出分析结论。

2. 运用绝对价值评估方法，通过对公司业务基本面的分析，合理预测相关因素，建立股权自由现金流折现模型，计算公司每股价值，与"高送转"时的实际股价比较得出结论。

3. 分析"高送转"的政策规定及北信源的资本公积金来源，从北信源财务状况评价指标和公司未来发展空间分析股本扩张是否合理。

4. 基于行为金融学视角，着重从股价幻觉、羊群效应等角度解释投资者心理变化；从迎合理论角度解释公司管理层的政策动机，并简要介绍其他解释"高送转"现象的理论。

5. 分析利益输送链条形成的关键环节，分析北信源及定增对象存在道德风险的可能性，从事前信息披露、限制"高送转"、建立退市机制等角度分析监管改革对策。

四、具体分析

1. 北信源在"高送转"事件中的估值水平与同行业以及其他上市公司相比有无明显异常？是否存在估值泡沫？

首先，分析北信源所处的应用软件行业情况。目前该行业共有上市公司132家。2015年，行业全部上市公司收入之和为1405.11亿元，同比增长17.86%，净利润168.35亿元，同比增长17.31%。截至2017年1月20日，行业中公司市盈率(TTM)中值为73.87倍，公司市净率(MRQ)中值为5.94倍。根据近10年历史数据，软件行业的估值中值(P/E)大约为50—60倍(见图5)。

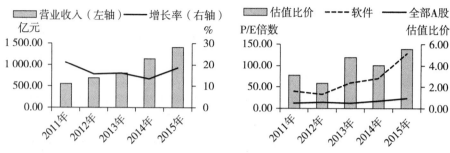

图 5 软件行业近 5 年收入和估值情况

资料来源：Wind 资讯。

其次，采用相对价值评估方法对北信源进行估值。

第一步，确定北信源的可比公司。可比公司的选择，从商业模式、所处行业、收入、利润、资产规模等多个方面进行考虑，只有在上述条件均具有较大相似性的公司才可被选作可比公司。本文确定的北信源的可比公司如表 9 所示。

表 9 可比公司选取指标

可比公司	主要业务	总收入（亿元）	归母净利润（亿元）	总资产（亿元）
北信源	信息安全软件	4.70	0.71	9.71
超图软件	地理信息系统软件	4.67	0.59	10.37
运达科技	车辆检测系统软件	4.60	1.28	16.01
银之杰	银行影像应用软件	6.20	0.73	11.79
万集科技	智能交通系统软件	5.12	0.64	7.30
榕基软件	通用电子商务软件	6.24	0.16	19.06

资料来源：Wind 资讯。

第二步，选取当日北信源及各可比公司的市盈率（P/E）、市净率（P/B）、市现率（P/CF）和市销率（P/S）进行对比（见表 10）。

表 10 可比公司估值指标

可比公司	收盘价（元/股）	P/E	P/B	P/CF	P/S
北信源	25.20	206.65	17.45	−171.20	31.09
超图软件	19.62	150.07	12.76	47.87	18.88
运达科技	33.75	58.90	6.40	15.13	16.44
银之杰	25.66	240.57	19.51	−80.00	28.33

（续表）

可比公司	收盘价（元/股）	P/E	P/B	P/CF	P/S
榕基软件	16.50	648.51	7.52	224.63	16.46
万集科技	78.37	130.78	21.13	176.94	16.34

资料来源：Wind 资讯。

从市盈率来看，银之杰和榕基软件均超过北信源，特别是榕基软件的市盈率高达648.51；从市净率来看，银之杰和万集科技均高于北信源；从市现率来看，北信源市现率为负，可能近期进行了大量资本支出，因此不具有可比性；从市销率来看，北信源虽然超过其他公司，但银之杰与之非常接近，对比特征不明显。与整个软件行业相比，北信源的市盈率确实高于平均水平，但不同企业的业绩情况、发展阶段都不相同，与整个行业直接比较的说服力不强。

最后，通过本例分析，可以看出相对估值分析框架的一些缺点。第一，很难通过可比公司的对比判断目标公司是否存在估值泡沫，因为无法确定估值的准确性。特别是A股市场的高科技板块，极易受到炒作，导致整个板块估值偏高。第二，可比公司虽然所处同一行业，但受下游产业需求影响，不同的细分领域使得各公司成长和发展潜力存在差异。第三，通过市场指标进行分析，容易受到市场情绪的影响，难以反映企业真实价值。

2. 如何确定北信源的每股内在价值，并将其与实际股价进行比较？

首先，从北信源公司基本面入手，分析其未来业绩增长潜力（北信源财务摘要变化如图6所示）。北信源是中国信息安全行业领先企业，连续十年在国内终端安全管理产品市场占有率排名第一，在终端安全领域处于龙头地位。另外，近年来公司连续展开投资并购。2015年6月，北信源参股深圳金城，拓展涉密信息安全业务；2015年9月，北信源收购国内服务器安全领域领先企业中软华泰，将公司的业务范围延伸到服务器端；2016年7月，北信源与启明星辰等公司合作成立合资公司，共同打造网络防病毒第一品牌。这一系列动作将进一步强化北信源在国内信息安全领域的竞争优势，提高该公司在国内信息安全行业的市场份额。

其次，2016年，北信源基于大数据技术开发的应用系统——网络及终端大数据分析系统已经开始试点。2017年系统展开大范围的推广，成为公司新的业绩增长点；在移动互联网通信安全领域，推出企业级移动即时通信平台产品信源豆豆Linkdood，保障通信数据安全传输与存储，提升用户对信息的自主安全管控能力。

最后,综合来看,北信源近年来积极布局重点战略领域,巩固终端安全领域的龙头地位,同时拓展大数据技术开发应用与移动互联网通信安全产品,培育新的业绩增长点。在中国终端安全管理产品细分市场处于发展期的背景下,可以预期北信源业绩将较快增长。

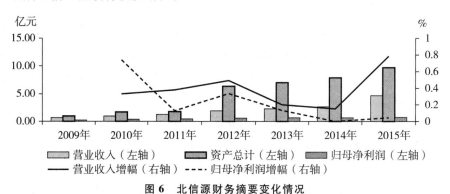

图 6　北信源财务摘要变化情况

资料来源:Wind 资讯。

分析公司发展和业绩增长潜力之后,我们可以建立绝对估值模型求解公司价值。股权自由现金流折现模型是一种比较严谨的估值方法,该模型要求对 4 个变量做出合理预测:一是高增长阶段时间;二是高增长阶段的股权自由现金流量;三是股权资本成本;四是可持续增长阶段的永续增长率。

(1) 高增长阶段时间的预测:基于对北信源业务发展情况的评估,本文假定公司在 2018 年之前(含 2018 年)处于高速增长阶段,2018 年之后处于永续增长阶段。

(2) 股权自由现金流量的预测:股权自由现金流量是企业支付所有营运费用、所得税、再投资支出和净债务支付后可分配给企业股东的剩余现金流量,假设目标负债比率为 d,则股权现金流量的计算可由表 11 中的等式计算得出,本文采用最后一个等式,记为式(1)。

表 11　股权现金流量计算公式

股权自由现金流量=净利润-股东权益增加
股权自由现金流量=净利润-$(1-d)\times$(资本支出-折旧和摊销)-$(1-d)\times$营运资本增加
股权自由现金流量=息前税后利润-资本支出+折旧和摊销-营运资本增加
股权自由现金流量=息前税后利润-净经营性长期资本增加-营运资本增加　　　(1)

资料来源:作者整理。

在分析北信源基本面的基础上,根据业绩增长潜力,以及各项财务指标占销售收入的比重,对公司未来发展情况做出预测。根据平安证券的预测,北信源2016—2018年营业收入增幅分别为17.75%、20.60%、23.70%,营业收入分别达到5.53亿元、6.67亿元、8.26亿元。近三年北信源销售净利率略有下降,这主要是公司近年连续开展投资并购造成的,预计未来3年该比重会逐渐企稳。预计2016—2018年销售净利率分别为15%、17%、19%,净利润达到0.83亿元、1.13亿元、1.57亿元。2015年北信源净经营性长期资本为1.34亿元,占2015年销售收入的28.5%。为了增强企业竞争力,北信源势必会加大净经营性长期资产投资力度,预计公司的净经营性长期资本维持在28%的水平,2016—2018年净经营性长期资本分别为1.55亿元、1.87亿元、2.31亿元(见表12)。近三年北信源营运资本分别为6.20亿元、6.12亿元、5.78亿元,货币资金略有下降,应收账款略有提高,未来三年营运资本大概率保持稳定,预计2016—2018年营运资本分别为5.9亿元、6.0亿元、6.1亿元。由于北信源主要依靠股权融资,没有长期负债或借款,因此其息前税后利润可用净利润代替。根据上述估值的假定条件和式(1),可以得出2016—2018年北信源的股权现金流量。

表12 北信源的股权现金流量表

财务数据	2015年	2016年	2017年	2018年
销售收入(亿元)	4.70	5.53	6.67	8.26
净利润(亿元)	0.71	0.83	1.13	1.57
净经营性长期资本(亿元)	1.34	1.55	1.87	2.31
净经营性长期资本增加	—	0.21	0.32	0.44
营运资本(亿元)	5.68	5.90	6.00	6.10
营运资本增加	—	0.22	0.10	0.10
股权现金流量	—	0.40	0.71	1.03

资料来源:作者根据公司年报整理。

(3)股权资本成本的预测:我们应用CAPM模型估计股权资本成本,采用20年国债到期收益率3.5%作为无风险利率。2005年12月31日到2016年12月31日沪深300指数年收益率的几何平均数为12.31%,用此作为市场预期收益率,可以得到市场风险溢价为8.81%。

$$E(r) = r_f + \beta [E(r_m) - r_f] \qquad (2)$$

北信源的β系数可根据Wind资讯"BETA计算器"得出,根据2012年1月

21 日到 2017 年 1 月 21 日的市场数据,选择沪深 300 指数作为标的指数,以日为计算周期得到 β = 1.0468,本文用 1.05 作为 2016—2018 年的 β 系数。根据式(2)便可以算出折现率(即股权资本成本)为 12.75%。用该折现率对高增长阶段股权现金流量进行折现,结果如表 13 所示。

表 13　2016—2018 年股权现金流量折现

年份	自由现金流量(亿元)	折现率(%)	现值(亿元)
2016	0.40	12.75	0.35
2017	0.71	12.75	0.56
2018	1.03	12.75	0.72
现值合计			1.63

资料来源:作者根据公司年报整理。

(4) 可持续增长阶段的永续增长率 g 的预测:假设 2020 年以后中国 GDP 增速稳定在 6% 左右,按照软件行业增速为 GDP 增速 2 倍的水平,本文预测北信源永续增长率 g 为 12%。

采用 12.75% 的折现率,根据公式:

$$V = \frac{D_0 \times (1 + r)}{r - g}$$

将 2019 年及以后的现金流折算到 2016 年年初,可得到后续期企业价值为:$1.03 \times (1 + 12.75\%)/(12.75\% - 12\%)/(1 + 12.75\%)^3 = 108.03$ 亿元。

根据"企业价值 = 预测期价值 + 后续期价值",计算出北信源在 2016 年年初的企业价值等于 109.66 亿元(= 1.63 亿元 + 108.03 亿元)。

目前北信源的总股本为 5.8 亿股,故每股价值为 109.66/5.8 = 18.91 元。

理论上"高送转"本身只是一场数字游戏,对公司价值没有任何实质影响。资本公积金转增股本的实施会导致每股内在价值降低,理论上转增股本的比例越高,股价应该相应越低。在北信源每 10 股转 20 股的权益分派方案实施后,公司总股本将会变为目前的 3 倍,即 17.4 亿股,因此每股价值也降低到原来的 1/3,即 6.30 元。

综合来看,"高送转"事件前,北信源市价波动区间主要集中在 16—20 元,与股权自由现金流折现估值模型得出的估值比较接近;但"高送转"事件导致股价在几天内飙升至 25.2 元,与计算得出的内在价值(18.91 元)相比,差别较大。"高送转效应"推动下北信源的确存在估值泡沫。

3. 北信源的股利分配方案是否符合公司的财务和发展状况？定增和"高送转"之间存在着怎样的联系？

先分析现金红利。2012年现金分红总额13 340 000元，当年归母公司净利润为60 107 528.99元，占比22.19%；2013年现金分红总额13 340 000元，当年归母公司净利润为67 791 239.78元，占比19.68%；2014年现金分红总额13 340 000元，当年归母公司净利润为67 993 885.54元，占比19.62%；2015年现金分红总额12 160 175.58元，当年归母公司净利润为70 719 566.59元，占比17.19%。可以看出，上市以来北信源现金分红总体比较稳定，为1200万—1400万元，由于归母公司净利润的增长，现金分红占比略有下降。

接下来分析转增股本的情况。这里的分析思路可以分拆成三个方面。一是定增与"高送转"的联系，二是财务状况评价指标，三是公司未来发展潜力。

第一，考察北信源资本公积金储备情况，是否适合进行"高送转"。根据《公司法》、证监会等有关规定，转增1股至少要有2元资本公积金作为保证。表14给出了北信源"高送转"资本公积金达到规定要求的情况。

表14 北信源"高送转"资本公积金达标情况

年份	"高送转"预案发布时的资本公积（亿元）	本次"高送转"需要的资本公积金（亿元）
2012	3.80	0.67
2013	3.14	1.33
2015	2.57	2.41
2016	11.82	11.60

资料来源：公司公告。

值得注意的是，2016年的资本公积金本来仅有9 967 784.70元，原本不具有股本扩张潜力。然而在"高送转"预案公布前不到1个月，公司募足了定增资金，增资后资本公积金1 181 768 548.77元，达到了"高送转"要求。

从这里可以看出，这次增资在时间和金额上都与"高送转"高度契合。一方面，定增能够补充资本公积金，满足"高送转"的政策要求。另一方面，"高送转"方案可增加公司再融资的吸引力，有利于维护大股东和管理层所持股票市值，在所持质押股票比例较高的情况下（见表15），即使不立刻进行减持，也可以凭借持股市值的提高通过质押获取更多的资金。

表 15 控股股东林皓股票质押情况

质押开始日	质权人	质押股数（万股）	本次质押占其当时所持股本比例（%）
2016年2月4日	民生证券	1 000	7.66
2016年5月18日	民生证券	834	6.39
2016年6月30日	齐鲁证券	2 707.5	12.14
2016年7月6日	中信证券	350	1.57
2016年11月29日	银河证券	3 529.2	17.83
2017年1月23日	中信证券	3 300	16.67
2017年2月15日	渤海证券	3 500	17.68

资料来源：公司公告。

其次，从各项财务评价指标分析，北信源上市以来财务指标变化情况见表 16。

表 16 北信源主要财务指标情况

年份	短期偿债能力比率		营运能力比率		盈利能力比率		市价比率
	流动比率	现金比率	应收账款周转率	总资产周转率	销售净利率	ROE	P/E(TTM)
2012	14.28	10.05	1.22	0.47	0.32	0.1015	41.08
2013	11.70	6.67	0.93	0.34	0.30	0.1047	57.88
2014	7.77	3.37	0.73	0.35	0.26	0.0969	92.92
2015	5.37	1.66	1.03	0.53	0.15	0.0844	234.87

资料来源：公司公告。

由于北信源 2012 年上市，2011 年及以前的财务数据参考价值相对较小。对各项财务指标分析：从短期偿债能力比率上看，公司近年的短期偿债压力持续加大，现金流风险有所上升；从营运能力指标上看，公司资产管理效率总体比较稳定；从盈利能力比率上看，公司的盈利能力在逐年下降；从市价比率上看，公司市盈率持续上升，反映出投资者对公司前景更加看好。

从现金股利方面看，由于营运资本、现金流的需要，同时净利润增长缓慢，保持稳定的现金分红是公司的最优选择；从股票股利方面看，上市以来反映公司盈利能力的 ROE、销售净利率等指标持续下降，虽然用过去的财务数据预测未来的业绩增长客观上存在一些局限性,但是目前没有迹象表明公司未来利润水平将大幅跳升。在没有确定性业绩支撑的情况下,公司进行"高送转"的合理性和必要性值得商榷。

最后,考察公司未来发展潜力,北信源定增募集的资金用于新一代互联网安全聚合通道项目(Linkdood)和北信源(南京)研发运营基地项目,项目从2015年开始,投资建设期为2—3年。项目完成后将为公司创造新的利润增长点。积极拓展新技术、研发新产品无疑会提升公司的发展潜力,但项目转化为利润还需要1—2年的时间。在目前公司的盈利能力还没有实质性增长之前,在目前这一时间节点上大幅扩张公司股本似乎有些操之过急。

综合上述三个方面来看,从公司发展的角度上看,北信源的"高送转"未必是一个合适的决定,特别是"高送转"与定增时间上衔接得过于紧密,以此来刺激股价,对公司而言可能起到"揠苗助长"的效果。

4. 为何公司管理层偏好推出"高送转"股利方案?为何市场投资者偏爱"高送转"概念股票?

北信源"高送转"预案公告的次交易日,立刻出现"一字板"。11月23日则放出历史天量,成交量高达144.74万股,换手率达到了惊人的38.33%。我们截取部分2016年"高送转"公司股价变动情况,如表17所示,2016年第四季度多家公司在披露"高送转"预案后股价出现超额收益。

表17 上市公司"高送转"后股价变动情况

证券代码	证券简称	"高送转"披露时间	每10股送转(股)	公告日收盘价	公告后10个交易日内最高价	涨幅(%)
300376.SZ	易事特	11月28日	30	26.30	49.49	88.17
300304.SZ	云意电气	11月23日	28	33.18	54.91	65.49
002620.SZ	瑞和股份	11月20日	25	59.30	74.20	25.13
300531.SZ	优博讯	11月21日	25	125.97	160.20	27.17
300352.SZ	北信源	11月21日	20	21.55	25.20	16.94
603021.SH	山东华鹏	11月21日	16	56.96	65.07	14.24
300063.SZ	天龙集团	11月17日	15	33.36	40.37	21.01
002793.SZ	东音股份	11月23日	10	88.04	89.80	2.00

资料来源:Wind资讯。

根据上海证券交易所的"高送转"研究报告,对 2004—2013 年上市公司的研究发现,实施"高送转"的公司,在送转股公告日前后 5 个事件窗口日有较强的公告效应,且送转数据越高,公告效应越强。而"高送转"公司在送转后的一到两年的财务状况没有改善,甚至有业绩倒退的现象。

为什么投资者偏爱"高送转"的股票?一般从两种角度进行解释:传统理性金融学观点和行为金融学观点。

传统金融学理论认为投资者都是理性的,市场是有效的。在现在这一理论下,市场对于"高送转"股票的追捧可以由信号传递假说和波动性理论来解释。"高送转"代表了公司良好业绩的信号或公司健康信息的释放,另外将"高送转"股票拆细,可以提高中小投资者的参与度。

信号传递假说指的是,在信息不对称的情况下,股利政策被认为是上市公司基于自身发展的判断对投资者传递出的某种信号。投资者站在上市公司的角度推理,高股利支付率能够代表公司未来高速增长,因此购买这类股票能够为投资者带来较高的回报率。

流动性理论指的是,股票价格过高会限制资金有限的投资者的参与,而"高送转"拆分股票,可以提高股票流动性和交易活跃度(Baker et al.,1980,1993)。因而"高送转"股票改善了流动性,产生了超额收益。

而行为金融学从人的非理性出发,强调由于人的行为偏差,追捧"高送转"股票,其中代表性的理论包括财富幻觉假说、价格幻觉假说、羊群效应和迎合理论。

财富幻觉假说:根据行为金融学的"心理账户"理论,人们会将不同类型的财富存放到不同的心理账户里,从而低估或高估某些资产。在股票分红过程中,投资者潜意识中会把分得的股票红利看作"多出来"的财富,倾向于将其单独存放在一个心理账户中,而原有股份存放的心理账户并未发生变化,因此产生了财富增加的幻觉。

价格幻觉假说:名义价格的改变会对决策产生影响。Weld et al.(2009)从名义价格角度分析了投资者价格幻觉。何涛和陈悦(2003)表明中国符合价格幻觉假说,认为中国的投资者偏好低价股,上市公司通过送转可以降低公司股价,依靠市场幻觉可以提升市值。俞红海等(2014)基于基金拆分现象同样发现投资者名义价格幻觉现象。股票在除权之后价格将大打折扣,看似"便宜"的股价会在一段时间内吸引买家,推动股价大幅上涨,即产生所谓的"填权行情"。因此投资者会在除权之前就竞相购买"高送转"股票以期完整获取"填权行情"

带来的超额收益。

羊群效应:在无法找到最优方案或寻找最优方案的成本过高时,跟随大多数人往往更为有利。虽然投资者不理解"高送转"产生的原因和意义,但都认识到"高送转"股票带来的超额收益,因此大家对这类股票一致看好并争相购买,这种"羊群效应"的发酵也进一步推高了股价。

上市公司为何频繁推出"高送转"? 用迎合理论解释它是最合适的。Baker and Wurgler(2004)认为,在投资者的行为是非理性的情况下,他们用股利的支付对企业进行分类,追捧某类股票;而管理者的行为是理性的,他们会分析不同股利政策产生的市场效应,从而制定相应的政策去迎合投资者的心理。这一理论最初是针对现金股利偏好进行分析的,但投资者对于现金股利公司的投机性需求可以类比至"高送转"公司。进行"高送转"的公司与不进行"高送转"的公司的市值账面之差就是股利溢价,而理性的公司管理层会洞察到这种溢价,为了追求公司短期价值最大化,制定相应的"高送转"股利政策以迎合市场投资者的需求。熊德华和刘力(2007)对中国市场的研究,也发现了管理者会通过股利发放去迎合流动性投资者的需求。

而且,过去的研究发现,每 10 股送转的股数越多,公告效应或公告前的超额收益愈加明显。在北信源"高送转"事件中,股价并不是从"高送转"预案公告后才启动的。从 11 月 16 日定增股上市,股价已开始持续上涨。投资者这种"跟风炒作"的心理,在本例中体现得尤为明显:当大股东增持时,特别是"增持+高送转"双重利好出现时,投资者盲目追涨,持续追高;然而仅仅两天后,大股东的减持"出逃"立刻引发投资者恐慌,造成股价暴跌。

"高送转"概念股票在短期内有较大的波动,高波动意味着高收益或高损失,然而投资者的非理性在于只盯住高收益,而忽略了高风险,甚至将其视为绝佳的投资机会。而一轮"高送转"结束后,"幸存者偏差"以及"后悔厌恶"效应会使得下一轮"高送转"继续受到追捧。

5. 监管政策应如何应对上市公司采用"高送转"等方案进行的市值管理及隐藏的利益输送,以及相应的道德风险问题?

监管层对于隐藏在"高送转"下的利益输送机制已有察觉。2016 年 11 月 23 日,深交所发布公告,修订"高送转"方案的披露格式。25 日,北信源成为首家按照新规对"高送转"预案进行补充披露的公司。北信源在补充披露公告中称,宝盈基金、浙银资本、北信瑞丰三家公司截至 11 月 24 日未减持公司股票;景顺长城在年度利润分配预案披露前的 11 月 21 日通过二级市场减持 348.32

万股。4家公司在利润分配预案公告披露前对公告毫不知情。据此公告,11月23日卖出排名第一、第二和第四的机构专用席位不是4家定增对象。虽然没有直接的证据表明4家定增对象和上市公司是这一系列操作的赢家,但上市公司以极高的估值融到了资金,定增对象通过"高送转"方案带来的股价快速上涨锁定了巨额浮盈,高位接盘的中小投资者成为输家却是板上钉钉。

监管方面的改革主要有以下几种思路:第一,加强事前监管,完善信息披露。现有规定要求,持股5%以上的股东减持时,需要提前公告。北信源定增的4家公司持股比例在2.29%—3.69%,均未达到公告线,产生了信息披露的漏洞。监管部门可以提高定增或"高送转"后有关减持的事前监管要求,如降低持股比例和交易量的披露阀值,使广大中小投资者信息不对称的劣势减弱。第二,严格限制"非正常"的"高送转"。上市公司应树立股利分配方案服务于公司发展的理念,严禁为了短期利益和个人利益,将"高送转"和公司发展的关系本末倒置。监管部门应从加强财务状况指标达标、弱化定增和"高送转"的联系、严格"高送转"要求资本公积金来源的限制等方面入手,引导公司股利分配方案合理化。第三,加大公告造假问题的查处力度,建立退市机制。上市公司通过造假攫取巨额利益已不稀奇,应该对重大信息披露违法行为加大查处力度,建立退市机制。只有通过规范的惩罚机制,才能杜绝恶意炒作、保障市场健康发展、实现优胜劣汰。

中国股票市场的结构是以中小投资者为主体的,这也正是许多公司偏好"高送转"的根本原因所在。中小投资者看重收益而忽视风险的行为偏差很多时候被上市公司管理者和相关利益方所利用,因此,"高送转"中广大投资者的利益极易被上市公司管理者及相关利益群体所侵害。如果上市公司及相关利益各方在"高送转"中有利可图,那么就很难杜绝这种现象的发生。当然,并不是所有的"高送转"都是炒作行为,也会有不少的"高送转"确实是为了回报公司的股东。如果投资者可以看清"高送转"行为的本质,并通过分析其背后的逻辑而更加理性地投资而不是盲目跟风,那么"高送转"题材的炒作也将告一段落。

五、建议课堂计划

本案例可用于专门的案例讨论课,如下是按照时间进度提供的课堂计划建议,仅供参考。整个课堂时间控制在90分钟之内。

1. 课前计划:要求学生通读一遍案例全文,并对案例启发思考题目进行初步思考。

2. 课中计划：

第一阶段，先让学生列举一些著名的"高送转"股票，让学生阐述"高送转"股价炒作的一般过程(5 分钟)。

第二阶段，分析北信源公司近年来的财务报表，让学生了解公司的发展概况、财务数据。要求学生汇报各自小组用不同方法的估值情况，并进行比较。思考为何参与定增的公司要高价认购北信源的股票(30 分钟)。

第三阶段，在黑板上画出北信源公司定向增发、"高送转"的过程，按时间轴讨论，并加入参与定增相关公司及有关的"高送转"方案的政策要求，讨论参与定增公司的得失(25 分钟)。

第四阶段，围绕"高送转"现象进行讨论："高送转"的公告效应、长期的股价效应、"高送转"股票受到追捧的原因，以及现有的理论解释(20 分钟)。

第五阶段，进一步引导学生思考如何进行有效监管(10 分钟)。

3. 课后计划：请学生进一步查阅有关资料，就某一角度继续展开深入分析，撰写分析报告(1 500—2 000 字)。

本案例教学说明黑板计划按照一块矩形黑板设计，具体内容如下图所示，具体教学中可以根据教室黑板数量作适当调整。

参考文献

1. 何涛、陈小悦，"中国上市公司送股、转增行为动机初探"，《金融研究》，2003 年第 9 期，第 44—56 页。

2. 熊德华、刘力，"股利支付决策与迎合理论——基于中国上市公司的实证研究"，《经济科学》，2007 年第 5 期，第 89—99 页。

3. 俞红海、陆蓉、徐龙炳，"投资者名义价格幻觉与管理者迎合——基于基金拆分现象的研究"，《经济研究》，2014 年第 5 期，第 133—146 页。

4. Baker, H. K., and Gallagher, P. L., "Management's View of Stock Splits", *Financial Management*, 1980, 9(2), 73—77.

5. Baker, H. K., and Powell, G. E., "Further Evidence on Managerial Motives for Stock Splits", *Quarterly Journal of Business & Economics*, 1993, 32(3), 20—31.

6. Baker, M., and Wurgler, J. A., "Catering Theory of Dividends", *The Journal of Finance*, 2004, 59(3), 1125—1165.

7. Baker, M., and Wurgler, J., "Appearing and Disappearing Dividends: The Link to Catering Incentives", *Journal of Financial Economics*, 2003, 73(2), 271—288.

8. Weld, W. C., Benartzi, S., and Autor, D. H., "The Nominal Share Price Puzzle", *Journal of Economic Perspectives*, 2009, 23(2), 121—142.

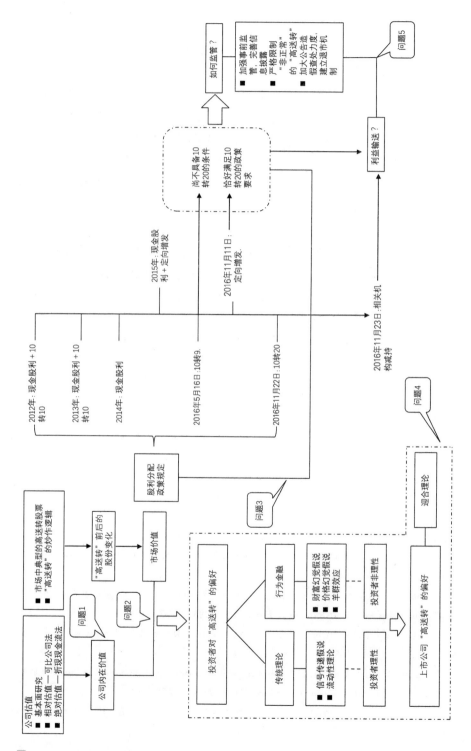

融资结构与管理权
——中建"走出去"的失败探索

应展宇　王晓林　曹剑昭

摘　要：本案例以中国建筑海外最大的项目——Baha Mar 项目为背景,再现了项目的诱人前景、几次易主、规模扩大和最后失败的过程。水能载舟,亦能覆舟,"融投资带动总承包模式"为中建赢得了总承包商地位的同时,也为其日后的困境埋下了隐患。这个中方出资超过 70% 的项目,控制权却牢牢掌握在伊兹米尔利安家族手中,融资结构与管理权的不匹配使得开发商和承包商的矛盾逐渐积累,产生恶性循环,最终导致项目失败。

关键词：融投资带动总承包模式,股权结构,委托代理问题

一、引言

2015 年 6 月,加勒比海岛国巴哈马的首都 Nassau 风景优美、阳光灿烂。Nassau 著名的粉色沙滩吸引了世界各地的游客,然而对于沙滩旁边的中国建筑集团美国分公司(以下简称"中建美国")的管理层来说,美丽的风景并不能吸引他们,因为在他们背后是即将面临烂尾的 Baha Mar 项目。作为中国建筑集团(中建)在海外最大项目的承包商,中建美国已经参与 6 年建设,不仅以自有资金投入 1.5 亿美元成为优先股东,而且引进中国进出口银行 24.5 亿美元贷款,并以此获得了总承包商地位,中建可谓志在必得。

在签订 Baha Mar 项目工程总承包协议时,曾经打造了中国国家游泳中心

"水立方"、央视新大楼和纽约万豪酒店的中建,满怀信心地承诺在4年内完成项目,殊不知同样位于巴哈马 Nassau 的同样体量的天堂岛·亚特兰蒂斯度假村历时11年才完工。总投资35亿美元、来自中国资金超过70%的"融投资带动总承包模式",为中建美国带来了总承包商地位的同时,也为日后的困境埋下了隐患。

2011年2月21日,中建美国在巴哈马举行了盛大的开工仪式,在洁白的凯布尔海滩上,伴随着中式锣鼓声,象征着中国文化的舞狮和当地盛装打扮的贾卡努舞者翩翩起舞,微笑挂在现场的每个人脸上,这次合作项目被视作中巴经济和文化融合的象征。而他们的身后是一望无际、无限深邃的大西洋,翻滚的巨浪似乎随时都可以吞没此时的美好。

二、参与公司背景

(一)项目开发公司、投资方——BML、伊兹米尔利安家族

Baha Mar Resorts Ltd.(以下简称 BML)是特意为 Baha Mar 项目而设立的公司,同时也是该项目的开发商,萨基斯·伊兹米尔利安(Sarkis Izmirlian)是 BML 的董事长及首席执行官,萨基斯的父亲是西非的花生大王迪克,通过粮食贸易收获第一桶金后转战地产业。萨基斯称:"2002年左右,巴哈马政府主动找到我们,希望我们在这个地块开发一个地产项目。"萨基斯坦言:"政府的支持是我们决定投资这个项目的最初原因。"2005年,伊兹米尔利安家族以现金和在巴哈马的酒店、赌场等资产共计8.5亿美元设立了 BML,成为该项目最大股东和管理者。由于巴哈马群岛本身金融系统规模较小,不足以为如此庞大的项目提供融资服务,因此 BML 一开始便积极寻找合作伙伴。萨基斯坦言,Baha Mar 度假村作为旅游地产项目,主要收益来源于其后对度假村的管理,强大的资金实力与丰富的旅游项目管理经验对项目的成功缺一不可。

(二)总承包商、投资方——中建美国

中建美国系大型国有企业中国建筑集团的美国分公司,是 Baha Mar 项目的承包商。早在20世纪80年代,中建美国即已成立,最初主要从事房地产开发。1996年,中建美国获得了第一个工程总承包项目——中国驻美国大使馆武官处。其后经过15年的发展,到2011年,中建美国的年营业额已超过1.7亿美元,雇员数超过500人,已经成为北美地区规模较大的工程承包商之一。然而,此前公司承包的工程多是中国企业海外直接投资项目以及对预算开支非常敏

感的美国公共工程,较少涉足利润丰厚、市场庞大的北美私营市场。Baha Mar 项目庞大的计划,以及巴哈马政府对项目的大力支持吸引了中建美国的目光,对于急切地想打开北美私营市场的中建美国而言,"这个项目对我们拓展加勒比地区和美国的业务至关重要"。正如中建美国副总裁吴太仲(Tiger Wu)所言:"这只是一个开始。我们希望,工程的顺利完工能够帮我们带来更多机会。"

(三) 资金主要提供方、债权人——中国进出口银行

中国进出口银行是 Baha Mar 项目的主要资金提供方,以贷款人的身份向 BML 提供了 24.5 亿美元的贷款。中国进出口银行成立于 1994 年,是中国三家政策性银行之一,其主要职责为"扩大中国机电产品、成套设备和高新技术产品进出口,推动有比较优势的企业开展对外承包工程和境外投资,促进对外关系发展和国际经贸合作,提供金融服务"。其中"办理对外承包工程和境外投资贷款"是其主要业务之一。据 BML 称,中国进出口银行提供资金的前提是该项目必须由中建美国担任工程管理商与承包商,可见中国进出口银行参与该项目的动机主要在于帮助中国企业"走出去"。中建美国正是利用了其国有企业的独特地位,运用自己的融资能力获得了 Baha Mar 项目。

三、西半球规模最大的度假村——Baha Mar 项目

拉丁美洲的岛国巴哈马,位于美国佛罗里达州东南海岸对面,海地、古巴北侧,由 700 多个岛屿(其中 30 个岛有人居住)及 2 480 多个珊瑚礁、浅滩组成。作为之前英国的殖民地,巴哈马是加勒比地区最富裕的国家,旅游业是这个国家主要的收入来源,约占巴哈马国内生产总值的 60%。巴哈马的首都 Nassau 距离迈阿密城仅有 290 公里,只需一小时即可飞抵迈阿密。巴哈马具有闻名世界的清澈海水、独具魅力的白色沙滩、热情友好的当地居民以及鲜美可口的海鲜,是美国和周边各国游客理想的度假胜地,吸引了大量欧美富豪定居于此。

2005 年,巴哈马总理亲自提出邀请,希望以"花生大王"闻名的伊兹米尔利安家族在 Nassau 的凯布尔海滩上建设一个庞大的度假村项目,预计总投资 16 亿美元,这就是 Baha Mar 项目,还专门为该项目成立了开发公司 Baha Mar Resorts Ltd。该项目将汇集世界上最具盛名的酒店品牌,包括君悦酒店、瑰丽酒店、摩根酒店等,和一座拉斯维加斯式的世界级赌场。另外,度假村还将修建一个 18 洞的高尔夫球场、一个购物村、一座超大的会议中心以及一个游泳池,为来自世界各地的游客提供独一无二的奢华体验。

预计 Baha Mar 项目将是西半球同类项目中规模最大的度假村,将为巴哈马提供 12 000 个新增工作岗位,使巴哈马国民生产总值提升 10%以上,并在其投入运营后的第一年为当地贡献近 10 亿美元的收入。为此巴哈马政府给予了该项目非常优厚的条件,提供了价值 1.5 亿美元的土地,特批了 5 000 个工作许可,所有进口建筑原料免关税,甚至巴拿马总理的办公室都为工程而进行了搬迁。

2007 年,为 Baha Mar 项目建设赌场和博彩业知名品牌酒店新凯撒酒店的美国哈拉斯娱乐公司加入,成为项目的合资合作伙伴,项目总投资也由 16 亿美元增加至 26 亿美元。

四、金融危机为中建美国带来的"机遇"

2008 年,正当伊兹米尔利安家族与哈拉斯娱乐公司摩拳擦掌准备大干一番之时,席卷世界的金融危机悄然而至。由于经济疲软,很多人不得不减少在赌博上的支出,导致哈拉斯娱乐公司在 2008 年的前 6 个月亏损 2.85 亿美元,并被另一家美国公司收购。自身难保的哈拉斯娱乐公司准备从 Baha Mar 项目中退出,3 月 9 日哈拉斯娱乐公司发表声明:"对双方拟议合资方式按预定时间完成的项目计划,哈拉斯皇家娱乐公司已没有信心,如果继续向前推进项目,无疑对大家都是伤害。"失去了合作伙伴的 BML 无法完成数额高达 26 亿美元的投资,Baha Mar 项目陷入了第一次危机。

这时刚刚在前 1 个月中标 Baha Mar 项目一部分合同的中建美国认为这是一个千载难逢的机会,他们同样看好 Baha Mar 项目的前景,认为这是一个稳赚不赔的买卖,如果能够借这个机会成为该项目的总承包商,不但能够一举成名,还可以获得巨额的承包费。其实早在 2007 年,中建美国就曾经建议中国进出口银行参与到 Baha Mar 项目中来,这次更是能够借助哈拉斯娱乐公司退出、Baha Mar 项目陷入危机的机会,在谈判中增加更多的筹码。

面对中建美国的雪中送炭,伊兹米尔利安家族非常爽快地同意了中建美国和中国进出口银行的加入,以及中建美国作为项目总承包商的要求。中建美国通过引入中国进出口银行的巨额贷款,获得了其海外历史上承建的最大项目,这种模式被称为"融投资带动总承包模式",中国建筑也因此被认为是"中国企业实施走出去的战略典范"。当项目完成后,担任总承包商的中建美国,不但能够获得承包收益,还能够收取 3.5%—6%的工程管理费,另外作为优先股股东还可以从度假村未来经营中分享收益。而中国进出口银行也能够在金融危机中帮助中国企业"走出去"。

五、福兮祸之所伏

2009年3月9日,伊兹米尔利安家族和中建美国签署了合同,中建美国正式成为Baha Mar项目的总承包商和工程管理商,这也是中国进出口银行提供贷款的前提条件。为了产生更强的规模效益、获得更高的承包收益,双方同意将Baha Mar项目的总投资由之前的26亿美元增加到35亿美元。

此时,三方共同提供项目所需的资金(如图1),其中:伊兹米尔利安家族出资8.5亿美元,持有BML全部普通股,以度假村的土地、现金和凯布尔海滩上已有的几家酒店等资产的形式进行注资;中建美国投资1.5亿美元,成为BML唯一的优先股股东;中国进出口银行提供24.5亿美元银行贷款,这些贷款以BML为借贷人,并以其所有的绝大部分资产作为担保。同时巴哈马政府也为Baha Mar项目的修路和改造机场提供了近5 000万美元的财政拨款。

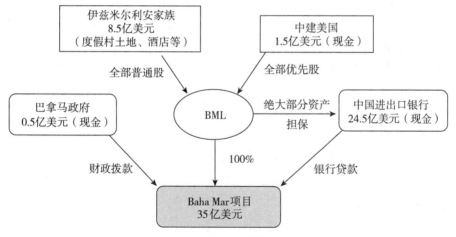

图1　Baha Mar项目的资金来源

2011年2月21日,各参与方在Nassau的凯布尔海滩上举行了盛大的Baha Mar项目开工仪式,耗资35亿美元的巨型项目正式开土动工。但是让中建美国没有想到的是,看似到嘴的"肥肉"却有可能"嚼不动"。

首先,出资74.29%的中建和中国进出口银行几乎不能对BML的经营施加任何影响,而仅仅出资24.29%的伊兹米尔利安家族却几乎能控制整个公司的运作,中建美国能打破"出资方和使用方利益冲突的魔咒"吗?其次,刚刚圆满完成纽约万豪酒店建设、正如日中天的中建美国接受了 4 年的工程期,同意在 2014 年 11 月之前完成全部工程,而同样体量的天堂岛·亚特兰蒂斯度假村却历时 11 年才完工,在之前的工程经验上,中建美国能否在规定时间保质保量完成要求呢?最后,Baha Mar 项目的总投资由最初的 16 亿美元到 26 亿美元,再到最后的 35 亿美元,频繁扩建和修改工程是否会对未来的建设产生影响?

六、隐患开始显现——Baha Mar 项目的第二次危机

在之后的数年中,来自中国的几千名工人陆续抵达巴哈马 Nassau,装载着建设所需的各种高档材料的集装箱也从世界各地源源不断地运来,Baha Mar 项目开始了全面建设阶段,但是一些不和谐的插曲却不停地出现。

中建美国曾经答应在开工 4 个月后聘请一家更有经验的公司,作为项目合作伙伴,而由于中建在计算工期时过高地估计了自身的能力以及出于成本效益考虑,不但没有引入更具经验的公司,而且工人数目投入也不足,都是普通工人,缺少专业技术工人。另外,工程开工之后,BML 下达了多达 1 000 个的设计更改指令,比如在开工后的 1 个月,BML 就重新提交了一套全新但不完整的结构设计图,并且在之后进行了频繁而模糊的改动,导致中建方面不得不停工等待其对修改的解释,截至 2014 年已经产生了 5 000 多万美元的争议款项。

最令中建头痛的还是拖欠工程款问题,导致中建方面经常无法向分承包商付款,甚至需要垫资以保证工程的顺利进行,不少分包商和供应商都抱怨回款期在 90—120 天。2014 年年初,50 多名中建员工来到中国驻巴哈马大使馆门前示威游行,要求 BML 付清拖欠其近 6 个月的工资。工人问题很快在大使馆的调解中平息了下来,但是频繁的工资拖欠使工人们失去了积极性,终于导致了 Baha Mar 项目的第二次危机。

2014 年 5 月 16 日,由于中建美国未能按期完成会议中心工程,BML 要求纠纷委员会判处中建美国违约并支付违约金,而中建方面认为 BML 没有按时支付工程款,违约在先。2014 年 9 月,工程仍然没有显著的进展,双方都明白 Baha Mar 项目在 2014 年 11 月之前完工是不可能了,度假村将错过加勒比海冬季的旅游旺季,这对 Baha Mar 项目工程是一个严重的损失。

2014 年 11 月,为了解决矛盾、化解危机,BML、中建美国和中国进出口银行在北京谈判:BML 同意支付 5 400 万美元争议款项给中建,并且三方分别以 25%、25%、50% 支付工程延误而导致的超支,BML 和中建定期向银行缴纳保证

金;中建则承诺在2015年3月27日大体完成包括会议中心在内的Baha Mar项目,以迎接美国人三四月的春假。

Baha Mar项目的第二次危机就这样结束了,包括中建在内的BML董事会一致同意,度假村和会议中心开始接受公众的预订,并且为度假村招募了2 070名当地员工。但是面对之前产生的重重矛盾以及因开业延误而错失的旅游旺季,伊兹米尔利安家族和中建美国能够一笑泯恩仇吗?

七、信任不再,昔日伙伴对簿公堂

为了加快回款进度、使BML更多地支付所欠工程款,中建美国从2015年2月起,开始提交有水分的账单,2—5月的账单要求BML支付3.44亿美元的工程款,而BML方面所聘任的工料测量师认为,这部分工作只相当于7 610万美元,为此BML拒绝支付这些账单,恶性循环又一次开始了(如图2所示)。

由于BML拖欠工程款,中建美国开始减慢工作进度,并以此来威胁BML支付拖欠款项,项目再一次被耽搁。3月底,Baha Mar度假村不得不再次对外宣布推迟开业的时间,而度假村中已经接受顾客预订的瑰丽、君悦、SLS LUX等酒店也不得不取消了之后数月的客房和会议预订,并且支付了超过600万美元的违约金。提前为Baha Mar度假村开业招募的2 070名员工,每个月将要花费接近400万美元的工资费用,而现在却无所事事。更为雪上加霜的是,3月20日中建没有按照约定提供1 500万美元的保证金,导致中国进出口银行拒绝向BML发放剩余的1.12亿美元贷款。

持续不断的费用支出、停止提供的银行贷款、虚无缥缈的收入把BML逼上了破产的边缘。终于在6月底BML所有的流动性基本耗尽,6月29日BML借助其在美国成立的子公司,向美国特拉华州和巴哈马高等法院提交了破产申请,6月30日BML还向美国高等法院提起诉讼,要求中建赔偿延误工期而产生的1.92亿美元的经济损失。同时,为了获得对诉讼的有利证据、防止中建在得知消息后进行破坏,BML封锁了度假村,并且从中方办公室获取了152部电脑、一个服务器、大量文件和很多私人物品,在其中BML发现了大量用来购买个人物品、化妆品和杂物的报销申请。而中建方面迅速做出回应,以切断度假村电源进行威胁,要求取回被扣留的物品。曾经携手合作的商业伙伴,最后却成了法庭上水火不容的两方。

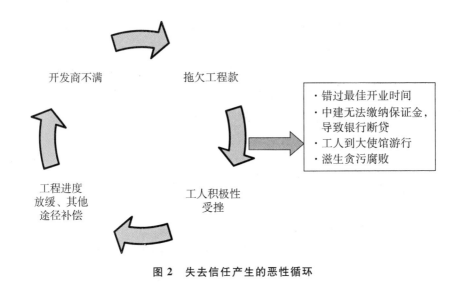

图 2　失去信任产生的恶性循环

八、双赢的开局，不欢的收场

得知 BML 的破产申请之后，中建美国和中国进出口银行立刻进行反击，以"Baha Mar 项目位于巴哈马"为由，要求终止其破产保护。但是最不希望 BML 破产、Baha Mar 项目烂尾的却是巴哈马政府，巴哈马政府对 Baha Mar 项目寄予厚望，甚至把象征着这个国家的名字赋予了该项目，一旦失败对于巴哈马政府的形象是非常严重的损害。项目 35 亿美元的巨额投资对 2014 年 GDP 仅有 85.1 亿美元的巴哈马政府来说，难以想象申请破产将会产生多大的负面影响。另外很多当地企业也都参与了该项目，破产之后数百万美元工程款的回收困难对这些企业也会产生不利影响。

巴哈马政府对项目进行了极力挽回，7 月 2 日，巴哈马政府承诺代替 BML 支付当地员工工资。7 月 13—15 日，巴哈马政府派代表团赴北京，与 BML、中建美国和中国进出口银行进行四方谈判，但各方仍未能达成一致。

无奈之下，巴哈马政府于 7 月 16 日向巴哈马高等法院提起对 BML 的清算申请，7 月 22 日，巴哈马高等法院同意对 BML 进行清算，判决其破产保护无效，Baha Mar 项目作为抵押将由债权人中国进出口银行进行托管。对项目丧失信心的各酒店品牌纷纷要求退出，8 月 19 日，瑰丽酒店以其品牌和利益受损为由，要求终止与 BML 的特许协议，这将使度假村的酒店、重新引商装修，把总投资由 35 亿美元推高至 39 亿美元。

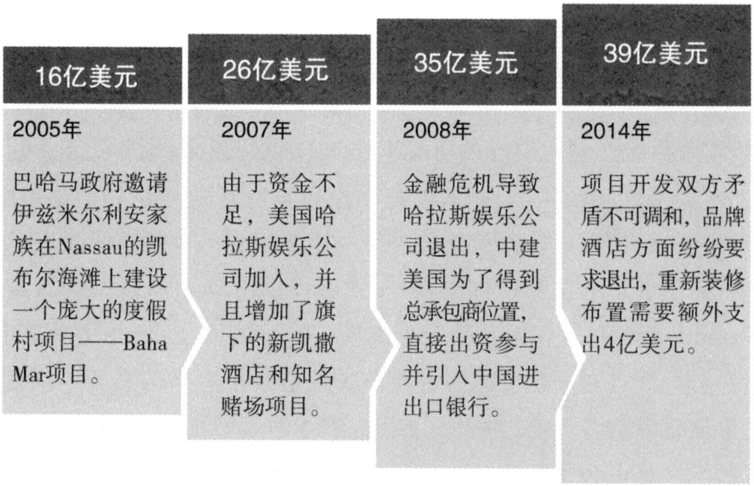

16亿美元	26亿美元	35亿美元	39亿美元
2005年	2007年	2008年	2014年
巴哈马政府邀请伊兹米尔利安家族在Nassau的凯布尔海滩上建设一个庞大的度假村项目——Baha Mar项目。	由于资金不足，美国哈拉斯娱乐公司加入，并且增加了旗下的新凯撒酒店和知名赌场项目。	金融危机导致哈拉斯娱乐公司退出，中建美国为了得到总承包商位置，直接出资参与并引入中国进出口银行。	项目开发双方矛盾不可调和，品牌酒店方面纷纷要求退出，重新装修布置需要额外支出4亿美元。

图3 Baha Mar 项目投资历程。

Baha Mar 项目投资历程总结如图3所示。本来互利共赢的项目，最终参与各方都是失败者。伊兹米尔利安家族十余年的心血和近10亿美元的投资"竹篮打水"；巴哈马政府不但形象受到严重损害，而且还要考虑因 Baha Mar 项目的可能失败而导致的失业问题；中建美国在这次承包中非但没有扬名立万，声誉反而受到严重损失，而且还有很大部分的工程款没有付清；中国进出口银行作为债权人接管了 Baha Mar 项目，但使工程继续下去需要继续投入4亿美元，而且中国进出口银行并没有相关的经验。

案例使用说明

国际工程承包是国际贸易的重要形式。21世纪以来,国际工程承包产业分工程度不断加深,中国国际工程承包商在提高自身行业地位和市场份额时,更应当注意投资风险,合理设计承包合同。中建美国作为中国国际工程承包商的杰出代表,运用创新的工程承包模式——"融投资带动总承包模式",希望通过承包 Baha Mar 项目打开国际私营业务市场。然而项目最后沦为烂尾工程,不仅导致项目亏损,而且对中建美国的企业声誉也造成了恶劣的影响。深度考察此案例,评价项目参与各方功过是非,国际工程承包项目所面临的风险,创新承包模式优劣之处,足以为参与国际工程承包各方之借鉴。

一、教学目的与用途

1. 适用课程:本案例适用于公司治理、项目管理、国际投资学、政策性银行学等相关课程。

2. 适用对象:本案例主要为 MBA 和 EMBA 开发,适合有一定金融知识体系的学生和管理者学习;此外,也可以用于项目、工程管理各本科专业相关课程的本科和研究生学习。

3. 教学目的:本案例分析了 Baha Mar 项目从一致看好到走向失败的过程,以及中建美国和中国进出口银行在其中所扮演的角色,着重讨论了项目融资结构和"融投资带动总承包"模式所产生的问题。通过分析中建美国在这一海外最大工程中所犯的错误,为今后热衷于海外投资和建设的企业如何更高效、安全地建设海外市场而提供借鉴和启示。

通过对案例的学习、思考和小组讨论,应该达到下列目的:

(1) 了解 Baha Mar 项目从诱人前景、几次易主、规模扩大到最后失败所经历的过程,以及几次重大的转折和影响。

(2) 深入分析 Baha Mar 项目的融资结构和"融投资带动总承包模式"对项目的影响,并讨论"融投资带动总承包模式"的优势和弊端。

(3) 讨论 Baha Mar 项目失败的原因以及中建美国和中国进出口银行在 Baha Mar 项目上所犯的错误,发掘对中国企业今后"走出去"的借鉴意义。

二、启发思考题

1. 结合国际工程承包模式的理论,分析在美国哈拉斯娱乐集团退出前后,中建美国承包 Baha Mar 项目所采用的模式经历了怎样的变化,并比较不同承包模式,说明各类模式的优劣势。

2. 从项目融资的角度,分析中建美国、BML 以及中国进出口银行的角色,并说明可能给项目带来的影响。

3. 分析"融投资带动总承包模式"的优势和弊端。如果你是中建美国或中国进出口银行的高管,会在签订合同时添加什么条款?

4. 试讨论导致原本前景不错的 Baha Mar 项目最终走向失败的可能原因。

5. 开放题:对于 Baha Mar 项目的融资结构,在不改变各方投资金额的情况下,你有更好的建议吗?

6. 开放题:如果政府派你去接管 Baha Mar 项目,你对 Baha Mar 项目有几种处理方案?

三、分析思路

1. 分析在中建美国携中国进出口银行参与之前,Baha Mar 项目的前景,分析中建美国参与 Baha Mar 项目的原因和安全性。

2. 从理论上分析"投融资带动总承包模式"的优势和劣势,指出中建美国是如何通过此模式参与到 Baha Mar 项目的,对这种模式的运用是否恰当,是否有其他更好的方式。

3. 了解 Baha Mar 项目的融资结构,分析这种融资结构的问题,能否通过调整或者附加条款解决这些问题。

4. 分析中建美国和 BML 产生冲突的原因,了解其供应链之间的恶性循环,探索化解这种困境的机制。

5. 分析中建美国和中国进出口银行如何收拾残局,并结合案例,讨论中建美国 Baha Mar 项目对之后中国企业"走出去"的借鉴意义。

四、理论依据与分析

(一)理论依据

1. 国际工程承包模式

国际工程承包的主要模式有以下四种:

(1)传统模式。开发商选择建筑咨询机构完成项目前期的设计工作;承包商以中标的方式与开发商签订工程施工合同,获得承包权;由开发商委托项目管理机构和代表人对承包商的施工进行监督。承包商话语权较小,且常常为了中标压低报价,由于只负责项目建造,风险较低。

（2）BOT 模式。BOT 模式主要运用在政府进行基础设施建设的项目中。承包商负责基础设施项目的投融资、设计和建造；项目完成后，基础设施由承包商运营并获取收益，特许经营期满后，无偿或者有偿地移交给政府。此模式能促进基础设施建设，提高承包商项目收益，对承包商的综合能力要求更高，同时项目过长的周期增加了风险。

（3）EPC 模式。承包商负责整个项目的设计、采购和建设工作，并对工程的工期、造价、质量等，以及项目过程中各步骤之间的协调、统筹规划全面负责。该模式能有效地避免工程不同环节之间相互脱节的现象；工程完工期与费用开支较为固定，有利于开发商控制项目进度与支出。

（4）PMC 模式。PMC 模式本质上是 EPC 模式，开发商将对 EPC 承包商的管理监督权承包给项目管理承包商，以实现对工程的专业化管理。此模式能够充分运用 PMC 承包商的专业管理能力，并能实现整个项目过程的协调统一，开发商与承包商无直接的合同关系，因此开发商对项目的控制力较弱。

2. 优先股

与普通股相对应，是一种介于债权和普通股之间的融资方式，一般来说优先股的股息固定，不论公司业绩好坏都可以分到股息，因此具有一部分债权的性质；同时优先股股东不能退出，但可以根据事先的赎回条款被公司赎回，具有一部分股权的性质。

一般来说，优先股股东不能参与公司的经营和决策，没有选举权和被选举权，但是对于影响到自身利益的问题具有投票权，另外优先股股东在股息分红和剩余财产分配方面享受优先分配权。

3. 贷款保证金

银行为了保证借款企业履行还款的责任，要求借款企业按贷款金额的一定比例向银行支付保证金。保证金的所有权属于借款企业，但是借款企业不能使用该保证金，而银行方面会对保证金支付相应的存款利息，只有当借款企业按期偿还借款时，保证金才能够归还借款企业。

4. 政策性银行与推动企业"走出去"

政策性银行是指由国家出资设立，不以营利性为目的，为贯彻和配合政府经济政策和意图进行融资和信用活动的机构。目前中国的政策性银行包括中国进出口银行、中国农业发展银行和国家开发银行。

市场失灵的理论认为：在完全市场条件下，市场自身会实现对资源的有效配置,不需要政府进行干预,即"看不见的手"。然而在现实中,由于存在着不完全竞争、信息不对称、外部性等问题,市场往往不能实现对资源的配置,因此政府的干预是必需的。此外,对于公共产品的提供,市场往往无能为力,必须由政府提供。

具体到企业"走出去":一是企业"走出去"需要面对的是国际市场,而该市场由于贸易壁垒等原因的存在,是天然的不完全市场。二是企业"走出去"的过程中面临着非常突出的信息不对称问题,因此可能产生道德风险、逆向选择。三是企业"走出去"的行为具有正的外部性,对于企业来说,"走出去"面临很大的风险,但企业也能因此获取利润,同时国家的经济发展、产业结构升级以及国际地位提升均能受益于此。四是如何促进企业"走出去",制度建设与信息支持均具有公共产品性质。因此,政策性银行具有推动企业"走出去"的职责。

5. 委托-代理问题

委托-代理问题原指所有权和经营权分离而给企业带来的股东和管理层的矛盾,根本原因是双方利益不同和信息不对称,主要表现方式是道德风险和逆向选择问题。

后来经过延伸,委托-代理问题也可以用在债权人和债务人之间。由于双方的利益点不同,而债权人无法对债务人进行很好的监督,导致债务人将资金投入高风险项目中,产生过度投资问题,或者即使有好的项目也不去投资,产生投资不足问题。因此,债权人通常会在借款合同中增加限制性条款,例如专款专用、设置违约金等来降低债权人和债务人之间的委托-代理问题。

(二) 具体分析

1."融投资带动承包模式"的主要框架和优势是什么?结合案例分析中建美国是如何运用这种模式获得总承包商地位的。

为应对国际工程承包行业的新趋势,在 Baha Mar 项目中,中建美国采取了崭新的承包模式——"融投资带动总承包模式"。这种模式通过将融资、设计以及建造相结合,将承包商的工程建造能力与资本运作能力相融合,实现以项目融资带动项目承包。承包商利用自身的渠道、资金优势,运用金融工具参与项目公司的成立,或者协助项目公司为工程项目进行融资,并以此为条件对工程进行承包,通过融资能力推动项目承包。承包商不仅负责工程的建造,而且负责项目执行的全过程,实现合理有效的使用项目资金的目的。

"融投资带动总承包模式"是 BOT 模式的演进,同时结合了 EPC、PMC 模式

的特点,其主要结构如图4所示:

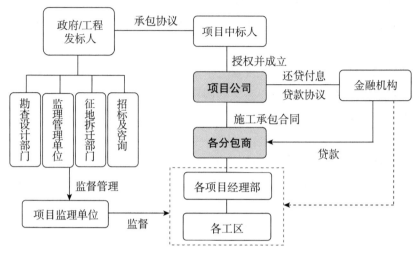

图4 "融投资带动总承包模式"的主要框架

"融投资带动总承包模式"的竞争优势主要有两方面:

(1)直接与开发商谈判的优势。目前,国际上公开的招投标模式一般由开发商发布工程招标公告,工程承包商为中标,往往在招标过程中压低报价,具有成本优势的工程承包商虽然具有一定优势,但是同时也面临着较大的风险。而"融投资总承包模式"下,承包商可以与开发商直接谈判,不仅避免了与其他承包商之间的价格竞争,对于招标书中的模糊内容也能加以澄清,从而有效降低项目的实施风险。此外,在"融投资带动总承包模式"下,由于承包商以协助开发商获得融资为条件参与项目开发,双方的议价地位趋于平等,承包商拥有更大的话语权。

(2)提升项目收益的优势。融投资带动总承包模式能够提高工程承包的收益。这主要是因为:第一,避免了在项目招标过程中与其他承包商的价格竞争;第二,由于该模式一般采取的是EPC模式,即设计、采购、建造三位一体的模式,承包商在劳务派遣、材料采购等方面给工程施工带来便利,节省实施成本;第三,承包商不仅能够获得工程承包收益,还能从项目建成后的运营中获得利润分配等收益。

在本案例中,中建美国出资1.5亿美元参与Baha Mar项目,成为BML项目公司的唯一优先股股东,同时利用自身特有的融资渠道优势为BML与中国进出口银行建立联系,从而为BML提供了24.5亿美元的贷款。BML其后在法庭所提供的证言表明中建美国成为项目的承包商和工程管理商是 BML 获得中国进出口银行贷款的前提条件。

2. Baha Mar 项目的融资结构是怎样的？这种股权安排是否合理？

Baha Mar 项目的融资主要来源三个方面：伊兹米尔利安家族以现金以及在巴哈马的多处资产共计 8.5 亿美元作为 BML 最大的普通股股东；中建美国出资 1.5 亿美元，成为 BML 唯一的优先股股东以及工程总承包商，并约定在项目完工之后获得 18% 的优先股股利；中国进出口银行为 BML 提供 24.5 亿美元贷款，从而成为 Baha Mar 项目最大的资金来源和 BML 最大的债权人。另外还有巴哈马政府提供的 5 000 万美元的政府拨款。

对于项目承建商中建美国而言，一方面，由于说服中国进出口银行向 BML 提供贷款是其获得该项目承包权的前提，因此为了能够成功承包该项目，中建美国很可能会低估或者忽视该项目存在的风险，至少在说服中国进出口银行时，有动机隐瞒项目风险，可能加大项目失败的风险。另一方面，这样的融资安排使得中建美国与贷款人中国进出口银行形成了"捆绑关系"，开发商 BML 可能希望通过压迫中建美国，增加自身与中国进出口银行的谈判筹码，实现其对债权人的一些要求，例如放宽还款期限等。

对于伊兹米尔利安家族而言，虽然作为 BML 最大的普通股股东，对 Baha Mar 项目拥有管理权，但是项目的主要资金来源却是与中建美国组成"联盟关系"的中国进出口银行，因此实际上它的管理权限受到了很大的限制。相对而言，中建美国作为承包商拥有工程的建造权利，同时有中国进出口银行作为盟友提供支持，但是却只是 BML 的优先股股东，对项目并不拥有较大的控制权，这也使得中建美国作为中间人难以协调 BML 与中国进出口银行的利益。此外，BML 最大股东的实力不足以支撑如此庞大的项目，也是造成项目最后烂尾的重要原因。

对于作为项目主要资金来源的中国进出口银行而言，作为政策性银行，对本国企业的出口提供买方信贷，推动本国企业承包国外工程是其业务范围；作为贷款人，其主要依赖的是中建美国对项目的判断，因此很可能导致过度相信中建美国，忽略对贷款人的资格审查。如果对 BML 主要设立人萨基斯·伊兹米尔利安进行调查就会发现，该家族根本没有能力负责一个如此庞大的项目。最后将巨额贷款提供给一个不符合资格的借款人，无怪乎外媒称 Baha Mar 项目为巴哈马版本的"次贷危机"。此外，中国进出口银行对于项目的实际完工程度以及借款人 BML 公司的监督过度依赖于中建美国，导致了中建美国自身监督自身的问题。

由以上分析可见，不合理的融资结构安排导致项目主要参与方的权利不平衡，导致了债权人对项目监督不到位，开发商对项目控制力不够，承包商低估项目风险，甚至自身监督自身的问题。

3. 是什么原因导致原本前景不错的 Baha Mar 项目最终走向了失败？

第一个也是最主要的原因是，中建美国对于"融投资带动总承包模式"的理解不深和不当使用。Baha Mar 项目的绝大部分资金都来自中建牵头的中国进出口银行的贷款，可以说二者存在一定的捆绑关系。一般来说，承包商可以利用这一点在项目中争取到对自己有利的条件，比如说可以根据中建美国的工程进度完成情况，直接由中国进出口银行向中建美国付款，而 BML 要做的仅仅是同意付款，这样就避免了进出口银行提前支付给 BML，而 BML 因工程不达标而拒绝付款的损失。

第二个原因是，中建美国和中国进出口银行是捆绑关系，导致中国进出口银行盲目信任中建美国并把一部分权力赋予中建美国，而中建美国出于尽快回款的考虑以及与开发商 BML 的共同利益关系，可能会对中国进出口银行隐瞒一部分事情，使债权人对于债务人的监督作用有所降低。这才导致了在 Baha Mar 项目远没有达到完工标准的情况下，中国进出口银行的贷款已经发放了 95.42%，发现时已为时已晚。

第三个原因是，中建美国成为项目总承包商之后，为了获得更多的承包收益和工程管理费，而将原本 26 亿美元的项目进一步扩大到 35 亿美元，而当时巴哈马的 GDP 才仅为 85.1 亿美元。另外，中建美国没有对项目进行专业的评估研究，过高地估计了自身的能力，导致工人数目投入不足，专业技术工人比例偏低，最终导致 Baha Mar 项目工期一再延误。

第四个原因是，中建美国和 BML 的沟通不足、矛盾重重，在工程开工之后 BML 下达了多达 1 000 个的设计更改指令，说明从一开始双方就没有对 Baha Mar 项目的策划和采购达成一致意见。拖欠工程款也反映了双方缺乏沟通和合作，而为了胁迫 BML 支付欠款，中建美国最后甚至故意减慢工程进度，最终导致 Baha Mar 度假村没有赶在旅游旺季之前开业，两败俱伤。

4. 分析中国进出口银行参与 Baha Mar 项目的原因。中国政策性银行在推动企业"走出去"的过程中应该注意哪些问题？

国际工程承包涉及劳务、建筑材料、设备、资本以及工程管理经验的输出，中国国际工程承包仍然以传统承包模式为主，利润微薄且处于价值链的底部；

随着带资承包逐渐成为国际主流,推动中国国际工程承包产业升级、帮助工程承包企业"走出去"是中国进出口银行的职责。因此,中国进出口银行参与 Baha Mar 项目的主要原因在于帮助中建美国提高其在国际工程承包的地位。此外,中建作为国企,规模庞大、实力雄厚,其与中国进出口银行的多次合作同样也是促使中国进出口银行提供贷款的原因。

然而,在参与 Baha Mar 项目的过程中,中国进出口银行过度注重推动国企"走出去"的目标,忽视了项目本身的风险,最后导致坏账的发生。中国进出口银行虽然获得了 Baha Mar 项目的所有权,但是之后仍然需要对该项目进行投资,而且中国进出口银行并不具备经营管理度假村的经验,从而造成了巨大的损失。同时其希望达到的目标,即推动中建"走出去",也因为项目失败而告终。中国进出口银行有义务扶持中国企业"走出去",以促进中国国际贸易的升级,这是它的经营目标;然而如果忽视了对扶持项目的考察,不仅无法为其带来盈利,甚至会造成巨大的坏账。

因此,在扶持企业"走出去"的过程中,在对贷款对象的审查方面,不能过度依赖本国企业,同时在项目建设过程中,应该不断对项目,包括对项目完工程度、预算等进行考察。中国进出口银行作为政策性银行,必须在"政策性"与"营利性"之间寻找到合适的平衡点,只有这样才能实现企业目标与持续经营的统一。

五、关键要点

本案例的关键在于把握 Baha Mar 项目的融资模式、股权结构和"融投资带动总承包"模式,理清前景诱人的 Baha Mar 项目几次易主、规模扩大和最后失败的过程和原因。教学的关键要点包括:

1. "融投资带动总承包"模式的了解,结合案例说明中建美国的使用情况。
2. Baha Mar 项目的融资方式和股权结构,分析其中的不合理处。
3. 中建美国和 BML 的矛盾冲突始末,分析其中的恶性循环。
4. Baha Mar 项目最后的解决方案。
5. 中国进出口银行作为政策性银行所扮演的角色。

六、课堂计划

本案例可以作为专门的案例讨论课来进行。以下是按照时间进度提供的课堂计划建议,仅供参考。

整个案例课的课堂时间控制在 90—100 分钟。

1. 课前计划:提前一周下发案例材料以及相关思考问题,以便学生对于中建最大的海外项目——Baha Mar 项目的始末有一个简单的认识,并对涉及的各方有一个大致的了解,同学们可以自行分组,对案例作一个初步的讨论。

2. 课中计划:简要的课堂前言,明确主题(2—5 分钟);

分组讨论,小组成员分工明确(30 分钟);

小组发言,可以进行 PPT 辅助,充分调动学生积极性(每组 10 分钟,不超过 40 分钟);

引导全班进一步讨论,并进行归纳总结(15—20 分钟)。

3. 课后计划:请同学们通过相应途径继续搜集该案例的相关信息和后续进展,采用报告形式给出更加具体的解决方案,得出案例分析报告(2 000 字左右),进行深入研究,明确具体的职责分工,为后续章节内容做好铺垫。

精华制药：定向增发盛宴座上宾的利益输送

杜惠芬　黄文鹤　朱文轩

摘　要：精华制药是一家坚持走发展名优传统中成药、中药现代化道路的企业，于2010年2月在深交所中小板挂牌上市。精华制药在上市之初承诺的募集资金投用的三大项目屡屡延期不出收益，经历了低迷之后，公司展开了外延式并购扩张发展之路。2012年公司进行了第一次收购。同时，自2013年起公司以每年一份的速度发布定向增发预案，其中三次成功的定向增发共在资本市场融资20.34亿元。本案例通过对精华制药四次定向增发的考察，分析在其定向增发背后隐藏的高折价、高溢价、高承诺的"三高"现象，关联交易以及吸收不良资产的注入等问题，同时也关注了定向增发后公司股权结构的变化及其影响。

关键词：定向增发，高折价，收购，利益输送

一、引　言

精华制药于2010年2月3日上市交易，南通市国有资产监督管理委员会（国资委）通过南通产业控股集团有限公司持有该公司34.09%的股权，是实际控制人。IPO募集资金37 216.9万元，用于"金荞麦胶囊（片剂）技术改造项目""王氏保赤丸扩产增效及功能创新项目""正柴胡饮颗粒技术改造项目"三个项目的建设。然而，时隔三年，三个IPO项目仍旧在进展中，预定完工时间一改再

改,公司的毛利率自上市以来不升反降。于是,从 2012 年起,公司每年接连发布定向增发预案,开始频繁且大规模的定向增发、收购资产,迈向了外延式并购发展之路。精华制药的这条外延式并购之路如何发展?历次通过定向增发筹集的资金是否真的在为公司谋得出路?

二、公司背景

精华制药在设立之初,董事长朱春林就提出:公司要秉承"聚天地精华,制传世良药"的经营理念,始终贯彻"尊重生命,促进健康"的质量方针。公司由原南通中诚制药有限公司变更、重组南通制药总厂的优质资源,并吸收民营企业南通综艺投资有限公司的资本,以及自然人投资设立。该公司在发展过程中形成了两种优势:其一,品种优势。公司产品"王氏保赤丸"和"季德胜蛇药片"[①]被列为国家中药保密品种,其中季德胜蛇药片更被列为绝密品种。其二,研发优势。公司从成立以来就不断利用现代科技对现有传统优势产品进行二次开发。例如,王氏保赤丸原来主治小儿消化系统疾病,现在公司申请了专利,还可以用于治疗高血糖、高血压等疾病。

三、破茧难成蝶

(一)上市之初被质疑劣质资产

精华制药所拥有的品种和研发优势并没有让公司脱颖而出。早在 2009 年 11 月,有关财务专家就对其财务数据和资产性质提出疑问:精华制药 2008 年及 2007 年营业收入和净利润高度趋同,存在报表粉饰因素起作用的可能性;精华制药的原料药和西药资产可能是劣质资产,将优质的中成药和劣质的原料药、西药打包上市。通过在国家知识产权局网站上查询,我们可以发现精华制药在专利申请方面存在一定的谎报嫌疑。早先精华制药在 IPO 招股说明书中披露了 10 项专利申请,这本该增加公司 IPO 成功的概率,但是调查显示其中有 9 项专利申请已陆续在 2011 年和 2012 年被驳回,而公司一直未发布公告披露这些信息。此外,公司还涉嫌将上市之前没有提交的"大柴胡颗粒在制备治疗脂肪肝药物中的应用"这一专利申请提前列入招股说明书中,并将其视为公司的主

---

① 见附录一。

要无形资产之一。公司在上市之初就出现财务数据造假、信息披露不完全或有意隐瞒事实真相的行为,这大大地损害了公司的声誉,让广大投资者怀疑这样的公司是否能够成为医药行业的中流砥柱,是否值得投资。

(二) 高转增与股价异动

深交所中小板上市公司精华制药将于 2011 年 1 月 19 日率先披露年报,成为"年报第一股"成员。同时,网上纷纷传闻精华制药的股票有望实现"10 送 8"或"10 送 10"。一时间,中小股民追涨杀入,三个交易日内该股票涨幅最高超过 24%,这已经构成了股价异动。股价的异动让公司高层心急如焚,于是他们立刻发布公告对外宣称尚未对 2010 年利润分配方案做出决定,公司没有打算实现"10 送 8"或"10 送 10",而是初步拟定每 10 股转增 2—5 股,且不送股。至于现金分配方案,尚未决定,具体的利润分配方案还需要董事会进一步研究决定,待方案给出后交由股东大会,审核通过才会公布。消息一出,资金大规模疯狂出逃,股价跌停。18 日,年报披露,遭遇市场冷淡处理。至此,公司在 2011 年经历了一个完整的高转增预期到落空的过程,股价也从最初的 46.4 元/股一路下跌到 31 元/股。2012 年 2 月 24 日,公司拟以 2011 年年末总股本 1 亿股为基数,以资本公积金转增股本,向全体股东每 10 股转增 10 股。2 月 24 日发布公告后,27 日公司股价上涨 0.89%,成交额达 8 180 万元。

(三) 战绩不佳"成蝶"困难

自精华制药上市以来,公司产品毛利率呈下滑态势,2010—2012 年分别为 51.1%、38.39%、29.07%;公司产品主要中药制剂毛利率分别为 72.53%、67.54%、64.66%。值得关注的是 2012 年,公司销售收入增长了 77.2%,但净利润仅有 2.33% 的增长;公司全年的营业外收入为 2 903.69 万元,占税前利润总额 7 209.69 万元的比重高达 40.27%。盈利能力在下滑到最低点的 2012 年,竟还有四成业绩来源于"外快"。于是公司从 2012 年开始,以每年一次的速度颁布定向增发预案,一边开展收购,一边向资本市场"要钱",试图为公司谋求出路。

四、初次定增试水失败

2013 年 4 月 22 日,精华制药公布非公开发行股票预案,确定最终发行价格为 10.06 元/股;向润驰投资在内的 3 名特定投资者发行 69 582 504 股,募资不超过7亿元,其中3.8亿元用于南通新型化学药制剂产业基地项目,目的是引进战略投资者,完善产业结构;剩余的3.05亿元用于补充流动资金,有利于行业内的兼并重组,提高核心竞争力。预计此次公开发行后,精华制药控股股东南通产业控股集团的持股比例由41.30%摊薄至30.64%;润驰投资持有该公司股份比例为18.44%;兆泽商贸及聚辉投资持有该公司股份比例均为3.69%。

(一)增发背后的隐患

精华制药在增发前拥有王氏保赤丸、正柴胡饮颗粒、季德胜蛇药片及大柴胡颗粒等重量级产品,但受制于较小的销售区域,市场拓展进程一直缓慢。上市后,公司采取了多种手段促进产品营销,但进度无法满足公司实际需要。首次定向增发,公司意在引入战略投资者,其中润驰投资的实际控制人是国津集团,其优势是在华北地区拥有良好的销售网络,而华北恰好又是精华制药销售比较薄弱的地区。可是这场定向增发的背后,隐藏着巨大的玄机——利益输送。

1. 前次募集资金尚未使用完毕就急于大手笔扩张

精华制药IPO募集到资金37 216.9万元,据其年报显示,截至2012年年底仍有近1亿元"趴"在账面上。在前次募集资金未使用完毕的情况下,公司再次伸手向市场"拿钱"。公司三个IPO项目——"金荞麦胶囊(片剂)技术改造项目""王氏保赤丸扩产增效及功能创新项目""正柴胡饮颗粒技术改造项目"的投资进度分别为58.92%、49.09%、88.13%,均未实现收益。在2010—2012年这三年的定期报告中,公司屡屡违背承诺,完工时间一拖再拖。据业内人士分析,精华制药前次募集的资金尚未使用完毕之时,就急于启动更大手笔的扩张,显然这种扩张带有较大的盲目性。所带来的问题便是公司销售能否有效消化扩张带来的产能大幅增加。更需要指出的是,精华制药前次募投项目尚未完全达到设计生产能力的产量,并且其募集资金的投资效果也无法得到全面市场验证,大规模搞扩张这种做法对投资者极为不负责任。

2. 存在低定价的嫌疑

第一,资产增长与增发复权价不匹配。2010年2月3日,精华制药以19.8元/股的IPO发行价登录中小板,上市之初资产总额为1.96亿元,而三年后公司总资产翻了五倍,增长到10.13亿元,但增发股价复权价约为25.41元/股,仅高出IPO发行价的28%,与资产增值的五倍相比,溢价28%显得微不足道。

第二,基准日的选择导致低定价。在定向增发中确定发行股票定价的基准日有三种方法,分别是:董事会决议公告日、股东大会决议公告日和发行期首

精华制药：定向增发盛宴座上宾的利益输送

日。发行折价率的差异主要来源于上市公司对于定向增发时机的操控，即定价基准日的选择。大多数上市公司会选择董事会决议公告日作为增发的定价基准日，因为这一日期距最终实施定向增发的时间很长，公司能够选择股价表现相对低迷的时点启动定向增发，具有充足的操作空间，给了大股东一个进行低价增发的很好的机会。市场通常将定向增发作为利好消息，发布定向增发预案公告之后上市公司的股价往往会上涨。因此公司在定向增发基准日的选择上会采取董事会决议公告日，将定向增发价格锁定在低水平，大股东便会实现少花钱多持股的目的。

精华制药确定发行股票的定价基准日就是公司第二届董事会第二十二次会议决议公告日，即2013年4月18日，股票的发行价格不低于定价基准日前20个交易日公司股票均价的90%。在董事会决议公告日前20天，精华制药股票在低价位震荡（见图1）。值得一提的是，精华制药从2010年2月3日上市交易到2013年7月24日，共计838个交易日，复权均价在29.96元，此次增发价要比交易均价低4.55元/股。可见精华制药此次定向增发涉及向特定投资者输送公司利益的行为。在4月22日开盘后，精华制药以11.81元/股收盘，涨幅8.15%，三位新股东拟将认购的股份仅一天便浮盈约1.22亿元。这场冠以引入战略投资者的定向增发本是利益协同的行为，却成了向未来大股东的利益输送。

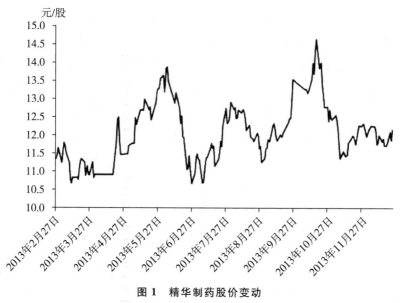

图1 精华制药股价变动

资料来源：新浪财经。

3. 内幕交易疑云

此次定向增发的对象之一是聚辉投资,其执行事务合伙人为杨XX旗下的东源投资。杨XX是东源投资的法定代表人、董事长,持股比例达99%,还曾任七台河市聚辉投资法定代表人。在2013年10月上旬,这次定向增发的两名保荐机构项目负责人提前获知公司可能终止非公开发行项目的消息。10月18日盘中最高价为14.77元/股,创三个多月的新高,东源投资就在高位抛售精华制药股票10万多股。21日,精华制药发布定向增发计划终止的公告,股票跌至10.85元/股,跌幅高达5.58%,以当日收盘价为基准计算,东源投资避免了9.42万元的损失。

(二)定向增发终止

在2013年4月,公司计划将定向增发的3.8亿元用于南通新型化学药制剂产业基地项目,预计2015年建成,生产福沙匹坦二甲葡胺及冻干等9种制剂。然而在同年10月,公司表示9种制剂中的非洛地平缓释片、缬沙坦氨氯地平胶囊等两个品种生产批件的报批审核进度滞后于公司原有预期,福沙匹坦二甲葡胺及冻干、氨磷汀及注射用氨磷汀等四个品种的研发进度晚于预期,上述品种未能如期取得相应进展,其能否在2015年前如期取得生产批件存在较大的不确定性。2013年10月,精华制药发布了关于终止本次非公开发行股票事项的公告,公司表示,投资于南通新型化学药制剂产业基地的项目预计2015年建成,将生产福沙匹坦二甲葡胺及冻干等9种制剂,如期取得生产批件存在较大不确定性。因此公司决定终止非公开发行股票事项,并暂停实施"南通新型化学药制剂产业基地项目"。公司股票开盘后从最高位14.92元/股迅速走低(见图1)。

从2013年四个季度的财报中可以发现精华制药的盈利能力依旧处于不断下降之中,营业利润率从第一到第四季度分别为12.21%、8.89%、6.63%、5.36%。面临着原项目没有任何进展、新市场的开发失败,公司又将何去何从?

五、二次定向增发再增疑云

上一次定向增发"夭折"后,精华制药于2014年1月24日停牌,2月11日再次抛出定向增发公告,确定此次非公开发行股票的定价基准日为公司第三届董事会第二次会议决议公告日(2014年2月11日),发行价格定为11.59元/股,向自然人昝圣达、公司大股东南通产控和公司8位高管发行6 000万股,总募集资金6.95亿元用于补充流动资金。此次定向增发后,南通产业控股集团持有精华制药的股份比例由41.3%摊薄为35.62%,昝圣达及其控制的综艺投资合计持股比例由16.5%升至30.00%。

(一)更严重的高折价

精华制药此次定向增发的定价基准日和上次一样依旧选择灵活性强的董事会决议公告日,之前20天交易日的交易价格一直在低位波动,利于公司低定价增发。2月11日精华制药股票开盘,到13日连续三个交易日收盘价格涨幅偏离值累积达到31.5%,其中13日最高价达18.17元/股,高出增发定价56.8%。华丽的定价背后却隐藏着巨大玄机,几大投资者拿到了超高折扣的增发价格,精华制药定向增发中的新股价格存在被刻意压低的嫌疑,新股价格并未反映公司的真实价值。①

(二)特殊的认购人

此次参与定向增发的对象中,除了昝圣达、南通产业控股集团,还包括精华制药的董事长朱春林在内的八名高管(见表1)。

表1 发行对象及发行数量

发行对象	认购数量(万股)	占本次发行比重(%)	与公司的关系
昝圣达	4 500	75	董事
南通产控	1 000	16.6667	控股股东
朱春林	248	4.1333	董事长
周云中	122	2.0333	董事、总经理
杨小军	38	0.6333	副总经理
孙海胜	36	0.6	副总经理
徐跃	20	0.3333	副总经理
曹燕红	20	0.3333	副总经理
吉正坤	11	0.1833	工会主席
宋皞	5	0.0835	副总经理
合计	6 000	100	

资料来源:根据公司公告整理。

1. 昝圣达一跃成为第二大股东

昝圣达是综艺投资的实际控制人,曾在2000年9月至2013年9月在精华

---

① 见附录二:精华制药2014年股价估值。

制药任职董事,在精华制药上市之初因持有综艺投资52%的股份而间接持有精华制药686.4万股,此次定向增发认购股份数占发行总量的75%。发行前综艺投资持股比例为16.5%,定向增发完成后昝圣达及其控制的综艺投资合计将持有公司30%的股份,成为第二大股东。虽然没有导致实际控制人的改变,但与控股股东南通产业控股集团持股比例35.62%相比,仅差一个举牌线,而昝圣达本人对精华制药也有了一定的控制权。昝圣达与公司之间或多或少的特殊关联不言而喻,在高折价的情况下认购如此巨大数量的股份,公司是否有向昝圣达输送利益的嫌疑呢?

昝圣达本人并不承认他的投资是财务投资,他更愿意看作是战略投资。当记者问及精华制药原始股解禁后会不会在第一时间套现时,他回答:"不会,我投资公司,是看好公司的成长。"

2. 变相的股权激励

包括董事长朱春林在内的8位公司高管斥资近5 800万元共同认购了500万股,以定向增发变相作为股权激励,达到避税目的,对高管没有业绩考核指标,锁定期一过即可在二级市场上变现获取收益。另外,定向增发的锁定期为3年,相对于一些上市公司的5—6年的股权激励期来说,这无疑大大减少了高管丰满腰包的时间。

(三)定向增发缘由被质疑

精华制药在此次定向增发中称此次增发"拟用于补充公司流动资金,以增加公司自有资金,壮大公司资本实力,满足公司未来各项业务发展的资金需求",未说明具体的投资方向与计划。

1. 流动性相对充足

根据精华制药集团股份有限公司募集资金年度存放与使用情况鉴证报告,截至2013年12月31日,公司募集资金账户余额为4 670.97万元,与上一季度6 139.24万元相比有一定幅度的下降但总量依旧充足。由公司年报可知,在2013年年底,流动比率为2.03,现金比率为52.67%,资产负债率为30.72%,财务状况堪称良好。在没有迫切需求资金的投资项目、流动性相对充足的前提下,公司以补充流动性的名义定向增发,似乎难以自圆其说。

2. 分红连连

精华制药在此次增发前后进行了两次分红,都分别以总股本2亿股为基数,向全体股东每10股派发现金0.5元,合计派发股利100万元。定向增发说明公司缺乏流动性,而派发现金股利又显示出公司流动性充足,甚是矛盾。

精华制药上次因增发终止使"南通新型化学药制剂产业基地项目"至今没有任何进展,非洛地平缓释片等生产批件也尚未拿到。虽然此次募资将有 6.95 亿元资金入账,但在原有项目未有任何进展、新项目投向又尚未指明的情况下,公司本次的增发看上去更像"无的放矢"。此外,在营销渠道方面,自上次引入战略投资来拓展华北市场失败后,此次增发也未能指明具体的营销拓展计划。

六、三次定向增发收购成谜

(一)定向增发背景

距离上一次定向增发成功不到三个月,精华制药于 2015 年 2 月 25 日开始停牌,最终在 5 月 25 日开盘并抛出第三次定向增发公告。此次交易通过发行股份及支付现金的方式,购买蔡炳洋、张建华和蔡鹏持有的如东东力企业管理有限公司(东力企管)100%的股权(见图 2)。其中,以发行股份的方式支付交易对价的 2/3,以现金方式支付交易对价的 1/3(见表 2)。精华制药向东力企管股东发行股份定价基准日为精华制药第三届董事会第二十二次会议决议公告日(2015 年 5 月 25 日),发行价格不低于定价基准日前 60 个交易日公司股票均价——26.38 元/股;向南通产来控股集团发行股份募集配套资金价格定为 29.51 元/股,募集配套资金总共 78 000 005.72 元,发行的股份数量为 2 643 172 股。

表 2　具体对价支付方式

交易对方	交易金额(元)	交易比(%)	股份支付额(%)	现金支付(%)
蔡炳洋	538 756 400.2	77.9	51.9333	25.97
张建华	152 151 996.30	22	14.6667	7.33
蔡鹏	691 602.8	0.1	0.0667	0.033
合计	691 600 000	100	66.67	33.33

资料来源:根据公司公告整理。

此次交易完成后,控股股东南通产业控股集团的持股比例由 35.62%减至 34.00%;昝圣达及其控制的综艺投资持股比例由 30%减至 27.84%;蔡炳洋、张建华、蔡鹏的持股比例分别增加 4.86%、1.37%、0.01%。就股价方面,自 5 月 25 日开盘以来,连续 9 个交易日涨停,涨幅高达 135.16%,可与新股上市相媲美。

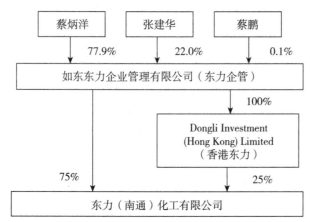

图 2　东力企管股权结构关系

资料来源:根据公司公告整理。

(二) 高溢价

根据评估机构出具的报告,东力企管除持有南通东力 100% 的股权外无其他业务或负债。东力企管全部股权在评估基准日 2015 年 4 月 30 日的评估值为 71 316.71 万元,较其经审计的账面净资产值的增值率高达 39 520.39%,增值的原因是其持有的南通东力股权增值;此次交易的核心资产南通东力全部股权在评估基准日的评估值为 72 921.10 万元,增值率为 944.93%。精华制药称如此高溢价的原因是对南通东力采用了收益法进行评估,其中考虑了行业前景、人力资源、商誉等多重要素。但这些"无形资产"究竟价值几何? 如何评估的呢?①

(三) 目标资产的选择意欲何为?

精华制药表示,东力企管持有南通东力 100% 的股权,精华制药与南通东力均从事医药化工业务,两者的研发、生产、销售等模式相似。此次交易完成后,可以丰富和优化公司现有的医药化工品种结构。但通过之后对标的资产和财务数据的分析可以发现,这项资产的收购有利益输送之嫌。

1. 香港东力之诡异数据

首先,香港东力成立于 2015 年 3 月 20 日,并于 2015 年 4 月 28 日完成对南通东力 25% 股权的收购,其成立与收购发生时间都在精华制药筹备资产重组的时期中。其次,香港东力的财务数据(见表 3)显示所有者权益为负,不得不让人怀疑这项资产的优劣程度。最后,公司报告称"截至本报告书签署日,除持有

---

① 见附录三:从资产评估报告分析高溢价。

南通东力25%的股权外,香港东力未开展任何业务活动且无任何负债"。由于未开展任何业务,如此巨额负债可以推测是对东力企管母公司的欠款,但东力企管的资产项目中无应收账款(见表4),这一笔金额存在巨大矛盾。况且如果真如报告所称已无负债,那么公司为何在成立仅一个月后就资不抵债?又为何在不到一个月的时间内就消化了这一笔巨大的债务?精华制药高溢价收购的这一资产是否为不良资产注入?

表3 香港东力财务数据

单位:港元

项目	2015 年 4 月 30 日
总资产	5 596 543.00
负债	5 601 929.00
所有者权益	-5 386.00

资料来源:根据公司公告整理。

表4 如东东力企业管理有限公司资产状况

单位:元

项目	2015 年 4 月 30 日
流动资产:	
货币资金	1 800 000.00
其他流动资产	——
非流动资产:	
长期股权投资	13 435 000.00
其他非流动资产	——
资产总计	15 235 000.00

资料来源:根据公司公告整理。

2. 股权转让信息不明

南通东力的控股权在长达9年的时间里由美国商客刘丽静持有,刘丽静是蔡炳洋认识多年的朋友,为名义股东;实际股东是东力企管的两位股东蔡炳瑞和张建华。2015年3月12日,正值精华制药筹备资产重组,刘丽静同意将所持有的南通东力25%的股权转让给香港东力,75%的股权转让给东力企管。随后证监会对南通东力的股权代持问题提出6个疑点,要求精华制药予以披露。具体内容包括:蔡炳洋及张建华委托刘丽静代持股权的背景及具体协议;今年3

月以注册资本金转让股权的依据及合理性;今年 3 月以注册资本金转让股权的价格与本次重组交易价格差异的原因及合理性;解除代持关系是否彻底;2015 年以前享受的外资公司优惠是否存在补缴风险;南通东力收到蔡炳洋支付的货币资金处理是否存在违反《公司法》情形。之后精华制药申请延迟相关信息披露。

3. 南通东力之费解指标

根据南通东力财务报表(见表 5),在 2014 年营业收入与销售商品、提供劳务收到的现金之差为 1 633.15 万元,若把税费调回则更高,南通东力的这部分差额应该以提供信贷销售的方式销售,但应收项目的变动仅为 423 万元。这意味着南通东力存在的大量收入既没有收到货款也没有形成相应的应收债权,公司是否有虚增收入以提高公司估值之嫌呢?

表 5　南通东力主要财务数据

单位:元

项目	2014 年度
含税营业收入	126 362 481.00
销售商品、提供劳务收到的现金	110 030 948.50
应收项目期初期末变动差	4 230 577.58

资料来源:根据公司公告整理。

再来看此次交易前后精华制药主要的财务指标变化。资产负债率从交易前的 18.66%升高到 20.24%,增长 1.58%,有了一定程度的提高,公司的风险状况相应增加,可见收购的资产与原上市公司本身相比逊色几分;流动比率从 4.45 变成 2.81,降低幅度高达 36.85%,合并之后精华制药流动性趋紧。

七、四次定向增发再度流产

距精华制药第三次非公开发行网下增发不久,公司于 2016 年 1 月 4 日又开始停牌,时隔半年才开盘。公司在 7 月 2 日发布收购阿尔法药业预案,拟通过发行股份及支付现金的方式,购买石振祥等人合计持有的阿尔法药业 100%的股权,并向包括南通产业控股集团在内的不超过 10 名特定对象发行股份募集配套资金,占上市公司股权的 6.69%。收购阿尔法药业股权的交易价格为 11.22 亿元,以发行股份的方式支付交易对价的 55.64%,总计约 6.24 亿元;以现金方式支付交易对价的44.36%,总计约4.98亿元,评估值较未经审计的阿尔法药业账面净资产价值增值9.59亿元,增值率高达478.12%。此次交易发行股份购买资产经除权除息后价格调整为20.67元/股,发行股份募集资金经除权除息后价格调整为21.44元/股。资产重组后,控股股东南通产控持股比例由34.09%降至30.33%,逼近30%。

精华制药表示,收购阿尔法药业将会显著提升该公司化学原料药板块的业务收入,为公司带来新的化学原料药研发生产队伍,同时带来规范化的管理理念以及相对完善的管理体系,能够大大改善公司原料药产品相对老化、面临规模瓶颈的状况。

(一) 阿尔法药业是福是祸?

阿尔法药业及其三个子公司、分支机构的净利润如表6所示。阿尔法在2016年第一季度发生了巨大亏损,占所有者权益总额的2.77%;宿迁阿尔法科技有限公司在近三年中有两年发生亏损,净利润为负;南京捷创医药科技有限公司连续三年净利润为负,生产经营能力堪忧。只有南京欧信医药技术有限公司2015—2016年净利润为正,且利润率由8.26%增至20.21%。根据公告,截至预案签署日,阿尔法药业无注册商标。精华制药收购阿尔法药业,真能像阿尔法药业承诺在2016—2018年度净利润分别不低于7 050万元、9 700万元和13 100万元吗?在收购后精华制药又如何处置连连亏损的公司?这背后是否隐藏着不良资产注入以进行利益输送?

表6 阿尔法及其子公司的净利润

单位:元

公司	2014年	2015年	2016年1—3月
阿尔法药业	18 567 302.13	53 359 138.71	-5 555 776.52
宿迁阿尔法科技有限公司	-514 842.33	1 093 560.45	-1 419 245.48
南京捷创医药科技有限公司	-1 445 483.79	-1 517 049.81	-460 558.30
南京欧信医药技术有限公司		12 374 135.97	6 530 058.17

资料来源:根据公司公告整理。

再来看阿尔法药业的行政处罚情况(见表7)。2014年3月31日,在阿尔法药业环保设施改造中发生一起火灾事故,有媒体曝出阿尔法制药厂平日夜间偷偷排泄污染气体、排放废水,影响周围居民生活环境。2016年1月,阿尔法药业因工艺废气甲苯超标排放,宿迁市环境监察支队对其立案调查,并于6日送达责令改正违法行为决定书,责令该企业立即采取限制生产措施,停止超标排放的行为。2016年3月22日阿尔法制药厂再次发生火灾事故,使得阿尔法药业停产约两个月,可见灾情较为严重。这些事故,不禁让人质疑这家公司是否真的值得高溢价收购。

表7 阿尔法药业行政处罚情况

年度	支出金额(元)	具体事项
2014	150 000.00	火灾事故行政处罚
2015	38 070.30	支付滞纳金
2016年1—3月	300 000.00	火灾事故行政处罚

资料来源:根据公司公告整理。

这次定向增发与之前的任何一次都不同,在7月18日精华制药股票开盘后一天内跌幅高达39.74%,之后将近五个月股价一直在低位震荡,始终没有回头(见图3),市场并不看好精华制药的这次资产收购。

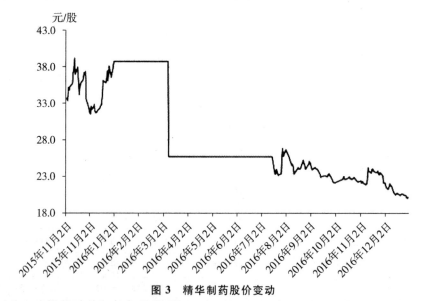

图3 精华制药股价变动

资料来源:新浪财经。

(二)被火烧毁了的契约

精华制药董事会于2016年11月26日终止收购阿尔法药业,发布公告称标的公司的生产经营状况与其管理层之间的预期存在一定差距,继续推进本次重大资产重组的条件尚不成熟。公司耗费将近一年的时间来进行此次收购,落得如此结果让人唏嘘。至于精华制药为何在火灾后拖那么久才决定终止交易,是否因为公司是否担心二级市场表现不佳才终止收购,令人深思。

现如今,精华制药综合水平在同行业中排名较为落后,据 Wind 统计,在 142 家制药公司中,精华制药营业收入排名第 104 位,每股收益排名第 81 位。公司在频繁的定向增发中暴露出来的一些问题值得人们深思。怎样才能在定向增发过程中更加公平合理地进行定价?精华制药在历次增发安排中是否存在利益输送?是否通过定向增发侵害中小投资者的权益?如何正确处理好大股东与中小股东之间的利益关系?面对激烈的竞争压力,什么是精华制药成就医药行业霸主的发展之路呢?

案例正文附录

附录一:精华制药的两个优势产品

附录二:精华制药 2014 年股价估值

医药行业最重要的特点在于其每一个药品品种都需要经过严格的研发、验证才能上市。全新药物的研究、开发过程长达几年到十几年。而如果研发成功,将给企业带来巨大的回报。现阶段,中国医药企业以仿制国外品种为主,全新药物研发较少,研发的风险小、周期短。从行业近几年制药行业营业的收入增长趋势来看,营业收入基本保持平稳增长的态势(如图4所示)。

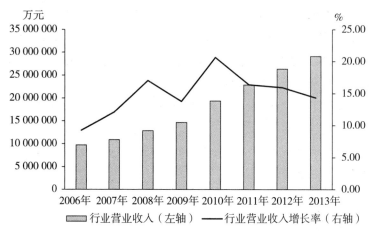

图 4　制药行业营业收入与增长率

一、对营业收入增长进行预测

精华制药在 2011 年、2012 年处于上市之初,营业收入增长率分别高达 36.88%、77.20%。自上市之后精华制药开始了外延式并购发展之路,并且有完整的原料药外销业务人员队伍,有相对完善的药物研发机构和管理体系,所以上市之后的这几年公司的营业收入预计会处于较快增长阶段。故我们在做预测时将异常值 77.2% 剔除,保留 2011 年的 36.88% 的增长率,采用平均移动法对 2014—2017 年的营业收入进行预测,结果分别为 12.48%、13.00%、14.78% 和 15.50%,逐步达到行业的平均水平(如图 5 所示)。为了使结果的趋势明显,我们在呈现结果时剔除了 2012 年时的增长率。

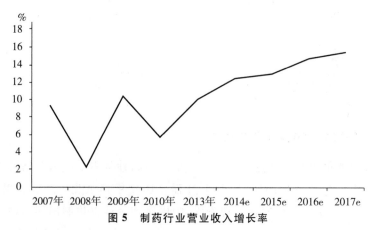

图 5　制药行业营业收入增长率

注:e 表示预测值。

二、营业成本

精华制药在上市之后一直坚持创新产品,注重研发,致力于生产更加有效的药品以提高自身竞争力。同时,企业注重规模经济,效率驱动,在稳定成本的同时,也在不断确保产品功能和质量的提高,以建立和保持企业的长期竞争优势。从企业财务报表数据来看,其营业成本占营业收入的比例自2007年以来,虽有小幅波动,但整体呈下降趋势。营业成本在2006—2013年处于上升态势,但在公司上市以后营业成本与营业收入的比例基本稳定在70%。一般而言,制药行业的营业成本波动不大,因此预计公司的营业成本将在2013年,以0.61%的速度上升,预测2014—2017年的营业成本占营业收入的比例分别为71.64%、72.08%、72.52%、72.96%(如图6所示)。

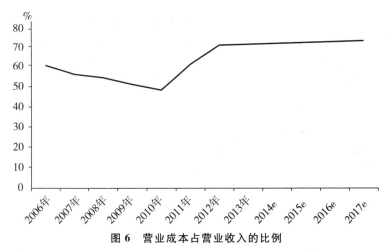

图6 营业成本占营业收入的比例

注:e表示预测值。

三、营业税金及附加

精华制药的营业税金及附加主要是增值税以及地方附加税。从2006—2013年的数据来看,除了2012年的占比出现意外的浮动外,其他年份的占比变动幅度不大,这里我们采用平滑处理,以2006—2013年的平均值作为未来四年的预测值,平均占比为0.97%(如图7所示)。

四、销售费用

从2006—2013年的数据来看,企业的销售费用占营业收入的比例经历了先增长,后下降,之后比较平稳的状态,虽稍有下滑,但是速度缓慢。我们预测销售费用仍会保持目前的态势,仍会以较缓慢的增度不断下滑。根据2006—

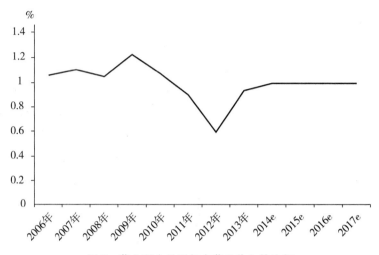

图7　营业税金及附加占营业收入的比例

2013年增长率的平均值,预测2014年到2017年销售费用占比分别为10.72%、10.63%、10.52%、10.42%(如图8所示)。

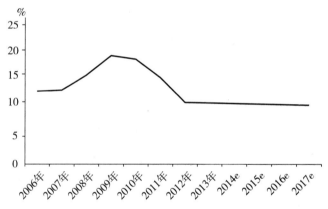

图8　销售费用占营业收入的比值

注:e表示预测值。

五、财务费用

企业的财务费用包括企业的利息净支出、汇兑净损失、金融机构手续费,以及筹资发生的其他财务费用。从精华制药2006年到2013年的财务费用的数据来看,财务费用占营业收入的比例波动较大,并且很难从企业未来战略和规划中预测出财务费用的具体走势。因为上市的影响巨大,因此,我们选取2011—2013年增长率均值预测,未来四年都保持-0.097%的占比(如图9所示)。

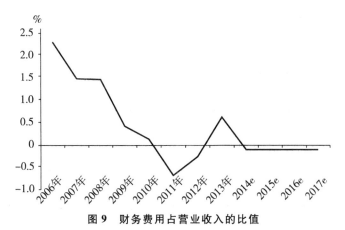

图9　财务费用占营业收入的比值

注:e表示预测值。

六、管理费用

2006—2013年,公司管理费用占营业收入的比例不断下降,预测未来管理费用占比将以稳健的速度(2006—2013年下降率的平均值4.37%)持续下降,2014—2017年的预计占比分别为9.70%、9.28%、8.87%和8.48%(见图10)。

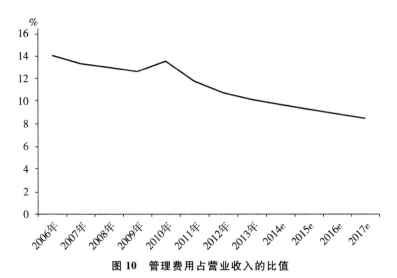

图10　管理费用占营业收入的比值

注:e表示预测值。

七、资产减值损失、营业外收入和营业外支出

从以往数据可以看出,这三项的特点是:占营业收入比例较小,且每年虽然小幅上下波动,但都保持着较为稳定的比例。因此,我们选取上市以来即

2010—2013年的均值,得出2014—2017年的资产减值损失、营业外收入和营业外支出的预测值(如表8所示)。

表8　资产减值损失、营业外收入和营业外支出的预测值(2014—2017)

单位:万元

	2014e	2015e	2016e	2017e
资产减值损失	610.36	689.67	791.59	914.29
营业外收入	2481.12	2803.60	3217.91	3716.71
营业外支出	387.64	438.03	502.76	580.69

根据精华制药年报,公司于2011年进行并通过高新技术企业资格复评,获得GF201132000743号证书,有效期为三年。根据《中华人民共和国企业所得税法》《中华人民共和国企业所得税法实施条例》《高新技术企业认定管理办法》(国科发〔2008〕172号)等相关规定,公司所得税税率自2011年9月30日起三年减按15%计缴。2014年,公司再一次进行并通过高新技术企业资格复评,公司所得税税率自2014年起三年继续减按15%计缴,故在预测净利润时使用15%的所得税税率。

通过以上分析,我们可以计算出盈利预测,如表9所示。

表9　盈利预测(2014—2017)

单位:万元

	2014e	2015e	2016e	2017e
营业收入	82 407.05575	93 117.76045	106 878.369	123 445.3526
(-)营业成本	59 036.23018	67 117.41278	77 507.00721	90 068.79648
(-)营业税金及附加	798.767004	902.5852684	1 035.966081	1 196.548931
(-)销售费用	8 837.926	9 891.852	11 245.89	12 865.84
(-)管理费用	7 992.39387	8 636.763916	9 480.132117	10 471.41477
(-)财务费用	-80.0518	-90.4564	-103.824	-119.917
(-)资产减值损失	610.3456	689.6741	791.5917	914.2946
营业利润	5 211.444	5 969.929	6 921.602	8 048.38
营业外收入	2 481.121602	2 803.600794	3 217.906861	3 716.707606

(续表)

	2014e	2015e	2016e	2017e
(一)营业外支出	387.6428482	438.0260106	502.755923	580.6870253
利润总额	7 304.923	8 335.504	9 636.753	11 184.4
所得税	1 046.3	1 250.326	1 445.513	1 677.66
净利润	6 258.623	7 085.178	8 191.24	9 506.74

根据 Wind 统计,精华制药自 2010 年上市到 2014 年定向增发成功前总股本(存量股)保持 20 000 万股不变,2014 年定向增发完成后股本数变为 26 000 万股。由于基于 2014 年对公司进行预测,2014 年后公司定向增发状况未知,假定保持 26 000 万股不变(如表 10 所示)。

表 10　股本总数(2012—2017)

单位:万股

	2012 年	2013 年	2014 年	2015 年	2016e	2017e
股本	20 000	20 000	20 000	26 000	26 000	26 000

接下来便可以预测 2014—2016 年的每股收益,如表 11 所示。

表 11　每股收益预测(2014—2017)

单位:万元

	2014e	2015e	2016e	2017e
净利润(万元)	6 258.623	7 085.178	8 191.24	9 506.74
股本(万股)	20 000	20 000	20 000	26 000
EPS(元)	0.312931	0.272507	0.315048	0.365644

由表 11 我们可知,2014—2017 年精华制药每股收益预测值分别约为 0.31、0.27、0.32 和 0.37。据 Wind 资讯的数据统计,公司在 2010—2013 年的市盈率分别为 77.99、43、38.4 和 65.28,均值为 56.17。我们选取了与精华制药市值规模相似的 10 家公司(见图 11),其市盈率均值为 43.98,整体市盈率不低。我们保守地估计,精华制药 2014—2017 年的市盈率为 45、50、55 和 60,价格区间为 13.63—21.99 元/股。精华制药在 2014 年以 11.59 元/股进行定向增发,相对于合理区间中值(17.81 元/股)折价高达 53.67%。所计算出的数值与 Wind 资讯计算出的折价率(50.45%)相差不大。

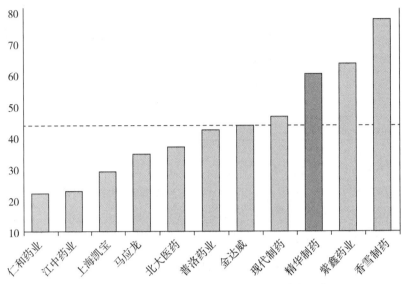

图 11 与精华制药市值相近的 10 家公司的市盈率

资料来源：Wind 资讯。

附录三：从资产评估报告分析高溢价

精华制药收购的标的资产——东力企管的账面净资产值的增值率高达 39 520.39%，增值的原因是其持有南通东力 100%的股权增值，南通东力的全部股权增值率为 944.93%。精华制药称高溢价的原因是对南通东力采取了收益法进行评估。收益法从整体角度出发，关键指标是未来收益及折现率，在未来收益指标预测过程中综合考虑了国内外宏观经济情况、行业情况、发展规划等，其评估结果综合了企业资产配置、资本结构、行业前景、人力资源、商誉等多种因素。公司公告称：第一，南通东力是国内生产甲基肼系列产品的龙头企业，拥有先进的生产设施及规模化生产能力，在行业内有着较高地位。第二，南通东力产品质量好、工艺先进、市场竞争对手少、市场容量大，有较充分的市场议价权，盈利能力强。第三，南通东力拥有较强的市场开拓能力。

但是正如之前所述，收益法综合考量了各种因素，这些因素中有些市场无法观测，有些是对未来的判断，不确定性较大，那么精华制药的定向增发价格应该处于什么样的价格合理区间呢？下面我们来进行分析。

一、主营业务预测

表 12 是南通东力主营业务收入分产品的情况，可以看出甲基肼系列产品占公司主营业务收入的比重很高，水合肼是生产甲基肼的主要原材料，偏二甲

肼是甲基肼的联产产品,故水合肼的价格波动对公司的成本来说至关重要。图12显示了水合肼的进口平均单价,反映了国际市场水合肼的价格变化,可以看出在2014年、2015年水合肼进口单价变动非常剧烈,会对国内水合肼的生产成本产生影响,进一步对南通东力的主营产品甲基肼的生产产生影响。但是公司公告称"由于近年国际国内大宗原材料产品,尤其是石化、化工原材料产品价格总体平稳,甚至呈现下降",凸显出一些问题。

表12 南通东力主营业务收入分产品情况

时间		甲基肼	偏二甲肼	异戊酰氯
2015年1—4月	金额(元)	42 960 547.05	3 149 017.11	—
	占比(%)	93.17	6.83	—
2014年度	金额(元)	117 598 297.83	4 032 136.77	4 721 025.64
	占比(%)	93.07	3.19	3.74
2013年度	金额(元)	93 207 677.48	9 665 299.11	9 252 752.12
	占比(%)	83.12	8.62	8.25

资料来源:公司公告。

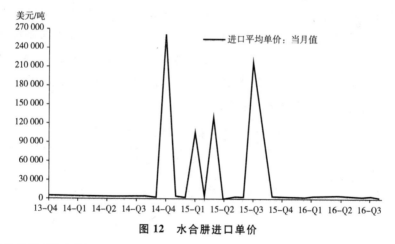

图12 水合肼进口单价

资料来源:Wind资讯。

二、成本预测

公司预测甲基肼营业成本连续五年逐步下滑(见表13)。但是如前所述,水合肼的国际价格虽然在2016年较为平稳,但是在2014年和2015年波动非常剧烈,而水合肼的价格会对甲基肼产生重要影响,公司简单地判断甲基肼单位成本逐年下降未免有粉饰报表、促进高溢价之嫌。

表 13　南通东力未来年度甲基肼成本预测

类别	项目指标	未来预测数据					
		2015 年 5—12 月	2016 年	2017 年	2018 年	2019 年	2020 年
甲基肼	数量（吨）	1 737	3 122	3 621	4 164	4 747	4 776
	单价（元）	20 871	20 756	20 656	20 576	20 509	20 509
	金额（元）	36 256 230	64 801 815	74 810 778	85 695 524	97 378 486	97 962 757

资料来源：公司公告。

三、收入预测

从南通东力对未来年度甲基肼收入的预测（见表 14）可知，公司预测在未来五年销售单价保持稳定不变，与公司公告所称的总体大宗原材料产品呈现下降趋势不符。南通东力专注于甲基肼系列产品的研发、生产和销售，是国内生产甲基肼系列产品的龙头企业，且国内生产甲基肼的企业较少。但随着市场的竞争加剧，今后会有源源不断的企业进入这个市场，在未来五年南通东力能否保持竞争优势难以估量，销售单价不变只能说是一个非常理想的预测。再者，公司预测甲基肼单位成本下降而单位收入不变，使得毛利率增加，进一步增强了精华制药对南通东力高溢价的质疑。

表 14　南通东力未来年度甲基肼收入预测

类别	项目指标	未来预测数据					
		2015 年 5—12 月	2016 年	2017 年	2018 年	2019 年	2020 年
甲基肼	数量（吨）	1 737	3 122	3 621	4 164	4 747	4 906
	单价（元）	43 695	43 695	43 695	43 695	43 695	43 695
	金额（元）	75 902 084	136 417 134	158 243 875	181 980 457	207 457 721	214 372 978

资料来源：公司公告。

四、违章建筑评估

南通东力正在使用多个未办证房屋建筑物(如表 15 所示),目前尚未取得《建设工程规划许可证》《建筑工程施工许可证》等证书,且总面积占南通东力房屋总面积的 7.31%,评估价值净值占房屋建筑物总评估值的 5.04%。报告中未声明南通东力能补办合法手续。虽然未取得相关证书,但是精华制药在对南通东力估值时依旧将这些房屋建筑物计算在内。无法取得这些建筑的权属证书可能会影响南通东力的经营,还有可能导致南通东力或精华制药被有关部门处罚,故对这些房产进行估价时应适当折价甚至不对其进行估值。但评估机构的评估净值高于房产的账面价值,这也是造成溢价的原因之一。

表 15 南通东力未取得房产证的 8 项房产

序号	房屋名称	入账时间	建筑面积(平方米)	账面净值(元)	评估净值(元)
1	门卫室	2008 年 3 月 30 日	68.20	45 689.50	57 878.00
2	厕所	2008 年 3 月 30 日	100.00	70 760.08	89 612.00
3	锅炉房	2008 年 7 月 29 日	263.90	191 100.13	226 438.00
4	消防泵房	2010 年 4 月 30 日	56.35	35 999.20	48 852.00
5	修理间	2013 年 11 月 30 日	284.75	249 852.00	259 960.00
6	冷冻房	2014 年 9 月 30 日	99.6	93 058.00	94 178.00
7	实验室	2014 年 9 月 30 日	100.00	95 599.5	97 713.00
8	包装间	2014 年 9 月 30 日	166.00	155 129.25	156 996.00
	合计		1 138.80	937 187.66	1 031 627.00

资料来源:公司公告。

五、同业市盈率对比

表 16 显示了精华制药在医药行业可比的其他上市公司的市盈率、市净率和股价,9 家可比上市公司的平均市盈率为 42.58,市净率为 4.61。但对比表 17 可以发现,精华制药按购买资产的发行价格换算的市盈率为 173.78,是行业内可比上市公司平均市盈率的 4.08 倍;精华制药按募集配套资金的发行价格换算的市盈率为 194.40,同样显著高于同业水平。市盈率高意味着该公司的风险较大,如今投资者热衷投资炒作,尤其是对定向增发反应剧烈,即便是异常的高市盈率众多投资者也愿意冒险一搏,这也为资产估值高溢价和上市公司的利益输送打开了一条渠道,造成 A 股市场资源配置扭曲,最终会损害到中小投资者的利益。

表16 2015年2月17医药制造行业其他可比上市公司指标

可比公司	市盈率	市净率	股价(元/股)
金城医药	45.07	4.38	38.79
东诚药业	40.19	3.57	24.18
九洲药业	59.33	3.63	38.06
千红制药	31.17	2.66	23.87
益盛药业	47.88	4.94	13.95
康缘药业	38.65	7.02	24.05
红日药业	36.85	3.70	28.70
亚宝药业	39.41	6.55	9.69
誉衡药业	44.61	6.95	27.05
平均值	42.57	4.61	25.37

资料来源：公司公告。

表17 精华制药发行股份价格估值水平

精华制药	
市盈率	243.74
市盈率(扣除非经常性损益)	371.93
市净率	6.95
股价(元/股)	37.00
按购买资产的发行价格(26.38元/股)换算的市盈率	173.78
按购买资产的发行价格(26.38元/股)换算的市净率	4.95
按募集资金的发行价格(29.51元/股)换算的市盈率	194.40
按募集资金的发行价格(29.51元/股)换算的市净率	194.40

资料来源：公司公告。

精华制药：定向增发盛宴座上宾的利益输送

案例使用说明

一、教学目的与用途

1. 适用课程：本案例适用于公司金融等相关课程。

2. 适用对象：本案例适用于金融、MBA（EMBA）、MPAcc等专业研究生和高年级本科生层次教学实践。

3. 教学目标规划：

（1）在案例学习过程中，加深对定向增发的认识，提升学生的分析、判断及预测能力；

（2）让案例学习者掌握分析企业定向增发中存在的利益输送的方法，从精华制药的创立背景、发展历程、几次定向增发的过程及其所涉及的利益输送等方面深入分析定向增发如何实现利益输送。

二、启发思考题

1. 近年来，上市公司频繁定向增发，增发规模不断扩大，产生这种现象的原因是什么？

2. 精华制药的定向增发价格应该处于什么样的合理区间？

3. 精华制药利益输送对企业产生民怎样的影响？市场反应如何？

4. 如何看待精华制药定向增发过程中的"国退民进"？

三、分析思路

1. 近年来，上市公司频繁定向增发，增发规模不断扩大，产生这种现象的原因是什么？

（1）上市公司的融资方式现状分析

近年来，上市公司频繁定向增发，而且增发规模不断扩大，定向增发已经成为上市公司融资的主要途径，而配股和公开增发的数量直线下降。

图13列出了从2011年到2016年这6年间，选择通过配股、增发或定向增发这三种方式来融资的上市公司数量，从中我们可以清楚地看出上市公司对于定向增发融资的偏好。从2011年到2016年，选择通过定向增发来融资的上市公司数量一直远远高于选择通过配股和公开增发来融资的企业数量，并且选择定向增发的上市公司在逐年增多，从2012年开始到2015年呈现了爆发式的增长，2015年后基本趋于平稳，但始终处于高位。

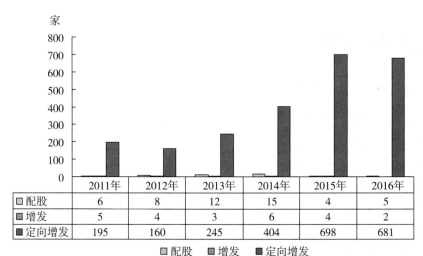

图 13 三种融资方式的企业数量对比

资料来源：Wind 资讯。

从图 14 来看，定向增发由于有对发行对象的限制，所以其融资能力并没有比增发和配股有明显的优势，我们甚至可以看到在 2011 年、2013 年和 2015 年，定向增发的平均融资金额是低于公开增发和配股的。所以上市公司在融资方式上偏向于定向增发这一现象并不能够简单地从融资能力来解释。那么产生这种现象的原因是什么呢？下面我们从三个理论入手进行分析。

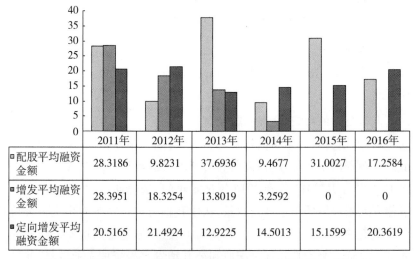

图 14 三种融资方式历年每次平均融资额对比

资料来源：Wind 资讯。

（2）增发规模不断扩大的原因分析

首先是理论解释。第一，监控假说。该假说由 Wruck 在 1989 年提出，认为上市公司通过向特定的对象定向增发可以吸引到一些积极的投资者。定向增发一般有一定的限售期，所以投资者关注公司的长期发展。出于自身利益的考虑，投资者会积极地对管理层进行监管，从而降低经理人的代理成本，防止管理层对公司和股东权益的侵害，从而实现企业健康的长远发展，提升公司的业绩和价值。第二，管理层防御假说。该假说是由 Fama 和 Jensen 提出的。和监控假说相反，该假说认为上市公司在增发融资过程中倾向于向大股东或消极投资者定向增发，原因是上市公司希望加强管理层的权力。一般定向增发采用折价发行，而折价发行的过程中事实上是向消极投资者传输了部分利益，使他们不干涉管理层对公司的管理行为，达到不影响大股东的利益和管理者的权益的目的。第三，信息不对称假说。该假说是由 Ross 在 1977 年提出的，认为上市公司只有在公司股价被高估的时候才采用公开增发的方式进行融资，以进一步扩展公司资产。当信息不对称的程度比较高时，公司公开增发可能在市场上传递出反向的信息，导致股价下跌，造成公司的损失。定向增发的对象有能力发现或花费一定的代价来了解公司的真正价值，可以从发行折价中获得一定的补偿，节约发行成本。

其次分析市场因素。企业的发展离不开市场，市场是企业发展的土壤。随着中国经济的快速增长，中国资本市场也在不断发展完善，2006 年股权分置改革的完成，大大加强了中国资本市场的流动性，提高了金融资源的配置效率。资本市场越来越好地发挥着再融资的功能，且国家政策也为企业在资本市场上进行再融资提供了便利，因此，越来越多的上市公司在筹集公司所需资金时，将股权再融资作为一个优先的选择。在 2008 年美国次贷危机引发全球金融危机之后，中国实施了紧缩的信贷政策，企业急需资金来摆脱困境，这使得在股票市场上增发新股成为企业的一种有力的融资手段。

当经济处于繁荣时期，资本市场上资金充裕，流动性较强，此时在资本市场上进行融资较为容易。当经济处于萧条时期，企业的经营会受到较大的影响，投资者和市场对于企业的信心不足，公开增发充满着不确定性，所以企业倾向于向特定的投资者进行定向增发，以保证企业能够获得所需资金。

最后分析制度因素。中国政府监管部门的政策制度因素对于上市公司的融资行为有较大的影响。新证券法的出台使定向增发正式成为股权再融资的一种方式，其对定向增发做出了详尽的规定，提供了可靠的法律依据，并且为上市公司的定向增发提供了操作方面的指导。监管部门的指导方针是先推出定向增发以缓解在全流通背景下企业再融资给市场带来的即期扩容压力,然后再恢复股本权证等远期再融资方式,因此定向增发的发行方式在一定程度上受到了政策制度的鼓励。从中国目前关于资本市场上进行股票发行的法律法规来看,定向增发与公开增发相比有明显的优势,其发行门槛较低、操作简便、程序较为简单、发行成本低、信息披露要求低而且发行条件较有弹性。这些优势都使得定向增发成为企业再融资的首选方式。

2. 精华制药的定向增发价格应该处于什么样的合理区间?

精华制药在2014年以11.59元/股的价格进行定向增发。根据公司的发展状况和盈利状况,这个定增价格究竟是不是处在合理区间值得我们研究。本文拟采用市盈率法来计算精华制药定向增发价格的合理区间。详细计算过程参见案例正文附录二。

(1) 营业收入

精华制药在2011年、2012年处于上市之初,营业收入增长率分别高达36.88%、77.20%。自上市之后精华制药开始了外延式并购发展之路,并且有完整的原料药外销业务人员队伍,有相对完善的药物研发机构和管理体系,所以上市之后的这几年公司的营业收入会处于较快增长阶段。故我们在做预测时将剔除异常值77.2%,保留2011年的增长率36.88%,采用平均移动法对2014—2017年的营业收入进行预测。

(2) 营业成本、销售费用、管理费用

精华制药在上市之后一直坚持创新产品,注重研发,致力于生产更加有效的药品以提高自身竞争力。同时,该公司注重规模经济和效率驱动,在稳定成本的同时,也在不断确保产品功能和质量的提高,以建立和保持企业的长期竞争优势。从企业财务报表数据来看,营业成本占营业收入的比例自2007年以来,虽有小幅波动,但整体呈下降趋势。2006—2013年营业成本处于上升态势,但在上市以后营业成本在营业收入的占比基本稳定在70%。制药行业的营业成本波动不大,假设公司的营业成本在2013年从0.61%的速度上升。在销售费用方面,我们预测销售费用仍会保持目前的态势,仍会以较缓慢的速度不断下滑。在管理费用方面,我们预测未来管理费用占营业收入的比例将以稳健的速度(2006年到2013年下降率的平均值为4.37%)持续下降。

(3) 营业税金及附加、财务费用

精华制药的营业税金及附加主要是增值税和地方附加税,从2006年至今的数据来看,除了2012年出现意外的浮动外,其他年份的营业税金及附加占营业收入的比例变动幅度不大,这里我们采用平滑处理,以2006—2013年的平均值作为未来四年的预测值。企业的财务费用包括企业的利息净支出、汇兑净损失、手续费,以及筹资发生的其他财务费用等。从精华制药2006—2013年财务费用的数据来看,财务费用的占比波动较大,并且很难从企业未来战略和规划中预测出财务费用的具体走势。因为上市的影响巨大,所以我们选取了2011—2013年增长率的均值计算。

(4)资产减值损失、投资收益、营业外收入及营业外支出

根据以往数据可以看出,这三项的特点是:占营业收入比例较小,且每年虽然小幅波动但都保持着较为稳定的比例。因此,我们选取上市以来即2010—2013年的均值计算。

综上,我们可以预测出2014—2017年企业净利润的数据(如表18所示)。

表18 预计企业净利润(2014—2017)

单位:万元

	2014e	2015e	2016e	2017e
营业收入	82 407.06	93 117.76	106 878.37	123 445.35
(-)营业成本	59 036.23	67 117.41	77 507.01	90 068.80
(-)营业税金及附加	798.77	902.59	1 035.97	1 196.55
(-)销售费用	8 837.93	9 891.85	11 245.89	12 865.84
(-)管理费用	7 992.39	8 636.76	9 480.13	10 471.41
(-)财务费用	-80.05	90.46	103.82	119.92
(-)资产减值损失	610.35	689.67	791.59	914.29
营业利润	5211.44	969.93	6 921.60	8 048.38
营业外收入	2 481.12	2 803.60	3 217.91	3 716.71
(-)营业外支出	387.64	438.03	502.76	580.69
利润总额	7 304.92	8 335.50	9 636.75	11 184.40
所得税	1 046.30	1 250.33	1 445.51	1 677.66
净利润	6 258.62	7 085.18	8 191.24	9 506.74

根据Wind统计,精华制药自2010年上市到2014年定向增发成功前总股本(存量股)保持20 000万股不变,2014年定向增发完成后股本数变为26 000万股。由于以2014年为基数对公司进行预测,2014年后公司定向增发状况未知,假定保持26 000股不变。

通过表 18 可知 2014—2017 年精华制药每股收益预测值分别约为 0.31、0.27、0.32 和 0.37。据 Wind 资讯的数据统计,公司在 2010—2013 年的市盈率分别为 77.99、43、38.4 和 65.28,均值为 56.17。保守地估计,精华制药 2014—2017 年的市盈率为 45、50、55 和 60,得到精华制药的价格区间为 13.63—21.99 元/股。精华制药在 2014 年以 11.59 元/股的价格进行定向增发,相对于合理区间的中值(17.81 元/股),折价高达 53.67%。

3. 精华制药利益输送对企业产生怎样的影响?市场反应如何?

国内外学者研究定向增发的市场反应,得出了基本一致的结论:定向增发后市场会给予一个积极、正面的显著反应。

精华制药在 2014 年 1 月 24 日停牌,开始筹划第二次定向增发,并于 2 月 11 日再次抛出定向增发公告,确定此次非公开发行股票的定价基准日为 2014 年 2 月 11 日,发行价格确定为 11.59 元/股,向自然人笪圣达、公司大股东南通产业控制集团和公司 8 位高管发行 6 000 万股,总募集资金 6.95 亿元,用于补充流动资金。公司在 1 月 23 日停牌前的收盘价格为 13.65 元/股,2 月 11 日的股价为 15.02 元/股,较 23 日涨幅为 10.04%,2 月 11 日定向增发公告发出后,一直到 2 月 18 日,股价一路上浮,19 日有少许下降,20 日继续上浮(如图 15 所示)。

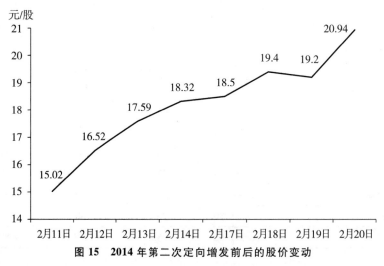

图 15　2014 年第二次定向增发前后的股价变动

资料来源:Wind 资讯。

从图 15 中可以看出市场对于精华制药的此次定向增发还是抱着利好的心态的,投资者倾向于购买其股票,其股价在一周内持续上涨。

精华制药于 2015 年 2 月 25 日开始停牌,3 月 11 日确认此次停牌的重大事项为重大资产重组事项,最终在 5 月 25 日开盘并发出第三次定向增发公告。如图 16 所示,在定向增发公告发布后,股价呈现快速上涨趋势,一路从 40.59 元/股上涨到 87.01 元/股,每日涨幅都在 10%左右,这说明市场对于此次增发非常看好,市场给予了非常积极、正面的反应。

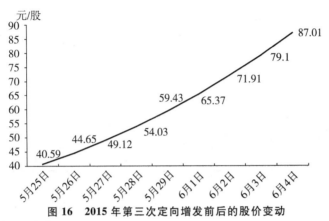

图 16　2015 年第三次定向增发前后的股价变动

资料来源:Wind 资讯。

2016 年精华制药又宣布进行定向增发,公司于 1 月 4 日开始停牌,停牌时股价为 38.7 元/股。在半年以后,于 7 月 18 日,公司复盘,但是股价一路跌到 23.32 元/股,下降 39.74%(如图 17 所示)。之后股价有所波动,但是总体来说还是呈现下降趋势,可见市场对于此次定向增发并不看好。

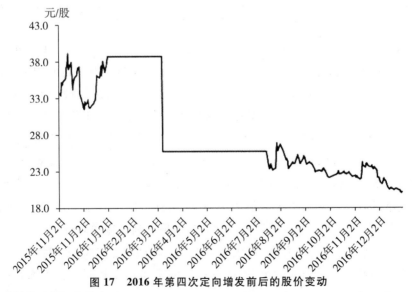

图 17　2016 年第四次定向增发前后的股价变动

资料来源:Wind 资讯。

定向增发对于企业来说也会产生影响。从信号传递效应来说,公司股价的上涨是由于定向增发融资后,将资金投入生产和研发,从而提高了公司的经营业绩。公司在 2014 年和 2015 年定向增发前后的利润指标变化如表 19 和表 20 所示。

表 19 2014 年定向增发前后的利润指标变化

	2013 年	2014 年	涨跌幅(%)
主营业务收入(万元)	73 261.8	57 775.4	−21.14
营业成本(万元)	69 337.1	54 488.6	−21.41
属于上市公司股东的净利润(万元)	3 559.7	3 946.8	10.87
净资产收益率(%)	5.58	5.76	0.18
主营业务利润率(%)	27.88	37.94	10.06

资料来源:精华制药 2014 年年报。

表 20 2015 年定向增发前后的利润指标变化

	2015 年	2014 年	涨跌幅(%)
营业收入(万元)	78 033.4	57 775.4	35.06
归属上市公司股东的净利润(万元)	7 808.1	3 946.8	97.83
净资产报酬率(%)	12.61	12.24	0.37
营业利润率(%)	11.92	6.90	5.02

资料来源:精华制药 2015 年年报。

从表 19 中我们可以看出,在 2014 年进行定向增发后,相比于 2013 年,其净资产收益率和主营业务利润率都有所上升,属于股东的净利润也有很大幅度的上升,这说明上市公司的经营业绩在定向增发后呈现上涨趋势。但是定向增发后,主营业务收入和营业成本却有所减少。2014 年公司年报显示,精华制药募集资金总额是 105 599.26 万元,报告期投入资金仅为 1 872.68 万元,累计投入资金为 35 544.35 万元,其中为补充流动性而进行非公开发行募集的资金 68 382.36 万元中,仅有 842.74 万元投入了使用。从中我们不难发现,精华制药非公开发行募集资金的使用率较低,而且定向增发之后,主营业务收入和成本反而下降,这不得不让我们怀疑其中出现了利益输送的行为。

从表 20 中我们可以看到,相比于 2014 年,2015 年营业收入和归属上市公司股东的净利润都有很大的上升,净资产报酬率和营业利润率也上涨很多,这说明此次定向增发提高了企业的生产经营能力,从而提高了企业的综合竞争力。

精华制药：定向增发盛宴座上宾的利益输送

2016年的定向增发也对企业的经营指标产生了一些影响。如图18和图19所示，在2016年的定向增发后，主营业务利润率有所提高，净利润也有所提升，总的来说对于企业的发展起到了推动作用。

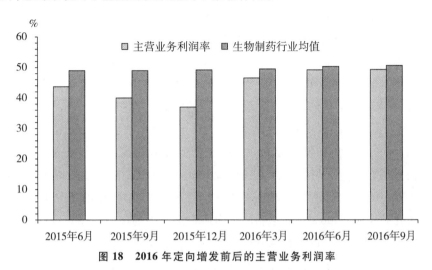

图18 2016年定向增发前后的主营业务利润率

资料来源：Wind资讯。

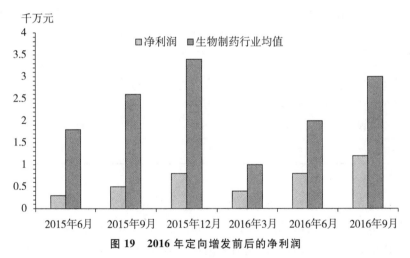

图19 2016年定向增发前后的净利润

资料来源：Wind资讯。

一般来说，股东按照所持有的股份份额来享有收益，但是在中国的资本市场上，由于法律制度尚不完善，监管也尚待加强，大股东往往可以通过各种渠道来获得超额收益。这部分收益是大股东利用自己的控制权优势谋取的私利，是通过侵害中小股东而获得的利益。在定向增发过程中，大股东主要通过两个渠道来实现利益输送。第一个是通过套现来获得资本利得收益,第二个是通过持有的账面收益的增加。实证研究证明,向机构投资者进行定向增发时,大股东所获得的收益往往比直接面向大股东进行定向增发所获得的收益要小,后者可以使大股东获得账面持有的超额收益。在定向增发过程中,为了防止大股东立刻抛售股票,相关法案规定大股东以资产认购的定向增发股票有36个月的锁定期。但是这并不能阻碍大股东通过抛售股票来获利,因为其手中还有其他非限售股票,通过出售这些股票,大股东同样可以获得丰厚的资本利得收益。

4. 如何看待精华制药定向增发过程中的"国退民进"?

"国退民进"是指国有产权交易出让,允许民营经济进入。如表21所示,在精华制药上市之初,其控股股东——南通产业控股集团的持股比重为41.3%,经过两次成功的定向增发后,南通产业控股集团的持股比重减至34.09%,减幅高达17.46%。若2013年和2016年的定向增发如果成功,则南通产业控股集团的持股比重会接近30%。精华制药是南通市国资委的实际控制企业,通过估值工具的"贱卖"和不断的股权稀释会导致国有优质资产的流失。

表21 南通产业控股集团对精华制药持股比例的变化

事件	事件前控股比重(%)	事件后控股比重(%)	变动(%)
2010年上市		41.3	
2013年第一次定向增发(失败)	41.3	30.64	-25.81
2014年第二次定向增发(成功)	41.3	35.62	-13.75
2015年第三次定向增发(成功)	35.62	34.09	-4.30
2016年第四次定向增发(失败)	34.09	30.33	-11.03

资料来源:公司公告。

有律师曾说:一般国有资本在考虑退出过程中,如果引入民营资本,要谨防国有资产流失和国有权益遭受侵蚀,因为在实际重组中国有企业往往会拿出其最为优质的资产。在这背后可能出现国有企业的个别经营者相互勾结,搞钱权交易,以此来掏空上市公司,享受国有资产利益输送的"盛宴"。在产权改制之路中必将触及各个相关者的利益,产生深层次的矛盾,但不能因此否定现在的"国退民进"。从另一角度考虑,国有资产的退出可以使企业走向市场来参与竞争,促进优胜劣汰,提高资产配置效率。

四、理论依据与分析

1. 大股东侵占（或剥夺）理论

公司发展到一定阶段,就需要融资来扩大规模,提高生产能力。融资的方式包括外部融资和内部融资。外部融资主要依靠发行债券、配股、公开增发或定向增发,内部融资主要依靠留存收益。单一的融资方式无法满足公司的需求,所以公司必将寻求多元化的融资方式。如果公司过多地依赖外部融资,那么就很可能会出现拥有控制权的股东剥夺没有控制权的股东,大股东压榨小股东的情况。这种情况就叫作大股东侵占。

在中国,由于资本市场刚刚兴起,相关法律制度尚未完善,公司的控制权通常掌握在大股东手中。所有者与管理者之间、小股东和大股东之间的代理关系值得进一步研究。一种理论认为大股东会对管理者产生一种"监督效应",督促管理者做出有利于企业发展的决策,提高企业的价值;另一种理论认为大股东会不断利用各种途径来掏空企业,实施企业向个人的利益输送,损害公司和小股东的权益。

2. 代理理论

在关于企业性质的讨论中,企业可以被看作一个"契约关系"的集合。这种契约关系,在一定程度上也是一系列委托-代理关系的体现。股东作为企业的所有者,委托企业的经营者代为经营管理企业,从而形成股东与经营者之间的委托-代理关系。股东与代理人由于利益不一致,代理人在追求自身利益最大化的过程中,常常会侵害股东的权益。有人认为,股权集中可以解决这一问题,因为大股东会为保障自身权益而加强对管理层的监管与约束,从而减少代理成本。但在发展中的经济体内,股权集中加上薄弱的公司治理产生了更为严重的问题——大股东和小股东之间的利益冲突,控股股东往往掌握着公司的经营管理权,为了自身利益的实现,常常会牺牲小股东的利益。而且大股东"掏空"公司的现象也非常常见。

3. 信息不对称理论

企业经营者由于掌握着企业的实际控制权,并了解公司的各种相关信息,被称为公司的"内部人"。公司的股东、债权人等投资者,由于不直接参与公司的经营活动,所以对于公司信息的了解相对于公司管理层来说很少,所以这些投资者被称为公司的"外部人"。企业经营者和投资者之间存在着信息的不对称,因此会造成他们对公司价值的不同判断。一般来说,当公司公开增发股票的时候,市场会认为此时公司的股价被高估,那么增发的结果可能会不尽如人意。而公司选择定向增发,可以吸引对公司的发展感兴趣的投资者,这些投资者有能力或者愿意付出一定代价去了解公司的真实价值。而投资者也可以从折价增发中获得收益补偿,实现双赢。

4. 市场择时理论

市场择时理论又被称为机会窗口理论,它是股票市场信息不对称理论的延伸和扩展。1996 年,Stein 在论文 "Rational Capital Budgeting in an Irrational World" 中提出,该理论的前提是,经营管理者是理性的而资本市场是非理性的。当资本市场的非理性导致公司股票股价过高时,理性的经营管理者应该利用股价被高估的机会,进行公开增发,筹集大量的资金获利。而在公司股价被低估时,经营管理者应该进行股票回购,来向投资者传递公司股价被低估的信息,并且在股价被低估时回购,公司也可以由此获利。在定向增发中,由于大股东是公司情况的知情人,且对于增发的股价具有自主决定权,所以大股东可以决定如何增发,何时增发,以及以什么样的价格增发来实现自身利益的最大化。在中国,定向增发被证实为一个利好的消息,定向增发公告一出,股票市场就会产生一种正效应,造成股价上涨,大股东获得超额收益。

五、案例的后续进展

本案例主要讲述了精华制药自上市以来的四次定向增发,怀疑背后存在向大股东等关联交易方的利益输送。2016 年 11 月 27 日精华制药发布公告,宣布终止对阿尔法药业的收购,原因是此次交易标的公司发生了火灾,且之后的经营状况与预期存在一定差距。为了维护广大投资者的利益,精华制药在 2016 年 11 月 29 日以网络互动方式召开了投资者说明会,就此次终止收购事件与投资者进行了沟通与交流。公司表示:2016 年前三个季度归属于母公司的净利润增长 132.10%,发展前景良好;公司未来将继续努力提升现有资产的经营水平,实施有效并购重组,通过内生增长和外延扩张相结合的方式促进企业的健康快速发展,实现公司的战略目标,所以公司在明年有较大可能继续采用定向增发方式募集资金来进行资产重组。

六、关键要点

1. 理解当前中国定向增发的现状、发展和问题,并与其他融资方式对比。

2. 了解公司在定向增发过程中利益输送的动机和方式,关注交易过程中股权变动、股价变动、定价机制、交易对象和财务指标变动等因素。

3. 关注公司资产收购的目的和所收购资产的优劣问题。

4. 了解大股东侵害中小投资者利益的手段、掏空上市公司的关联交易。

七、建议课堂计划

本案例适用于专门的案例讨论课,以下是按时间进度提供的课堂计划建议,老师也可灵活安排教学计划。此案例适合小班教学,人数最好控制在20人左右,整个案例时间控制在90分钟以内。

1. 课前计划:先让学生收集上市公司利益输送的案例自行阅读,并与精华制药的案例进行比较,进行初步阅读和思考。

2. 课中计划:

(1) 简单介绍案例,明确案例讨论的主题(3—5分钟)。

(2) 分组讨论:对案例中的四次定向增发的内容进行梳理,围绕启发思考题进行分析、讨论,并且谈谈精华制药的案例和自己收集的利益输送案例之间的异同点(30分钟)。

(3) 小组发言:四人一组,每组发言不超过10分钟,展示讨论结果(40分钟)。

(4) 教师引导全班进一步讨论,解答同学们在讨论过程中对案例提出的疑问,并进行进一步归纳总结(15分钟)。

3. 课后计划:学员针对此案例提交案例分析报告(1 000字以内);或者根据上课所讲内容找出其他有定向增发中利益输送问题的公司,和精华制药进行对比,看利益输送是如何在上市公司发生的,并且对于股价产生了怎样的影响(1 000—1 500字)。任课老师可根据案例分析报告及学员课堂表现进行评分,提出修改意见。

参考文献

1. 曹立竑,"定向增发中的市场时机行为研究",华中科技大学博士学位论文,2012年。

2. 曹卫新,"增发引入民营资本精华制药战略转型'引狼入室'?",《证券日报》,2013年7月18日。

3. 邱凌月,"精华制药:多次资本市场定增高溢价收购'上瘾'",《股市动态分析》,2016年第26期,第34—35页。

4. 何贤杰、朱红军,"利益输送、信息不对称与定向增发折价",《中国会计评论》,2009年第3期,第283—298页。

5. 匡志勇,"天津港定向增发收购大股东41亿资产",《第一财经日报》,2007年5月

30 日。

6. 刘凯铌,"定向增发项目投资价值分析",首都经济贸易大学硕士学位论文,2015 年。

7. 刘志远、靳光辉,"投资者情绪与公司投资效率——基于股东持股比例及两权分离调节作用的实证研究",《管理评论》,2013 年第 5 期,第 82—91 页。

8. 陆正飞、王鹏,"同业竞争、盈余管理与控股股东利益输送",《金融研究》,2013 年第 6 期,第 179—192 页。

9. 彭慧红,"定向增发中的利益输送问题探讨",《现代经济信息》,2009 年第 24 期,第 320—321 页。

10. 邱奇彦,"非公开发行股票的定价及其监管——基于国投中鲁定向增发的案例研究",《中南财经政法大学研究生学报》,2009 年第 4 期,第 74—80,91 页。

11. 王浩、刘碧波,"定向增发:大股东支持还是利益输送",《中国工业经济》,2011 年第 10 期,第 119—129 页。

12. 王志强、张玮婷、林丽芳,"上市公司定向增发中的利益输送行为研究",《南开管理评论》,2010 年第 3 期,第 109—116,149 页。

13. 吴育辉、吴世农,"股票减持过程中的大股东掏空行为研究",《中国工业经济》,2010 年第 5 期,第 121—130 页。

14. 闫丹丹,"三普药业并购中的估值问题研究",中国海洋大学硕士学位论文,2014 年。

15. 颜淑姬,"定向增发、资产注入与大股东侵害",浙江工商大学博士学位论文,2013 年。

16. 张敏、曹卫新,"低价增发涉嫌利益输送投资者质疑精华制药'开小灶'",《证券日报》,2013 年 7 月 30 日。

17. 赵玉芳、余志勇、夏新平、汪宜霞,"定向增发、现金分红与利益输送——来自我国上市公司的经验证据",《金融研究》,2011 年第 11 期,第 153—166 页。

18. 朱红军、何贤杰、陈信元,"定向增发'盛宴'背后的利益输送:现象、理论根源与制度成因——基于驰宏锌锗的案例研究",《管理世界》,2008 年第 6 期,第 136—147,188 页。

19. Stein, J. C., "Rational Capital Budgeting in an Irrational World", *Journal of Business*, 1996(69), 429—455.

创业与资本的对赌博弈
——俏江南与鼎晖投资案例分析

韩复龄 陈 强

摘 要：俏江南曾是国内一家领先的中高端连锁餐饮品牌，但是引进资本时由于创业、投资双方的博弈，签订了对赌协议，在市场的寒冬下，导致了俏江南改旗易帜。本案例描述了俏江南在引进鼎晖投资及其合作的金融资本之后，如何一步一步触动多个引资时的协议，最终引起俏江南的一系列巨震，改旗易帜的过程。

关键词：俏江南，对赌协议，风险投资，领售权条款

一、引 言

2013年10月，秋风吹走了夏季的炎热，清凉的气息弥漫了整个北京城，然而俏江南的管理者张兰却急得像热锅上的蚂蚁。自从2008年通过对赌协议引进了战略投资者鼎晖投资，对赌协议就像一把剑一样一直悬在张兰和她的俏江南上方。如今，不只是新出台的"八项规定"使得俏江南的经营状况每况愈下，而且张兰的俏江南没有达到当初和鼎晖投资签订对赌协议时的标准——在2012年年底之前上市。如今张兰必须从俏江南集团中拿出4亿元人民币给鼎晖投资，这对于经营困难的俏江南来说无异于雪上加霜。更严重的是，鼎晖并没有同情昔日的战友，意图利用之前签订的"领售权条款"，将俏江南变价出售给欧洲的私募公司。眼看着半生的心血要拱手让人，张兰的心怎样也平

静不下来。

对赌条款既能给公司带来鲜花,也有很大概率成为公司发展的陷阱。牛根生创办蒙牛集团的过程中为了企业能够迅速发展,曾与摩根士丹利在投资协议中签订对赌条款,最终蒙牛达到复合增长率50%的目标,成功从摩根士丹利手里拿回部分"可换股文据",以 0.74 港元/股的价格取得了当时价格为 6 港元/股的公司股票,同时,投资者也获得了股票的大幅增值。摩根士丹利与蒙牛集团达成的对赌协议,让双方都成为获利者。雨润食品也曾与高盛达成了对赌协议,并且在 2005 年成功达到约 2.6 亿元的盈利目标,顺利登陆香港证券交易所(港交所)。然而,并不是所有企业收获的都是鲜花,俏江南正是因为对赌协议深陷资本泥潭。

创业企业与风投资本的博弈,令俏江南创业者离开了自己一手创办的企业,张兰不得不离开俏江南,与自己的心血说再见。但是张兰与其他对赌失败的创业者不同,对赌协议中并没有"对赌失败创业者就要离开"的相关条款,而是由于俏江南自己与风险投资签订了一系列的条款,包括对赌协议中的股份回购条款、领售权条款、清算优先权条款等一系列环环相扣的条款,出于市场的原因以及俏江南自身经营的原因,使得俏江南与风险资本签订的协议条款被连环触发,引起了"多米诺骨牌"效应,最终使得张兰不得不被俏江南管理层请出,落得一个孑然一身的下场。但是这一系列被触发的条款的背后,反映出的是风险资本投资创业企业时为了保护自己的利益而设立的或明显或隐形的陷阱。

二、俏江南及其餐饮品牌的蓬勃发展

(一)俏江南的创立及发展

1992 年年初,从加拿大回国的张兰,靠着自己在加拿大打黑工、刷盘子挣的 2 万美元,在国内创办了以自己名字命名的餐厅——"阿兰餐厅",随后餐厅的生意越来越好,于是就又继续投资创办了两家大排档形式的餐厅。一直到 2000 年,怀揣着提升品牌层次、建立高档品牌梦想的张兰,卖掉了自己经营的三家大排档饭店,利用卖掉饭店的钱和自己的积蓄总共 6 000 万元,创立了俏江南品牌。这样营业到 2007 年,张兰名下的餐饮企业营业额能达到 10 亿元上下。

俏江南建立之初,目的就是建设高档品牌,所以张兰对俏江南从装修到服务都下了大功夫。2006 年,张兰抓准了北京奥运会的机遇,斥资 3 亿元,创建了"兰会所"。兰会所是一个比俏江南更高档的餐厅,张兰还请来法国的设计师对会所做了设计。之后兰会所在2008年北京奥运会中餐服务商的竞标中成功夺标,为奥运会的八个场馆提供兰会所的饮食。就在2008年当年,尝到甜头的张兰进军上海,创建"兰上海",并有四家分店进驻上海世界博览会场馆。经过一系列的运作和发展,俏江南不同往日,已经成为具有高端品牌特征的连锁餐饮企业了。

适逢中国的正餐餐饮行业发展迅速,俏江南尝到了高端连锁企业的甜头,便着急着找资金,开新店。2008年,寻求发展的俏江南找到风险资本,开始实践疯狂的门店扩张计划。张兰对于俏江南的期望不言而喻,从2010年开始,张兰希望通过并购的方式以及从各种渠道融资,在5年之内开设300—500家俏江南餐厅。按照这个速度,俏江南每年需要增加餐厅数量100家。

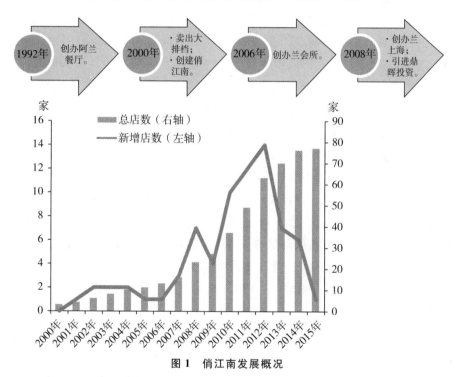

图1　俏江南发展概况

资料来源：大众点评网。

（二）餐饮行业引来了投资巨头

中国的餐饮行业数量众多、差异较大,具有明显的"大市场、小企业"的特点,餐厅的空间分布和规模分布都很分散,行业集中度很低,标准化程度不足。中国餐饮企业90%以上为小企业,以快餐连锁企业为主,很少出现大型的正餐连锁企业,分散的小规模企业和餐厅数量众多,整个行业难以整合和管理。所以很长一段时间内,资本并不愿意涉足餐饮市场。

随着中国餐饮市场不断发展,餐饮的营业收入快速增长,资本逐渐对餐饮行业产生了兴趣。2008年,金融危机爆发,资本开始寻找行业周期波动较小、受到金融危机影响较小的行业,具有强现金流的餐饮行业顿时成了资本的宠儿。2007年年末到2008年年末,百盛入股小肥羊、快乐蜂收购永和大王、红杉资本投资乡村基、IDG入股一茶一坐,在这样的行业背景下,急于扩张的俏江南开始寻找投资方。

(三)俏江南与鼎晖投资的亲密接触——对赌协议

张兰原本并没有想过与资本有什么瓜葛。俏江南作为知名餐饮企业,良好的单店业绩可提供稳定的现金流,没有更多资金需求。张兰曾在某行业论坛上发表过针对风险资本的观点:"我有钱,干吗要基金投资啊?我不用钱,为什么要上市啊?"口气强硬。另外,中式餐厅虽然现金流很充足,并且利润很大,但是由于很难进行复制,从而难以大规模扩张。同时,餐饮业工作人员普遍文化水平不高,餐厅的营业风险较高,因此鲜有资金愿意投资餐饮业。

转折来自2008年的金融危机,很多金融机构和实业纷纷倒下,餐饮业成了抗风险能力较强的行业之一。全聚德集团与小肥羊集团都顺利地挂牌资本市场进行融资,这使得餐饮行业进入上市风口。金融危机带来的另一个影响是,房价与租金都大幅下降。俏江南通过与地产出租人商定出租协议,成功将俏江南店铺的租赁费用大约降低了3成。同时,俏江南的上游企业,原材料供应商等产业因为行业不景气纷纷降低售价,使得俏江南的原材料供应成本也降低了两成左右。由于成本的降低,俏江南的流动性更加充足,账户上的现金最高时达到了1.5亿元人民币。同时,由于俏江南的奥运会场馆餐饮服务打出了俏江南的品牌,因此俏江南在国内的名气越来越大。

俏江南的经营最辉煌的时候,也是张兰个人传奇达到巅峰的时候。随着俏江南的飞速发展,张兰的梦想也在升级。张兰在2006年参加了当年的保利拍卖会,并且花费了2 200万元成功获得当代绘画大师刘小东的"三峡新移民",创下中国当代艺术品拍卖纪录。这并不是张兰爆发之后的任性行为,由于张兰和俏江南的深度绑定,二者的名气相互依靠着,在国内声名鹊起。2009年,张兰登上了内地的财富排行榜,在胡润餐饮富豪榜中排名第三,当时估算她的身家大约为25亿元人民币。

就是在这"巅峰时刻",张兰改变了对资本的态度。

一方面，俏江南开始实施多品牌战略，资金消耗量巨大；另一方面，随着企业规模扩大，张兰的管理遭遇了瓶颈。但是，一位当时想要投资俏江南的风投人士透露，张兰"完全讲不清大举扩张之下的盈利来源，其财务报表也一塌糊涂"。即使是这样，在风口上的俏江南也不乏资本的青睐。

2008年9月，俏江南收到了20多家投资公司抛出的橄榄枝。然而俏江南方面给出的企业估值为不低于20亿元。在高估值的要求之下，张兰最终与国内知名投资方鼎晖投资握手，实现了俏江南与资本的第一次接触。鼎晖投资用3 000余万美元（约等于两亿元人民币）的资金，得到了俏江南大概10.53%的股权，根据这个数据我们可以获得俏江南的估值，约为19亿元人民币。同时，鼎晖投资与张兰签订的投资合同中约定了对赌条款①——如果俏江南在2012年不能够顺利登陆资本市场并挂牌上市，且不是鼎晖投资的因素而导致的话，则鼎晖投资可以选择让俏江南回购鼎晖投资手中的股份，也就是以回购的方式退出俏江南。并且，回购后鼎晖投资的年复合收益率不得低于20%。鼎晖投资入资俏江南四年，按照20%来计算的话，张兰需以不低于4亿元的价格从鼎晖投资手中回购股份。如果俏江南如期完成规定，鼎晖投资也会拿出自己的部分股权作为对赌的条件，回馈给俏江南管理层。

这个对赌协议是鼎晖投资和俏江南出于对企业未来前景的不确定性，为确保各自利益而达成的一系列条款，并非赌博合同。对赌协议一方面为鼎晖的投资安全性提供了保障，另一方面对俏江南的经营者张兰具有激励作用。

三、俏江南的艰难上市之路

（一）俏江南梦断A股IPO

在与鼎晖投资对赌协议的约束下，俏江南踏上了自己的上市之路。2011年3月，俏江南将自己的上市申请书递交到了中国证券监督管理委员会（证监会），申请在A股市场挂牌。考虑到当时众多排队等待上市的企业以及复杂的审核流程，所以这个时间点上报，要在2012年年末完成挂牌，时间是非常紧张的。俏江南的上市申请递交上去以后，一直没有得到回复，现在看来，是由于那

---

① 对赌协议是指如果公司的经营业绩能够达到协议所规定的某一额度，投资方将向被投资方转让一定数量的股份，反之，如果被投资方无法完成协议规定的业绩指标，则必须向投资方支付一定数量的股份，以弥补其投资收益的不足。

时基本上所有申请上市的餐饮企业的申请都被搁置,处于冻结状态。这是因为餐饮企业与上下游企业的交易全部使用现金结算,因此企业的流水不可能精准地确认,餐饮企业的会计报表也极有可能不准确,缺乏可信度。

2012年1月30日,证监会例行披露了终止IPO的在审企业名单,包括俏江南。从2011年3月上报材料,到2012年1月终止审核,俏江南浪费了近一年的时间距离对赌约定的上市日期更近了。

(二)进军港股市场多坎坷

因为在准备国内A股上市上浪费了一年的时间,上市的问题刻不容缓,所以2012年4月,张兰期望在香港登陆H股市场,预计融资规模为3亿—4亿美元。但是民营企业想要去中国内地之外的地方上市是很难的,因为当时有《关于外国投资者并购境内企业的规定》(即俗称的"十号文")。

该文件中规定,中国公民如果要将自己名下的资产转到境外公司持有,必须经过中华人民共和国商务部(商务部)、国家外汇管理局(外管局)这些部门经过审核和登记,但是办完这些手续难度极大,几乎是不可能。比如,"十号文"第十一条规定:境内公司、企业或自然人以其在境外合法设立或控制的公司名义并购与其有关联关系的境内公司,应报商务部审批。这句话的意思是说,国内的居民如果想要在国外建立一个境外公司,然后由境外公司通过并购重组的方式控制境内公司,必须要经过商务部审核批准,但是这种方法很难通过商务部的批准。证监会也对此列出了详细的申请程序,然而该程序在实践中几乎没有启动过。因而"十号文"可以说是堵住了境内企业去国外上市的通路,在"十号文"的监管下想要直接赴国外启动IPO难度极大。

当时张兰身为境内公民受到了"十号文"的束缚,张兰就想了一个悄悄地变更国籍的方法来避免"十号文"的管制。在执行过程中,因俏江南有一个元老因离职补偿协议产生了官司,法院递传票时发现张兰已经移民到加勒比海上的一个小岛上。虽然成功移民规避了"十号文",但是由于市场的原因俏江南的经营进入了寒冬。

当时中央出台了"八项规定",目的是管制政府官员等权力机关人员的贪污腐败,所以奢侈品、高档餐饮等行业的营业情况急转直下。由于俏江南没有上市,我们可以通过湘鄂情来分析一下(见图2)。湘鄂情跟俏江南的目标客户以及市场环境差不多,定位于高端和中端的餐饮企业。从收入和净利润看来,整个行业经营惨淡。

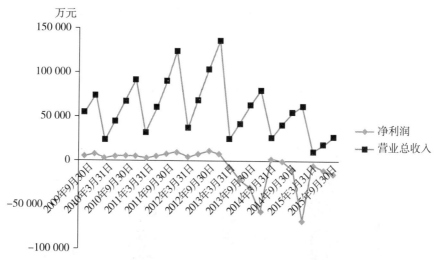

图 2　湘鄂情的营业总收入和净利润

2012年,正好是高端餐饮行业受到"八项规定"冲击的时候,就在这个时候俏江南开始谋求在 H 股市场挂牌。结果 2012 年之后市场情况越来越差。那时张兰曾经透露他们已经接触过了港交所,并且也找到了保荐机构,进行了一些路演,找到了一些潜在投资人。然而潜在投资人出于对市场的判断,并不愿意给俏江南一个好的估值,张兰的预期目标没有办法得到满足,因此俏江南也没有在 H 股市场进行上市。

四、鼎晖资本的"背叛"——对赌协议三个条款皆触发

(一)俏江南步入经营惨淡期

融资之后,张兰一直高调地构想着自己的高档餐饮之梦,然而从现实看,俏江南的经营十分惨淡。2001—2008 年,俏江南的门店数量与营业收入都经历了快速增长,然而 2008—2011 年,根据俏江南 CEO、张兰之子汪小菲的表述,2011 年每天有两万多名顾客来到俏江南就餐,如果每个人消费 150 元的话,可以算出俏江南在 2011 年的销售额是大约 11 亿元人民币。然而,与 2008 年相比,俏江南门店新开了十余家,规模不断扩张的同时,销售额却与 2008 年相差无几,说明当时的俏江南急于扩张,管理和经营上已经出现了颓势的隐忧。2012 年,中央政府新的领导班子颁布了一系列新的反腐措施,出台了"八项规定",公务消费受到很大程度的抑制,俏江南定位的高端正餐市场受到了不小的打击。根

据图3可知,2011—2014年,客单价与客流量甚至同时出现了负增长,俏江南也出现了缩减门店的情况,可见俏江南进入了高端餐饮的"寒冬",现金流紧张,进入了进退维谷的情况。

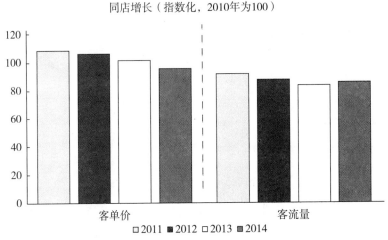

图3 俏江南客单量与客流量

资料来源:大众点评网。

不良情况持续发展,事件到了高潮,俏江南接连触发了三个条款:股份回购条款①、领售权条款②和清算优先权③条款。

(二)条款的触发

按照风险资本的运作方式,投资基金募集来资金为他们的投资者去投资,因此他们投资后也许要谋求退出的渠道。最典型的退出通道有两个:一是IPO上市;二是并购,即被第三方收购,投资人顺势套现退出。按照鼎晖投资的对赌

---

① 典型的股份回购条款,如果大多数A类优先股股东同意,公司应该从第五年开始分三年回购已经发行在外的A类优先股,回购价格等于原始发行价格加上已宣布但尚未支付的红利。当然,股份回购的触发方式,除了优先股股东投票表决,还可以由条款约定具体的某一时间性事件触发,比如4年或者5年之内企业未能实现IPO,则触发股份回购条款。

② 领售,就是领衔出售,也叫强制随售权。典型的领售权(强制随售权)条款,指这个条款一旦触发的话会强制创始人股东随他一起出卖股份。这在公司符合IPO要求之前,如果多数A类优先股股东同意出售或者清算公司,剩余的A类优先股股东及普通股股东也应该同意此交易,并以同样的价格和条件出售他们的股份。

③ 典型的清算优先权条款,是指如果公司触发清算事件,A类优先股股东(即投资人)有权优先于普通股股东(即创业股东),获得每股初始购买价格2倍的回报。这个清算不单只我们所理解的企业在资不抵债、无法经营下去情况下的破产清算。如果说公司因为合并、被收购,或者出售控股权,以及出售主要资产,从而导致公司现有的股东在存续公司的股权比例低于50%,同样也被视作清算事件。

协议,俏江南必须在2012年年底也就是4年之内上市。如果说一切顺利,有限合伙制基金的存续期一般在10年左右,而从现金投出去到收回现金的循环大概要6—7年,鼎晖投资设置这个回购条款也是为了保障自己能顺利退出。

餐饮企业收入和成本以及会计报表的真实性没法保证,因此所有该行业企业在A股的IPO申请都被冻结,俏江南也未能幸免。俏江南没能按照对赌条款的约定如期上市,因此需要履行"股份回购条款"。一般来讲,鼎晖投资在对赌条款中要求20%的年复合收益率,据此计算,在2013年俏江南至少需要4亿元人民币回购鼎晖投资持有的俏江南的10%的股份。

但是,就像刚刚提到的由于市场原因俏江南的经营进入寒冬,因此,要俏江南拿出4亿元人民币来购买鼎晖投资的股份,是极其困难的。虽然对赌条款没法执行,但是鼎晖投资之前在协议中早已规定了所谓的"领售权条款"。拥有领售权的股东可以不计较股份的多少,只要其行使领售权,其他股东即使不同意也必须按照合约将股份出售。按照标准条款,如果鼎晖投资表达了出售公司的意思,张兰根据约定是必须要和鼎晖投资一起出售的。鼎晖投资当时找到了欧洲最大的股权PE机构CVC来做俏江南的"接盘侠"。

根据图4,鼎晖投资向CVC出售自己的10.53%的股份,张兰跟随出售72.17%的股份,但是这个出售的股份数量已经超过了总股本的50%,达到了公司清算的标准。于是,又触发了当时投资时所签订的"清算优先权条款"。根据条款内容,一旦发生清算事件,股份清算的收益要优先满足A类投资者(鼎晖投资)的两倍收益,然后普通股股东再分享剩余收益。根据这个条款,从鼎晖投资和张兰出售俏江南的收益中,要先把鼎晖投资的那份蛋糕拿出来,剩下的才是张兰的。所幸张兰并非颗粒无收,这个交易的估值是22亿元人民币,此前鼎晖

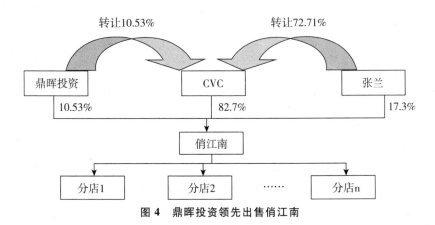

图4　鼎晖投资领先出售俏江南

投资入股俏江南时俏江南估值是 19 亿元人民币,所以这个交易对于鼎晖投资来讲并没有占什么便宜。根据条款中的规定,鼎晖投资要求 2 倍的回报,但是按照 22 亿元的估值鼎晖投资只能得到 2.3 亿元左右,剩下的自然要由张兰的收益来补足。根据 22 亿元人民币的估值,张兰售出的 72% 的俏江南股份,大概能够获得 16 亿元,其中拿出 2 亿—4 亿元补偿鼎晖投资,她自己套现值大约是 12 亿元。

所以,根据图 5,俏江南因为没能成功上市,所以要履行对赌协议中的股份回购条款;又因为市场原因导致了企业经营进入泥淖,没有足够资金去履行回购条款买回鼎晖投资的股份,促使鼎晖投资选择领售权条款;而领售权条款使俏江南股东"大换血",成为清算事件,又触发了清算优先权条款。

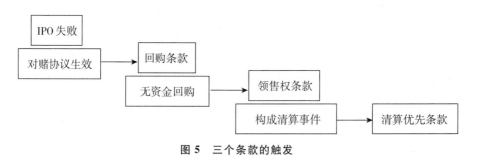

图 5　三个条款的触发

五、CVC 和银行的后续操作

(一) CVC 的介入——杠杆收购

CVC 以 3 亿美元获得了俏江南 82.7% 的股权。作为欧洲最大的私募股权基金,CVC 怎么会愿意接过一个"烫手山芋"? CVC 自然也有自己的如意算盘:一方面,设置一个安全阀,压低交易价格;另一方面,CVC 采取的是杠杆收购的方式。CVC 只需要支付少量的现金,利用杠杆进行资金量大的收购,就是说 CVC 向银行和市场大量借债来购买俏江南,之后来再利用俏江南经营产生的利润来偿还因为收购所产生的债务。

根据图 6,CVC 为了收购俏江南,设了一个叫"甜蜜生活美食控股"的公司,这个公司将收购来的俏江南股份抵押给银行,从银行获得贷款,同时拿到股东 CVC 提供的注册资本,将获得的资金支付给鼎晖投资和俏江南即完成交易。此时甜蜜生活美食控股是俏江南的母公司,然后甜蜜生活美食控股注销俏江南的企业名称,同时自己改名叫俏江南,这样就完成了整个杠杆收购的全过程。

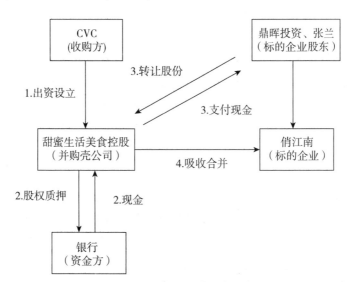

图6　CVC杠杆收购俏江南示意图

CVC收购俏江南所使用的3亿美元,包括了从银行的贷款(1.4亿美元),发行债券获得的债务资金(1亿美元),以及自有资金(6 000万美元),等于是CVC只使用了6 000万美元就收购了估值3亿美元的俏江南股份。

(二)对赌梦断——创始人张兰"被踢出局"

CVC收购俏江南之后,原本的计划是俏江南经营良好,能够为CVC偿还债务。然而完成收购后,市场环境依旧寒冷,俏江南的经营业绩没有产生拐点,CVC的美好设想也落空了,无法依靠俏江南自身的现金流去偿还贷款,所以就干脆放弃了俏江南的股权。俏江南是被CVC吸收合并的,当时张兰的股份等于拿去银行被做了抵押。当CVC放弃了它的股权,企业所有的股权都被银行接管了,这时CVC和张兰都从董事会出局了。

2015年3月,CVC向中国香港法院申请冻结资产令,要求冻结张兰名下的相关资产,俏江南创始人张兰因涉嫌转移公司资产而被香港法院查封个人财产。2015年6月,银行委派香港保华顾问有限公司进驻了俏江南,并被委任成俏江南集团董事会成员。香港保华顾问有限公司是一家专门负责企业重组与咨询业务的公司,重组业务经验丰富。

六、结　尾

　　张兰对自己一手创立的俏江南充满了自信,所以愿意与鼎晖投资签订对赌协议以获得资本的垂青。然而只有实体经济才是支撑资本市场的基础。首先,对俏江南经营情况和发展环境的盲目乐观导致了对赌协议以及一系列严苛条件的签订。其次,对对赌协议可能产生的后果的严重性估计不足又导致了上市失败后张兰被迫出售股份,离开了俏江南的核心管理层。最后,个人财产与公司财务划分不清,使得张兰"净身出户"。

　　对赌协议本质上就像一份期货合约,张兰成了俏江南这份期货的多头,而鼎晖投资成了这份期货的空头。期货期满,俏江南并未如预期的一样上市增值,投机者张兰在巨大的利益面前也承担了一份巨大的风险。从俏江南"净身出户",正是张兰为这份对赌付出的代价。

　　24年艰苦创业,最终落得从企业"净身出户"的下场,这便是俏江南创始人张兰的全部故事。如果没有和资本"联姻",张兰和俏江南或许只是北京城里一家名不见经传或者仅是小有名气的餐厅,但至少俏江南还是张兰的。俏江南陨落的案例,映衬着张兰作为创业者与资本打交道时对游戏规则认知的不足,同时还夹杂着高估值预期下的进退维谷。

案例正文附录

附录一　中国餐饮业营业额及增长率发展情况

表1　中国餐饮业营业额及增长率发展情况

年份	餐饮业营业额（亿元）	增长率（%）
2001	618.70	
2002	740.30	19.65
2003	896.20	21.06
2004	1 160.50	29.49
2005	1 260.20	8.59
2006	1 573.60	24.87
2007	1 907.22	21.20
2008	2 592.82	35.95
2009	2 686.36	3.61
2010	3 195.14	18.94
2011	3 809.05	19.21
2012	4 419.85	16.04
2013	4 533.33	2.56

附录二　湘鄂情净利润和收入情况

表2　湘鄂情净利润和收入情况

时间	净利润（万元）	营业总收入（万元）
2009年12月31日	7 673.07	73 780.75
2010年3月31日	3 053.39	24 234.12
2010年6月30日	4 499.53	44 375.56
2010年9月30日	5 810.91	67 317.46
2010年12月31日	5 802.22	92 317.42
2011年3月31日	3 108.26	32 760.12
2011年6月30日	5 060.09	60 532.04
2011年9月30日	7 591.08	90 850.83

（续表）

时间/项目	净利润（万元）	营业总收入（万元）
2011 年 12 月 31 日	9 312.87	123 474.06
2012 年 3 月 31 日	4 623.63	37 667.69
2012 年 6 月 30 日	7 648.07	68 811.01
2012 年 9 月 30 日	11 040.99	103 507.19
2012 年 12 月 31 日	8 192.99	136 397.24
2013 年 3 月 31 日	－6 840.09	25 119.07
2013 年 6 月 30 日	－22 032.53	42 662.39
2013 年 9 月 30 日	－30 307.17	63 975.76
2013 年 12 月 31 日	－56 438.39	80 212.82
2014 年 3 月 31 日	1 954.62	26 661.88
2014 年 6 月 30 日	－658.87	41 477.40
2014 年 9 月 30 日	－9 562.60	55 852.10
2014 年 12 月 31 日	－68 374.05	62 120.58
2015 年 3 月 31 日	－5 239.77	10 589.06
2015 年 6 月 30 日	－10 433.14	19 418.57
2015 年 9 月 30 日	－14 652.53	27 768.04

案例使用说明

一、教学目的与用途

1. 适用课程：公司并购与重组、私募股权投资、投资银行学等相关课程。
2. 适用对象：金融专业硕士、MBA。
3. 教学目的：近年来随着中国私募股权投融资业务的迅猛发展,对赌协议在企业私募股权融资中的应用越来越广泛。本案例通过对俏江南对赌协议的描述分析,重点分析了俏江南与私募股权投资鼎晖投资签署对赌协议的背景、内容、过程和结果,为学生展示了一个现实中的"对赌协议"的应用过程,注重理论与实践的结合,有助于加深学生对于"对赌协议"及其实践过程的认识和理解。

二、启发思考题

1. 其他私募股权融资方式与对赌协议的比较。
2. 如果你是俏江南的张兰,2008年你是否会引入私募股权投资？是否会与投资公司签订对赌协议？为什么？
3. 分析俏江南的对赌协议中的三个条款和触发条件,并分析是否有可行措施防止俏江南的步步"落难"？
4. 如果你是鼎晖投资,在2012年年底俏江南上市失败,同时股权回购没法实现的情况下,你会触发领售权条款吗？为什么？

三、分析思路

1. 分析俏江南的发展及餐饮行业的状况,并以此为背景,研究俏江南与鼎晖投资签署的对赌协议。
2. 分析由俏江南上市夭折触发的三大条款及由此引发的后果。
3. 围绕俏江南对赌失败这一事件,根据目前中国对赌协议广泛应用的现状,分析总结私募股权投资中对赌协议的风险并为投融资双方提出相关建议。

四、理论依据与分析

(一) 理论依据

1. 对赌协议的相关理论；
2. 优序融资理论；
3. 信息不对称理论；

4. 期权理论；

5. 管理层激励理论。

(二) 具体分析

1. 对赌协议的相关理论

对赌协议(Valuation Adjustment Mechanism, VAM)，即"估值调整协议"，是指在达成协议时，投资方与融资方对未来不确定情况的一种约定。约定条件的出现代表着相应投资方或者融资方某种权利的实现。它仅为投资方和融资方出于对企业未来前景的不确定性，为确保各自利益而达成的一系列条款，并非赌博合同，本质上是投融资双方对股权投资价值的或然性安排，是一种投资保障工具、价格发现工具和管理层激励工具。对赌协议一方面为投资方的投资安全性提供了保障，另一方面对融资方的经营者具有激励作用。表3提供了对赌协议各项内容的具体条款分类。

表3 对赌条款总结

对赌方式选择	补偿总额计算基础选择	补偿方式选择
每年分别对赌	净利润差额	直接扣减；交易对价
每年累积对赌	净利润差额/累计承诺净利润×交易对价 净利润差额/累计承诺净利润×(1/对赌年数)交易对价	全现金补偿
对赌同时保证年均利润增长率	按交易对价的一定年收益率回购	先股份再现金 先现金再股份

在本案例中，张兰与鼎晖投资签署对赌协议以推进俏江南的上市进程。但由于俏江南的后续发展不尽如人意，使其连续触发三个条款：股份回购条款、领售权条款和清算优先权条款。

股份回购条款，是指按照之前企业和股东签订的某些协议，如果触发了股份回购条款，那么就需要优先股股东表决。如果多数的A类优先股股东同意，企业在决议后的第五年开始逐步从股东手中回购他们所持有的A类优先股，购买的价格原则上应该等于最初的价格加上应发而未发的股利。

同样的，领售权条款也需要之前在协议中注明，在发生某类事件时触发条款，条款触发后同样是需要A类优先股股东表态。如果多数优先股股东同意出售公司的股份，那么A类优先股股东作为领售人，公司的其他股东包括普通股股东在内都不能拒绝跟随领售人出售自己手中的股份。这个条款的存在,使企业的生存与否的决定权落在了只占少数的优先股股东手里。

如果投资协议中有清算优先权条款,那么该条款会在企业发生清算事件时触发。该条款同样是对 A 类优先股股东有利的,条款触发时,公司出售股份的回报必须优先满足 A 类投资者的两倍于原始投资的回报。

俏江南由于屡屡未能成功上市触发了股份回购条款,同时经营惨淡使其缺乏足够资金来回购投资人股权,又触发了领售权条款,这一举动使得公司陷入清算事件,触发了清算优先权条款。

2. 优序融资理论

优序融资理论(Pecking Order Theory)是以信息不对称理论为基础得出的理论,认为综合考虑融资成本以及对企业的影响等因素,企业偏向于优先从公司内部融资,主要是留存收益等,其次是债务融资,最后是权益融资。

由于融资途径受限,中国成长型的民营企业倾向于私募股权融资。但由于对赌协议在中国的普遍应用,私募股权融资具有巨大的经验风险和企业控制权变动风险。因此企业是否需要、何时需要、以何种方式运用对赌协议进行私募股权融资,值得深入研究和分析。

在本案例中,俏江南在中国餐饮业发展迅速、餐饮连锁企业发展前景一片大好之时引进鼎晖投资,此时由于餐饮业营业收入的快速增长以及现金流的相对充沛,也使得资本更倾向于餐饮业。从当时餐饮行业整体的发展势头来看,俏江南与鼎晖投资在对赌协议中约定的 2012 年实现上市的可能性极大。

3. 信息不对称理论

在私募股权融资中,投资方与融资方获得信息的内容和完整程度是不一样的,融资者往往是企业内部人,因此融资者获取的信息更完整有效,而投资者往往来自企业外部,因此获取的信息可能只是企业的公开信息。信息不对称可能来自融资方为获取投资对利润的包装,也可能来自企业未来盈利水平的不确定性。因此对赌协议通常被用于私募股权融资中以克服信息不对称带来的投资风险。

在本案例中,鼎晖投资为解决其与俏江南之间的信息不对称问题,与张兰签署对赌协议,将企业能否在约定时间进行 IPO 作为触发事件,既解决了投融资双方的信息不对称问题,也为退出提供了风险控制。

4. 期权理论

期权(Options)即一种选择权,是一种能在未来某特定时间以特定价格(执行或敲定价格)买入或卖出一定数量的某种特定商品(标的资产)的权利。这种权利将使其具有在未来特定的时期内,以事先确定的价格(执行价)向期权出售者买进或卖出一定数量某种商品的或执行或放弃的选择自由。在财务理论中,对赌协议的本质为一种期权,以期解决投资不确定性和信息不对称问题。

在本案例中,鼎晖投资与俏江南对赌协议的期权本质体现在如果俏江南不能在2012年实现上市,俏江南需要花高价从鼎晖投资手中回购股份,鼎晖投资退出;如果俏江南成功上市,则通过IPO方式鼎晖投资退出。

5. 管理层激励理论

对赌协议可以激励管理层完成目标业绩从而达到投资方的要求。从对赌协议的本质来看,如果融资方未实现约定条件,投资方可按照协议约定行使自身权利,进而损害融资方的利益,这相当于为公司的管理层提供了一份期权,而期权的实现条件就是对赌条款中的条件,从而实现对管理层的激励,解决代理问题。

在本案例中,俏江南在与鼎晖投资签订的股份回购条款的约束下,积极推进其上市进程,尝试在A股市场和港股市场上市,尽管最终未能在2012年年末实现IPO,但对赌协议确实在一定程度上加快了俏江南上市的步伐。

五、背景信息

(一) 鼎晖投资简介

鼎晖私募股权基金(投资)成立于2002年,是鼎晖投资旗下的主力基金。鼎晖私募股权投资目前管理着五只美元基金和两只人民币基金,管理资金规模达650亿元人民币。

鼎晖私募股权基金的投资方向与中国经济增长紧密联系,在过去的10年中,鼎晖私募股权陆续在食品、工业制造业、现代服务、医疗、金融、能源等行业投资了60多家中国知名品牌企业,其中20多家已成功上市。借助鼎晖私募股权的助力,许多企业已成长为中国最具竞争力的行业领导者。在2008年,鼎晖以2亿元人民币入驻俏江南,为俏江南门店的快速扩张提供了资本。

(二) "八项规定"对中国高端餐饮的影响

"八项规定"是2012年中共中央政治局常务会议中提出的改进工作作风的若干规定,其中第八条规定"要厉行勤俭节约,严格遵守廉洁从政有关规定,严格执行住房、车辆配备等有关工作和生活待遇的规定"。八项规定出台后,中央连番派出中央领导巡视小组,下到各地进行反腐工作。一时间硝烟四起,中央的铁腕作风使自中央到地方的一派政府官员迅速转变思想,远离各种奢侈消费、高端消费。仅在2013年的春节期间,全国众多酒店就遭遇了"退订潮",由政府、社团协会、事业单位、国有企业等举办的各种年会、表彰会、团拜会、公务差旅和考察等活动都大幅减少。

这使得餐饮业尤其是定位中高端的正餐餐饮业遭到市场寒流,不少餐饮企业不得不转型,走起亲民路线,甚至还有众多企业不得不关门大吉。在这样的市场环境下,俏江南的营业状况遭遇滑铁卢,营业额和门店数量逐渐缩水。

六、关键要点

1. 对赌协议的条款及触发条件至关重要,正是俏江南的综合情况恶化并符合触发条件,才使得俏江南不断触发条款。

2. 民营企业在融资过程中面对对赌协议的分析和选择。

七、建议课堂计划

1. 课时安排:2课时,总时间控制在100分钟以内。

2. 课前预习:在上案例课前,让学生阅读此案例全文,搜索关于此案例的相关报道,初步对此对赌协议案例有一个了解,引导学生围绕启发思考题进行讨论。

3. 课上安排:

案例回顾与课堂前言,20分钟。

小组讨论与发言:60分钟,将学生分成5—6个组,每组发言6分钟左右。分别围绕启发思考题,选择一个角度进行讨论和发言。每组发言结束后,引发全班同学关于发言的讨论,每组结束后讨论1—2个问题。

案例总结:20分钟。对案例和相关知识进行梳理。

参考文献

1. 程继爽、程锋,"'对赌协议'在我国企业中的应用",《中国管理信息化》,2007年第5期,第49—50页。

2. 谢德明、王君彩,"对赌协议:美酒还是毒药?",《管理批判》,2009年第4期,第32—38页。

3. 姚泽力,"'对赌协议'理论基础分析",《经济研究》,2011年第8期,第29—30页。

4. 张波、费一文、黄培清,"'对赌协议'的经济学研究",《上海管理科学》,2009年第2期,第6—10页。

5. 赵金龙、昝凌霄,"对赌协议若干问题研究",《证券法苑》,2015年第1期,第118—136页。